DES TRAVAUX

DE

TERRASSEMENT

PARIS. — IMPRIMERIE ARNOUS DE RIVIÈRE,
26, RUE RACINE, 26

DES TRAVAUX

DE

TERRASSEMENT

RELATIFS

AUX CHEMINS DE FER

ET AUX ROUTES

PAR

WILHELM HEYNE

INGÉNIEUR ET PROFESSEUR A L'ÉCOLE TECHNIQUE DE GRATZ

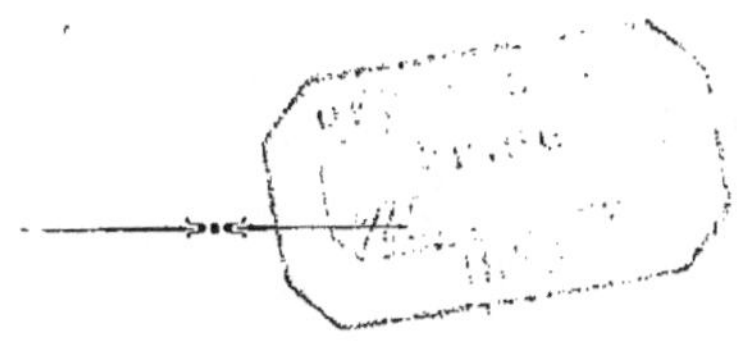

PARIS

DUNOD, ÉDITEUR

LIBRAIRE DES CORPS DES PONTS ET CHAUSSÉES, DES MINES
ET DES TÉLÉGRAPHES

Quai des Augustins, 49

1878

AVERTISSEMENT DE L'ÉDITEUR

Nous avons cru être utile aux ingénieurs et aux entrepreneurs des lignes de chemins de fer en publiant cette traduction de l'ouvrage de M. l'ingénieur W. Heyne, professeur à l'École technique de Gratz.

Nous espérons ainsi combler une lacune, qui existe en France, dans les publications qui traitent des travaux publics. La traduction, après avoir obtenu l'acquiescement de M. Heyne, a été confiée à l'un des professeurs d'allemand les plus éminents de l'Université, ancien élève de l'École normale.

M. l'ingénieur en chef des mines Résal, membre de l'Institut et professeur aux Écoles Polytechnique et des Mines, a bien voulu nous prêter son concours pour mettre la traduction, pour ainsi dire littérale, en rapport avec les exigences de la langue technique française, sans toutefois faire perdre à l'ouvrage son grand caractère d'originalité.

Le traité des terrassements de M. Heyne renferme un grand nombre de plans, de coupes, de dessins d'outils et d'éléments du matériel de transport, de règles pratiques dues à l'initiative de l'auteur ou empruntées à des ouvrages des ingénieurs allemands, peu connus en France, qui se sont le plus occupés du même sujet.

Enfin on ne lira pas sans intérêt des documents empruntés à la construction des chemins de fer autrichiens en particulier et des chemins de fer allemands en général. ·

Nous espérons donc que notre traduction sera bien accueillie par le grand nombre de personnes auxquelles elle s'adresse.

D.

PRÉFACE

Les terrassements, branche si inférieure de l'arbre des sciences dont s'occupe l'ingénieur, ne semblent guère de nature à former un chapitre usuel dans la littérature technique. Le peu que l'on demande à la science pour déplacer une motte de terre et la replacer ailleurs, l'instruction superficielle exigée des travailleurs et de leurs surveillants ne peuvent que confirmer cette réputation, et cependant on a déjà beaucoup écrit sur ce sujet, qui a même attiré l'attention d'hommes d'une capacité supérieure.

Ce fait incontestable a deux causes principales : d'abord la construction, notamment des chemins de fer, entraîne des déplacements de terre si considérables que les dépenses totales en sont gravement affectées ; ensuite, des terrassements faits d'après un plan défectueux et irrationnel, peuvent compromettre l'avenir de toute une entreprise.

La première cause, d'une nature essentiellement économique, a une portée énorme ; car un chemin de fer qui provoque le déplacement de 5 millions de mètres cubes de terrain est une entreprise d'une importance ordinaire. Quand on n'économiserait qu'un centime par mètre cube, on gagnerait d'emblée une somme de 50 000 fr. En outre, le choix des moyens et des forces de transport, l'emploi de telle ou telle matière explosive, les qualités bonnes ou mauvaises des travailleurs amènent, pour chaque mètre cube, des différences de prix qui font gagner ou perdre un grand nombre de centimes par mètre cube.

Pour tomber juste, dans chaque cas spécial, il faut savoir joindre la théorie à la pratique, et systématiser les opérations que l'on veut prescrire et surveiller.

Quant à la deuxième cause signalée, il faut tenir compte du degré de dureté du terrain, de sa composition chimique et mécanique, de la coordination des couches de terre, etc. Jusqu'ici on a suivi généralement une marche empirique; mais quand il s'agit de surmonter des difficultés qui peuvent exercer une influence funeste, pernicieuse même sur l'ensemble des travaux, on ne doit pas agir au hasard, mais utiliser au contraire l'expérience acquise et transmise par nos devanciers, et se baser sur la science non moins que sur la pratique traditionnelle. Malgré ces précautions, les difficultés de l'entreprise peuvent être si nombreuses, si insurmontables, que l'on n'aboutit pas à des résultats satisfaisants. Il faut alors que la science cède momentanément le pas à l'empirisme.

Mais plus on soumettra les difficultés à l'appréciation des hommes compétents, par l'intermédiaire de la publicité, plus l'expérience générale s'accroîtra, et plus on trouvera les moyens de vaincre des obstacles d'abord regardés comme invincibles.

Si donc, par le présent ouvrage, nous augmentons le nombre des publications relatives aux terrassements, c'est parce que nous savons qu'au point de vue économique on ne cesse de faire des progrès nouveaux; quant à la deuxième cause précitée, on ne peut fournir trop de données à l'ingénieur pour diriger sa pratique, ni au savant pour élargir le domaine des sciences naturelles.

Nous avons partagé notre ouvrage en quatre sections, dont les trois premières (richesse du sol en fait de matériaux, transport des matériaux, déblais et remblais) sont principalement relatives à la partie économique de notre œuvre; tandis que la quatrième traite des causes qui sont embarrassantes et même funestes aux travaux de terrassements.

Dans la première section, nous avons fixé notre attention principalement sur l'emploi des matières explosibles, et nous avons renfermé dans un tableau les résultats constatés par nous.

Bien qu'il ressorte clairement du texte que, dans toutes les tranchées, d'une masse totale de 73 000 mètres cubes qui servent de base à nos observations, on a toujours employé de la poudre et de la dynamite; bien que le motif de l'emploi et le mode d'emploi de ces matières explosibles aient été expliqués dans le même passage, nous n'en ferons pas moins remarquer, pour éviter tout malentendu, que l'on a employé, non tant de poudre ou tant de dynamite, mais tant de poudre, et conjointement tant de dynamite.

Dans la 2ᵉ section, nous avons établi une nouvelle théorie sur l'emploi de la force musculaire pour le transport; nous y avons tenu compte du déploiement de force que l'animal de trait doit manifester pour le déplacement de son propre corps, ainsi que de l'accumulation de force produite par certaines pauses au milieu des travaux proprement dits.

On a combattu cette théorie, et l'on nous a reproché de n'avoir pas suffisamment apprécié, d'avoir même ignoré la théorie de Gerstner et de Bouguer.

Ce n'est pas exact; nous n'avons pas ignoré l'autorité de Gerstner; nous avons, au contraire, étudié avec soin ses écrits; mais notre expérience pratique nous a conduit à une autre conception qui ne pouvait être ébranlée par l'argumentation de Gerstner.

Voici la base de son système : d'après des lettres des frères Bernoully à Leibnitz, un homme de force moyenne porterait indifféremment une charge de 30 livres en parcourant 2 pieds par seconde ou 20 livres avec 3 pieds par seconde, ce qui donne 60 livres-pieds (*Fuszpfund*). Mais, ajoute Gerstner, comme il résulterait, en poursuivant ce calcul, qu'un homme non chargé pourrait se mouvoir avec une vitesse illimitée, et qu'un homme, se tenant immobile, supporterait une charge indéfinie, on doit admettre que 10 livres de force sont l'équivalent d'un pied de vitesse. Donc à

0 pied, l'homme déploie une force de 50 livres;
1   —   —   40   —

Le maximum d'utilisation correspondant à 2 pieds et demi de

vitesse moyenne, Gerstner nomme cette vitesse moyenne c, et arrive à l'équation $K = k\left(2 - \dfrac{v}{c}\right)$, K signifiant la force réellement déployée ou la charge à porter, k la force normale correspondant à c, et à la vitesse v.

Mais comme un individu ne peut déployer sa force que durant le temps limité t, chaque jour, la force K sera modifiée par z, s'il faut que, dans sa journée, il travaille un temps plus ou moins long, $z \gtrless t$, et en procédant comme auparavant, Gerstner obtient l'équation $K = k\left(2 - \dfrac{v}{c}\right)\left(2 - \dfrac{z}{t}\right)$, d'où il résulte qu'un homme peut marcher journellement le temps $2t$ avec une vitesse $2c$ et un déploiement de force employée au transport de la charge $K = 0$, c'est-à-dire sans être chargé, et qu'en cela il ne déploie que la force qu'il lui faudrait pour porter la charge normale k avec la vitesse normale c durant le temps normal t, et qu'un homme, avec la vitesse $v = 0$, peut porter la charge hk durant le temps $z = 0$, c'est-à-dire en s'arrêtant un instant.

Ainsi, d'après Gerstner (K $= 25$ livres, $c = 2$ pieds et demi, et $t = 8$ heures), il résulterait, pour le premier cas, qu'un homme non chargé parcourt journellement 12 milles autrichiens en déployant la même force que déploierait un homme portant pendant 8 heures par jour une charge de 25 livres avec une vitesse de 2 pieds et demi, ou un homme immobile pendant une seconde, et portant 100 livres.

A l'appui de ses calculs, Gerstner prétend, et nous le croyons avec lui, que des messagers de loteries ont réellement fait 12 milles par jour, ce qui leur a demandé 16 heures de temps; mais nous ne pouvons admettre qu'un homme pût en faire autant 6 fois par semaine, en ne pouvant, chaque jour, consacrer que 4 heures à son sommeil. Nous accorderions aussi une plus forte dose de force à un homme pouvant porter 25 livres par jour durant 8 heures avec une vitesse de 2,5 pieds par seconde, qu'à un homme pouvant porter 100 livres pendant une seconde.

Mais ce qui est remarquable, et en tout cas contraire à l'expérience, c'est que pour $v = 2c$, l'homme ne puisse mouvoir aucun fardeau, dùt-il ne travailler que pendant le temps c, mais qu'il soit en état de se mouvoir durant le temps $2t$; cela contredit même les assertions de Gerstner, d'après lesquelles le soldat, au pas redoublé, fait 5,6 pieds par seconde avec une charge de 30 livres.

Enfin, l'homme ne pourrait pas du tout courir, K étant nécessairement négatif dès qu'on a $v > 2c$, quelque petit que soit z; et cependant on sait qu'au commencement de ce siècle, à l'époque où existaient encore les concours, un magnat hongrois gagna le pari suivant : mon coureur ira de Vienne à Presbourg; il s'occupera du relais à chaque station; et, malgré cela, il arrivera à Presbourg en même temps qu'un cavalier parti avec lui.

On pourrait nous objecter que nous ne mettons en lumière que les extrêmes, les calculs devant cependant être basés sur des opérations normales (voir Weisbach, *Traité de la statistique des constructions*, etc., Brunswick, 1865); mais la théorie de Gerstner repose précisément sur les deux extrêmes : $K = 2k$, $c = 0$; $v = 2c$, $K = 0$; enfin, $z = 2t$, $K = 0$. Si donc sa théorie doit subsister, il faut que ses bases soient inébranlables; mais ici les résultats sont douteux et mènent à des contradictions.

Nous avons donc établi notre théorie sur une autre base et admis qu'un homme travaillant tant par jour peut développer une moyenne de force M, dont une partie m est absorbée par le travail du déplacement de son corps; par conséquent, on ne peut utiliser que le reste m'. La quantité m étant une fonction du poids λ du propre corps et de la vitesse v, λ étant identique pour chaque homme, m croîtra ou décroîtra avec v, et en vertu de la constance de $M = m + m'$, m' diminuera en proportion inverse de m ou v; enfin, à une certaine valeur de v on a $m = M$, et la force utilisée m' est nulle. On voit donc que si l'homme doit transporter une charge 0, la vitesse ne sera pas infinie, mais atteindra la limite où $m = M$. Notre dissertation, 2ᵉ section, élucidera entièrement cette question.

Notre théorie se modifie quand la vitesse est nulle; ici, sans doute, si l'on ne pouvait poser des limites pratiques, la force déployée deviendrait infinie. Mais la structure du corps humain ne permet pas une marche inférieure à une certaine vitesse minima; dès que cette dernière se produit, toute opération cesse, et nos équations n'ont plus de but.

En général, nous sommes d'avis que dans les théories où il ne s'agit pas d'éléments purement mathématiques, il importe peu que les équations aient une forme complétement générale; elles doivent plutôt s'adapter à des limites données.

Nous sommes loin de croire que notre théorie soit parfaite; nous pensons au contraire qu'elle peut et doit même être améliorée. Malgré cela, nous ne pouvons admettre qu'il soit défendu de s'écarter d'une théorie, quelque autorisée qu'elle puisse être; sans quoi tout progrès deviendrait impossible, et la science resterait stationnaire.

On pourrait encore objecter qu'un grand talent autorise seul à ébranler les principes posés par de grands talents. Je ne sais pas si les novateurs ont toujours été de grandes capacités, ni s'ils ont eu la conviction de l'être; mais ce que je puis affirmer, c'est que les perfectionnements seraient rares si leurs auteurs étaient toujours accusés de présomption.

Quiconque aspire à la vérité doit défendre ses convictions, alors même qu'il ne s'attribue point un mérite hors ligne; il doit défendre ses convictions, fussent-elles même erronées; mais il doit aussi admettre les rectifications qui lui paraîtront justifiées, et c'est ce que je suis disposé à faire.

LES TRAVAUX

DE

TERRASSEMENT

INTRODUCTION.

On entend par *Terrassements*, des constructions faites avec des matériaux tels que les fournit la nature, sans aucune préparation, constructions effectuées par de simples journaliers et n'exigeant que par exception l'emploi d'ingénieurs attitrés. On donne, au contraire, le nom de *Travaux d'art* à ceux que dirigent des hommes compétents, à ceux dont les matériaux ont besoin d'être préparés et conditionnés à l'avance.

Il peut toutefois, dans le cours des travaux de terrassements, subvenir des cas où les matériaux naturels ont besoin d'être dégrossis et où la direction de l'ingénieur devient momentanément indispensable ; c'est ce qui arrive quand il faut construire et empierrer des talus ; par contre, dans les travaux d'art, il advient aussi que la main et l'œil de l'ingénieur ne sont pas toujours absolument nécessaires : témoin les travaux relatifs aux fondations.

Il faudra donc faire rentrer chacun de ces travaux dans la catégorie à laquelle ils appartiennent. Ainsi on rangera, parmi les travaux de terrassements la projection de pierres dans la fissure d'une tranchée, tandis que l'on comptera comme faisant partie des travaux d'art la pro-

jection de pierres autour d'un pilier de pont, la première projection se
rattachant au simple terrassement d'une tranchée, tandis que l'autre se
relie à la construction d'un pont.

Cet ouvrage est divisé en quatre sections :

  I. *Richesse du sol considéré comme dépôt de matériaux ;*
 II. *Transport des matériaux ;*
III. *Construction de digues et de tranchées ;*
 IV *Travaux ayant pour objet de consolider les digues et de préserver les
     tranchées des funestes influences des éléments.*

La première section renferme la description générale des couches de
terres et des stratifications des soulèvements, les indications nécessaires
pour pratiquer des sondages, les données fournies par l'expérience sur
la production des matériaux terreux et sur les moyens de faire sauter
les rochers.

La deuxième section comprend le transport par camions, charrettes,
wagons, plans inclinés, etc., le tout avec mention des procédés les plus
récents.

La troisième section parle des talus, des déblais et des remblais; elle
consacre un chapitre à la méthode suivie par les Anglais pour le creusement d'une tranchée et elle apprécie les dépenses tant actuelles que
subséquentes qui résultent des différents procédés auxquels on a eu
recours.

La quatrième section explique les préservatifs employés contre la
pluie, les vents, les inondations, les sources, les avalanches, les éboul-
lements, les glissements de terrain dont on peut être menacé ou qui
ont déjà commencé à se manifester.

PREMIÈRE SECTION.

RICHESSE DES TERRAINS EN FAIT DE MATÉRIAUX.

CHAPITRE I.

LA TERRE.

D'après la célèbre théorie de Laplace, toutes les matières qui composent les planètes se seraient trouvées primitivement (*chaos biblique*) converties en vapeur dans une atmosphère du soleil, s'étendant bien au delà des orbites des planètes les plus éloignées. Dégagées de cette vapeur, les planètes se seraient peu à peu individualisées; puis, se refroidissant peu à peu, seraient devenues des sphéroïdes incandescents.

Les progrès du refroidissement auraient provoqué la formation d'une croûte, le rétrécissement du noyau terrestre et la naissance des montagnes à la surface de la terre devenue semblable à une pomme ridée.

L'atmosphère terrestre renfermant, outre les vapeurs aqueuses, les autres corps que l'excès de la chaleur conservait à l'état de vapeurs, se refroidit aussi, se condensa et fit tomber en pluie les vapeurs aqueuses qui constituèrent probablement, dans l'origine, des mers et des lacs ayant presque la chaleur de l'ébullition.

L'écorce terrestre, étant devenue plus épaisse, éprouva à sa surface, par l'effet de la pression continue de l'atmosphère et de l'action mécanique des eaux, des influences chimiques bien autrement puissantes que celles que nous ressentons encore aujourd'hui.

Si, à travers les fentes et les fissures de la croûte terrestre, de l'eau s'introduisit jusqu'à la partie intérieure encore à l'état de fusion, il dut en résulter des révolutions qui réagirent à leur tour sur la surface et produisirent des soulèvements et des dépressions.

Les eaux superficielles, en pénétrant dans l'intérieur de la terre, ont dû causer de nouvelles inégalités à l'extérieur.

On peut constater encore aujourd'hui l'action nivelante de l'eau et de l'air, qui rongent, détruisent et entraînent des fragments de terrain et remplissent les vallées de leurs détritus, fange, sable, vase, etc. Aujourd'hui encore, sur plusieurs points du globe, on remarque des soulèvements et des dépressions de terrains par rapport au niveau de la mer; ainsi, en Suède, la différence est d'un mètre par siècle. Aujourd'hui encore, les éruptions volcaniques, les Geisers, les eaux thermales font croire que des luttes semblables ont lieu dans les entrailles de la terre entre l'eau et le feu; il ne faut donc pas s'étonner si la grande majorité des géologues explique, par les causes que nous venons d'indiquer, tous les phénomènes précités. Cette théorie fut adoptée dès la deuxième moitié du xviie siècle (Leibnitz, 1680), mais incomplètement exposée. Toutefois, elle fut rejetée à l'arrière-plan, lorsque, vers la fin du xviiie siècle, Werner émit l'hypothèse de la formation de la mer et, dans l'année 1829, on osa imprimer : « Maintenant aucun homme ne « regardera plus les basaltes et les nappes de trapp comme étant « d'origine volcanique; inébranlable se maintient la théorie de Werner « sur la formation, par les flots, des montagnes les plus anciennes comme « les plus récentes, etc. »

D'après l'hypothèse de Werner, émergèrent d'abord des flots d'un Océan chaotique, le granit, le gneiss et d'autres formations cristallines; puis vinrent les montagnes de transition, résultant en partie de l'effet de la destruction de la surface de l'écorce terrestre. Les deux théories expliquent identiquement la formation des stratifications.

Cependant les partisans de la formation ignée n'avaient pas tous été convertis à la théorie proposée et, dès l'année 1833, le célèbre géologue Lyell vainquit, par ses écrits qui firent époques, l'hypothèse de Werner, conservée toutefois par une respectable minorité de Neptuniens.

La principale différence entre les deux théories consiste donc en ce que, d'après Werner, le noyau de la terre constitue une masse solide et que le granit, le gneiss, etc., ont précédé toutes les autres formations; les montagnes auraient existé dès l'origine, tandis que, d'après l'autre théorie, le centre de la terre formerait encore aujourd'hui une masse en fusion, qui aurait donné et continuerait à donner naissance aux montagnes précitées.

Mais que la terre sorte de l'eau ou du feu, les causes, auxquelles notre sujet nous oblige à remonter, n'en restent pas moins les mêmes; aussi ne nous intéressons-nous guère à l'ardente polémique qui, au grand profit de la science, continue entre les partisans des deux doctrines.

Cependant, pour éviter toute confusion, nous nous conformerons à l'opinion qui domine aujourd'hui.

Les formations, dues à l'influence nivelante de l'air et de l'eau, sont appelées *Neptuniennes* ou *Sédimentaires ;* on range dans cette classe toutes les formations stratifiées et renfermant souvent des débris de plantes et d'animaux.

Les produits du feu se partagent en :

a) Volcaniques, c'est-à-dire arrivés, à l'état de fusion, jusqu'à la surface de la terre et s'étant rapidement refroidis, soit sur la terre, soit dans la mer ;

b) Plutoniens, c'est-à-dire formés à une grande profondeur dans les entrailles de la terre, sous une énorme pression qui a empêché la dilatation des gaz captifs, puis soulevés et refroidis peu à peu ;

c) Métamorphiques, c'est-à-dire d'origine neptunienne, mais complétement transformés sous l'influence de la chaleur.

Formation neptunienne.

Quand on examine de près les dépôts existant dans les deltas, à l'embouchure des fleuves ou rivières, on trouve qu'ils se composent de couches plus ou moins larges, presque horizontales, superposées les' unes aux autres (vase, sable, etc.), que le fleuve a détachées de ses rives ou reçues de ses affluents, emportées avec lui et déposées là où sa rapidité avait diminué.

Dans les couches se trouvent enchassés des débris de plantes et d'animaux, en partie venus de loin, en partie locaux, nés et morts près de ces couches.

De même, la mer agitée enlèvera des portions de ses rivages, qu'elle transportera au loin avec les parcelles minérales que les fleuves et rivières lui auront apportées pour les déposer au fond, là où ses eaux seront calmes. Là aussi, on trouvera des débris de végétaux et d'animaux enterrés, comme on peut s'en convaincre en examinant les dunes.

Si l'on trouve, même loin des lacs et des mers, et à une grande élévation au-dessus de leur niveau, dans une masse reliée par n'importe quelle cause à un massif de rochers ou composée d'argile, de sable, etc., les éléments précités, des couches horizontales, des animaux et des végétaux pétrifiés, etc., on a le droit d'attribuer ces phénomènes aux mêmes causes et de classer ces montagnes parmi les formations neptuniennes ou sédimentaires.

Ainsi la formation neptunienne est caractérisée par la présence des débris fossiles d'une faune et d'une flore antérieures ; on y trouve, s'étendant à de longues distances, des couches nettement séparées et renfermant des pétrifications, ici d'animaux terrestres ou fluviatiles, là d'animaux marins.

Il est très-rare que les couches d'alluvions soient parfaitement distinctes les unes des autres ; la séparation est manifeste quand elle aura été amenée par des causes exceptionnelles. On trouvera donc, dans des couches d'une épaisseur considérable, des milliers de dépôts de substances homogènes, sans qu'on puisse reconnaître une seule assise distincte.

Cependant, comme, en général, les couches inférieures sont plus anciennes que les couches supérieures, on a imaginé de classer les formations d'après leur âge respectif.

Werner partagea les formations sédimentaires en trois classes : 1° terrains d'alluvion (toutes les formations postérieures à la craie); 2° terrains stratifiés, dits de *formation secondaire;* 3° terrains de transition.

Les dépôts formés par les eaux furent plus tard subdivisés en terrains d'alluvion, terrains diluviens et terrains de formation tertiaire. Les géologues postérieurs divisèrent même les terrains stratifiés, et Lyell énumère plus de vingt formations géologiques.

On verra dans le tableau suivant plusieurs classifications faites par différents géologues à différentes époques :

LEHMANN 1756 et STANON 1660.	WERNER 1790.	LYELL 1833.		LA PLUS RÉCENTE 1873.
Dilluvien.	Terrain d'alluvion.	Alluvions récentes. Alluvions anciennes.	Alluvien.	Alluvium. Diluvium.
		Pliocène récent. Pliocène ancien. Miocène. Eocène.	Tertiaires.	Néogène. Eocène.
Montagnes stratifiées horizontalement.	Terrain d'alluvion.	Craie. Sable vert. Waldien. Oolithe supérieure. Oolithe moyenne. Oolithe inférieure. Lias. Keuper et calcaire conchylien. Grès bigarré. Grès rouge. Terrain houiller. Vieux grès rouge.	Secondaires.	Craie. Jurassique. Trias. Dyas. Houilles. Devonien.
	Terrains de transition.	Silurien supérieur. Silurien inférieur. Cambrien.	Primaires pétrifiants.	Silurien.

D'après leur mode de formation, toutes les couches devraient avoir une direction presque horizontale; mais divers obstacles ont modifié et peut-être modifient encore cette règle générale, et l'on trouve jusqu'à des couches verticales; d'autres sont brisées, de sorte qu'un plan vertical es traverse plus d'une fois.

Dès le commencement du XVIIIe siècle, on a constaté en Suède une différence progressive entre le sol et le niveau de la mer; dans le Nord, c'est la terre ferme qui se soulève; dans le Sud, c'est la surface de la mer; les géologues ne peuvent admettre une dépression pour la mer, dans le Nord, ni un soulèvement de sa part, dans le Sud.

L'apparition et la disparition d'îles dans l'Amérique du Sud semblent aussi constater les soulèvements et les dépressions du sol.

Or si de pareils changements se sont produits et se produisent encore sur la surface de la terre, il est naturel que les couches modifient forcément leur direction horizontale primitive et deviennent sinueuses ou onduleuses, comme une nappe mal tendue, souvent brisées ou se superposant les unes aux autres.

Le flanc septentrionnal de la montagne, à travers laquelle fut percé le tunnel de Hauenstein, présente une configuration de couches que fait comprendre la *fig.* 1.

Fig. 1

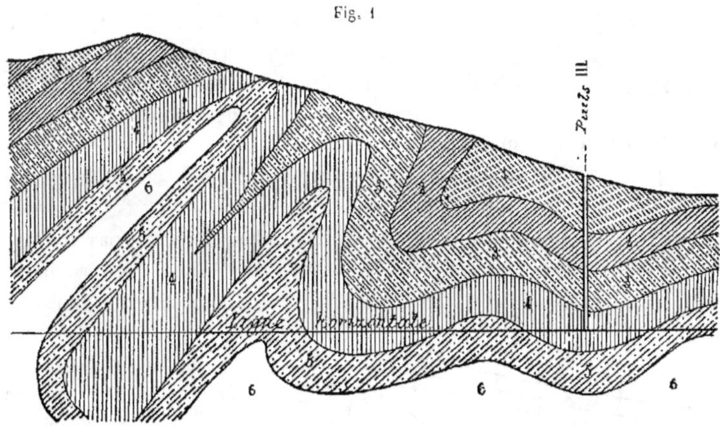

Quand les couches ne sont pas horizontales, on appelle *direction* la ligne horizontale que l'on trace sur la courbe par rapport aux quatre points cardinaux. L'angle, que forme la ligne de plus grande pente de la surface de la couche avec l'horizon, s'appelle l'*inclinaison* de la couche.

Quand les couches sont régulières et parallèles, on peut souvent, d'après la direction et l'inclinaison, déterminer pour des distances assez considérables la position topographique de la couche, quand il n'y a ni replis, ni empiétements, ni soulèvement ou affaissements partiels.

On pourra souvent, de la sorte, suivre, à travers toute une chaîne de montagnes, des couches qui s'étendent régulièrement, quoique parfois (*fig.* 2) interrompues par plusieurs vallées, formées sous l'influence de causes postérieures.

Fig. 2.

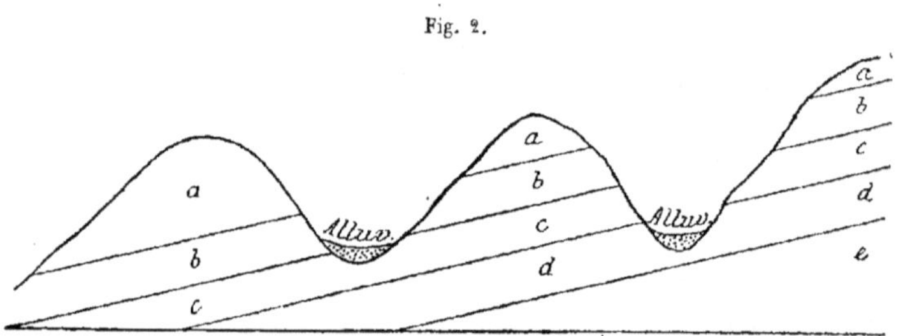

Les couches qu'un soulèvement a rendues semi-circulaires et concentriques (*fig.* 3) ne sont pas rares. La topographie n'en est pas difficile, quand on connaît la direction et l'inclinaison.

Fig. 3.

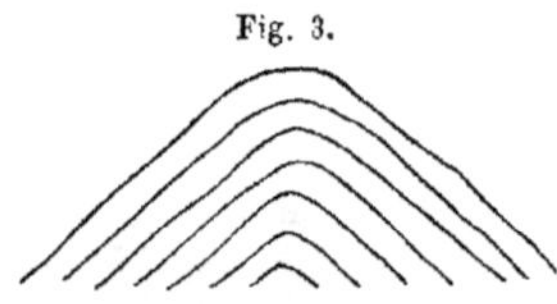

Nous avons représenté (*fig.* 1) des couches sinueuses et empiétantes. Les *fig.* 4 et 5 montrent des couches rendues divergentes par des soulèvements ou des affaissements partiels de montagnes.

En pareil cas, il est difficile de conclure relativement à distances considérables et il faut user d'une grande circonspection.

Les couches, soit obliques, soit horizontales, ne sont pas toujours parallèles, comme on pourrait le croire, car il peut se former des

Fig. 4.

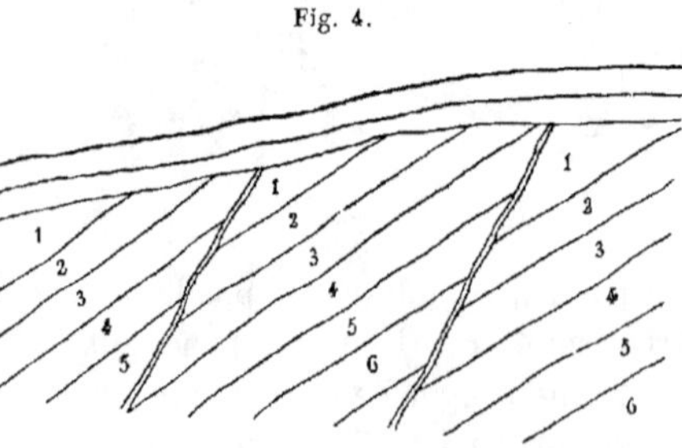

éboulements intérieurs après que les couches précédentes ont été modifiées par des soulèvements, des écarts ou des dépressions. (Voir *fig.* 6 et 7.) Quant à la représentation topographique des couches, nous y reviendrons à propos des sondages.

Souvent alternent, avec les couches, des matières n'appartenant pas à la formation sédimentaire ; on aurait tort de les prendre pour des couches, car ce ne sont, à vrai dire, que des éruptions de matières à l'état de fusion.

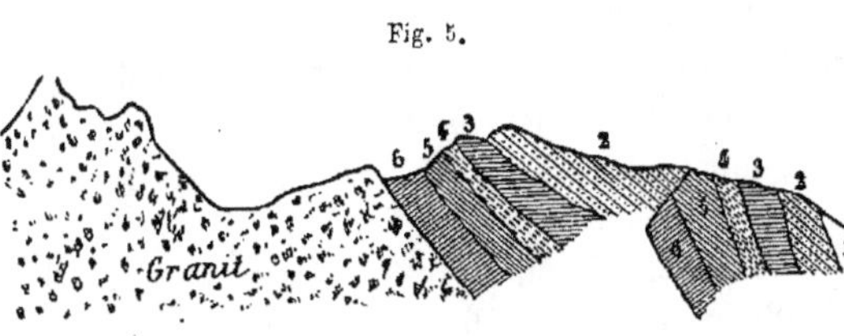

Il faut en outre tenir compte des cavités ou couloirs, ayant une largeur qui varie de 1 millimètre à plusieurs mètres et qui coupent les couches dans n'importe quelle direction, en sortant par masses pierreuses, et sont fréquemment parallèles aux couches.

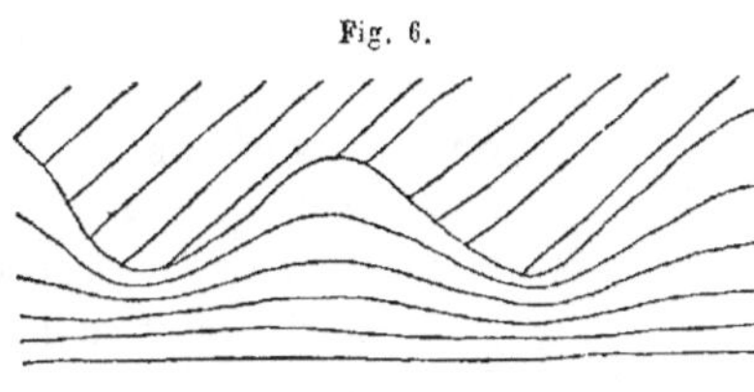

Elles se composent ou de pierres telles que le quartz, le granit, etc., ou de minerais tantôt simples, tantôt composés, qui sont du ressort de l'ingénieur des mines et des mineurs qu'il dirige.

Formation volcanique.

Les volcans actuels, au nombre de 300 environ, se trouvent pour la plupart dans des îles ou sur le bord de la mer, rarement isolés, mais souvent rangés en séries, et plus ou moins éloignés les uns des autres.

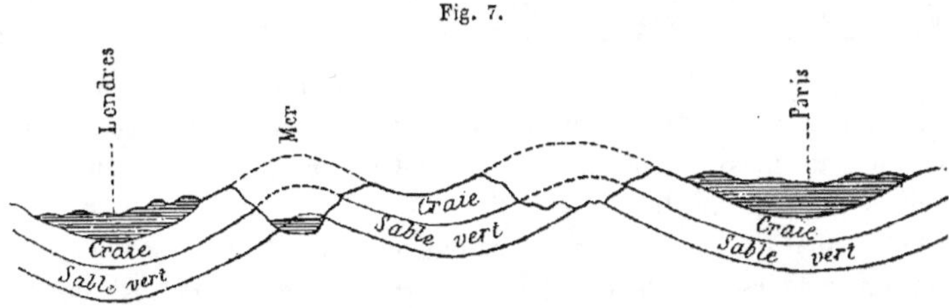

Outre ces volcans en activité, il en existe une innombrable quantité d'autres dont les revêtements, comme pour les volcans en activité, se composent de lave, de sable et de cendre et dont les cratères sont encore plus ou moins nettement accentués.

Leurs éruptions périodiques de lave, de cendre, etc., font naître peu à peu des montagnes coniques, où les matières éjectées forment des couches descendantes, superposées les unes aux autres, en traçant des rayons dont le cratère est le centre.

Soit par un effet mécanique, soit par la fusion des couches traversées par le volcan, il se détache du cône refroidi, dans le voisinage du cratère, des fragments de lave, de sorte qu'il naît finalement des cavités considérables que l'activité continue du volcan fait écrouler, ce qui élargit de plus en plus le cratère. Si le volcan s'éteint avant l'écroulement de ces cavités, il les remplit de masses de lave en fusion qui ne s'y refroidissent que lentement. Quand enfin le revêtement du cône, composé de substances plus ou moins friables, a été peu à peu détaché par l'action des vents et de la pluie, on voit persister ces formes de cônes ou de clochers que l'on retrouve si fréquemment dans les masses de trachite, de basalte ou d'autres roches cristallisées.

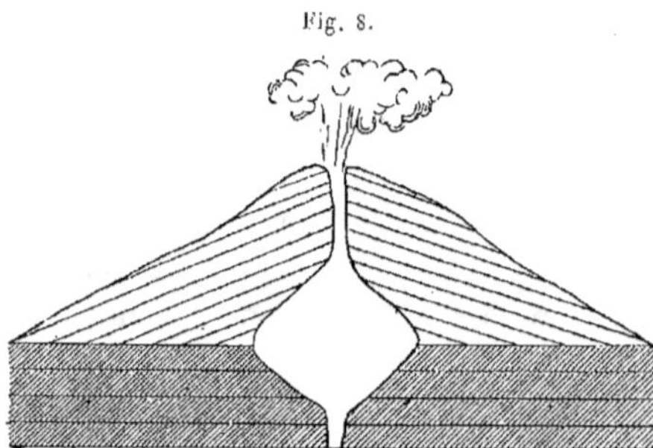

Fig. 8.

Les *fig.* 8 et 8a, empruntées à la *Géologie* du chevalier François de Hauer (Vienne, 1874, chez Hœlden), font comprendre ces phénomènes. Quant aux intéressantes expériences faites par le professeur Hochstetler pour reproduire artificiellement ces scènes de la nature, nous renvoyons le lecteur à l'ouvrage précité, qui offre un si vif intérêt.

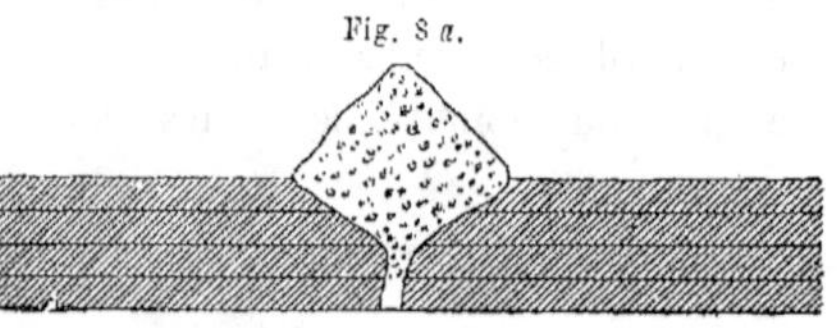

Fig. 8 a.

On observe aussi des fissures ou crevasses analogues à ces cavités, remplies de masses d'origine volcanique ou présentant des rangées de pierres que l'on dirait réduites à l'état de squelettes.

Les formations volcaniques, dans leur état d'isolement, sont caractérisées par leurs formes de cônes, de statues, de murailles, de matières, etc.; mais on les voit aussi stratifiées et alternant avec des couches sédimentaires.

Ce dernier détail s'explique par les éruptions successives de laves des volcans sous-marins, s'opérant simultanément avec la formation des couches sédimentaires.

Formations plutoniennes.

Les formations plutoniennes constituent souvent la carcasse de grandes chaînes de montagnes et paraissent homogènes sur une vaste étendue de terrain; on les voit aussi former des galeries et des ruines; elles traversent bien les couches plus ou moins stratifiées, mais elles ne s'y superposent pas horizontalement. Elles sont généralement cristallines et se distinguent des formes volcaniques par une contexture bien plus homogène, par l'absence de scories ou de pierres amygdaloïdes; elles leur ressemblent en ce qu'elles ne renferment pas de pétrifications et qu'elles forment des galeries et des ruines.

Beaucoup de géologues se contentent d'appeler *granits* les formations plutoniennes et *laves* les formations volcaniques.

La géologie de Hauer renferme, sur la formation des montagnes plutonniennes, une théorie qui, sans contredire précisément celle de Lyell, la modifie sur bien des points.

D'après Hauer, il y aurait, dans les profondeurs de la terre, une masse liquide et chaude, d'une température bien inférieure à celle qui fait fondre la lave, masse qui se refroidirait beaucoup plus lentement que la lave.

A l'appui de ses assertions, il dit que :

a) Dans tous les quartz de ces masses rocheuses, on trouve d'innombrables scories (*Blasen*) remplies d'eau;

b) Ces masses comblent des couloirs étroits et s'étendant au loin, ce que n'aurait pas fait une masse volcanique en fusion, laquelle masse se serait frayé brutalement une issue;

c) Les masses plutoniennes ont modifié infiniment moins la contexture des pierres-mères (Muttergesteine), qu'elles ont traversées.

Roches métamorphiques. — Schistes cristallins.

Les roches métamorphiques, comme les schistes cristallins, ne renferment ni traces de croissance, ni sable, ni scories, ni enveloppes anguleuses de pierres, ni vestiges de corps organiques; elles sont aussi cristallines que les formations plutoniennes; mais elles présentent, comme les formations sédimentaires, des couches de substances différant par la couleur et la contexture. Aussi croit-on que, sorties primitivement de l'eau, ces matières ont eu plus tard leur composition modifiée par la chaleur souterraine.

Voici à peu près ce que dit Hauer sur la formation des pierres métamorphiques : « Il est certain qu'on ne peut étudier, dans leur cours, les changements pour lesquels une argile molle et boueuse, déposée par l'eau, se convertit, dans des circonstances favorables, en une ardoise micacée ou en gneiss ; mais dans toutes les transitions imaginables de la nature, on trouve les résultats de ces modifications devenus argile, argile ardoisée, ardoise argileuse, phyllite, ardoise micacée, etc.

« Il est inutile de démontrer que les parties basses d'une couche en formation éprouvent une pression de la part des dépôts qui les recouvrent, pression qui augmente en proportion de la densité de la partie supérieure de la couche. Or, d'après les expériences de Sorby, Myndall, Daubrée, etc., une pression de ce genre suffit pour amener dans des masses plastiques, comme l'argile et la cire, une foliation toute pareille à celle des ardoises.

« De petites feuilles de fer micacé, irrégulièrement pétries avec de la cire, occupaient, après la pression, des lignes parallèles les unes aux autres. La foliation était perpendiculaire à la pression et s'était opérée régulièrement.

« Or plus les couches déposées forment des ardoises compactes, plus grandes doit être la température de l'intérieur de la terre, où cette puissante foliation s'effectue.

« Des dislocations de toute espèce peuvent aisément précipiter l'argile à une profondeur où la chaleur approche de celle du fer rouge ; l'argile subit alors aussi l'influence de l'eau élevée à une pareille température. Or tel a été le milieu préparé par Daubrée et d'autres pour obtenir artificiellement l'état cristallin des minéraux que l'on rencontre le plus souvent dans les pierres cristallines. »

Caractères pétrographiques.

Ce ne saurait être l'objet de ce livre d'énumérer les éléments minéralogiques de chacune des formations précitées, les innombrables transitions, combinaisons et positions alternantes de ces éléments ; cette énumération serait d'ailleurs d'une utilité très-douteuse. Nous ne pouvons donc que citer en gros les éléments et les phénomènes minéralogiques qui rentrent dans notre plan.

L'*humus* ne peut être rangé ni parmi les matières alluviennes, ni parmi les matières diluviennes, attendu qu'il nait, par l'efflorescense et par d'autres processus chimiques ou mécaniques, par son mélange avec des matières organiques, etc., de la formation qu'il recouvre d'une façon immédiate.

La *tourbe* est un tissu filandreux provenant de certaines espèces de mousses tourbeuses qui finissent par se transformer en une sorte de bouillie et qui, coupées, se renouvellent par le bas en croissant.

La tourbe forme, comme l'humus, la surface d'une couche imperméable et basse. On ne peut donc la regarder que comme un produit végétal et non comme un élément appartenant à une des trois formations dont nous avons parlé.

Le *gravier* et les *décombres* proviennent de l'exfoliation de différentes pierres produite par la gelée, l'humidité, les tremblements de terre ou autres causes et se présentent spontanément ou conglomérés avec d'autres couches plus ou moins fortes et denses. Que, dans cet état, ils soient placés à la surface ou recouverts d'humus, peu importe. On ne peut les compter parmi les éléments des couches. Mais unis par un ciment aqueux ou volcanique, ils forment ce que les Italiens appellent *bruie* et jouent dès lors un rôle dans les formations.

On appelle *sable* une masse composée de petits grains arrondis provenant de diverses espèces de pierres et devant leur forme à l'action mécanique de l'eau au fond de laquelle ils constituent un dépôt. Le sable se trouve dans toutes les formations neptuniennes depuis l'alluvion jusqu'au diluvium.

Le *schotter* se compose, comme le sable, de fragments de différentes pierres détachées par l'eau; il ne diffère du sable que par la grosseur des grains.

Le *grès* est un sable converti en pierre par une espèce de ciment; il entre dans les formations tertiaire, secondaire et silurienne. Le grès de Vienne et des Karpathes appartient évidemment à la formation tertiaire, celui des Vosges, le grès bigarré, le grès rouge et le grès dit de *taille*, à la formation secondaire; quant aux autres espèces de grès, les pétrifications qu'elles renferment doivent servir à les classer. Ainsi Lyell dit de la *grauwacke*, longtemps regardée comme une espèce appartenant aux montagnes de transition : « Grauwacke est une vieille expression de mineur, qui indique une espèce de grès quartzeux ordinairement composé de petits fragments d'ardoise quartzo-siliceuse et d'ardoise argileuse, réunis par un ciment argileux. On a toutefois attribué à cette classe de rochers une importance beaucoup plus grande en la déclarant particulière à une certaine époque de l'histoire de la terre, alors que l'on retrouve des grès semblables non-seulement dans le vieux grès rouge, dans le grès houiller, ainsi que dans certaines formations crayeuses des Alpes, même dans plus d'un dépôt tertiaire. »

Le *conglomérat* est du *schotter* cimenté, et l'on peut, en général, dire de lui ce qu'on a dit du grès.

L'*argile*, mélange de $\frac{2}{5}$ à $\frac{3}{4}$ d'acide siliceux, de $\frac{1}{3}$ ou $\frac{1}{4}$ d'argile pure et d'environ $\frac{7}{100}$ de chaux, de magnésie et d'eau, a la propriété de prendre, pétrie avec de l'eau, toutes les formes voulues; à l'état que nous venons d'indiquer, elle résiste au feu.

La *terre glaise* est une argile rendue impure par du sable et du carbonate de chaux; elle est très-souvent colorée en jaune ou en brun par du fer hydroxydé; celle qui est très-calcaire, très-molle et douce à toucher, reçoit dans beaucoup d'endroits le nom de *low*. Dans bien des contrées, les agronomes appellent *marne* toute argile qui s'émiette facilement à l'air et que, pour cette raison, la charrue brise aisément. Comme on ne précise nulle part la quantité de chaux nécessaire pour que l'argile reçoive le nom de *marne*, ce mot n'est pas assez clair, et l'on range généralement la marne parmi les pierres calcaires.

Si l'on voulait préciser le sens du mot *marne*, en analysant des chaux et ciments calcaires, il faudrait exiger la présence d'au moins $\frac{40}{100}$ de chaux.

L'*argile schisteuse* est une pierre plus ou moins solide, de structure schisteuse; l'argile n'en est pas toujours pure; elle est souvent friable comme le *mudstone* (pierre de boue silurienne).

L'*ardoise argileuse* diffère de l'*argile schisteuse* par une dureté plus grande et une structure schisteuse plus accentuée. Quelques variétés, aisées à fendre, servent à couvrir les toits.

L'argile se trouve sous formes innombrables dans toutes les formations neptuniennes.

Il en est de même de la marne, mélange de chaux et d'argile.

La *craie*, pierre tendre, généralement blanche, est un composé de coquillages microscopiques innombrables et de quelques minéraux; elle n'appartient qu'à la formation dite crayeuse.

En outre le *muschelkalk* et le *zechstein* appartiennent incontestablement au groupe trias, tandis que l'oolithe ou *roggenstein* rentre dans la formation jurassique.

La *dolomie* est composée de carbonates de chaux et de magnésie.

Presque tous les calcaires sont des composés de coquillages ou de coraux.

Parmi les pierres calcaires, on range encore le sel gemme, le plâtre, le fer spathique, la magnésie. Le tuf calcaire, dépôt formé par l'eau de source, ne doit pas être compté au nombre des formations schisteuses.

Le *lignite*, bois à moitié carbonisé, offre encore visiblement une contexture ligneuse.

La *houille brune*, dont la contexture ligneuse est imperceptible, a des brisures terreuses, inégales, parfois brillantes et conchyliologiques ; c'est une houille brillante dont le caractère principal est sa striure brune. Elle appartient, comme le lignite, à la formation tertiaire.

La *houille noire*, à stries noires, forme un groupe spécial dans la formation secondaire (terrains stratifiés, bien qu'on la trouve aussi à l'état sporadique dans la formation crayeuse.

Les houilles noires se partagent en houilles sablonneuses, houilles pour le chauffage.

L'*anthracite*, houille non mêlée de bitume, se trouve par nids dans le groupe Dyas.

D'après Lyell, les pierres massives se partagent en formation volcaniques : le basalte, la pierre-ponce, la dolérite, le *grünstein*, la *hornblende* amygdaloïde, le porphyre, la serpentine, et le trachyte.

Formation plutonienne : granit, granulite, *hornfels*, *schœrl* (ou *schorrl*) et granit talcaire.

Formation métamorphique : ardoise, chlorite, gneiss, ardoise brillante, ardoise de *hornblende*, chaux cristallisée, schiste talqueux, ardoise argileuse, quartz.

Dans la *Géologie de Hauer* nous trouvons le tableau suivant, assez éloigné de celui de Lyell, des pierres volcaniques et plutoniennes :

Vieilles pierres plutoniennes.	Granit.	Syénite.	Diorite.	Diabas.
Moyennes pierres plutoniennes.	Porphyre quartzeux.	Porphyrite.	Mélaphyre.	Porphyre augite.
Récentes pierres plutoniennes.	Trachyte quartzeux.	Trachyte.	Andésite.	Basalte.
Pierres volcaniques.	Lave rhyolite.	Lave trachytique	Lave andésite.	Lave basaltique.

Dans ce tableau les âges vont en remontant ; le contingent d'acide va en diminuant de droite à gauche.

On voit qu'ici le trachyte, le basalte, le porphyre sont rangés parmi les pierres plutoniennes, tandis que Lyell en fait des pierres volcaniques. Lyell fait le granulit plutonien, tandis que Hauer le range parmi les ardoises cristallines.

Nous ne décrirons pas les montagnes diverses sous le point de vue pittoresque, cette description ne pouvant guère être utile. Nous obtiendrions par exemple les résultats suivants :

« Les hautes montagnes de granit sont ordinairement âpres, avec des sommets pointus et dénués de végétation ; elles forment souvent ce qu'on appelle des cônes et des aiguilles. Les parois semblent escarpées, tranchées, nues, avec des rochers saillants.. Les montagnes granitiques, moins élevées, ont des contours moelleux, etc.

« Le *zechstein* est souvent raide et anfractueux. De ses âmes s'élèvent des rochers inabordables, en forme de tours, ainsi que de véritables aiguilles, dans une direction verticale ; les versants sont parfois des murs perpendiculaires avec des fentes et de profondes entailles. Les montagnes moins élevées sont, par contre, mieux arrondies, etc., etc. »

Même quand les pierres seront apparentes, on ne pourra pas toujours, pour les causes que nous avons indiquées, conclure avec certitude que l'on rencontrera tel et tel terrain en creusant ; mais, le plus souvent, des cultures dérobent à l'œil le véritable caractère du sol, et bien que des fissures humides, des carrières, des fosses à sable ou à gravier, etc., donnent quelques indications sur la nature des couches en général, un examen plus approfondi sera presque toujours nécessaire pour savoir à quelles espèces de pierre, à quelles masses de terrain les terrassiers auront affaire.

Voilà pourquoi on a recours habituellement à des sondages.

CHAPITRE II.

SONDAGES DES TERRAINS.

Une investigation effectuée avec une précision mathématique est impossible avec les moyens dont l'ingénieur dispose; il se pourra même que dans les contrées offrant des rochers qui ne sont pas de formation neptunienne, il y ait des mécomptes notables dans les dépenses finales de construction, malgré les études préalables les plus consciencieuses.

Néanmoins, pour atteindre la vérité autant que possible, on fera bien d'étudier les terrains sur lesquels ou aura à opérer.

A cet effet il faudra, sur un nombre de points jugés convenables, creuser jusqu'à la profondeur déterminée par la nature des travaux projetés, afin de pouvoir apprécier les terrains qu'il s'agit de remuer.

Pour atteindre ce but, on creusera des puits d'essai qui, étant assez larges pour mettre le travailleur à son aise, permettront de juger quelle sera la somme de travail nécessaire pour faire les terrassements; seulement il ne faudra pas oublier que le travail à ciel ouvert est bien plus expéditif que celui qui s'effectue dans le puits d'essai où les matériaux n'offrent pas de paroi libre.

Au reste, l'ingénieur pourra, en examinant la structure minéralogique du sol et la forme des matériaux extraits, ainsi que les parois du puits d'essai, juger assez sûrement de la catégorie à laquelle appartiennent les masses à extraire; c'est là un sujet sur lequel nous reviendrons.

Le puits d'essai ne pourra fournir les indications précitées qu'autant que l'on n'aura pas atteint le roc vif; car alors le temps et l'argent manqueront pour continuer les sondages, et l'appréciation géologique ne pourra plus se faire qu'en regardant le rocher effleuré et en examinant si la main de l'homme a déjà attaqué les parois ou si la nature les a dénudées.

Le creusement des puits d'essai n'offre pas de difficultés si le terrain a une forte cohésion; mais s'il est friable, il importe de cloisonner l'excavation. Ce cloisonnement s'opère avec ce qu'on appelle le *cadre* de puits derrière lesquels on a placé une palissade.

Un cadre de puits se compose de quatre morceaux de bois arrondis adaptés à un châssis. Deux de ces morceaux de bois, appelés les *joues*, sont un peu plus longs que ne l'est le puits dans le sens horizontal; on les introduit dans des trous creusés à cet effet; les deux autres morceaux de bois, dits *bonnets*, sont recouverts par les deux premiers (*fig.* 9).

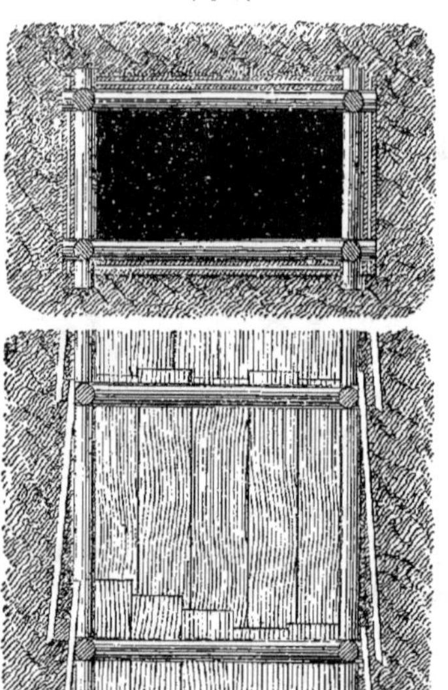

On a coutume de construire, dans l'intérieur du puits, de semblables cadres de 2 mètres en 2 mètres, et de les appuyer à l'aide de poteaux placés de préférence dans les coins, sur la base inférieure du puits. Si la friabilité du terrain exige que les cadres soient plus rapprochées les uns des autres, on ne confectionne que des cadres intermédiaires qui ne s'enfoncent pas dans le terrain.

On ne travaille à la palissade qu'après qu'on a installé le cadre; entre celui-ci et le terrain, on dispose des coins qui, bien que la couronne soit partout suffisamment tendue, laissent assez d'espace entre la terre et le cadre pour que l'on puisse faire entrer d'en haut les planches qui doivent former la palissade.

A mesure que le puits s'enfonce en terre, on continue la confection de la palissade et, lorsqu'on installe un nouveau cadre, on relie par des coins les cadres aux planches des palissades, afin de pouvoir enfoncer de nouvelles planches de palissades entre ces coins et la couronne.

Pour faire monter les matériaux obtenus, comme pour introduire dans le puits les ouvriers et les en faire remonter, on établit au-dessus de l'orifice du puits une poulie munie d'une chaîne et de seaux ou paniers, en prenant toutes les précautions possibles pour la sécurité des travailleurs.

Ces indications devront suffire pour la mise en œuvre de sondages; car d'abord on opère généralement à de petites profondeurs; ensuite, dans le cas où des difficultés se produiraient, on comparerait les résultats espérés avec le temps et l'argent qu'ils réclameraient, et l'on renoncerait aux sondages.

Quand on veut obtenir de prompts résultats, quand le terrain est défavorable au creusement des puits, quand les couches sont nombreuses et friables, au lieu des sondages, on a recours aux forages.

Fig. 10.

En pareil cas, on recommande surtout l'emploi de *perçoirs-cuillers*, de 10 à 15 centimètres de diamètre (*fig.* 10).

Ces instruments apportent, à la lumière, les matériaux à peu près tels qu'ils sont dans la nature.

Voulant forer un terrain avec cet outil, j'examinai une couche de sable épaisse de 4 à 5 millimètres, traversée par un courant d'eau et entourée de terre glaise; elle était à 8 ou 10 mètres de profondeur; je l'examinai, dis-je, si bien que le canal d'épuisement, dont nous reparlerons plus tard, ayant été utilisé par moi pour empêcher le terrain de glisser, l'outil fut parfaitement introduit dans cette couche de sable et donna un brillant résultat.

Quand la profondeur n'est que de 2 à 3 mètres, la tige ordinaire du perçoir est suffisante; mais, quand il s'agit de profondeurs plus considérables, il faut doubler la tige, d'après le procédé indiqué par la *fig.* 11 : les deux tiges I et II sont plus épaisses à l'endroit de l'assemblage, pour ne pas être trop faibles aux extrémités supérieures et inférieures; *a, a* sont des trous où entrent les appendices *bb*; *c* est un anneau que l'on fait passer par-dessus l'assemblage et que l'on y assujettit solidement; à travers le trou *d* passe ou la vis *e* ou une cheville avec un coin convenable. On emploie aussi le système des vis, de manière qu'une des extrémités de la tige à perçoir est toujours garnie d'une vis, tandis que l'autre est munie d'un écrou sur lequel, après avoir vissé, on fait passer une gousse. Quand la tige et la gousse sont quadrangulaires, il ne peut s'opérer de dévissement, pas même quand on remonte le perçoir.

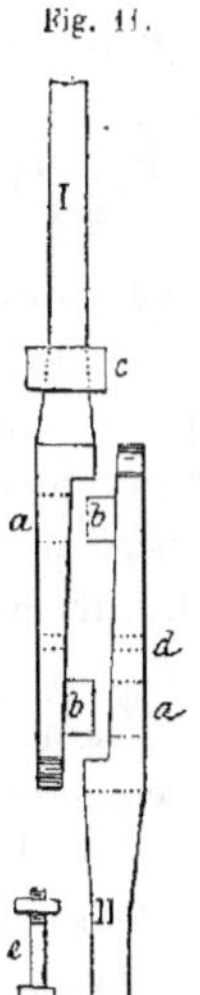

Fig. 11.

Mais cette réunion de deux tiges offre un inconvénient, quand le perçoir subit le mouvement rotatoire, qui est le plus avantageux : c'est que, à force de transporter l'instrument, les écrous se déplacent et qu'alors on a de la peine à les nettoyer; c'est qu'en outre, durant le forage, surtout dans un terrain dur, une tige se visse si fort à l'autre qu'on est ensuite fort embarrassé pour les détacher l'une de l'autre. Au contraire, cette espèce d'assemblage est bien préférable quand on opère le forage par chocs continus.

Afin d'empêcher que, pendant la réunion des tiges, l'extrémité inférieure portant le perçoir ne tombe dans le trou, on a, pour chaque perçoir, la fourchette, qui est placée en travers des terres et enfoncée dans la tige, de sorte que le lien le plus fort de la réunion des deux tiges ne peut pas se perdre (*fig*. 12).

Pour faire tourner le foret, on se sert de l'instrument représenté *fig*. 13. Pour introduire et retirer la tige, on emploie une roulette attachée à un trépied composé de trois poutres.

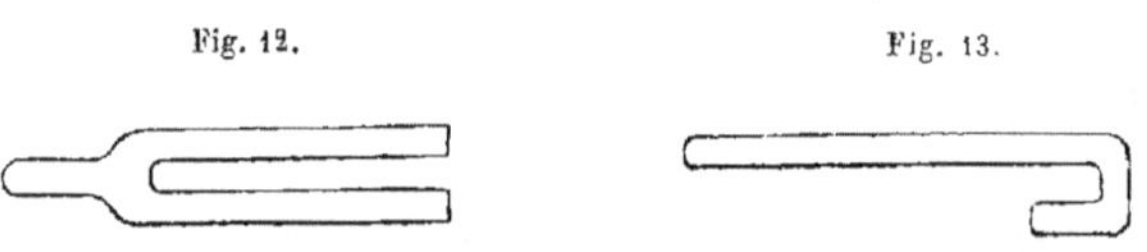

Fig. 12.   Fig. 13.

A cet effet, on peut recommander vivement ce qu'on appelle le *différential flaschenzüge* moins pour vaincre les résistances, ce qui n'est pas à dédaigner, que pour le mécanisme, qui fait que le perçoir peut être tenu suspendu à n'importe quelle hauteur, sans autre consolidation ou emploi de force.

Pour de petits forages, alors surtout qu'il s'agit de terre glaise ou d'un fond de sable d'une solidité moyenne, on peut employer avec succès le perceur d'assiettes, que l'on trouve dans le commerce avec des diamètres variant de 5 à 30 millimètres.

Le fer à sondages, tige ayant un diamètre de 1 centimètre à 1 centimètre et demi, avec une pointe et des cavités qui retiennent les matériaux rencontrés aux différentes profondeurs, ne peut être employé qu'à

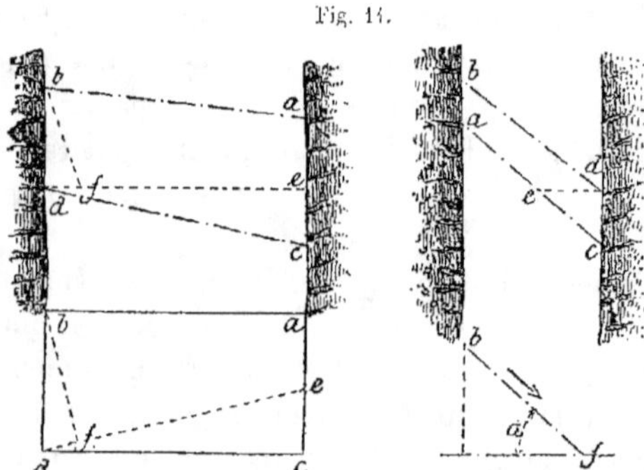

Fig. 14.

de très-petites profondeurs et ne fournit que des résultats très-incertains.

Si l'on a affaire à une stratification régulière, on pourra, connaissant la direction et l'inclinaison d'une couche avec la hauteur absolue d'un seul point, déterminer avec une grande probabilité, à un endroit quelconque de la couche, la topographie de cet endroit.

Si l'on trouve par exemple, dans un puits d'essai (*fig*. 14) que la surface qui sépare deux couches, l'une d'argile, l'autre de grès, coupe une paroi du puits sur la ligne *ab* et la paroi vis-à-vis sur la ligne *cd*, la direction sera *de* et l'inclinaison *bf*.

On peut donc sur les lieux, à l'aide d'une boussole portative et d'un dextromètre, mesurer la direction et l'inclinaison.

Il y aurait de la témérité à vouloir, d'après cette petite surface du puits d'essai, juger toute la couche ; mais plusieurs puits d'essai ou trous de forage permettront d'arriver à des conclusions assez positives.

Si nous en restions à l'exemple précédent, nous pourrions, dans le but de préciser davantage la position de la couche attaquée dans le puits d'essai, au cas où aucune dénudation naturelle ne nous en fournirait les moyens, chercher à découvrir la hauteur absolue de la couche, à l'aide de forages, aux points *h* et *i* (*fig.* 15).

Fig. 15.

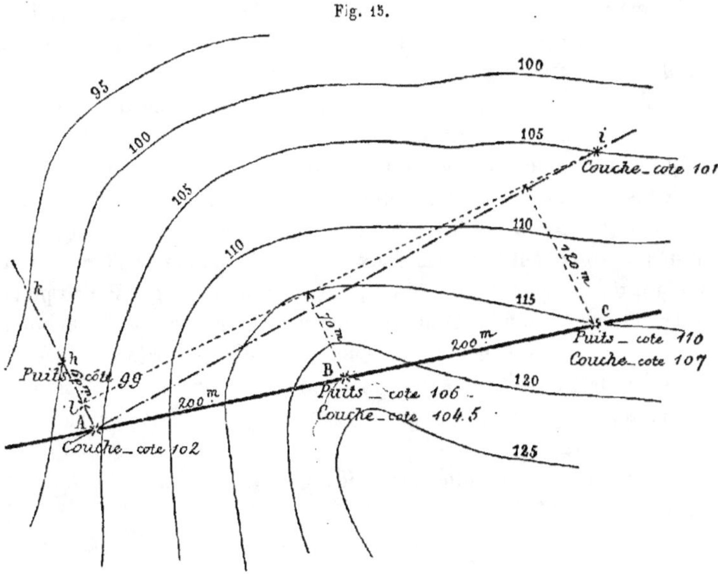

Dans cette figure, les lignes pleines indiquent les courbes horizontales de la surface du terrain ; A est le puits d'essai où la couche est attaquée ; B et C sont deux autres puits où elle n'a pas été atteinte ; A*i* est la direction probable d'après les indications fournies par les puits ; A*h* est l'inclinaison.

Soient maintenant A le point où la face inclinée de la couche de grès aura été atteinte à une profondeur de 3 mètres ; 16 mètres et 5 mètres les profondeurs atteintes en B et C ; il faudrait, la couche de grès étant uniformément plane, qu'elle fût en i, environ à 3 mètres sous le terrain ; à h, $1^m,5$ au-dessous du même terrain ; à B, à 1 mètre et en C à 2 mètres sous la base du puits. Au lieu de cela, si au point i cette couche n'a été forée qu'à 4 mètres au-dessous du terrain et en h à 1 mètre, la direction Ai deviendrait li, et cependant en B la couche de grès serait à $1^m,50$ et en C à 3 mètres au-dessous de la base du puits. On peut ensuite, en forant et en creusant dans un des puits, se convaincre si la réalité répond à ces données, sans admettre toutefois que cet accord doive être d'une exactitude mathématique ; on devra se contenter de résultats approximatifs.

Toute cette étude peut se faire très-simplement par la voie graphique. Un homme compétent ne rencontrera aucune difficulté dès qu'il trouvera la limite des couches d'argile et de grès sur la rive d'un fleuve corrodée par les eaux ; où, à l'aide de deux points, il déterminera leur situation absolue dans l'espace, en fixant avec ces deux points de la couche et celui de A, sa direction dans une de ses parties quelconques.

Mais il en est tout autrement quand la couche, au lieu d'être plane, est onduleuse ou même désordonnée.

Supposons que nous ayons deux puits d'essai A et B, à environ 200 mètres de distance l'un de l'autre et que la *fig.* 16 représente les sections des couches telles qu'on les a trouvées ; la couche de grès s'étant rencontrée à la même profondeur dans les deux puits, la direction et l'inclinaison indiquant que la couche trouvée au puits A, restera plane jusqu'au puits B, mais descendra alors à 85 mètres plus bas ; il sera vraisemblable que nous serons en présence d'une couche onduleuse, brisée ou désordonnée, et nous nous tromperions fort si nous tirions une ligne horizontale ponctuée, comme dans les *fig.* 16 et 17, et réputée ligne de séparation des deux couches.

Il peut se faire en effet que la couche ait la direction marquée dans les *fig.* 16 et 17.

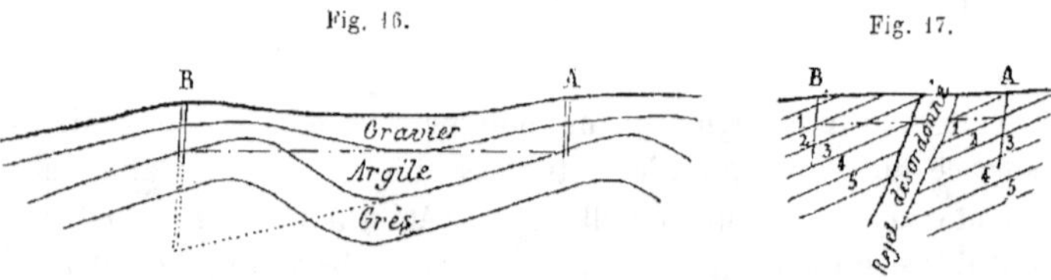

Fig. 16.Fig. 17.

Il faudra donc creuser de nouveaux puits ou pratiquer de nouveaux forages pour s'assurer de la direction des couches.

Il importe de connaître la direction des couches pour savoir à quelle espèce et à quelles masses de terrain on aura affaire, pour modifier en conséquence le tracé de la ligne.

On devra, en effet, bien des fois, changer ce tracé, soit pour éviter un gisement de rochers très-durs, soit une couche d'argile qui menacerait de glissements de terrain.

On devrait donc procéder toujours aux sondages, immédiatement après avoir levé le plan des lieux et s'adjoindre, autant que possible, un géologue expert avant d'adopter un tracé définitif.

Mais cela se fait rarement ; on presse au contraire l'ingénieur dirigeant pour qu'il termine les travaux le plus vite possible.

Il est rare toutefois que les dépenses excèdent de beaucoup les devis, quand on peut éviter les gisements de rochers trop durs. Mais quand les terres glissent sur une grande étendue, quand les travaux sont retardés ou deviennent plus dispendieux, quand les frais d'entretien dépassent les recettes de l'entreprise, quand enfin, comme cela s'est vu, on est forcé, au bout de vingt ans, d'abandonner une ligne, on s'en prend naturellement à l'ingénieur qui a dirigé les travaux et l'on oublie qu'on l'a pressé trop vivement ; on rejette toute la faute sur lui, on l'accuse d'ignorance ou d'étourderie, on lui reproche de n'avoir pas percé en regard le terrain comme s'il eût été diaphane et de ne pas avoir pénétré dans l'intérieur des couches géologiques avec la sagacité d'un *voyant*.

Quand la débâcle financière arrive, quand des millions ont été engloutis en pure perte, quand on n'entrevoit plus d'issue heureuse, surviennent des savants et des ignorants, des invités et des non-invités, avec ou sans cartes géologiques ; ils démontrent, avec ou sans étalage d'esprit et de logique, d'après les expériences de sondages et de forages, que le terrain devait glisser en tel ou tel endroit ; ils ne peuvent comprendre qu'on ait hasardé de grands travaux sur un pareil terrain ; bref, ils démentent par leurs paroles, leurs cartes géologiques faites avec un remarquable optimisme.

Au reste, nous ne voulons déprécier ni la bonté des cartes, ni l'habileté des géologues en question ; nous voulons seulement prouver qu'eux aussi peuvent se tromper comme les ingénieurs et que, sans études longues et dispendieuses, ni les uns ni les autres ne peuvent indiquer avec certitude la condition intérieure des terrains ; ces études sont donc indispensables pour marcher ensuite avec assurance. Il est évident qu'un habile géologue reconnaîtra plus vite et avec moins de dépenses de sondages la nature d'un terrain que l'ingénieur pour qui la géologie est une étude secondaire ; aussi l'ingénieur doit-il s'adjoindre un géologue toutes les fois qu'il le peut.

CHAPITRE III.

TRAVAUX SUR DES TERRAINS LÉGERS.

L'ingénieur emploie, à l'état de nature, la pierre, le silex, le sable, la terre, le gazon, les branchages, les semences, etc. Il s'agit pour lui d'enlever les matériaux bruts, de les rendre transportables et de les transporter là où il pourra les utiliser.

Le plus utile, le plus ordinaire de tous ces matériaux est sans contredit la terre, dans le sens vulgaire du mot, la terre alluvienne, diluvienne, sédimentaire, plutonienne ou volcanique, ne renfermant que des parcelles de roches et de pierres et pouvant être travaillée aisément avec les instruments que nous allons décrire.

La terre labourable, la tourbe, le sable, la terre glaise sablonneuse ou humide peuvent être remués par la bêche ou la pelle.

La forme de la pelle varie suivant la diversité des nations.

La pelle allemande (*fig.* 18) est bonne pour tous les genres de terrain;

Fig. 18.

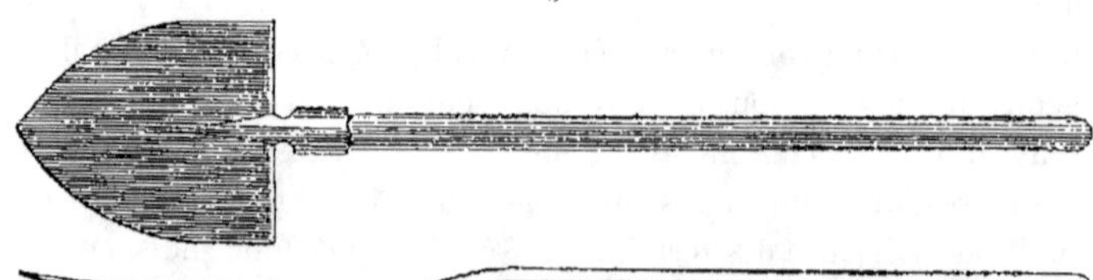

mais, quand le sol est un peu dur, elle ne l'entame guère, pour chaque coup, qu'à une profondeur de 25 à 28 centimètres, ce qui, du reste, est suffisant. Sa solidité, jointe au secours du manche, qui fait l'office de levier, permet de détacher du sol la motte de terre qui a été entamée.

La pelle de la basse Hongrie (*fig.* 19) est bien plus longue, et quand la

Fig. 19.

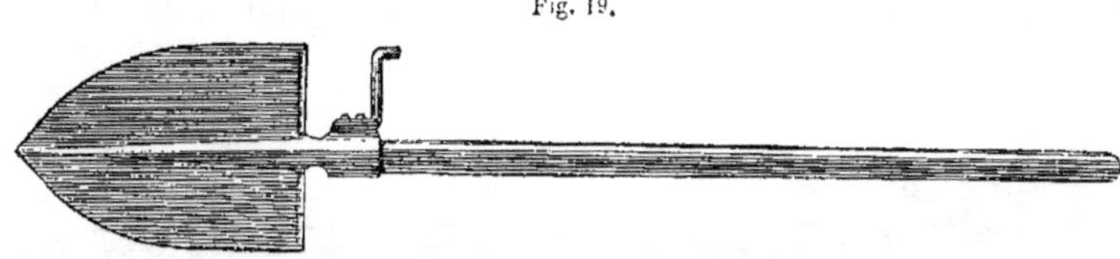

terre est meuble, elle peut, à chaque coup, y pénétrer à une profondeur
de 36 à 38 centimètres, mais elle est moins utile quand le sol est dur,
parce qu'elle ne peut y entrer entièrement; en détachant la motte du sol,
cette pelle a souvent sa partie la plus faible courbée et même biaisée.

La pelle italienne ou de Padoue (*fig.* 20) diffère notablement des deux
précédentes; car, au lieu de se terminer en pointe, elle est de forme

Fig. 20.

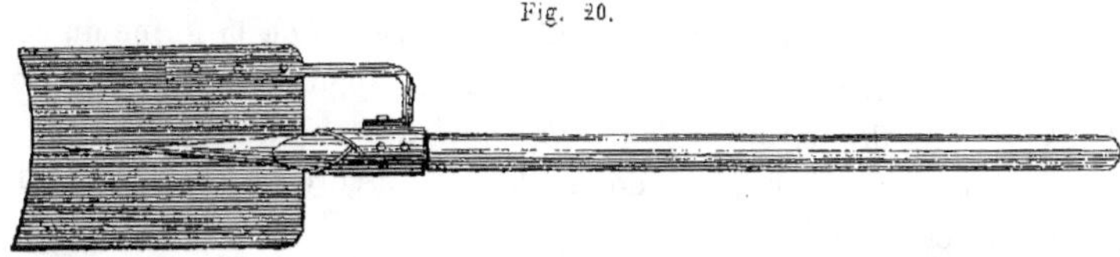

quadrangulaire et a son extrémité antérieure concave; comme la dernière, elle tient au manche par une douille. Par l'effet de sa structure,
elle s'enfonce moins dans le sol que les deux autres, ce dont on s'aperçoit du premier coup d'œil; mais, dans un sol meuble et friable, où elle
peut entrer jusqu'à la naissance du manche, elle enlève des mottes plus
considérables.

La pelle anglaise (*fig.* 21) ressemble à celle de Padoue, mais elle est

Fig. 21.

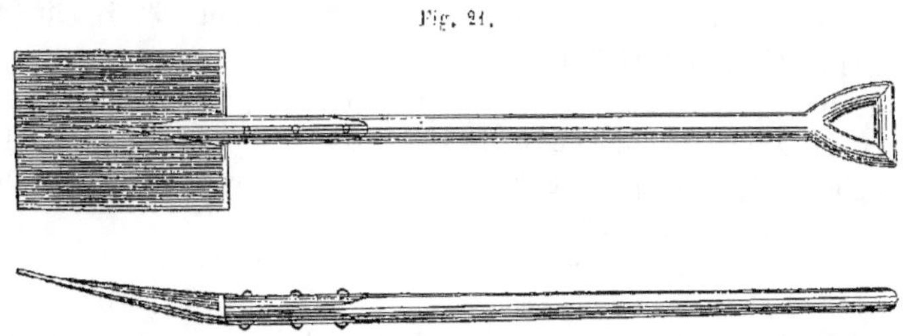

assujettie au manche à l'aide de ressorts et de vis; quant à son efficacité,
elle doit être à peu près la même que celle de Padoue.

La pelle (*Schippel* et non plus *Schenfel*) de Silésie (*fig.* 22) est d'une construction particulière ; sa légère courbure facilite le chargement et la projection de la terre ; mais, en cas de brisure, la réparation du manche

Fig. 22.

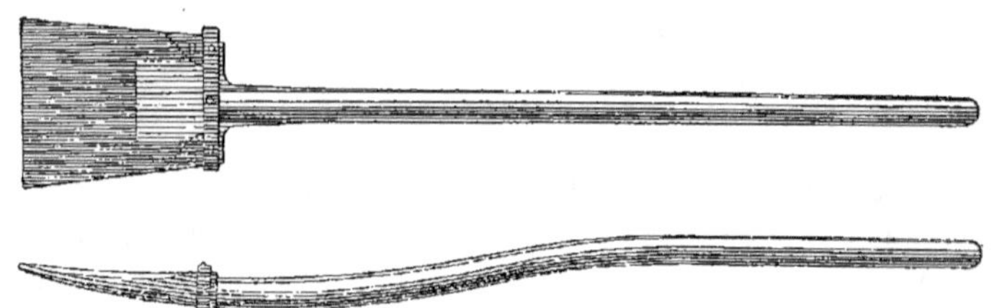

est plus longue, plus dispendieuse que pour toutes les autres pelles, une partie considérable de la *schippe* avec le manche étant formée d'un seul morceau de bois.

En tout cas, il est à remarquer qu'on s'est écarté de la forme du coin au point d'arriver à la forme complétement opposée ; cette pelle doit déplacer plus de terrain qu'on n'en peut charger ou projeter dans le même espace de temps ; cependant Plessner assure qu'elle fournit des résultats très-satisfaisants.

Quand on n'est pas réduit à former des terrassiers inexpérimentés, mais que l'on peut employer des ouvriers déjà façonnés aux travaux de terrassements, il importe de laisser entre leurs mains les outils auxquels ils sont habitués ; car les innovations en fait d'outillage sont reçues avec dépit et prévention par des ouvriers inintelligents quoique exercés, et le travail en souffre.

La preuve en est que les ouvriers vigoureux donnent, quel que soit leur outil, en tous pays, des résultats à peu près identiques. Ainsi Becker, parlant de l'emploi de la pelle allemande dans le midi de l'Allemagne, dit qu'un ouvrier robuste donne, en dix heures de travail, 16^{mc},67 d'humus, 11^{mc},11 de terre de jardin et 6^{mc},67 d'argile.

Plessner, se basant probablement sur l'emploi, qu'il recommande, de la pelle silésienne, donne de 13,5 à 18 mètres cubes d'humus et de sable meuble ; de 5,6 à 9 mètres cubes de terre glaise, d'argile facile, de sable ferme, de silex mêlé de terre et de gravier.

Lors d'un essai fait en Hongrie, dans une argile sablonneuse, quatre ouvriers, en huit heures de travail, vinrent à bout d'une portion de terrain ayant 14 mètres de long sur 2 de large et 1 de profondeur, en jetant la terre de côté avec leurs pelles ; cela donne par homme et par 10 heures de travail 8^{mc},75. Pour pouvoir utilement comparer les résultats précédents, li faudrait des indications plus précises sur la nature des terrains ; car, pour la terre de jardin, par exemple, il importe de savoir si elle renferme plus ou moins de matières végétales, si elle vient d'être remuée ou si elle est restée longtemps inculte. Les mots *terre glaise*, *sable ferme*, etc., sont aussi très-vagues.

Sans doute, les résultats varieront suivant le tempérament et l'activité du travailleur et surtout si l'on compare le travailleur à la tâche avec un ouvrier travaillant à la journée sous une surveillance peu sévère.

Pour travailler sur des terrains plus solides, tels que la terre glaise

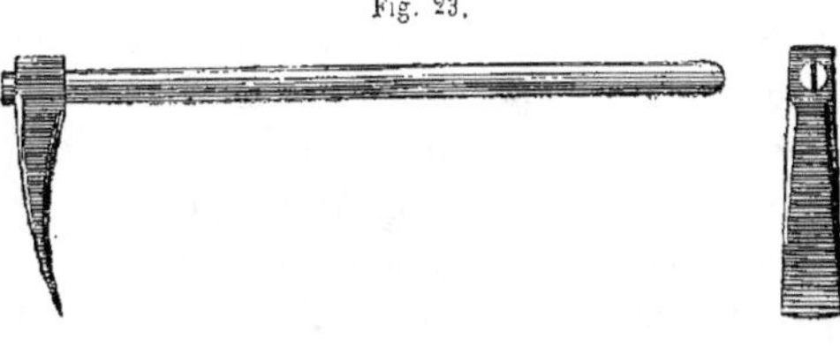

Fig. 23.

sèche, le gravier, le sable compacte, la pierre à feu légère et de la rocaille, il faut encore d'autres outils, tels que la *pioche* (*fig.* 23), le pic (*fig.* 24), rarement employés dans de grands travaux, à cause de leur peu de poids et de la faible quantité de terrain qu'ils déplacent.

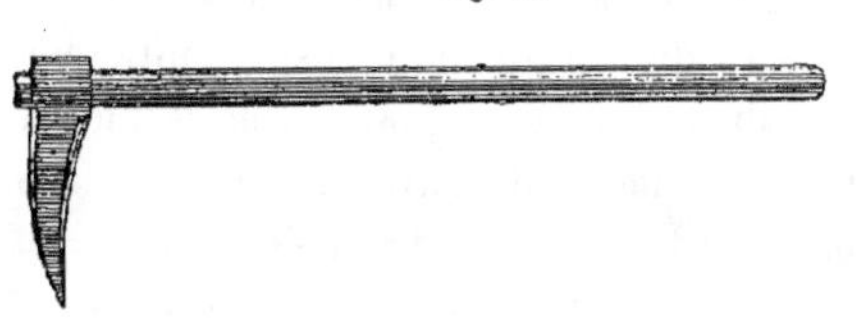

Fig. 24.

Le pic double (*fig.* 25) est, en pareil cas, l'outil le plus fréquemment employé, parce que, suivant les besoins, on peut se servir de la pointe la plus aiguë ou de la pointe la plus obtuse. En outre, le poids de l'instrument, tout en restant maniable, est tel que chaque coup donne un

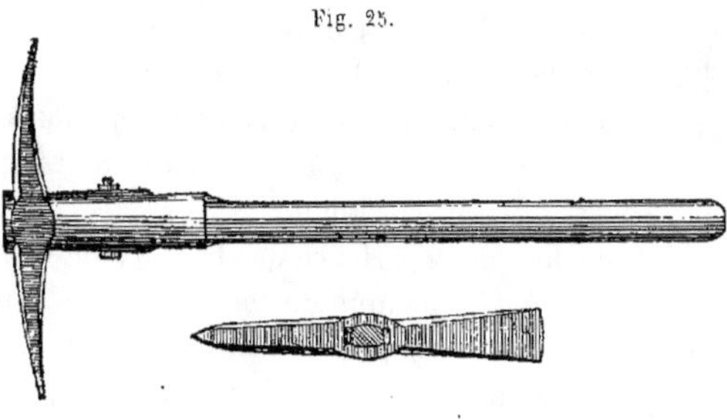

Fig. 25.

résultat relativement considérable. Les dimensions et le poids du double pic varient suivant les travailleurs ; il pèse de 3 à 6 kilogrammes. Les Italiens vigoureux ne le trouvent jamais trop lourd, et on les a vus recevoir avec joie un outil de ce genre pesant 7 kilogrammes.

Il y a des pics doubles que l'on assujettit au manche à l'aide de ressorts ; d'autres n'ont pas de ressorts et sont fixés au manche à l'aide d'un coin.

Le double pic anglais (*fig.* 26) est aussi employé chez nous, là où le

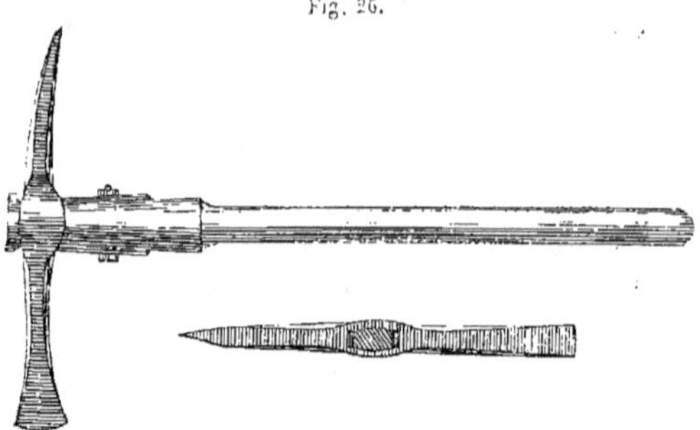

Fig. 26.

sol est entrelacé de racines, comme dans les prairies, les forêts, etc., parce que la hachette, qui forme une de ses pointes, est très-propre à détacher et à couper les racines et les parties ligneuses.

Mais s'il faut creuser à 1^m,50 ou 2 mètres de profondeur, on emploie aussi des coins (*fig.* 27) pour morceler un bloc de terre. Les marteaux, dont on se sert alors, sont faits ou en bois rond ordinaire fretté, ou avec les parties noueuses d'une racine.

Suivant la dureté ou la cohésion du terrain, à des distances de 2 à 6 mètres, on pratique des entailles de 3 à 5 décimètres de large dans toute la hauteur de la paroi ; ces entailles sont plus ou moins profondes suivant la dureté ou la mollesse du terrain ; on creuse ensuite sous la base du bloc ; enfin, quand avec le pic on a pratiqué une petite ouverture à la surface du bloc, on le morcèle à l'aide de coins.

Ce genre de travail est le plus usuel bien qu'on l'interdise, du moins en Autriche, dans tous les contrats relatifs aux travaux de terrassements, à cause des dangers plus ou moins grands qu'il fait courir aux ouvriers.

Ce danger est peu de chose quand on ne sape pas témérairement la base du bloc et quand les ouvriers écoutent attentivement les conseils qu'on leur donne.

Ma longue expérience des travaux de construction de chemins de fer m'a appris que les accidents frappent surtout ceux qui vont travailler là où ils n'ont rien à faire, souvent aussi ceux qui creusent pendant la nuit et qui sont en état d'ivresse.

Les travailleurs, occupés à détacher un bloc de terre, dirigent toute leur attention sur

Fig. 27.

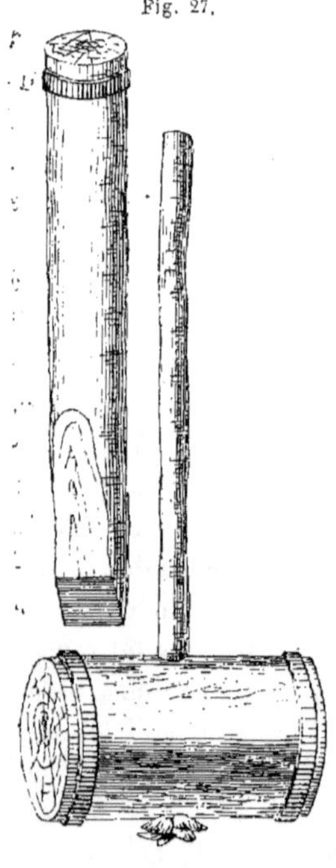

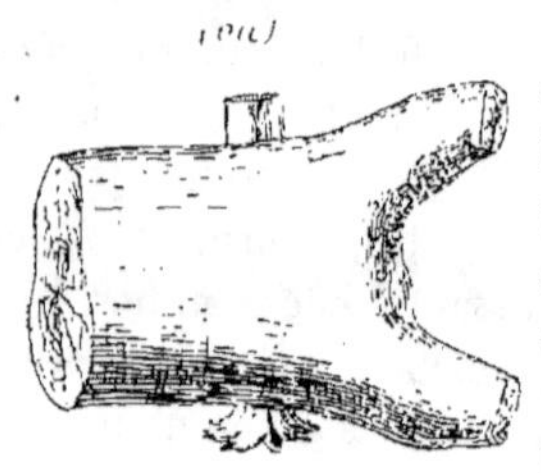

cette masse et devinent très-bien, à la grandeur croissante des fissures, le moment où elle va s'écrouler.

Par contre, ils se préoccupent très-peu de la sécurité de leurs compagnons de peine, des chargeurs, voituriers et autres, travaillant dans leur voisinage immédiat et trop souvent, quand ils vont jusqu'à crier *gare!* le mal est fait.

Quand le chef de section a dirigé toute son attention sur ce travail, où ses intérêts sont engagés, s'il n'a pas en même temps usé de toute sa sévérité pour éloigner du bloc prêt à couler tous les travailleurs secondaires, il peut bien arriver une déplorable catastrophe, et une pauvre charretière ou un chargeur perdront la vie ou l'usage de leurs membres.

Ordinairement on tolère la rupture, au moyen de coins, de blocs de terre ayant moins de 4 mètres de hauteur; mais on l'interdit ou on la punit quand le bloc est plus considérable.

Cette défense est justifiée par les dangers croissants que les gros blocs font courir à tous les travailleurs du voisinage; en revanche, ceux qui s'occupent de morceler les blocs eux-mêmes ne risquent guère plus dans un cas que dans l'autre; au contraire, plus un bloc est considérable, plus l'ouvrier chargé d'en saper la base prendra ses précautions pour ne pas être écrasé ou enseveli.

J'ai été témoin d'éboulements qui ont eu de déplorables conséquences, et cependant les blocs n'avaient guère que $1^m,50$ de hauteur.

Quand un si petit bloc tombe, les ouvriers sont souvent des victimes, parce que, au lieu de sauter en arrière, ils se retournent pour prendre la fuite; plus d'un aussi a perdu la vie ou l'usage de quelque membre, parce qu'il était chaussé de lourds sabots.

Il sera toujours dangereux de saper la base d'un bloc ou de le fendre à l'aide de coins, parce qu'il se rencontre quelquefois dans la masse des inégalités de cohésion, ce qui produit une rupture subite. Toutefois, quand la surveillance se fait d'une manière intelligente et consciencieuse, le danger n'est pas plus grand que lorsqu'on fait sauter des rochers, quand on creuse des puits ou des galeries, quand on jette des fondations, etc.

Quand un bloc de terre ainsi détaché s'écroule, il se partage ordinairement, par l'effet même de sa chute, en fragments que l'on peut immédiatement charger sur des voitures; parfois il tombe sur le côté, et alors il faut continuer l'emploi des coins et des pics doubles.

Mentionnons ici rapidement une méthode particulière que j'employai pour creuser un fossé. Il s'agissait d'exhausser, en pays plat, l'emplacement d'une station, en l'élevant de 3^m au-dessus des terrains avoisinnants; les remblais nécessaires devaient être pris dans un fossé à creuser; mais, à cause des infiltrations d'eau qu'on pouvait craindre, le

fossé ne devait pas avoir plus de 1ᵐ,10 de profondeur. Le sol était
ferme et argileux et, à l'état de sécheresse, on ne pouvait le travailler
qu'avec la pioche. On n'employait que des charrettes à quatre roues,

Fig. 28.

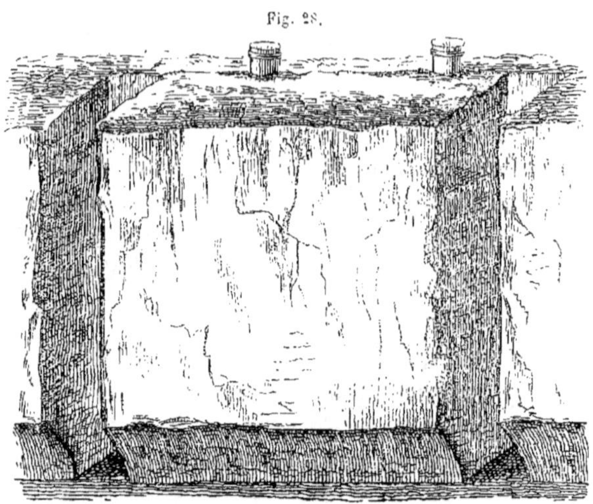

qui pouvaient circuler aisément, les remblais et le fossé devant avoir une
grande étendue. Au lieu d'ameublir la terre avec des pics doubles, je fis
manœuvrer des charrues américaines attelées chacune de quatre bœufs.
Je creusai ainsi le sol à une profondeur de 8 à 12 centimètres, suivant
ses différents degrés de dureté. Lorsque le fossé eut environ 50 000 mètres
carrés de surface, je labourai en un seul jour avec les deux charrues
12 500 mètres carrés, si bien que, dans l'espace de quatre jours, tout le
fossé fut creusé à une profondeur de 10 centimètres.

Ainsi les deux charrues réunies donnaient par jour environ 125 mètres
cubes de déblais; les frais d'entretien pour les charrues, les bœufs, les
valets et la cote respective d'amortissement, en tenant compte des fêtes
et des jours de pluie, s'élevaient à la somme quotidienne de 30 florins
(75 fr.), c'est-à-dire 2 kreutzers et demi autrichiens (0ᶠ,06) par mètre cube.
Comme les déblais ainsi fournis étaient répandus sur un espace de terrain
considérable, il fallait les charger avec promptitude; le chargement coû-
tait près de 7 kreutzers et demi, de sorte que le mètre cube revenait par
jour à 10 kreutzers (24 centimes), ce qui constituait une économie notable. On se sert maintes fois, pour le chargement, de pelles semi-circulaires (*fig.* 29), plus utiles, dans les terrains durs, que les pelles triangulaires.

Dans ces sortes de terrain, on ne peut qu'exceptionnellement faire un

chargeur du terrassier, parce que, si la distance à parcourir par le voiturier est peu considérable, le terrassier a peine à fournir les déblais néces-

Fig. 29.

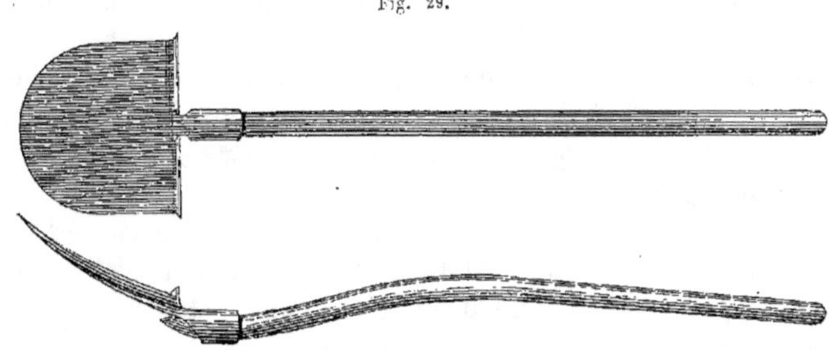

saires pour le chargement; il faudrait donc, pour régulariser la besogne,
ou moins de charretiers ou plus de terrassiers.

Mais si l'on admet, ce qui est généralement le cas aujourd'hui, que
les travaux sont urgents, il faut employer un nombre de terrassiers suffisant pour qu'ils ne se gênent ni les uns ni les autres; mais à d'autres
ouvriers doit être laissé le soin du chargement; c'est ainsi que la besogne
peut être convenablement activée.

On peut utiliser comme chargeurs des hommes moins vigoureux que
les terrassiers.

Ainsi Plessner, dans les *Terrassements de Henz*, cite l'exemple suivant :

« Sur le chemin de fer de Wesphalie il fallait, pour construire une
digue, prendre des matériaux à une paroi de marne assez escarpée
malgré des travaux horizontaux successifs, les parois restant toujours
trop hautes, on résolut de les démolir plus promptement au moyen de
mines.

« On creusa donc dans la paroi une galerie haute d'environ 130 centimètres et large d'un mètre sur une longueur de 19 mètres; à l'extrémité
on creusa deux autres galeries, coupant la première à angles droits et
longues chacune de 22 mètres. A l'extrémité de chacune de ces deux galeries, on creusa une chambre d'environ 25 décimètres de diamètre. Dans
chacune de ces chambres, on plaça 200 kilogrammes de poudre de mine,
dans des tonneaux percés disposés sur une couche de paille, pour éviter
l'humidité. La mine correspondait avec l'extérieur au moyen d'un triple
fil devant y mettre le feu. Dans le voisinage des chambres, on obstrua
les galeries avec des digues en pierre et l'on combla les galeries jusqu'à
l'entrée avec de la terre et du fumier. »

L'effet, dit Plessner, fut colossal; on n'obtint, il est vrai, pour le moment, qu'une masse de 45 mètres cubes; mais, après un intervalle de

deux semaines, tout le terrain attaqué se coucha tellement qu'il forma un talus d'un pied, se renouvelant à mesure qu'on le détachait. Le produit total de la mine fut de 90 000 mètres cubes, coûtant la somme de 180 thalers 3 dixièmes (676^f,125), ce qui donne 0^f,007 pour prix du mètre cube.

M. Isodore Trauzel, lieutenant du génie dans l'armée autrichienne, cite, dans sa *Description de la dynamite* (Vienne, 1869) les résultats d'une pareille mine pratiquée dans un terrain d'argile tenace, par la *Société de la Vieille-Montagne*.

On fora dans l'argile un trou de 38 décimètres de profondeur sur 5 centimètres de largeur. Mais, au fond du trou, la largeur était de 57 décimètres. La charge consistait en 2 400 grammes d'huile explosive. Pour remplir de cette substance le trou jusqu'à une hauteur de 95 centimètres, on y jeta des cailloux. L'effet fut prodigieux. Une montagne entière fut soulevée et déchirée dans tous les sens.

La masse des déblais obtenus fut de 200 mètres cubes, coûtant chacun 5 kreutzers.

Ce profit est peu de chose comparativement à celui qu'a mentionné Plessner, mais il est extraordinaire comparativement aux résultats que l'on aurait obtenus par l'emploi du coin et de la pioche.

Citons comme contraste l'exemple suivant : à une époque où, pendant près de trois mois consécutifs, le thermomètre centigrade indiqua constamment de 20 à 25 degrés au-dessous de zéro, on voulut hâter les travaux d'une tranchée pratiquée dans de l'argile. Le sol était, jusqu'à 10 ou 13 décimètres de profondeur, gelé au point que ni le coin ni la pioche ne pouvaient l'entamer. Il fallut donc recourir à la mine ; mais les trous ne produisaient aucun effet, quoiqu'ils atteignissent la terre non gelée. Le mètre cube revenait à 2^f,50. Chaque nuit, 1 ou 2 décimètres de la terre non gelée gelaient d'autant plus facilement que l'ensemble du terrain était fort humide ; il y avait donc, chaque matin, de nouvelles difficultés à vaincre. Les couches gelées étaient percées par le coin et soulevée par des leviers en fer. On obtenait des plaques de 1 ou 2 mètres carrés de surface qu'il fallait morceler par un nouveau travail.

Une pareille besogne il est vrai, n'est entreprise que dans des cas exceptionnels. La mine ne réussit pas dans un sol argileux non gelé, ou du moins les résultats en ont été tout à fait insuffisants.

Lorsque l'on construisit le chemin de fer impérial royal, qui passe à Stadlau, près de Vienne, on essaya l'emploi de la dynamite pour faire sauter un terrain argileux qui n'était pas gelé : quelques explosions eurent du succès, mais, au total, les résultats furent très-peu favorables.

CHAPITRE IV.

DES MOYENS QUE L'ON EMPLOIE POUR FAIRE SAUTER LES ROCHERS.

Quand on travaille dans un terrain rocailleux, on se sert, suivant ses différents degrés de dureté, de coins, de leviers en fer, de pioches ou de poudres explosives, expédients souvent combinés avec d'autres.

Si le roc est crevassé, la pioche peut suffire pour le morceler; ce serait là un terrain moyen entre la terre proprement dite et le roc dur. On fera bien d'employer généralement, dans ce cas, des pics et leviers pareils à ceux que représente la *fig.* 30.

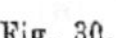

Fig. 30.

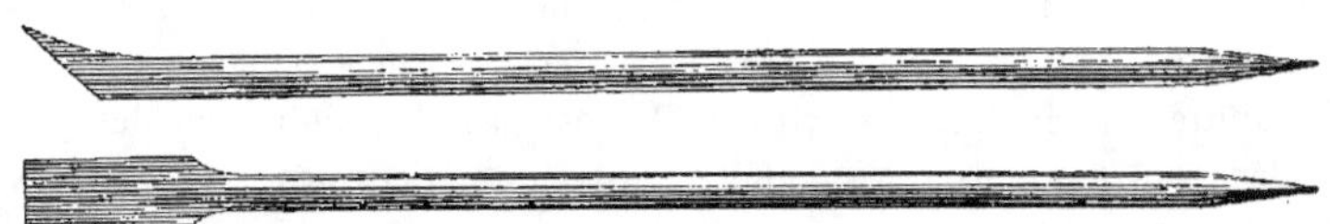

On enfonce la pointe d'un de ces outils dans les gerçures naturelles du roc jusqu'à ce qu'il y ait assez de place pour l'emploi de la grosse extrémité opposée à la pointe. On appuie alors sur le levier, et l'on détache un fragment plus ou moins considérable du roc; on continue ce travail, horizontalement, sur la couche que l'on s'efforce de séparer de sa voisine immédiate.

Quand une stratification présente un angle d'incidence de moins de 45 degrés, si les couches, prises une à une, ne sont pas crevassées, on s'efforce d'y créer des fissures avec la pointe d'un levier en fer pesant de 13 à 18 kilogrammes; mais si les couches sont trop compactes, ou si la pierre est trop dure pour pouvoir être entamée par le choc dudit levier, ou si l'on veut obtenir des matériaux taillés régulièrement, on emploie le coin, le petit marteau (*fig.* 31), et l'on creuse des gaînes à coin, éloignées les unes des autres de 6 à 15 décimètres; dans ces gaînes ou trous, on enfonce ensuite (*fig.* 32), entre deux plaques de fer ou ressorts,

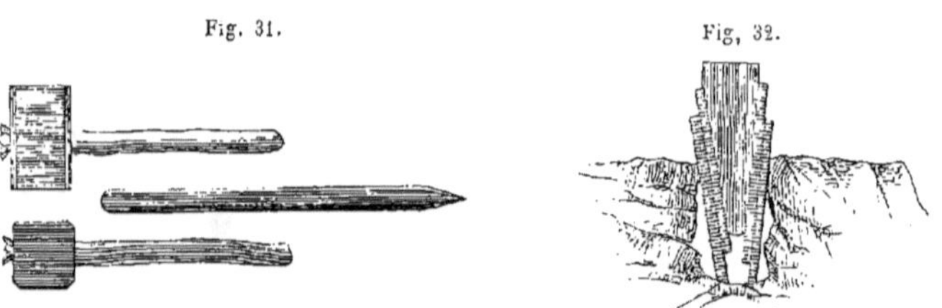

Fig. 31.   Fig, 32.

des coins en fer, que l'on fait entrer dans le sol à l'aide de marteaux du poids de 3 à 4 kilogrammes.

Quand une fissure s'est formée et que, malgré cela, la pierre ne veut pas céder aux efforts du levier, on se sert de coins de plus fortes dimensions, après avoir empêché, à l'aide de petits coins, les fissures de se refermer.

Quand les couches sont plus verticales et qu'elles résistent au levier, on a aussi recours à des coins, mais à des coins qui ont de 25 à 30 centimètres de longueur et de 5 à 6 centimètres d'épaisseur, sans oublier les leviers.

Toutefois, depuis que l'on a adopté la dynamite, l'emploi des coins devient de plus en plus rare, surtout quand on tient à obtenir instantanément des masses considérables de matériaux. On a remarqué que la dynamite fait explosion si vite qu'il n'est pas à craindre que les gaz se dégagent, sans produire d'effet, par les interstices des couches; elle procure, dans le même temps que les coins, une quantité de matériaux bien plus considérable.

On peut briser les rocs de bien des manières; le mode primitif fut de les faire éclater par la congélation de l'eau, ce qui ne peut se faire que par des temps froids, durant lesquels on verse de l'eau dans des cavités artificielles; mais cette opération est abandonnée au bon vouloir de la nature et peut fort bien ne pas réussir malgré les précautions qu'on aura prises.

C'est surtout en cas d'urgence que l'on se garde de recourir à un expédient aussi peu sûr.

Un deuxième procédé, semblablement fort ancien, consiste dans l'emploi de la poudre de mine.

Ici encore on peut utiliser les cavités ou crevasses existantes, ou com-

mençant par les nettoyer avec la curette, puis en les garantissant latéralement, contre les fuites de gaz, par des coins en bois et de la terre piétinée; on remplit ensuite la cavité, restée vide, de poudre jusqu'au tiers
ou au quart de sa hauteur et en recouvrant de terre tout l'espace qui
n'est point nécessaire pour amener l'explosion. La poudre déplace ordinairement la masse entière et la partage en gros blocs.

Cependant on préfère, en général, forer un trou dans la pierre, le
remplir de poudre jusqu'au quart ou au tiers de sa hauteur et mettre
cette poudre, à l'aide d'un tuyau ou d'une étoupille, en communication
avec la partie extérieure de la pierre. On bouche soigneusement, avec de
la terre piétinée, le reste du trou autour de la mèche, puis on met le feu
à la mine. La poudre, en s'enflammant, développe des gaz qui fendent
la masse. Le forage du trou, suivant la profondeur, est effectué avec le
perçoir à main ou le perçoir à propulsion.

Pour des trous qui n'ont que 40 centimètres de profondeur, et qui

Fig. 33.

sont pratiqués dans
un roc peu dur, on se
sert du petit perçoir
(*fig.* 33), manié par
un seul homme et
long de 40 à 70 centi-
mètres. D'une main, le travailleur, ordinairement assis, appuie la pointe
quelque peu recourbée et bien affilée du perçoir sur la pierre, et, de

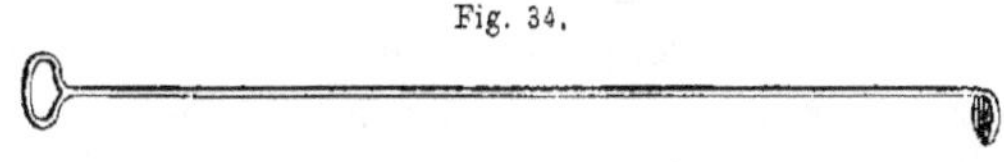

Fig. 34.

l'autre main, avec un
marteau pesant de
2 000 à 2 500 gram-
mes, et il assène un
coup vigoureux sur le perçoir. Après chaque coup, il fait tourner un peu
l'outil autour de son axe. La surface de la pierre, en contact avec le perçoir, est ainsi réduite en poussière à une profondeur qui varie suivant
la dureté de la matière. Au commencement, on enlève cette poussière
avec un balai; mais, lorsque le trou a déjà atteint une certaine profondeur, on se sert de temps en temps de la curette (*fig.* 34), quand la
masse de poussière a atteint une hauteur de 10 à 12 millimètres environ.

Si le roc est dur ou s'il faut creuser des trous profonds, on emploie le
perçoir manuel, long de 60 à 130 centimètres et manié par 2 ou 3 hommes.

Le grand perçoir est en général construit comme le petit; seulement
on en augmente les dimensions suivant la profondeur du trou à forer.
D'autres détails seront donnés à propos du perçoir à propulsion.

Avant d'employer le grand perçoir, on pratique avec le petit, dans le

roc, une entaille telle que le grand perçoir, manié par plusieurs hommes,
ne puisse guère glisser sous les coups vigoureux qu'il reçoit.

Le travailleur, habituellement assis, saisit des deux mains le grand perçoir; il le pose sur la pierre entamée, et, après chaque coup,
il le fait tourner un peu sur son axe; les coups sont assénés,
suivant la dureté de la pierre, par un ou deux hommes avec
un long marteau du poids de 4 à 6 kilogrammes, dont le
manche est pris par les deux mains; l'ouvrier frappe en cadence et de toutes ses forces. Il est à remarquer que, lorsque le roc est
très-dur, le trou n'est pas rond au fond, mais pointu ou cunéiforme
(*fig.* 35). La poussière est enlevée comme on l'a expliqué plus haut.

S'il faut creuser des trous de plus de 10 mètres de profondeur, on emploie le perçoir à propulsion qui diffère de l'autre en ce qu'il est pointu
aux deux extrémités; pour qu'il ne soit pas trop lourd, on fait ces extrémités deux ou trois fois plus larges que son diamètre. Les perçoirs, dont
le manche a plus de 4 centimètres de diamètre, appartiennent déjà à la
classe la plus forte, et de plus gros perçoirs ne doivent être employés
que dans des cas exceptionnels.

L'opération est très-simple; après avoir creusé avec le petit perçoir un
trou de 60 à 70 centimètres de profondeur, on installe le perçoir propulseur, on l'élève à une hauteur de 30 à 40 centimètres, puis on le fait
tomber verticalement. Long de 2 mètres et pesant de 18 à 20 kilogrammes, il est ordinairement manié par deux hommes. En allongeant
sa tige, on pourrait, sans autre modification, le faire manœuvrer par
trois ou quatre hommes. Après chaque coup, on le fait tourner un peu
autour de son axe. On ne peut employer plus de quatre hommes à un
perçoir; quand cet outil devient trop pesant, il faut recourir à des
engins auxiliaires.

L'engin auxiliaire le plus simple est un trépied formé de trois poutres
ayant de 10 à 12 centimètres de diamètre; il est fortement lié en haut
par des cordes minces auxquelles est suspendue une simple poulie.
Une corde attachée au perçoir passe sur la poulie; un nombre suffisant
d'ouvriers peut soulever le perçoir qu'un ou deux hommes font tourner
pendant qu'on le soulève, puis le laissent tomber à point, opération dans
laquelle on peut encore les aider par un double guide.

Souvent encore on construit des échafauds sur lesquels sont placés des
ouvriers qui peuvent, ainsi, tous prendre part à la manœuvre, ce qui
augmente l'effet produit par le perçoir à propulsion; on peut ainsi occuper de six à huit hommes, en ayant soin d'allonger le foret de 18 à
20 décimètres.

L'évasement des pointes du foret ou la diminution du diamètre de cet outil entraîne, si l'on y regarde de près, une production moins abondante de matériaux; car le résultat de chaque percussion étant le produit de la masse mise en mouvement multipliée par la vitesse, la vitesse restant la même, la production doit diminuer en raison de la diminution de la masse. D'autres causes encore sont défavorables au rendement du travail en question : la difficulté d'employer à un seul et même forage un grand nombre de personnes, le manque de l'espace nécessaire à cette manœuvre, la quasi-impossibilité d'obtenir de tous les travailleurs employés un soulèvement du foret et une percussion simultanés. Lorsque le manque d'espace force de disposer plusieurs échafauds, les résultats sont plus avantageux, car le foret étant plus long et parconséquent plus lourd, produit aussi plus d'effet. On nettoie le trou d'après le mode que nous avons indiqué.

Il y a déjà quelque temps que, pour construire des tunnels et pour effectuer des forages, on emploie des machines spéciales. MM. Makler et Eschenbacher, représentants autrichiens de la fabrique de dynamite de Nobel, ont de ces machines toutes prêtes, en magasin, pour la construction des tranchées. On assure qu'une machine à forer Burleigh produit l'effet journalier de 24 postes de mineurs, le prix du mètre cube revenant à la moitié de ce qu'il coûte avec des mineurs. Une machine complète de ce genre coûte environ 1 800 florins (4 500 francs). D'après les données de MM. Makler et Eschenbacher, la machine est soumise à une retenue de 40 kreutzers par mètre cube, pour amortissement et intérêt, de sorte qu'elle serait complétement payée après avoir fourni environ 4 500 mètres cubes.

Je ne possède pas des renseignements personnels sur cette machine, ni de comptes rendus sur son emploi émanant d'hommes faisant autorité dans la question. On ne peut donc conseiller l'emploi de ladite machine qu'en faisant remarquer qu'une innovation promet toujours des économies plus ou moins certaines.

Les observations faites au forage de plusieurs couches de rochers, lors de la construction du chemin de fer de Linz à Budwers, ont permis d'établir le tableau suivant.

| ARTICLES. | NATURE des terrains. | ÉTENDUE kilométrique. | NOMBRE des postes. | THOUS FORÉS. | | | PROFONDEUR moyenne d'un trou évaluée en mètres. | FRAIS d'entretien des outils évalués en florins autrichiens. |
				Nombre.	Diamètre.	Longueur totale.		
		mètres			millim.	mètres	mét.	florins
I.	Gneiss crevassé.	12 090	837	1 692	40	558	0,33	117
II.	Gneiss peu crevassé et granit d'une dureté moyenne.	33 565	13 565	20 474	40	8 613	0,42	2 854
III.	Granit d'une dureté moyenne.	16 440	8 743	5 589	42	4 337	0,776	1 684
IV.	Granit très-dur.	10 837	8 651	4 030	40	3 143	0,780	1 288

Il résulte de ce tableau :

1° Que, malgré l'emploi des calibres les plus divers, le diamètre moyen des trous de mines est généralement de 40 millimètres ;

2° Que les profondeurs des trous croissent en proportion de la dureté du roc ; que malgré cela, la profondeur moyenne, même pour les couches les plus dures, ne dépasse pas 8 décimètres, bien qu'il y ait des exemples de trous ayant 4 et même 5 mètres de profondeur ;

3° Qu'un mètre courant de mine exige, article I, une couche et demie de mineurs ; article II, un poste de mineurs, 58 ; article III, 2,01, et article IV, 2,75 ;

4° Que les frais d'entretien des outils, par mètre courant de forage, ont coûté : article I, 21 kreutzers autrichiens ; article II, 33 kreutzers ; article III, 39 kreutzers, et article IV, 44 kreutzers.

5° Qu'à 1 mètre cube de rochers sautés correspondent :

	Article I.	Article II.	Article III.	Article IV.
Nombre de trous forés	0,14	0,61	0.34	0,38
Mètre courant de trous forés	0,05	0,26	0,26	0,29
Couches de mineurs	0,07	0,41	0,54	0,80

Il faudrait toutefois ajouter que le diamètre moyen d'un trou n'est pas calculé d'après l'ensemble de tous les diamètres, mais d'après les coupes transversales des trous ; de la sorte, la dépense du forage croissant ou décroissant en proportion de la surface de la coupe transversale du trou, on peut, pour tout autre calibre, la dureté du roc étant supposée la même, calculer la dépense faite.

Ainsi le forage de 1 mètre courant de mine dans une pierre de la dureté indiquée article IV, exigerait :

$$\text{Avec un diamètre de 2 centimètres,} \quad \frac{3,14 \times 2,75}{12,56} = 0,69 \text{ postes de mineurs ;}$$

$$\text{Avec un diamètre de 8 centimètres,} \quad \frac{16 \times 2,75}{4} = 11.$$

Une mine de $0^m,08$ de diamètre et de $4^m,07$ de profondeur, forée dans un granit très-dur, exigerait 48 couches de mineurs et 53 d'après notre calcul, c'est-à-dire à peu près les mêmes nombres.

Henz, dans son *Guide pratique du terrassier*, 3e édit., p. 116, donne les résultats relatifs à des forages de mines.

« Quant aux petits trous ayant $0^m,025$ de diamètre, deux hommes « peuvent percer journellement, dans le grès, de 6 à $6^m,50$; dans le cal- « caire dur, de 2 à 3 mètres ; dans le hornstein et le granit, de $1^m,75$ à « $2^m,25$. »

D'après nos observations, le mètre courant de forage, avec un diamètre de $0^m,04$, exigerait, pour le granit, de 2 à $2^p,75$ de postes par jour ; avec un diamètre de $0^m,025$, de $0^p,88$, à $1^p,14$ de postes de mineurs par mètre courant, par conséquent de $0^m,88$ à $1^m,13$ de postes quotidiens, c'est-à-dire pour deux hommes, de $1^m,76$ à $2^m,26$, ce qui répond assez bien à l'énoncé précité.

On trouve dans le même ouvrage : « De grands trous furent creusés « par deux hommes dans le grès, le keuper, le calcaire coquillier, etc., « à une profondeur de $4^m,50$ à 6 mètres ; dans le grauwacke, le por- « phyre, le mélaphyre et le granit, de 3 à 4 mètres. »

Le calibre des trous de forage n'étant pas indiqué, pour ces opérations, par Henz, nous ne pouvons comparer ses observations aux nôtres.

Il paraîtrait qu'il y a ici une faute d'impression ou quelque autre erreur, car il n'est guère vraisemblable que des trous de forage, d'un plus grand calibre, exigent moins de force que des trous moins larges, comme ce serait ici le cas pour le granit ; quant à moi, mon expérience ne m'a rien appris de semblable.

Il résulterait d'ailleurs de singulières conséquence de cette hypothèse.

Il faudrait admettre que, plus l'extrémité du foret est large, plus grand serait l'effort de pression sur chaque partie de la surface attaquée.

Or, la construction des pointes et tranchants de tous nos outils est fondée sur ce principe que l'on concentre la force donnée sur la surface la plus petite possible; d'après ce que dit Henz, ce principe serait complétement faux, et il faudrait attaquer la surface la plus grande possible, puisque la production serait ainsi augmentée; il faudrait donc, au lieu d'outils pointus ou tranchants, des instruments aussi larges que possible aux extrémités, ce qui compliquerait la forme donnée (*fig.* 22) à la pelle de Silésie.

Relativement à l'article I du tableau donné ci-dessus, nous devons ajouter que, comme il s'agit ici principalement des frais du forage, on n'entend par postes de mineurs que ceux des ouvriers qui ont été réellement occupés à faire sauter des roches, les ouvriers usant du levier ou de la pioche n'étant pas compris dans le tableau. Une grande partie des matériaux ayant été obtenus grâce à ce dernier procédé, il faut, pour trouver le coût exact du mètre cube, ajouter aux résultats 0,4 de postes de casseurs de pierres, de sorte que l'on a au total 0,47 de couche de briseurs de pierres par mètre cube.

Mais on n'en peut pas encore conclure que le mètre cube de l'article 1 revienne plus cher que celui de l'article II, car il faut tenir compte du prix, d'ailleurs assez élevé, des matières explosives, dont nous reparlerons plus loin.

Ce qu'il faut remarquer dans le tableau qui précède, c'est qu'on obtient dans chacun des terrains des articles II, III et IV des longueurs presque égales pour les trous de forage par mètre cube, et qu'il n'y a de changé que les frais du forage en lui-même, et comme nous le verrons plus loin, l'emploi des matières explosives.

Si l'on voulait conclure de ces exemples, et l'on y serait quelque peu autorisé, que pour toutes les pierres qui exigent l'emploi de la mine, il faut un nombre identique de trous par mètre cube, et que, par mètre de forage, il faut dépenser pour les petites mines, d'après Henz, une somme à peu près égale à celle que nous avons trouvée, on obtiendrait pour le grès les résultats suivants :

6 mètres courants par trous de $0^m,025$, 2 postes par jour, soit par mètre courant 0,33, ou par trou de $0^m,040$ de calibre, 0,83 postes, en supposant que $0^m,26$ de mine par mètre cube exige 0,22 postes par mètre cube de roches qu'on fait sauter; et pour la pierre calcaire, d'après la même évaluation, 0,44 de postes de mineurs par mètre cube de rochers sautés; on aurait une très-bonne transition, à l'article II, de notre granit d'une dureté moyenne.

N'oublions pas cependant que le nombre et la profondeur des trous correspondant en mètre cube n'est pas absolument fixe, mais dépend de causes multiples. Ces nombres changeront suivant que les rochers, que l'on veut faire sauter, forment un bloc dégagé de toutes parts ou un bloc lié d'un côté, ou la paroi d'une carrière, ou tendu en tous sens et compris de tout côté dans une tranchée ou dans une galerie.

De plus, les résultats seront différents suivant la nature crevassée ou compacte du roc et la direction des couches.

Enfin les matières explosives employées peuvent modifier considérablement les résultats définitifs.

Comme nous l'avons déjà dit, après l'eau congelée, dont nous ne parlerons plus, on a employé de préférence, depuis longtemps, la poudre ; en outre, dans ces derniers temps, on a fabriqué diverses substances explosives, soit pour obtenir de plus grands résultats, soit pour diminuer les dangers du maniement des substances explosives. Nous ne rappellerons ici que le *fulmi-coton*, l'*haloxyline*, l'*huile explosive* ou *nitroglycérine* et la *dynamite*.

Cet ouvrage-ci n'exige pas la description de toutes les combinaisons du nitre avec d'autres matières, ni du mélange de ces combinaisons avec d'autres substances pour les rendre plus pratiques ou moins dangereuses ; nous nous bornerons à parler des matières explosives employées pour les travaux de terrassements.

On se sert de la poudre depuis plus de 500 ans ; elle n'est pas encore complétement détrônée aujourd'hui.

Je ne sache pas qu'on ait jamais employé le fulmi-coton pour les travaux dont nous parlons. En tous cas, s'il y a eu des essais de ce genre, ils ont dû rester isolés.

L'haloxyline, qui a la propriété de brûler lentement à l'air libre, avec crépitation, sans explosions, à été employée plus d'une fois ; mais on y a renoncé ou à peu près, à cause de son prix de revient, qui est trop élevé ; par contre, la dynamite, mélange de $\dfrac{75}{100}$ de nitroglycérine et de $\dfrac{25}{100}$ de spores siliceux, a, par l'énorme force qu'elle développe, acquis une grande vogue ; aussi l'emploie-t-on de jour en jour davantage pour les travaux dont nous nous occupons ici ; il est même possible que la dynamite annihilera plus ou moins l'emploi de la poudre de mine. La nitroglicérine a, par son mélange avec une matière inerte et celluleuse comme les spores siliceux, cessé d'offrir les dangers qui accompagnaient son transport et son emploi.

Trauzl a raison de dire, p. 23 : « La succion de la nitroglicérine par les spores place même les parcelles de nitroglycérine les plus petites entre des matières friables et poreuses, qui ne transmettent pas les chocs, pas même les plus violents ; les petits tubes de terre siliceuse forment pour ainsi dire chacun de petits récipients qui empaquètent la nitroglycérine, en la retenant toutefois simplement par l'effet de la capillarité. Des chocs violents contre des masses de dynamite pressent, poussent, broient même peut-être ces petits tubes, sans frapper les parcelles de nitroglycérine assez fortement pour amener une explosion. »

A l'appui de son assertion, M. Trauzl cite ensuite les expériences suivantes : 1° On met 10 livres de dynamite dans un fort tonnelet de bois, cerclé de fer; la dynamite était contenue dans des rouleaux de papier; le tonnelet fut bouché hermétiquement, puis lancé, de 100 pieds de haut, sur un fond de rocher. Contenant et contenu restèrent intacts.

« 2° L'expérience suivante démontra mieux encore l'insensibilité relative de la dynamite aux chocs et percussions :

« A la base plate d'une pierre pesant environ 2 quintaux, on attacha une cartouche de dynamite simplement enveloppée dans du papier; puis on laissa tomber cette pierre d'une hauteur de plus de 20 pieds sur des rochers plats. La cartouche fut broyée par le choc, les grains de spores furent en partie écrasés, mais il n'y eut pas explosion. »

Même le feu n'amène d'ordinaire pas d'explosion de la dynamite, comme le prouvent les faits suivants attestés semblablement par Trauzl, page 29 de l'ouvrage déjà nommé :

« 1° Un fort tonnelet, cerclé de fer, fut rempli de 8 à 10 livres de dynamite, fermé hermétiquement avec un bondon de bois et placé sur un feu de bois, à l'air libre. Au bout de 10 à 15 minutes le tonnelet fut brisé par les gaz qui se développèrent, et son contenu brûla avec une flamme brillante et fortement pétillante.

« 2° Une boîte en fer-blanc, d'environ 8 pouces de longueur et 1 pouce et demi de diamètre, fut remplie de dynamite, fermée avec une capsule en fer-blanc et pareillement mise au feu. Cette fois encore, le vase éclata peu à peu et la dynamite brûla sans explosion.

« 3° A travers le couvercle d'une boîte en fer-blanc remplie de dynamite, on introduisit une mèche ou étoupille Bickford (mais sans capsule fulminante) dans la masse explosive. La ficelle-mèche fut consumée entièrement et la dynamite ne prit pas même feu.

« 4° Sur une plaque en fer-blanc, on répandit de la dynamite et la plaque fut ensuite mise sur le feu. La dynamite brûla tranquillement. »

On a essayé plusieurs fois, sans aucun inconvénient, de brûler, comme un cierge dans la main, une cartouche de dynamite. Même dans un trou de mine bien bouché, on n'a pas réussi à amener l'explosion de la dynamite au moyen d'une étoupille de Bickford, ni en plaçant sur la dynamite une cartouche de poudre. Même par la percussion, véritable moyen d'allumer et de faire détoner la dynamite, on ne peut amener que des explosions partielles de dynamite clair-semée à l'air libre, et cela seule-

ment là où la percussion a lieu: Ici encore Trauzl cite un fait inté-
resssant :

« A Krümml, je répandis sur le sol, en masse continue, le contenu
d'une cartouche d'un quart de livre et je mis le tout en communication
avec une cartouche ouverte par un bout. J'obtins ainsi l'explosion
ordinaire de la dynamite éparse (au moyen de la mèche et d'une
capsule fulminante). Toutefois, cette explosion ne se communiqua pas
à la cartouche et, de plus, ne fut que partielle, dans la dynamite, dans
le voisinage immédiat du point d'explosion. »

Voici un autre fait arrivé près de Pregärten, sur la ligne de Linz à
Budwis, dans un atelier d'artificier : la dynamite fit explosion par une
cause inconnue; l'atelier sauta en l'air avec une effroyable détonation
et l'artificier y perdit la vie; mais, dans la même chambre de cet atelier,
on trouva intact plus d'un demi-quintal de dynamite. Certes, pareille
chose ne fût pas advenue si, au lieu de la dynamite, il y avait eu de
la poudre de mine.

On voit donc que cette substance est plus sûre ou moins dangereuse
que la poudre. Si, malgré cela, de déplorables accidents ont lieu, il faut
les attribuer à l'insouciance extraordinaire des travailleurs.

J'ai souvent rencontré des mineurs qui, portant sur le dos une caisse
remplie de 20 à 30 livres de poudre, fumaient tranquillement leur
pipe. Comment veut-on que des hommes si indifférents pour les dangers
que présente la poudre, des hommes qui, pour ne pas perdre une
bouffée de tabac, jouent leur vie et celle de leurs voisins, sans penser
qu'il suffit pour les tuer d'une étincelle sortie de leur pipe, soient pru-
dents et circonspects quand il s'agit de cette dynamite que l'on manie
si aisément?

Il faudra encore plus d'une catastrophe pour donner de la prudence
aux gens. Si nous recommandons l'emploi de la dynamite pour toutes
les opérations majeures, nous n'en sommes pas moins d'avis qu'il faut
recommander aux travailleurs la plus grande circonspection et éviter
presque toujours les expériences qui tendraient à prouver l'inoffensivité
de la dynamite, comme, par exemple, de faire brûler dans la main une
cartouche de dynamite. On ne peut, sans doute, faire un crime à un
ouvrier, qui a vu de semblables expériences, de l'acte de faire dégeler
sur un poêle en fonte des cartouches de dynamite gelée, imprudence
dont j'ai été témoin. Et cependant cette imprudence fit voler en éclats
une chambre où fort heureusement il n'y avait personne. Il est, je
l'avoue, d'après ce qui a été dit, difficile d'expliquer ce dernier accident; mais il n'en est pas moins certain que la dynamite ou la glycérine
pure, qui en sortit par exsudation, atteignit une température de 180° Cel-

sius, ce qui détermina l'explosion avant que les gaz eussent eu le temps de s'échapper. Or les travailleurs devraient faire attention à cette exsudation, qui rend nécessaire un redoublement de prudence.

L'expérience m'a appris que ce danger se présente surtout lorsque l'on fait, à plusieurs reprises, dégeler de la dynamite congelée, et je ne puis m'empêcher de citer un cas où heureusement il n'y eut qu'un blessé, mais dont les conséqences auraient pu être plus grave.

Par un froid rude et continu, on employait la dynamite à faire sauter des minerais magnétiques.

Or, on ne peut se servir de la dynamite congelée, parce qu'elle a perdu son état pâteux qui permet de boucher entièrement le trou foré et parce qu'elle ne fait pas explosion, ou du moins presque pas.

Pour la dégeler, on se servit d'une boîte de fer-blanc ouverte par en haut et suspendue dans un vase rempli d'eau, au-dessous duquel on fit un feu de charbon.

Quand on eut retiré de la boîte les cartouches amollies, l'ouvrier y remarqua une masse semblable à de la graisse de porc, déposée au fond et particulièrement dans les angles du vase.

Instinctivement convaincu que c'était la substance donnant de le force à l'explosion, il voulut racler ce dépôt avec un copeau; mais à peine avait-il commencé l'opération que la masse fit explosion et brisa le vase en mille morceaux dont les uns s'enfoncèrent dans la cloison de l'atelier tandis que les autres blessèrent l'ouvrier aux pieds et aux mains.

La force de cette petite quantité de nitroglycérine fut telle que des parcelles de fer-blanc traversèrent d'outre en outre le pied de l'ouvrier.

Voici quelle fut la cause probable de l'explosion : le fond de la caisse en fer-blanc toucha peut-être le fond du vase qu'échauffait un feu de charbon; la température ayant atteint probablement le 180° Celsius, cette chaleur se communiqua à la nitroglycérine pressée par le copeau, ce qui détermina l'explosion.

CHAPITRE V.

DES MOYENS QUE L'ON EMPLOIE POUR FAIRE SAUTER LES ROCHERS (*suite*).

Avant de parler de la manière dont on charge la mine pour y mettre ensuite le feu, disons quelques mots à propos de la mèche.

Jadis on employait ce que l'on appelait *Brandln* et ce qu'on emploie encore quelquefois aujourd'hui dans les carrières : ce sont des tuyaux de jonc, garnis intérieurement d'un enduit de poudre en pâte, puis remplis entièrement de poudre broyée; après qu'on a versé la poudre dans le trou de mine, on enfonce dans la charge l'épingle-nettoyeuse en cuivre (*fig.* 36), puis on bouche le trou autour de cette épingle.

Fig. 36.

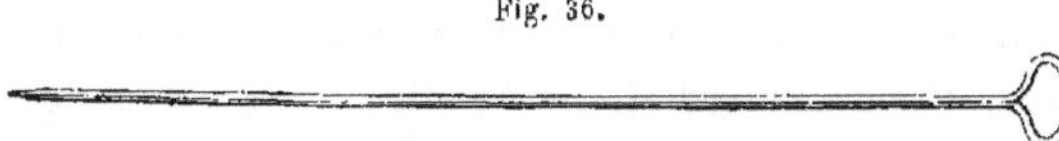

Quand on a retiré l'épingle, il reste dans la charge une cavité tubulaire dans laquelle on enfonce les *Brandln* jusqu'à ce qu'elles atteignent la poudre. Il est bien entendu qu'entre l'inflammation des *brandln* et celle de la mine, il n'y a qu'un espace de temps imperceptible; il fallait donc, à l'aide de fils soufrés, trouver le moyen de procurer à l'allumeur le temps d'aller chercher un abri contre les éclats de la mine.

On ne sait pas combien de temps il faut à la mèche pour atteindre la mine; il arrive d'ailleurs que la mèche s'éteint avant d'avoir rempli son rôle; pour parer à ces inconvénients, on a dû imaginer quelque chose de mieux. De toutes les inventions faites à cet effet, la mèche de sûreté de Bickford est celle que l'on préfère aujourd'hui. Elle fonctionne avec une précision telle que l'allumeur peut fixer à une seconde près le moment de l'explosion; il est très-rare que l'explosion n'ait pas lieu.

La mèche Bickford est introduite dans la poudre au moment où on la verse dans la mine, pour prévenir toute lacune ; elle est aussi entourée de la bourre avec laquelle, au moyen de la baguette en bois, on bouche le trou.

Un progrès encore plus accentué consiste dans l'emploi de l'étincelle électrique qui permet de se mettre à l'abri, même avant de provoquer l'explosion de la mine ; par le moyen de cette étincelle, on peut faire partir toutes les mines à la fois, ce qui augmente considérablement le résultat de l'opération.

Deux fils isolés, partant de la mine, sont mis en contact avec une bouteille de Leyde ; dès qu'ils en touchent les deux pôles, l'étincelle pénètre dans la mine et met le feu à la poudre ; on peut aussi provoquer l'explosion par le courant continu d'une batterie ; les deux fils métalliques sont alors remplacés par un fil de platine que le courant électrique enflamme en le parcourant.

Il importe de garantir la machine électrique, qui doit charger la bouteille de Leyde, ainsi que les fils métalliques, contre les influences contraires d'une atmosphère humide.

On doit recommander, comme la meilleure qui existe en ce moment pour faire sauter les rochers en plein air ou lors de la construction de tunnels, la machine électrique de Bernhardt placée dans une caisse de fer-blanc bien soudée, préservée par un enduit, fermée en haut par une plaque de verre imperméable à l'air et vissée ; hors de cette caisse ne sortent que le manche de la manivelle, la clef de déchargement et les boutons conducteurs, tous à stuffing-box pour obtenir une fermeture hermétique. Cette machine doit, à l'état normal, après 8 ou 10 tours du disque de frottement, donner des étincelles de 14 millimètres de longueur ; après 60 ou 80 tours, des étincelles longues de 50 à 55 millimètres.

M. l'ingénieur en chef Rziha assure qu'une pareille machine, exposée, pendant quatorze jours de suite, dans le tunnel de Nacns, à de forts suintements d'eau, n'en donnait pas moins des étincelles encore assez fortes.

Les fils conducteurs partent des boutons conducteurs et parviennent aux trous de mines à l'aide de poteaux isolés comme ceux du télégraphe électrique, l'un au premier trou et l'autre au dernier, et dont l'explosion doit être simultanée. (Voir *fig.* 37.)

Les fils sont introduits dans les trous de mines par deux fils entourés d'un réseau, isolés l'un de l'autre et fixés à une latte, qui font pénétrer l'étincelle dans l'intérieur de la masse ou cartouche explosive. On établit la chaîne en réunissant les fils des trous entre eux à l'aide de fils, entourés de réseaux, que l'on doit se garder de mettre en contact avec le sol.

Fig. 37.

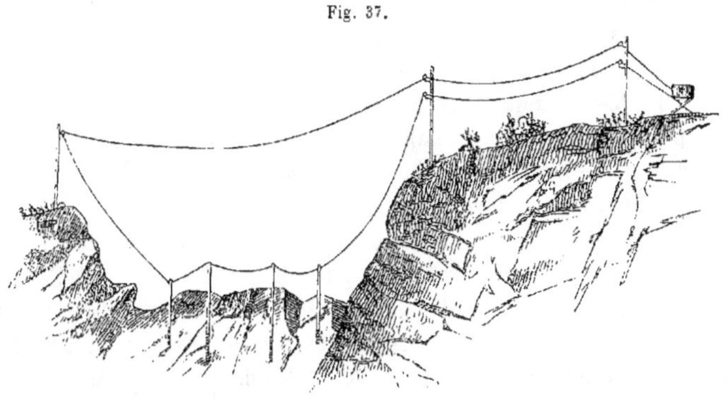

Pour relier entre eux les différents fils, on dégage leurs extrémités à une distance de 2 ou 3 centimètres de leurs enveloppes non conductrices, puis on les contourne en les faisant adhérer solidement les uns aux autres; on retourne les pointes en arrière et on les rogne; pour empêcher toute déviation d'électricité, on peut les entourer, en ce point, d'une bande de caoutchouc.

Pour empêcher, autant que possible, les explosions de rater, on a dû veiller à ce que l'étincelle parvienne à une masse des plus inflammables; à cet effet, on avait fabriqué des capsules en bois, dans lesquelles on introduisait les deux fils et où on les tenait séparés l'un de l'autre par un mélange de colophane et de poix noire. Le reste de l'espace, notamment celui qui sépare les extrémités des fils tournés l'une contre l'autre, fut rempli par une combinaison de chlorate de potasse et de sulfure d'antimoine, laquelle masse très-explosive devait être traversée par l'étincelle électrique.

Aujourd'hui l'on se procure ces inflammateurs électriques dans le commerce (Mahler et Eschenbacher, à Vienne) aussi bien pour l'emploi de la poudre que pour celui de la dynamite; pour cette dernière, outre le composé explosif, il faut encore introduire une

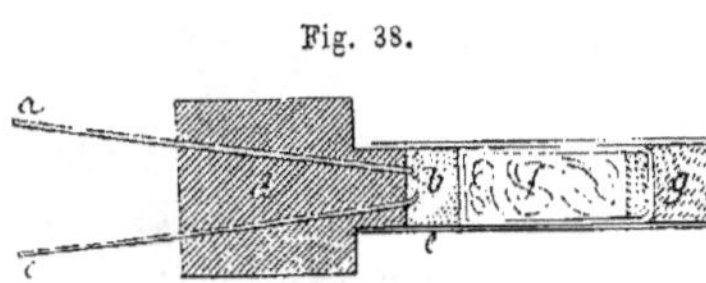

Fig. 38.

capsule fulminante Nobel. La *fig.* 38 représente une pareille charge de dynamite: *a*, *b*, *c* sont les fils conducteurs, interrompus au point *b* pour la production de l'étincelle; *d* est la masse solide qui tient les fils séparés l'un de l'autre; *e* est le dépôt détonant; *f* est une capsule Nobel, rem_

plie, outre le dépôt détonant, d'une dose de fulmi-coton; g est la dynamite.

Un autre appareil, destiné à enflammer simultanément toutes les
mines, consiste dans les étoupilles à dymanite de Tranzl; ce sont de
petits rouleaux de papier, longs de 300 millimètres, avec un diamètre de 6 à 7 millimètres, remplis de dynamite et réunis, à leur jonc-
tion, par des manchons de papier, longs de 30 millimètres. Quand il y a
des embranchements de transmission, on peut se servir de manchons
en fer-blanc ayant la forme voulue.

La principale corde de transmission correspondant avec les mines par
des embranchements se termine à l'extrémité, où l'explosion doit être pro-
voquée, par une capsule Nobel garnie d'une étoupille de Bickford, comme
nous le décrirons plus bas, à propos des charges ordinaires de dynamite;
dès lors il ne faut plus de capsules dans les différentes mines.

Une nouvelle découverte intéressante simplifiera ou rendra plus économiques ces appareils de transmission de l'étincelle d'explosion.

M. Peyerle, lieutenant de pionniers, a en effet essayé, au lieu des
étoupilles à dynamite, de se servir de rouleaux de papier, d'un diamètre de 25 millimètres, dans lesquels (*fig.* 39) il a introduit, de 60 cen-

Fig. 39.

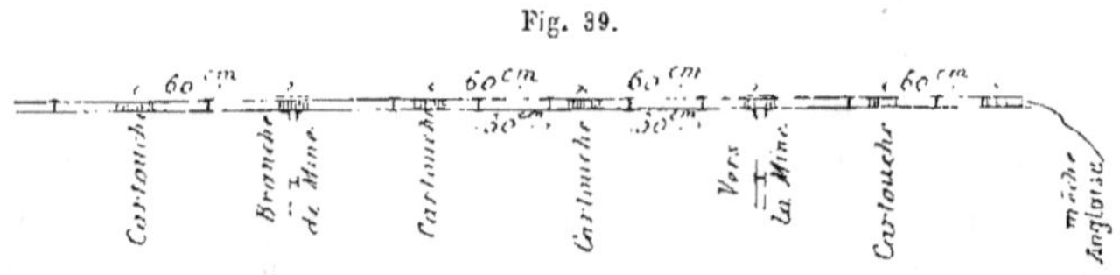

timètres en 60 centimètres, une petite cartouche de dynamite; il a
procédé de même pour les trous des mines où il a réussi à obtenir des
explosions simultanées. (Voir *Mines et explosions, Spreng-und zünd-
versuche*, du capitaine Lauer.) L'explosion de chaque cartouche, dans
l'espace fermé, entraîne celle d'une seconde cartouche de dynamite,
complétement séparée de la première, mais se trouvant dans le même
compartiment, comme l'avaient déjà constaté des expériences faites par
le lieutenant Tranzl et l'ingénieur Larcher.

Le seul inconvénient que présente l'explosion simultanée de toutes les
mines, et sur lequel nous croyons devoir appeler l'attention, consiste en
ce qu'on ne peut pas compter les détonations successives et que par
conséquent on ne, sait pas si telle ou telle mine a raté ou non; voilà
pourquoi, après l'explosion simultanée, on est tenu d'examiner l'état de
chaque mine avec beaucoup plus de circonspection que si l'on avait pu
compter toutes les explosions une à une.

Le mode de charger une mine avec de la poudre ou avec de la dynamite est très-simple.

Après avoir nettoyé le trou foré, quand il est devenu complétement sec, on peut y verser la poudre à l'état friable, en ayant soin d'égaliser, avec la baguette en bois, l'arrangement des grains de poudre au fond de la mine et leur adhérence aux parois du trou. Avant d'y verser la masse entière de poudre, on introduit la mèche, de manière à la faire pénétrer jusqu'à une certaine profondeur dans la masse de poudre.

Quand on a introduit toute la charge de poudre, on bouche solidement avec de la terre le reste du trou, autour de la mèche et jusqu'au bord intérieur des parois; à cet effet, on se sert encore de la baguette de bois. La mèche, quand elle est préparée avec la précision qui caractérise l'étoupille de Bickford, dépasse l'orifice du trou autant que l'exige le temps nécessaire pour qu'elle se consume; anciennement on y ajoutait un morceau d'amadou plus ou moins long, suivant l'intervalle qu'on voulait mettre entre l'inflammation de la mèche et l'explosion de la mine.

Si le trou de mine est humide, on fera bien d'envelopper la poudre dans du carton; quand les trous sont sous l'eau, on emploie des caisses en fer-blanc et des mèches dites *hydrauliques*, préservées de l'humidité par un revêtement en gutta-percha.

La dynamite, que le commerce débite sous forme de cartouches, est une masse plastique que, avec l'aide de la baguette de bois, on peut très-bien tasser dans le trou de manière à lui faire remplir complétement l'espace jusqu'aux bords; naturellement, durant cette opération, la mince enveloppe de papier se déchire d'elle-même.

Quand la mine est remplie convenablement jusqu'à la hauteur nécessaire, on y met la cartouche enflammante. C'est ordinairement une petite cartouche de dynamite, du poids de 17 à 20 grammes. Avant de l'introduire dans le trou foré, on met dans ce même trou la capsule et la mèche de la manière suivante :

La mèche est coupée verticalement, dans le sens de sa longueur, avec un couteau, puis enfoncée assez solidement dans la capsule pour qu'elle y touche le sédiment explosif; pour l'empêcher de glisser hors de la capsule, on pince cette dernière avec des tenailles, puis l'enveloppe en papier de la cartouche est ouverte par un bout, et la capsule ainsi préparée est enfoncée dans la masse de dynamite de telle sorte qu'elle fasse saillie hors de cette masse; après cela, le bord replié du papier de la cartouche allumante est, avec un fil, rattaché solidement à l'étoupille de Bickford, un peu au-dessus de la capsule; on évite ainsi, tout à la fois, que la mèche pénètre dans la capsule et la capsule dans la cartouche (*fig.* 40).

Si l'on pose ainsi solidement la mèche sur le dépôt fulminant de la capsule, c'est : 1° pour provoquer l'inflammation ; 2° pour former un endiguement et produire une détonation plus violente.

Fig. 40.

En faisant saillir la capsule hors de la masse de dynamite, on évite qu'elle ne s'allume avec l'explosion de la combinaison fulminante, ce qui ferait rater le coup, parce que, avant la détonation de la capsule qui doit amener celle de la charge de dynamite, il se pourrait qu'il y eût déjà tant de dynamite consumée que le reste ne serait plus touché ; de plus, il se développerait peut-être des gaz irrespirables, ce qui serait particulièrement dangereux dans des espaces fermés.

La cartouche allumante, ainsi préparée, est alors descendue, le long de la mèche, dans le trou de mine, jusqu'à ce qu'elle repose sur la charge ; mais elle ne doit pas être pressée sur celle-ci, de peur que l'enveloppe de papier ne crève et qu'on ne supprime ainsi le contact intime de a capsule avec la masse de dynamite, et aussi de crainte qu'un frottement fortuit du dépôt fulminant contre la paroi du trou n'amène une explosion prématurée, qui pourrait être suivie des conséquences les plus déplorables et les plus imprévues.

Disons encore ici qu'il faut recommander aux artificiers la plus grande circonspection dans la préservation des capsules, de peur que des capsules égarées ne roulent inopinément dans la mine à charger ; on ne saurait en effet attribuer à une autre cause l'explosion d'une mine survenue pendant le chargement, explosion qui coûta la vie non-seulement à l'artificier chargeant, mais encore à d'autres ouvriers ; une capsule égarée avait dû, sans qu'on s'en aperçût, tomber dans la mine et éprouver, lors du foulement de la charge, un frottement contre la paroi du trou, frottement qui détermina l'explosion.

Quand la cartouche allumante a été introduite dans la mine, de la manière décrite ci-dessus, on verse d'abord dans le trou une certaine quantité de poussière résultant du forage ou de sable, ensuite on endigue seulement le reste de la cartouche comme d'habitude.

On met, après cela, le feu de la façon indiquée plus haut.

Comme, durant l'explosion des mines, les travailleurs doivent s'éloigner autant que leur sûreté l'exige, des motifs économiques prescrivent de ne faire sauter la mine qu'à des moments déterminés de la journée, par exemple au moment du déjeuner, à midi, le soir ; ces prescriptions sont d'ailleurs nécessaires pour la sûreté générale.

En tenant à ce que les explosions aient lieu à des heures fixes, on permet aux surveillants de s'assurer que toutes les précautions nécessaires ont été prises.

S'il y a, par exemple, des routes à la portée des explosions, il faut non-seulement que des écriteaux indiquent les moments d'explosion, mais encore que le passage soit préalablement barré : les individus chargés de barrer les routes doivent s'assurer qu'il ne se trouve, dans l'espace interdit, ni voitures ni passants. Ensuite, pour avertir ceux qui pourraient se trouver à droite ou à gauche de la route, n'importe où, à la portée de la mine, on fait entendre les sons d'un cornet qui apprennent aussi aux artificiers que toutes les précautions nécessaires ont été prises ; c'est seulement après toutes ces dispositions que l'on doit mettre le feu.

Si le nombre des détonations ne répond pas à celui des trous de mines, il faut attendre quelque temps, puis s'assurer que des coups ont raté et ensuite rouvrir seulement les passages.

Quant aux résultats fournis par la dynamite, Trauzl donne, pages 99 et 102, les indications suivantes :

1° On fit sauter, en 1865, des gisements de granit, dans les monts de Tysklarg, en Suède : (a) Le trou de mine fut profond de 11 pieds 7 pouces, avec un diamètre de deux pouces ; une charge de 4 livres un quart détacha près de 560000 livres de roc ; ainsi une livre de dynamite produit environ 130000 livres de roc. (b) Le trou eut une profondeur de 12 pieds sur 2 pouces de diamètre ; 4 livres un quart de charge détachèrent 800000 livres de roc, c'est-à-dire 180000 par livre.

2° Mines pratiquées dans les granits voisins de Scharding (1868). Trous de 12 à 15 pieds de profondeur, 3 pouces de diamètre ; 20 onces de nitroglycérine détachèrent 120000 livres de roc, c'est-à-dire 180000 par livre de charge.

Le propriétaire de ces mines m'assura qu'il économisait près de 5 florins (12ʳ,50) par trou en employant la nitroglycérine.

Dans les roches de Grauwacke (carrière de Lautenthal, dans le Harz supérieur), il y avait des couches horizontales, de 1 à 10 pieds d'épaisseur. D'autres couches transversales étaient presque perpendiculaires, par intervalles de 80 à 100 pouces.

1° Trou d'une profondeur de 64 pouces. Une charge d'une livre et demie détache 640 pieds cubes de pierres en blocs de 75 à 100 quintaux, une livre de charge donnant 60000 livres de pierre.

2° Trou d'une profondeur de 90 pouces. Une charge de 2 livres donne environ 1000 pieds cubes ou 1250 quintaux de pierre, chaque livre de charge produisant environ 62000 livres de pierre.

3° Dans une grauwacke très-ferme, sans crevasse favorable, trou de

60 pouces de profondeur, $\frac{5}{4}$ de livre de charge donnent environ 400 pieds cubes, c'est-à-dire que la livre de charge donne près de 40000 livres de pierre.

On peut inférer, au reste, de ces deux exemples l'influence, que des circonstances extérieures exercent sur les résultats; car on ne peut guère admettre que la grauwacke de Lautenthal, comparée au granit de Tysbark et de Schärdin, ait différé, pour la force de résistance, au point de donner les chiffres de 130000 et de 54000 livres.

Les tableaux comparatifs établis par Trauzl (pages 103 et 104 de son ouvrage), donnent à la nytroglycérine cinq ou six fois plus de force qu'à la poudre, et, comme la dynamite ne renferme que $\frac{3}{4}$ de nitro-glycérine, la dynamite aurait de trois à quatre fois et demie autant de force que la poudre.

Les exemples ci-dessus donnent les résultats obtenus dans des carrières à ciel ouvert, où les pieres sont peu tendues; voyons maintenant les résultats obtenus dans des pierres fortement tendues, lors du creusement de tranchées de chemins de fer.

Nous avons déjà parlé d'une mine forée dans un granit très-dur à 47 décimètres de profondeur, avec un diamètre de 8 centimètres; elle devait servir à détacher le reste d'une tranchée attaquée des deux côtés, lequel avait encore une longueur d'environ 9 mètres et une hauteur d'à peu près 5 mètres et était fortement tendu dans deux directions avec le reste du rocher. La mine fut chargée de 12 kilogrammes et demi de dynamite, ce qui ne remplit guère que le tiers de la hauteur du trou.

L'effet fut complet. La pierre fut, jusqu'à la base de la tranchée, détachée par d'innombrables fissures et au milieu de la longueur totale du bloc entier se forma une crevasse large de 20 à 30 centimètres. Cette explosion avait tellement bien détaché, 320 mètres cubes environ, du granit le plus dur, qu'on n'eut plus besoin que d'un petit nombre de mines secondaires pour pouvoir déblayer tout le terrain.

Les gens de l'art se demanderont si l'on aurait pu obtenir un pareil résultat avec une masse égale de poudre; mais, quand même ce serait possible, examinons la question sous le point de vue économique.

Comme nous l'avons déjà dit, le travail du forage exigera pour :

48 postes de mineurs, à 1ꟙ,50 chacun.	72ꟙ,00	(180ᶠ,00)
12ᵏ,500 de dynamite, à 2 florins le kilog.	25 ,00	(62 ,50)
4 mètres de mèche à 0ꟙ,02.	0 ,08	(0 ,20)
1 capsule à 0ꟙ,02.	0 ,02	(0 ,02)
Total.	97ꟙ,10	(244ꟙ,625)

Le poids spécifique de la dynamite étant 1,6, celui de la poudre 1,02, il faudrait donc $\frac{16}{10}$ de poudre pour contre-balancer 1 de dynamite, de la sorte :

76.8 postes de mineurs, à 1fl,50 chacun, coûteraient......	115fl,20 (287fr,50)
12k.500 de poudre à 0,90 le kilog..	11 ,25 (27 ,60)
4 mètres de mèche à 0,02..	0 ,08 (0 ,20)
Total.	126fl,53 (315fr,30)

Ainsi, même si la poudre produisait le même effet que la dynamite, l'emploi de cette dernière coûterait 29fl,43 (73fr,575) de moins, c'est-à-dire 24 p. 100 de moins.

La poudre coûterait encore plus cher, comparativement aux prix de la nitroglycérine, le poids spécifique de cette dernière étant égal à celui de la dynamite. Or, comme la dynamite renferme 0,75 de nitroglycérine, la nitroglycérine n'occupe que les 0,75 de l'espace occupé par la dynamite. Ainsi, un trou, qui n'aura que les $\frac{3}{4}$ de diamètre de celui de la dynamite, recevra avec la nitroglycétine la même quantité de matière explosive.

Il faudra donc pour l'établissement d'une mine semblable :

0,75 des postes de mineurs, nécessitées par la dynamite, c'est-à-dire 36 postes de mineurs coûtant 54 florins (135 francs);

9k,365 de nitroglycérine pure avec empaquetage, comme pour 1 de dynamite 25 florins (62fr,50).

Les autres dépenses comme plus haut 0,10 (0fr,05), total 79 florins,10 (197fr,55), c'est-à-dire les $\frac{62}{100}$ du coût de la poudre, en supposant que celle-ci aurait la même force explosive qu'un poids égal de nitroglycérine.

Plessner a donc tort de dire (et W. Streckert le reproduit, dans la 3e édition du même ouvrage, p. 116) dans la 2e édition du *Guide pratique du terrassier*, de Henz (p. 101) : «Dans ces dernières années, on a fréquemment employé la nitroglycérine pour les mines, ce qui n'est pas à recommander pour les travaux faits à ciel ouvert; car elle coûte dix fois autant que la poudre et n'a que trois ou cinq fois plus de force; elle est d'ailleurs extrêmement explosive, dangereuse à manier et difficile à transporter. »

Admettons que la nitroglycérine ne fasse que trois fois plus d'effet que la poudre, il faudra évidemment trois fois plus de poudre que de nitroglycérine pour produire le même effet; mais les poids spécifiques étant comme 10 est à 16, il faudra $16 \times 3 = 48$ fois autant de volume pour les trous à poudre que pour les trous à nitroglycérine ; il faudra donc à la poudre $\dfrac{48}{100}$ de postes de mineurs en plus

Appliquons cela à l'exemple précédent, en admettant les prix d'unité, mentionnés à plusieurs reprises par Plessner et seuls valables pour la question, et nous aurons :

Pour la poudre, $36 \times 4,8$ ou 172,8 postes de mineurs, à 15 *silbergroschens* (*), soit 86 *thalers* 12 *silbergroschens* (minimum indiqué page 68. Streckert, 3ᵉ édit., page 81, donne de 20 à 22 silbergroschens et demi et 25 silbergroschens pour prix de la journée de travail), $3 \times 9,365 = 28^\text{k},095$ de poudre à 7 silbergroschens et demi (prix de la poudre, d'après la page 99), soit 7 thalers 1 silbergroschen, 8 silbergroschens par mèche ; total 93 thalers 21 silbergroschens ;

Pour la nitroglycérine 36 postes de mineurs à 15 silbergroschens, soit 18 thalers 8 silbergroschens ; $9^\text{k},365$ de nitroglycérine, coûtant dix fois plus que la poudre, c'est-à-dire 2 thalers 25 silbergroschens le kilogramme, soit 26 thalers 16 silbergroschens ; 2 silbergroschens de mèche ; total 44 thalers 18 silbergroschens.

On voit donc que, même en adoptant les données et hypothèses de Plessner défavorables à la nitroglycérine, l'emploi de la poudre coûterait bien plus du double de celui de la nitroglycérine.

Or, au lieu de 15 silbergroschens, Plessner lui-même donne 20 et 24 silbersgroschens pour prix de la journée d'un mineur, même en 1868 ; le simple calcul de cette augmentation du prix de la journée donnera des proportions de plus en plus favorables à la nitroglycérine et à la dynamite.

En Autriche, les prix de journées et de poudre sont tels que l'emploi de la dynamite est quatre fois moins cher.

Au reste, pour des couches moins dures de roc, nos mineurs suivent un procédé qui donne partiellement une plus grande efficacité à la poudre. Quand les trous forés sont profonds, ils emploient d'abord une petite charge de dynamite, de 6 à 12 centièmes de kilogramme, suivant la nature du terrain, avec une petite quantité de bourre, et ils font sauter cette première mine. L'explosion n'est pas assez forte pour fendre complétement le rocher ; mais, au fond du trou, elle creuse une cavité telle, que l'on peut dès lors verser dans le trou une quantité quadruple ou quintuple de poudre ; en outre la charge est condensée au fond des

---

(*) Le thaler vaut 3ᶠʳ,50. — Il faut 30 silbergroschen pour faire 1 thaler.

trous, de sorte que la bourre atteint les $\frac{5}{6}$ ou les $\frac{6}{7}$ de la profondeur du trou.

Au reste, ce procédé n'est avantageux que dans les mines qui font avec l'horizon un angle de 45 à 90°, parce que, si les trous se rapprochent de la position horizontale, on ne peut plus remplir de poudre toute la cavité creusée et il reste alors un espace vide qui contrarie l'effet de la mine.

Si, d'après les calculs précédents, on compare le prix de la main-d'œuvre pour le forage à celui des matières explosives, notamment de la poudre ; si de plus on se dit que les résultats varient notablement suivant la nature des pierres et même dans des pierres presque iden-tiques, suivant leur ténacité et la présence ou l'absence de crevasses, on s'expliquera pourquoi des règles théoriques, ou mieux, des règles gé-nérales n'ont pas encore pu être établies en ce qui concerne l'emploi des matières explosives.

Hagen donne, comme résultat d'une explosion, un cône dont la hau-teur et le demi-diamètre de la base sont égaux à la plus courte distance entre le point d'explosion et la surface libre.

Cette donnée n'est évidemment applicable qu'à une mine dont la pierre ne permet, que d'un seul côté, la libre expansion du coup, la tension étant forte de tous les autres côtés ; mais, dans ce cas même, nous croirions que le résultat indiqué est trop faible, parce que, d'après cette hypo-thèse, toute la partie de la mine occupée par la charge resterait intacte après l'explosion.

Becker admet, comme résultat de l'explosion, un paraboloïde de révo-lution dans lequel le foyer de la parabole génératrice coïncide avec le centre de gravité de la charge et dont la base est un cercle ayant pour rayon la plus courte distance entre le point d'explosion et la surface. Cette hypothèse donnerait un résultat exagéré, parce que, d'après elle, le coup agirait même derrière la mine, et qu'on ne trouverait jamais, par suite, de trace de celle-ci, ce qui, en réalité, n'est pas le cas, surtout quand on emploie la poudre.

Le professeur Culmann, de Zurich, considère la forme d'un entonnoir comme une surface de révolution dont la génératrice est une courbe tangente à la ligne de la plus courte résistance au point de séparation de la charge et de la bourre et dont la base est un cercle d'un rayon inférieur à la plus courte distance entre la surface extérieure et le point de séparation de la charge et de la bourre. Cette hypothèse conduit évi-demment à de trop faibles résultats, car elle suppose que toute la partie de la mine remplie de matières explosives resterait intacte, ce qui n'est pas vrai en général, mais n'a lieu que dans les cas les plus défavorables.

L'ingénieur en chef Rziha donne, dans son célèbre ouvrage, *Traité de l'ensemble de l'art de construire des tunnels*, de la page 118 à la page 130, des renseignements très-intéressants sur l'effet des trous forés et remplis de matières explosives; nous y reviendrons en temps et lieu.

En général, on pourrait admettre comme entonnoir de mine dans les pierres compactes un cône de 90° d'ouverture, dont la pointe se trouverait au centre de gravité de la charge et dont l'axe prendrait la direction de la ligne de plus courte résistance.

Nous avons cité plus haut, comme exemples, pour évaluer les frais du forage, quatre tranchées pratiquées dans le granit et le gneiss; le tableau suivant indique ce qu'il faut de matières explosives.

ARTI-CLES.	SOL DE LA TRANCHÉE.	CONTENU en mètres cubes.	EMPLOI DES MATIÈRES EXPLOSIVES.			
			Poudre.	Dynamite.	Mèche.	Capsules.
I.	Gneiss très-crevassé.	m. c. 12 090	kilogr. 672	kilogr. 38	mèt. cour. 840	400
II.	Gneiss et granit de moyenne dureté.	33 565	1 904	1 925	14 420	13 500
III.	Granit de moyenne dureté.	16 440	770	1 416	7 963	6 170
IV.	Granit très-dur.	10 837	531	909	3 587	3 542

Ici l'emploi de la poudre s'explique par le désir de morceler et par les explosions-précitées de chambres. Quand il s'agit de blocs de 1 à 2 mètres cubes, qu'il faut diminuer encore pour pouvoir les transporter et les utiliser, on ne peut, lorsqu'on emploie la dynamite, forer un trou plus petit que quand on fait usage de la poudre; aussi la substance explosive la moins chère devient-elle la plus avantageuse.

Nous avons déjà parlé de l'avantage qu'il y a à creuser, avec de la dynamite, une chambre au fond de la mine, puis à charger cette chambre avec de la poudre. Si l'on ramène à l'unité cubique les indications contenues dans le tableau ci-dessus, on obtiendra les résultats énoncés dans le tableau suivant.

ARTICLES.	EMPLOI DES SUBSTANCES EXPLOSIVES POUR UN MÈTRE CUBE. (Travail de tranchée.)			
	Poudre noire.	Dynamite.	Étoupille de Bickford.	Capsules.
I.	grammes 55,50	grammes 3,14	cent. courant. 6,95	pièces 0,033
II.	56,72	57 35	42,96	0,402
III.	46,84	86,13	46,79	0,370
IV.	49,09	84,10	33,20	0,328

Plessner dit, dans les *Terrassements* de Henz, 2ᵉ édit., p. 101, et d'après lui, Streckert, dans la 3ᵉ édition du même ouvrage, p. 116 :

« Dans des couches extrêmement solides, il fallait, pour détacher un mètre cube et pour le morceler, à l'aide de petites mines, une demi-journée de travail, un trou de 4 à 5 décimètres de diamètre et de 125 centimètres de profondeur et un demi-kilogramme de poudre. A raison de deux hommes par jour, en travaillant sur des pierres très-dures, il faut soit des trous de 175 à 250 centimètres, soit des trous de 2 à 4 mètres. » (Nous avons déjà fait voir que ce dernier énoncé est en désaccord avec la logique ainsi qu'avec les prescriptions relatives à une pierre moins dure.) On peut admettre, en règle générale, que deux hommes creusent par jour deux trous d'un mètre courant, c'est-à-dire un homme 1 mètre par jour ; il faudrait donc pour les $125 + 50 = 175$ centimètres de forage, 1,76 poste de mineurs et non 0,5, comme il est dit plus haut, ce qui repose évidemment sur une nouvelle erreur de calcul. Si l'on adopte ce nombre de postes de mineurs, et si l'on évalue, d'après Henz, les prix des journées et ceux des matières explosives par mètre cube, avec l'emploi de la poudre ou de la dynamite, on obtient les résultats suivants :

(*a*) Pour la poudre noire :

1,75 poste de mineurs à 15 silbergroschens.	25,25	silbergroschen.
0,5 kilogramme de poudre à 7,5 silbergroschens	3,75	—
2,5 mètres de mèche à 1,3 silbergroschen.	3,25	—
Total.	1ᵗʰ,2,25	silbergroschens.

(*b*) Pour la dynamite :

0,8 poste de mineurs à 15 silbergroschens. . . . . 12th,00 silbergroschens.
0,049 kilogr. de poudre noire à 7 silbergroschens 1/2. . .   0 ,14   —
0,084 kilogr. de dynamite à 2 thalers 25 silbergroschens. .   7 ,14   —
0,33 mètre de mèche à 1,3 silbergroschen. . . . .   0 ,04   —
0,33 capsule à 0,2 silbergroschen. . . . .   0 ,07   —

Total. . . . . 19th,62 silbergroschens.

Ainsi, d'après Plessner, l'emploi de la dynamite ne revient qu'aux $\dfrac{60}{100}$ de celui de la poudre.

Mais comme, par le fait, la dynamite Nobel avec laquelle furent obtenus les résultats indiqués plus haut ne coûte par kilogramme que la moitié des 2 thalers 25 silbergroschens susdits, il faudra diminuer la dépense d'un mètre cube, obtenu par la dynamite, $\dfrac{7,14}{2} = 3,57$ silbergroschens, par conséquent 16,05 silbergroschens, ce qui ne revient pas même aux $\dfrac{30}{100}$ du coût de l'emploi de la poudre.

Au reste peu importe l'économie de quelques silbergroschens; il vaut bien mieux opérer plus vite et sur des masses plus considérables.

La tranchée, article II, de laquelle on devait emporter, outre les 33 565 mètres cubes de roches, encore 16 572 mètres cubes de terre rocheuse très-compacte et de sable très-ferme, exigea : pour son achèvement, y compris les jours de pluie, dimanches et jours de fêtes, 240 journées de travail, et l'œuvre ayant été entreprise sur la fin de l'automne, la moitié des journées environ se composa de journées d'hiver; cela fait en tout 2 400 heures de travail; on détacha et morcela donc par heure 14 mètres cubes de rochers, on enleva 7 mètres cubes de terrain solide et l'on chargea et transporta sur une voie à wagonnets $14 + \dfrac{14}{2} + 7 + \dfrac{7}{7} = 29$ mètres cubes.

Mais pour donner un exemple de l'augmentation des dépenses que peut entraîner un emploi irréfléchi des matières explosives, même de la dynamite, citons le cas suivant : deux tranchées pratiquées dans le granit le plus dur (article IV) donnèrent les résultats suivants :

ARTI-CLES.	CON-TENU en mètres cubes.	MATIÈRES EXPLOSIVES EMPLOYÉES.					EMPLOYÉ PAR MÈTRE CUBE.				
		Poudre.	Dyna-mite.	Étoupilles de Bickford.	Cap-sules.	Postes de mi-neurs.	Poudre.	Dyna-mite.	Étoupilles de Bickford.	Cap-sules.	Postes de mi-neurs.
	m. c.	kilog.	kilog.	mèt.	pièces		gram.	gram.	centim.	pièces	
1	27 436	7 280	3 188	25 130	14 400	19 161	265,3	116,3	91,7	0,52	0,70
2	22 635	3 360	4 000	25 600	18 100	17 419	149,0	177,0	113,2	0,80	0,77

Les entrepreneurs fournirent eux-mêmes les substances explosives et, comme le travail fut mené rapidement, on pouvait leur faire remarquer leur prodigalité, mais on n'avait pas le droit de la leur interdire.

Ces entrepreneurs s'occupaient spécialement d'explosions de cavités naturelles, dont nous avons déjà parlé; mais ils s'y prenaient de telle sorte qu'ils dépensaient en pure perte une quantité considérable de substances explosives.

Avec une forte explosion de dynamite, on pratiquait dans le roc des crevasses que l'on remplissait de poudre et l'on faisait sauter le rocher après les avoir bourrées.

La quantité de poudre, que l'on introduisit dans ces crevasses, était considérable, et bien que l'explosion ait dû être oblique, se propageant dans les diverses crevasses, on n'en vit pas moins des gerbes de feu.

En apparence, le résultat était grand et le travail du forage très-réduit; mais quelle était la réalité?

Économies en postes de mineurs, par mètre cube, comparativement à l'article IV de notre premier exemple.

Article I. . . . 0,1 poste de mineurs à 1ᶠ,50. . . . . 0ᶠ,15
Article II. . . . 0,03   —   —   . . . . 0 ,03

Dépenses en plus pour les matières explosives.

Article I. . . .
- 0,2162 kilogr. de poudre à 0ᶠ,90. . . . . 0ᶠ,194
- 0,0322 kilogr. de dynamite à 2 florins. . . . . . 0 ,064
- 0,585 mètre de mèche à 0ᶠ,02. . . . . 0 ,012
- 0,2 capsule à 0ᶠ,02. . . . . 0 ,004

Total. 0ᶠ,274

Article II. . . .
- 0,100 kilogr. de poudre à 0ᶠ,90. . . . . 0ᶠ,09
- 0,93 kilogr. de dynamite à 2 florins. . . . . . 0 ,186
- 0,80 mètre de mèche à 0ᶠ,02. . . . . 0 ,016
- 0,472 capsule à 0ᶠ,02. . . . . 0 ,009

Total. 0ᶠ,301

Par conséquent, déduction faite des économies sur les postes de mineurs, dépenses en plus, article I, 0ᶠ,124 et article II, 0ᶠ,251 de mètre cube de rocher. Si l'on dépensa moins en postes de mineurs et notablement plus en poudre, articles I et II, c'est que, dans la première tranchée, on trouva quelques cavités naturelles, qui, sans autre forage, furent nettoyées et immédiatement après chargées avec de la poudre.

Dans les carrières, comme nous l'avons dit, les effets de la poudre et de la dynamite sont généralement plus grands que dans l'étroit espace de la tranchée.

Ici le cas se présente souvent que les roches se fendent, ce qui facilite la confection des pierres de taille, et ne se morcèlent pas. Quand la pierre est fissilée, on se sert de coin, comme nous l'avons déjà dit; quand la pierre est molle, on a parfois recours à la scie dentelée ou non dentelée; dans ce dernier cas, les dents sont remplacées par du sable de quarz.

Pour abréger le travail, j'essayai de faire sauter la pierre avec de la dynamite, dans une certaine direction; à cet effet, je fis creuser avec le pic, dans la direction de la ligne de séparation désirée, une entaille sur toute la longueur de la pierre, puis deux cavités; je chargeai l'entaille et les cavités avec de la dynamite, j'introduisis une mèche et une capsule, je bourrai avec du sable et je provoquai l'explosion.

Ces trois explosions partielles furent simultanées; toutefois le roc ne fut pas fendu. Il s'en détacha un morceau, dont un côté était formé de l'entaille; le reste du bloc avait une forme irrégulière; des essais réitérés ne donnèrent pas de résultats meilleurs. Une autre observation, que je fis dans les carrières de Manthhaus, fut que très-souvent des pierres de taille, déjà demi-préparées, se convertissaient, quand on les retournait, en une cavité qu'auparavant on ne pouvait guère discerner qu'au moyen d'une loupe.

Comme cette observation ne fut faite qu'après un long emploi de la dynamite, les tailleurs de pierres conjecturèrent que, par la violence de cette matière, des fissures invisibles se produisaient dans les parois restées intactes en apparence et ne trahissaient leur fâcheuse influence que lorsqu'on travaillait ultérieurement la pierre. Je n'ai malheureusement pas pu constater personnellement l'exactitude de cette hypothèse; l'avenir dira ce qu'il en est.

Disons encore quelques mots sur le forage des trous.

Les mineurs prescrivent depuis longtemps : 1° de ne pas forer dans le sens de la moindre résistance; 2° la ligne de la moindre résistance ne doit pas être plus longue que la bourre. Le trou foré doit donc faire un angle de 42° à 45° avec la surface de la paroi compacte dans toute son étendue; cet angle dépendrait de la hauteur de la charge, variant du quart au tiers de la profondeur du trou.

Mais si, par exemple, dans une carrière, deux côtés sont dégagés un côté horizontal et un côté vertical, le trou éloigné d'une des parois libres de la hauteur de la bourre, peut-être foré verticalement dans l'autre côté.

Si l'on ne perd pas de vue la règle 2 pour forer au point opportun, on en trouvera toujours aisément la position, même si les parois libres affectaient les unes pour les autres les directions les plus variées.

Quant à la règle I, elle n'est bonne qu'avec l'emploi de la poudre; car des essais réitérés, faits dans les lieux les plus différents, ont prouvé qu'une explosion faite avec une dose convenable de dynamite (le trou ayant été foré perpendiculairement dans une paroi tendue en tous sens, de telle sorte que la ligne de la plus faible résistance coïncide avec l'axe du trou foré) produit un entonnoir de mine, dont le sommet est au fond du trou et dont l'angle crural est d'environ 90°.

Trauzel dit à ce propos, page 73 : « Voici comment procède d'ordinaire, dans le percement de galeries, M. Trusheim, maître mineur au service de M. Nobel, dans plusieurs districts miniers de l'Allemagne. Au milieu d'un terrain vertical est foré un trou horizontal, auquel on donne les dimensions suivantes :

Si l'endroit a 4 pieds de large, la profondeur sera de 20 à 25 pouces, le diamètre de 1 à 1 1/8 pouce
   —   5   —   —   —   25 à 28   —   —   1 pouce 1/4
   — de 6 à 8   —   —   —   30 à 40   —   —   1 pouce 1/2

« Plus la pierre est dure, moins le trou est profond, mais plus il est large. On charge jusqu'à $\frac{1}{4}$ ou $\frac{1}{3}$ de la profondeur du trou. La première explosion donne ordinairement une excellente entaille après laquelle on n'a plus qu'à faire de petites explosions de sommet et de base. »

Quant aux autres exemples, rapportés par Trauzl, l'espace nous manque pour les reproduire; nous renvoyons donc aux pages 73-75 de son ouvrage.

La différence des résultats est manifeste, car si l'on fait le trou d'après les règles, la hauteur conique de l'entonnoir de mine est au plus le 0,7 de la profondeur h du trou; par conséquent, le contenu cubique sera $\frac{0,7h^3\pi}{3} = 0,111h^3\pi$, celui de la dynamite $0,333h^3\pi$, soit un résultat triple, la profondeur du trou étant la même.

Si nous résumons tout ce qui a été dit sur la manière de détacher les blocs de terre ou de roc, nous partagerons, suivant l'usage, les terrains en six classes, trois de sol et trois de roc, et nous arriverons aux résultats suivants : pour détacher les matériaux et les partager en morceaux transportables, 1 mètre cube exige (le coût de la conservation des outils est indiqué par centièmes du prix de la journée, mais il est toujours évalué trop bas) :

CLASSE DE TERRAIN.	MODE de travail.	ESPÈCE de terrain.	CHARGE PAR MÈTRE CUBE.						
			Postes.	Poudre.	Dyna-mite.	Ficelle-mèche.	Cap-sules.	Trous forés.	Usure des outils.
				gram. —	gram. —	c. cour. —	pièces —	c. cour —	
I.	Pelles.	Terre arable, sable friable.	0,1						1 %
II.	*Idem*, avec emploi partiel du pic double et des coins en bois, les parois étant hautes.	Argile sablonneuse, sable compacte, cailloux fortement mêlés de sable, gravier mobile entremêlé de sable.	0,15	—	—	—	—	—	5 %
III.	N'employer que les pics doubles et les coins.	Argile ferme, cailloux et gravier à forte adhérence entre eux.	0,2	—	—	—	—	—	6 %
IV.	Employer les pics doubles, les coins et les maillets ou leviers.	Grès très-crevassé, marne et ardoises, *id.*	0,35	—	—	—	—	—	10 %
	Idem, en ajoutant des matières explosives.	Grès d'une dureté moyenne légère *nagelflur*, marne.	0,25	50	50	42	0,40	26	12 %
V.	Rien que des matières explosives.	Pierre calcaire dure, grumeaux, trachyte, gneis léger, granit, porphyre, etc.	0,48	52	71	44	0,39	26	13 %
VI.	*Idem.*	Granit très-dur, *hornstein*, *quarz*, etc.	0,80	49	84	33	0,33	29	13 %

Comme cependant les classes de terrains ne sont point séparées dans la nature d'une manière fort nette, on ne pourra que rarement appliquer une des données du tableau qui précède, et il faudra tenir compte d'innombrables variétés. L'homme expert pourra seul, lors des travaux de tranchée et autres, deviner à quelle classe tel ou tel terrain appartient; il reconnaîtra que souvent il appartiendra à deux classes distinctes; il assistera donc aux premières fouilles; souvent aussi il examinera les terres enlevées et il dira, par exemple : « Ce sol appartient pour un tiers à la deuxième classe et pour les deux autres tiers à la troisième. »

L'ingénieur novice fera bien de calculer d'après le temps où une certaine quantité de matériaux a été extraite d'une fosse pas trop étroite.

DEUXIÈME SECTION.

CHAPITRE VI.

VÉHICULES POUR CHARGER ET EMPORTER.

Il est bien entendu que les matériaux extraits de la Terre ne peuvent rester là où on les a trouvés ; car ou bien ils doivent servir de remblais ou bien l'on a besoin de l'emplacement qu'ils occupaient d'abord ; dans l'un et l'autre cas, il faut les éloigner.

L'enlèvement des matériaux peut s'effectuer (*a*), soit par le jet (*b*), soit au moyen de véhicules. Les matériaux, obtenus par la simple pelle ou bêche, sont emportés immédiatement, soit par le jet de pelle, soit par des véhicules ; mais les matériaux plus durs, obtenus par la pioche, le maillet, les coins ou la mine, exigent un travail spécial, soit pour le jet de pelle, soit pour le transporter par véhicules. Ainsi, le sol travaillé seulement par la pelle ou la bêche s'obtient à meilleur marché que l'autre et se transporte de même.

Avant de parler du transport, consacrons quelques mots au chargement.

Pour charger les matériaux, l'ouvrier a presque le même travail à faire que celui qu'il vient de terminer ; il se sert de sa pelle ou bêche, y prend les terres enlevées et les place dans les véhicules.

Quand on charge de la terre meuble, de la terre glaise, du sable, etc., eût-on besoin de la pioche pour obtenir ces matériaux, le chargement est très-facile. Quant les matériaux sont plus durs, comme, par exemple, les décombres, le gravier, l'argile sèche, le roc à petites fissures, le travailleur

ne peut pas enfoncer sa pelle aussi aisément dans le tas, mais il rencontre une résistance dont il ne triomphe que peu à peu, après avoir
remué le morceau en tous sens. Mais, même ce qui est placé sur la pelle,
n'y reste pas toujours; des morceaux plus ou moins grands s'en échap-
pent en roulant à terre et en entraînant d'autres avec eux, de telle sorte
que pour obtenir 1 mètre cube de ces matériaux, il faut bien plus souvent
remuer la pelle que pour les terrains meubles dont nous venons de parler.

Les rochers durs, morcelés tant bien que mal, pour faciliter leur transport ou leur emploi, sont encore bien plus difficiles à charger que les
matériaux des deux catégories précitées; car, par l'effet de leur poids, les
blocs adhèrent tellement les uns aux autres qu'il faut le maillet pour les
séparer ou de grands efforts pour les rouler jusque dans les véhicules au
moyen de l'échelle à pierres. Cette troisième catégorie pèse d'ailleurs
les 15 ou 18 dixièmes des deux catégories précédentes.

Une série d'expériences m'a appris que, indépendamment de la constitution du corps, un ouvrier laborieux travaillant pendant 10 heures,
fournit dans une heure 600 pelletées de terre meuble, qu'il jette dans le
véhicule à une hauteur de 15 à 20 décimètres de hauteur.

Suivant sa constitution physique, le travailleur peut prendre sur sa
pelle une quantité plus ou moins grande de matériaux et charger, avec
300 ou 400 pelletées, 1 mètre cube de matériaux tendres dans des véhicules élevés et avec 280 ou 320 dans des véhicules les plus bas; il est bien
entendu qu'il s'agit ici de masses à l'état naturel et non à l'état de mor-
cellement indéfini.

Ainsi, un travailleur de force moyenne peut charger en un jour environ 17 mètres cubes de matériaux sur des véhicules élevés et environ
23 mètres cubes sur des véhicules plus bas.

Ces remarques concordent avec les indications de Plessner, qui compte,
comme produit du travail d'une journée, $0^{mc},056$ par charge de
brouette et $0^{mc},075$ par charge de camion, charrette et lowry, sans
établir, il est vrai, de distinction entre les matériaux des diverses classes,
mais il prend une moyenne pour la pierre, le gravier, l'argile, la terre
glaise, etc.

Quand les matériaux sont plus lourds, le travailleur n'en peut charger
que de 500 à 530 pelletées par heure; mais, pour charger 1 mètre cube,
il ne lui faut que 4 ou 500 pelletées; naturellement le travailleur faible
donne des pelletées moins pesantes que le travailleur vigoureux.

Ainsi, un travailleur peut charger en un jour 10 mètres cubes de ces
matériaux sur des véhicules élevés et 13 mètres sur des véhicules plus
bas.

Pour les roches très-denses, un homme ne peut en charger par jour que de 5 à 6 mètres cubes sur des véhicules bas et de 4 à 5 mètres cubes sur des véhicules élevés.

Pour éviter les malentendus, je dirai encore que les indications des résultats moyens, en mètres cubes, sont basées sur les observations faites relativement à des masses considérables de matériaux, tant en déblais qu'en remblais, ainsi que l'évaluation du nombre des pelletées par heure; mais on n'a obtenu que par le calcul le nombre des pelletées par mètre cube et en comparant les résultats donnés par les travailleurs tant faibles que vigoureux.

Le tableau suivant fera connaître la nature des terrains, la production et le chargement sur véhicules tant bas qu'élevés.

CLASSE de terrain.	POSTES PAR MÈTRE CUBE.					
	POUR VÉHICULES DE 0ᵐ,5 DE HAUTEUR ET AU-DESSOUS.			POUR VÉHICULES DE 0ᵐ,5 A 2 MÈTRES DE HAUTEUR.		
	Production.	Chargement.	Total.	Production.	Chargement.	Total.
I.	0,100	—	0,100	0,100	—	0,100
II.	0,150	0,043	0,193	0,150	0,058	0,208
III.	0,200	0,077	0,277	0,200	0,100	0,300
IV.	0,350	0,077	0,427	0,350	0,100	0,450
V.	0,480	0,167	0,647	0,480	0,200	0,680
VI.	0,800	0,200	1,000	0,800	0,250	1,050

Comme nous l'avons dit, les chiffres qui précèdent résultent des travaux quotidiens d'ouvriers d'une vigueur moyenne travaillant 10 heures par jour; mais on obtient des résultats bien plus considérables quand on fait faire certains travaux d'essai aux ouvriers les plus vigoureux et les plus énergiques. Ainsi j'observais naguère le chargement d'un véhicule qui pouvait contenir 1ᵐᶜ,30 de terre meuble; il fut rempli par deux travailleurs avec 250 pelletées dans l'espace de 9 minutes. Dans la première minute, on jeta 38 pelletées; ensuite ce nombre diminua si bien que, durant les 2 dernières minutes, il n'y eut plus que 20 pelletées par minute, la moyenne fut donc de 28 pelletées, soit 14 par homme et par minute; la diminution fut progressive d'une minute à l'autre, et s'il eût fallu procéder à un chargement pareil, les deux ouvriers auraient été incapables de suffire à cette tâche. Ces tours de force ne doivent donc pas entrer dans la pratique journalière; on n'y doit recourir que dans des cas d'urgence.

Nous avons dit que le transport des matériaux s'effectue par le jet ou par des véhicules.

On n'a recours au jet que dans des circonstances exceptionnelles, où il a réellement une utilité pratique, comme par exemple quand on attaque un massif de terre réservée pour la confection d'un talus et placée à cet effet tout près de l'endroit où l'on veut faire le talus ou pour charger des voitures placées dans un fond, au pied de talus, etc. Il a été constaté qu'un travailleur pourrait jeter à 5 ou 6 mètres de distance, sans y employer plus de temps, la quantité de matériaux qu'il chargerait sur un véhicule élevé. On peut donc très-bien payer, pour le jet des matériaux, les prix indiqués dans le tableau précédent pour le chargement des véhicules ayant jusqu'à 2 mètres de hauteur.

Nous avons dit au chapitre III que, là où l'on ne peut obtenir des matériaux avec la bêche, les chargeurs ne sont pas des terrassiers, mais d'autres ouvriers munis de la pelle ou de la bêche (*fig.* 29); il faut donc regarder cet outil comme le seul à employer pour le jet des matériaux.

Quand il s'agit de transporter les matériaux à une assez forte distance, ou emploie des véhicules qui diffèrent entre eux pour la grandeur et la construction, suivant la route à parcourir et l'espace accordé soit au lieu d'exploitation, soit au lieu d'utilisation des matériaux obtenus.

Le point principal est la nature du chemin à parcourir; il faut savoir si le trajet doit s'effectuer par terre ou par eau : dans le premier cas, il faudra des voitures, charrettes, tombereaux, etc.; dans le second, des bateaux.

Le transport par eau se fait rarement à propos de terrassements, et l'on est presque étonné d'en entendre parler ici.; cependant ce transport n'est pas un fait exceptionnel; citons, par exemple, la construction de la gare de Trieste située sur un plateau, de la digue à travers le Kun-Lapos, près Debreczin, le transport de matériaux pour garantir les voies ou la gare contre le choc des flots et le courant sur des chemins ou des railways construits sur les bords de fleuves, rivières ou lacs, etc.

Suivant la nature des cours d'eau à utiliser et la quantité de matériaux à transporter, on emploiera des nacelles, des bateaux, des élévateurs, des remorqueurs, etc.

Pour le transport par terre, on se sert aussi des véhicules les plus disparates; on peut toutefois les diviser en véhicules à une roue, à deux roues, à quatre roues.

(*a*) Véhicules à une roue : brouettes de toutes formes.

(*b*) Véhicules à deux roues : camions, tombereaux traînés par des chevaux, charrettes.

(*c*) Véhicules à quatre roues : voitures de route et wagons de chemins de fer.

(*a*) Brouettes de toutes formes.

Quant à ces véhicules, une partie du fardeau doit être supportée par le travailleur, l'autre par la roue; reste encore à l'ouvrier la tâche de vaincre les obstacles que la roue peut rencontrer.

Un homme d'une taille moyenne fait, en un pas et par seconde, $v = 0^m,76$ dans un sens horizontal, durant les 10 heures de travail de sa journée. Il a, de plus, sur un plan horizontal, à élever de $v_1 + 0^m,036$ son centre de gravité. Si l'on nomme le poids λ, son premier travail sera représenté par la formule

$$M' = \frac{v^2 \lambda}{2g} \quad \text{et le second par} \quad M'' = v_1 \lambda.$$

d'où, pour le travail total,

$$M = M' + M'' = \lambda \left(\frac{v^2}{2g} + v_1 \right).$$

Si, outre son propre poids, on charge ses épaules ou ses mains du poids l', nous aurons

$$M = (\lambda + l') \left(\frac{v^2}{2g} + v_1 \right),$$

ou, avec nos donnés ci-dessus,

$$M = (\lambda + l') \left(\frac{0,76^2}{2 \times 9,81} + 0,036 \right) \left(\frac{0,5776}{19,62} + 0,036 \right) (\lambda + l') = 0,065 (\lambda + l')^{\text{XIII}}.$$

Quant au poids l'' réparti sur la roue, le travailleur n'a à vaincre que la résistance du frottement de la roue qui tourne, c'est-à-dire $l'' \times c$. Sur des planches, d'après l'expérience de Morin, on peut admettre $c = 0,04$ pour coefficient de résistance; le travailleur, pour vaincre cette résistance, a donc à faire

$$M''' = l'' \times v \times c = 0,76 \times 0,04 l'' = 0,0304 l'''.$$

Ainsi le total du travail fait par l'ouvrier sera

$$\mathfrak{M} = 0,065(\lambda + l') + 0,0304\,l''.$$

On voit par là que, sur une voie horizontale, toute unité de poids reportée sur le corps du travailleur exige de lui un effort plus que double de celui qui repose sur la roue.

Plus est grande la portion de tout le fardeau qui est portée sur la roue, plus l'ouvrier a de facilité à la mouvoir sur un terrain horizontal; en d'autres termes, plus il peut transporter avec un effort identique. Le problème à résoudre serait donc de construire les véhicules à une roue de telle sorte que le centre de gravité de la charge soit reporté aussi près que possible de l'axe de la roue.

Il s'agirait de savoir ensuite si cette proportion ne se modifierait pas considérablement s'il fallait monter en effectuant le transport. On sait que le pas se raccourcit quand on monte, de sorte que, avec $1:2$, il n'atteint plus que la longueur de $0^m,31$; avec $1:4$, celle de $0,53$; avec $1:8$, celle de $0,61$ et avec $1:10$, celle de $0,66$. Dans le premier cas, le centre de gravité n'est soulevé que pour la hauteur absolue à gravir; dans le dernier cas, il n'est soulevé que de $0,018$ de plus que ne l'exige la montée à gravir.

Le travail à effectuer par un homme qui, chargé, gravit une pente inclinée, de l'angle α, peut s'exprimer par la formule suivante

$$m = M + (\lambda + l') \sin \alpha \times v, \qquad (11)$$

ou d'après notre formule de la page précédente, on a

$$M = (\lambda + l')\left(\frac{v^2}{2g} + v_1\right) \quad (*).$$

Si l'on pose $v_1 = nv$, le centre de gravité du travailleur devant, à chaque pas, être soulevé dans une certaine mesure, la vitesse d'élévation du centre de gravité devant croître ou diminuer suivant que la vitesse

---

(*) Il faut en effet admettre que la masse du travailleur et de son fardeau doit être, à chaque pas, remise en mouvement de nouveau, parce que, surtout à cause de la vitesse moyenne de l'homme chargé, le motif de paresse est, sinon absolument, du moins presque égal à zéro. Si, comme on l'a fait à différentes reprises, on représentait le travail fait en gravissant une montée par $M = (\lambda + l')\,v \sin \alpha$, on obtiendrait pour la voie horizontale où $\sin \alpha = 0$ un travail $M = 0$, ce qui est évidemment inexact.

augmente ou diminue, on obtient pour le travail effectué

$$m = (\lambda + l')\left(\frac{v^2}{2g} + nv\right) + (\lambda + l')\,v \sin \alpha = (\lambda + l')\left(\frac{v^2}{2g} + nv + v \sin \alpha\right), \quad \text{(III)}$$

et si toute la charge est répartie sur la roue, on a

$$m' = \lambda\left(\frac{v^2}{2g} + nv + v \sin \alpha\right) + l'(v \sin \alpha + cv); \quad \text{(IV)}$$

enfin si le centre de gravité est placé entre le point d'appui et le point d'application de la force, de telle sorte que tl tombe sur celui-ci et $(1 - t)l$ sur celui-là, on a

$$m'' = (\lambda + tl')\left(\frac{v^2}{2g} + nv + v \sin \alpha\right) + (1 - t)l'(v \sin \alpha + cv). \quad \text{(V)}$$

Si nous substituons dans la formule (V) les valeurs données antérieurement pour v, g et nv, et si nous mettons successivement $\sin \alpha = 0$, $\sin \alpha = 0,1$, $\sin \alpha = 0,5$, nous obtenons, quand toute la charge repose sur le travailleur, ou si $t = 1$:

$$
\begin{aligned}
&\text{Sur une voie horizontale} \dots\dots\dots\dots\dots\dots && m = 0,063\,\lambda + 0,123\,l' \\
&\text{Sur un plan incliné } 1:10 \dots\dots\dots\dots\dots\dots && m = 0,133\,\lambda + 0,123\,l' \\
&\qquad\quad -\qquad\quad 1:2 \dots\dots\dots\dots\dots\dots && m = 0,409\,\lambda + 0,409\,l'
\end{aligned}
$$

Quand toute la charge repose sur la roue, ou quand on a $t = 0$:

$$
\begin{aligned}
&\text{Sur une voie horizontale} \dots\dots\dots\dots\dots\dots && m' = 0,063\,\lambda + 0,0304\,l' \\
&\text{Sur un plan incliné } 1:10 \dots\dots\dots\dots\dots\dots && m' = 0,123\,\lambda + 0,1064\,l' \\
&\qquad\quad -\qquad\quad 1:2 \dots\dots\dots\dots\dots\dots && m' = 0,409\,\lambda + 0,4104\,l'
\end{aligned}
$$

On voit par là qu'en dépensant une force égale, le travailleur transporte sur une voie horizontale $\frac{65}{30}$, sur une voie inclinée d'un dixième $\frac{123}{106}$ et une voie inclinée d'une demie $\frac{100}{100}$; en d'autres termes, lorsque le centre de gravité repose sur la roue, le travailleur peut avec la même rapidité et la même force transporter deux fois et demie autant de matériaux que si le centre de gravité reposait sur son corps; quand la voie est inclinée d'un dixième, il transporte un sixième de moins et quand l'inclinaison est de $\frac{1}{2}$, peu lui importe que le centre de gravité repose sur la roue ou sur son corps. Bien que le transport par brouettes, comme nous le verrons dans une des sections subséquentes, ait lieu en grande partie sur des plans inclinés où, comme il résulte de ce qui précède, l'utilité de rapprocher de la roue le centre de gravité de la charge est bien plus petite que sur la voie horizontale, on a cependant, toutes les fois que l'on a construit des véhicules de ce genre, eu soin de rapprocher, autant que possible, le centre de gravité de la roue et l'on a même construit $\left(fig.\ 41\ et\ 42,\ \text{échelle de}\ \frac{1}{20}\right)$ un véhicule où le centre de gravité tombe presque sur la roue.

Fig. 41.

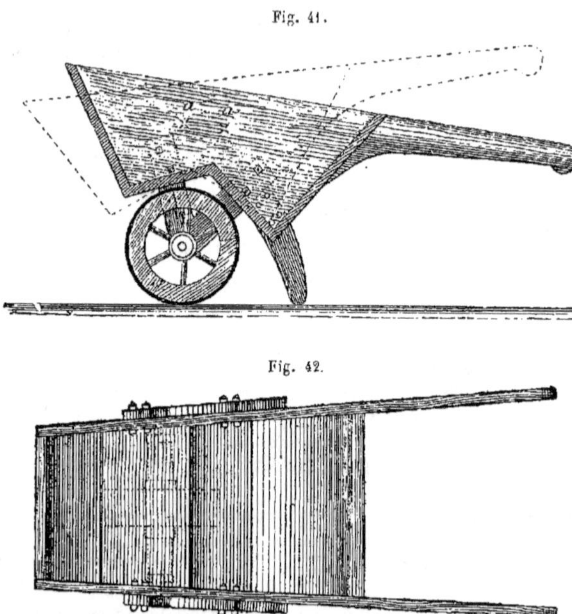

Fig. 42.

Mais, lors des premiers essais que l'on fit de ce véhicule, on constata que le travailleur, même le plus adroit, ne pouvait faire dix pas sans que la brouette versât. La raison en est facile à expliquer, soit (*fig.* 43) : soient *a* le centre de gravité du fardeau, *b* le point de contact entre la roue et la voie, *c* le point d'application de la force; à chaque inégalité de la voie située sur la ligne de l'axe de la roue, si celle-ci est à la largeur de la circonférence de la roue, comme la moitié de la largeur de ce cercle est à la hauteur du centre de gravité au-dessus de la voie, à chaque instant la brouette pourra verser.

Dans de certaines circonstances, la brouette verse sans que les inégalités de terrain y soient pour quelque chose. Cela arrive, par exemple, quand le centre de gravité est à une certaine hauteur au-dessus de la voie, la marche n'étant qu'un balancement continuel des matériaux transportés, balancement qui entraîne, de la part du corps, des mouvements sensibles vers la droite ou vers la gauche, comme on peut s'en

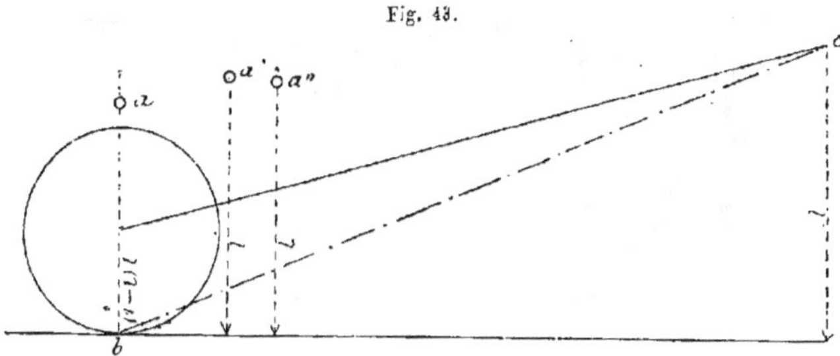

Fig. 43.

convaincre quand on voit défiler des troupes ou quand des piétons marchent à pas égaux, les uns à côté des autres.

Dans les *fig.* 44 et 45, *bc* et *b'c'* sont les lignes d'appui; le véhicule n'est tenu en équilibre qu'autant que le centre de gravité tombe entre

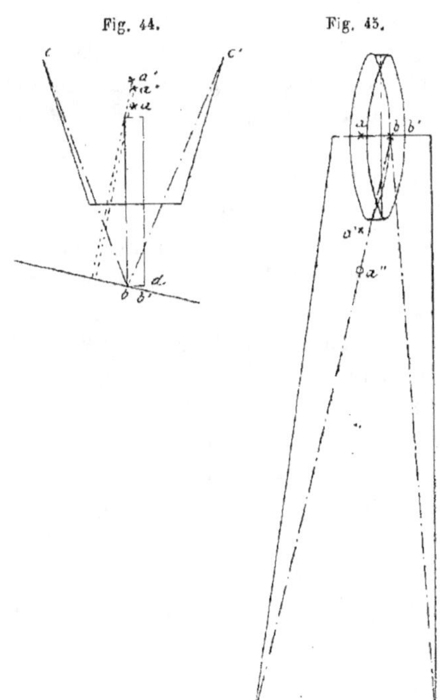

Fig. 44. Fig. 45.

ces deux lignes; mais, s'il tombe en dehors, la brouette verse nécessairement autour de cette ligne *bc* ou *bc''*; cela a lieu quand le centre de gravité se trouve placé perpendiculairement au point de contact, ou que

$$b'd : bb' = \frac{bb'}{2} : ab.$$

Comme on le voit dans la *fig.* 41, le centre de gravité de ce véhicule tombe encore au delà du trajet de la roue; aussi, quand il est à $0^m,050$ au-dessus de la voie, sur une largeur de jantes de $0^m,50$, il suffit d'une inégalité de 2 millimètres et demi pour faire verser la brouette.

Pour remédier à cet inconvénient, un constructeur donna deux roues à la brouette (*fig.* 46); mais le véhicule devint ainsi moins facile à

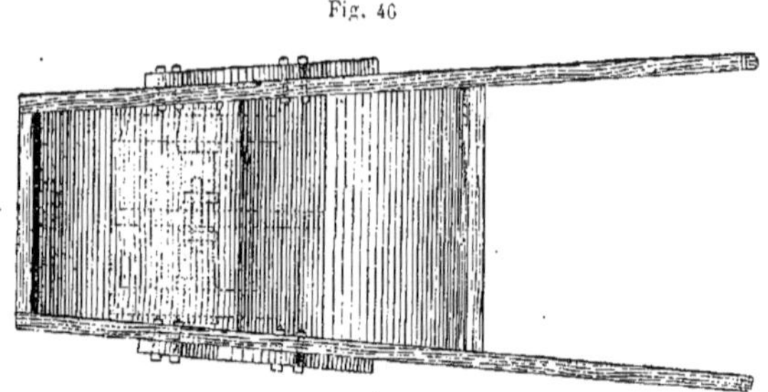

Fig. 46

diriger, lourd et dispendieux, ne pouvant pas même être utilisé sur une voie en planches; on ne s'en servit donc jamais.

Nous venons de montrer que jusqu'ici on n'a encore pu construire de véhicule à une roue, où le centre de gravité tombe sur la roue.

Il est inutile de démontrer qu'un véhicule quelconque à une roue où le centre de gravité du fardeau tomberait sur le corps de l'ouvrier serait une absurdité, la roue devenant alors complétement inutile.

Il ne s'agit donc plus que de placer le centre de gravité aussi convenablement que possible entre le point d'appui (la roue) et le point d'application de la force.

Plus le centre de gravité est rapproché de ce dernier point, plus le risque de verser diminue, mais aussi plus le travailleur a de charge à supporter sur une voie horizontale; mais plus le point d'application de la force se rapproche de la roue, plus le danger de verser augmente, mais moins le travailleur a de charge à supporter.

Streckert donne (tableau IV de la 3ᵉ édition des *Terrassements de Herz*) le dessin d'une nouvelle brouette d'invention récente, où le centre de gravité est si rapproché de la roue que celle-ci entre dans l'avant-corps de la brouette et y est abritée par un couvercle. Comme le montrent les *fig.* 47 et 48, le centre de gravité de la charge est 0ᵐ,45 au-dessus du plan (*fig.* 44 et 45) *bb'cc'* et le bas du levier de la charge comporte un cinquième de celui de la force.

Quand la jante de la roue est large de 0ᵐ,050, quand le centre de gravité est éloigné, en projection horizontale de 0ᵐ,063 de la ligne *bc* et *b'c'*, il ne faut qu'une inégalité de

$$\frac{63 \times 50}{450} = 0^{m},007$$

pour faire verser la brouette. Ainsi un fragment de silex sur lequel montera un bord de la roue suffira pour faire verser; de plus, l'espèce de recoin formé dans la brouette par le couvercle de la roue est un

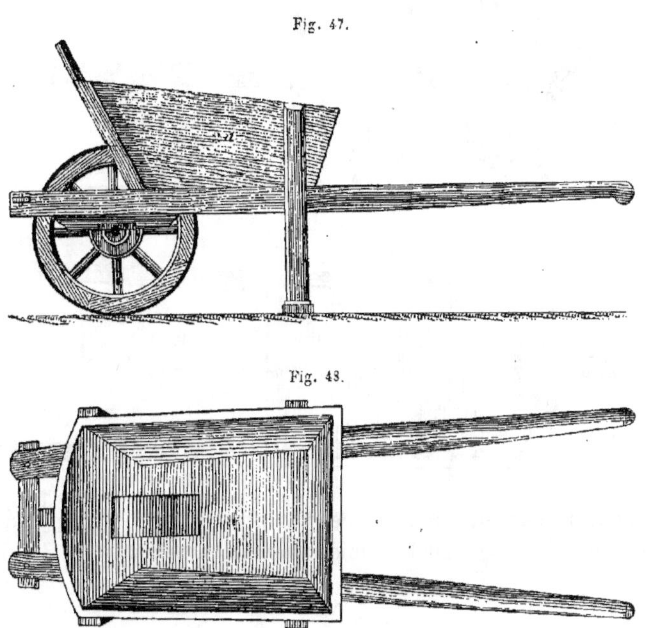

Fig. 47.

Fig. 48.

grand obstacle au déchargement rapide et complet de la brouette et, surtout s'il est question de transporter de l'argile humide, il faudra un outil spécial pour nettoyer la brouette et par conséquent une grande perte de temps, ou bien l'ouvier sera obligé de transporter comme charge morte une certaine quantité de matériaux.

De cette espèce de brouette se rapproche le plus celle qui est généralement employée en Allemagne (*fig.* 49 et 50). Les bras de levier sont dans le rapport de 1 à 4. La brouette peut contenir $0^{m3},069$. Le centre de gravité n'est qu'à $0^{m},30$ au-dessus de la ligne de soutenement et sa distance des lignes bc et $b'c'$ est de $\dfrac{1}{5}$ plus grande que dans la brouette précédente, de sorte que cette dernière brouette dite *allemande* offre deux fois moins de riques de verser.

La brouette anglaise (*fig.* 51 et 52) a son centre de gravité bien plus éloigné de la roue. La proportion est de $4:11$ à peu près; mais elle contient beaucoup moins de matériaux que les brouettes précédentes;

Fig. 49.

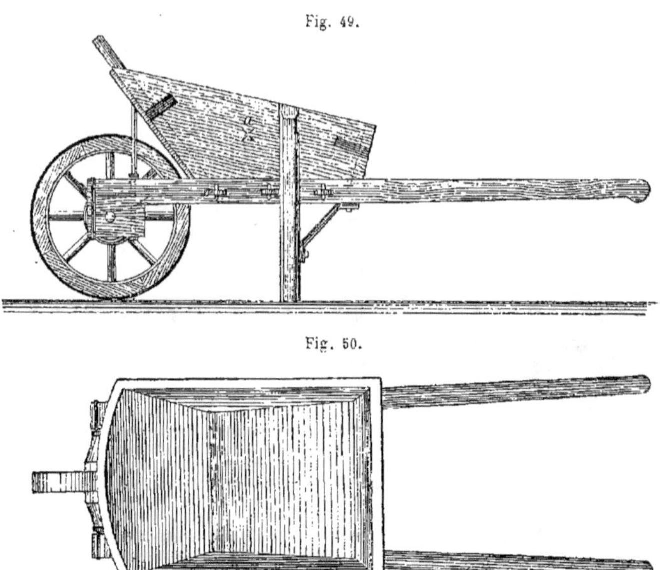

Fig. 50.

elle ne transporte que $0^{m3},039$; néanmoins, par la structure pyramidale de sa caisse, elle se prête bien mieux aux déchargements.

Fig. 51.

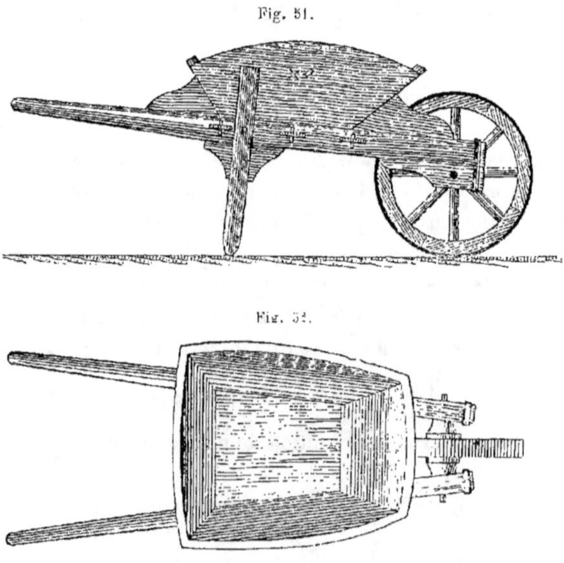

Fig. 52.

La brouette italienne, représentée *fig.* 53 et 54, ressemble, pour les leviers, à la brouette anglaise ; elle est en effet dans le rapport de 1 à 3 ; seulement le centre de gravité est un peu plus au fond ; fa forme du

Fig. 53.

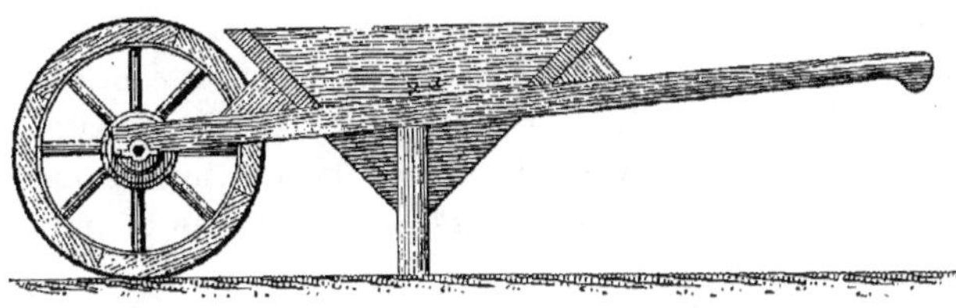

Fig. 54.

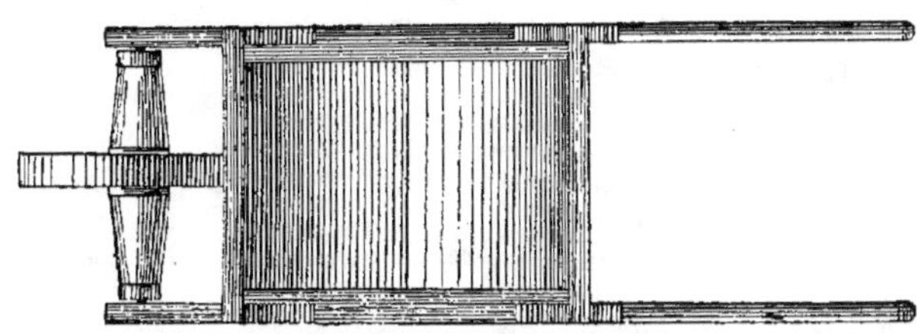

coffre facilite beaucoup les déchargements. Elle peut contenir $0^{m3},040$. La construction en est si simple que l'ouvrier peut la réparer lui-même si elle se détériore. J'ai même vu des entrepreneurs, qui se servent de la brouette italienne, remettre aux travailleurs simplement les roues cer-

Fig. 55.

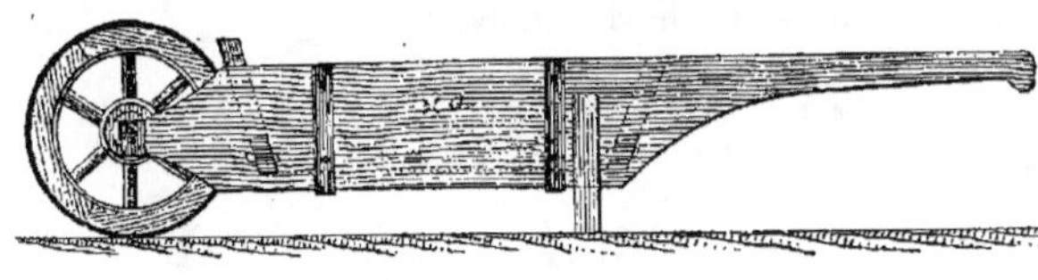

Fig. 56.

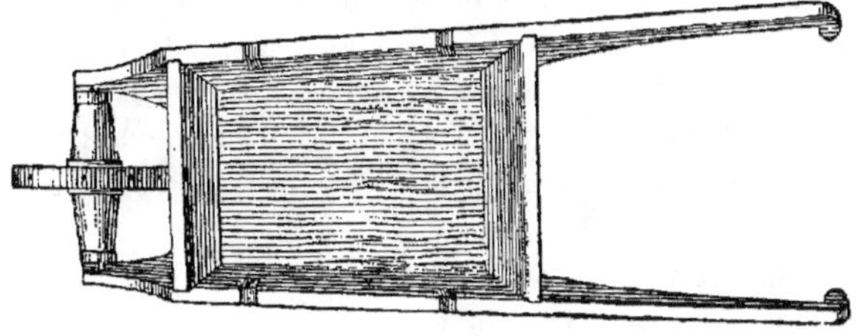

clées en fer et le nombre de planches et de bois suffisants et laisser aux ouvriers le soin de compléter le véhicule.

Dans la brouette autrichienne (*fig.* 55 et 56) se trouve éloigné le centre de gravité de la roue comme du travailleur dans la même proportion que les brouettes anglaise et italienne; mais elle ne contient que $0^{m3},037$, c'est-à-dire moins encore que la brouette anglaise. Elle diffère de toutes celles que nous avons décrites en ce qu'elle a une roue considérablement plus petite et en ce que le levier et les parois latérales de la caisse sont faits d'une seule pièce, ce qui contribue à diminuer le poids du véhicule, mais cela ne peut être regardé comme un avantage en ce qui concerne les réparations éventuelles.

Si l'on admet pour le poids du mètre cube des matériaux de toutes sortes 1500 kilog., le contingent des quatre brouettes différentes que nous avons décrites (nous ne comptons pas les deux premières brouettes purement théoriques) sera :

<pre>
Pour la brouette allemande, de. 103ᵏ,5
        —   anglaise, de. . . . .   58 ,5
        —   italienne, de. . . . .   60 ,0
        —   autrichienne, de. . . . .   55 ,5
</pre>

Le poids des brouettes elles-mêmes est de 53 kilogrammes pour la brouette allemande, de 35 pour la brouette anglaise, de 32 pour la brouette italienne et de 36 pour la brouette autrichienne.

Si l'on met l'ensemble de ces poids dans notre formule V, en exprimant par t les valeurs qui résultent des différentes manières de confectionner lesdites brouettes; enfin, si nous représentons par λ, v et n les valeurs établies plus haut, nous obtiendrons comme résultats acquis par les travailleurs sur la voie horizontale :

<pre>
Pour la brouette allemande. . . . .   M = 10ᵏᵐ,65
        —   anglaise. . . . .   M = 8 ,56
        —   italienne. . . . .   M = 8 ,41
        —   autrichienne. . . . . M = 9 ,09
</pre>

Si l'on compare ces résultats entre eux, on trouve que l'emploi de la brouette allemande est le plus avantageux; car si $103^k,5$ sont transportés à l'aide d'une force de $10^{km},65$, 82 kilog. seront transportés à l'aide d'une force de $8^{km},41$; la brouette italienne ne transportera que 60 kilog. à l'aide d'une force de $8^{km},41$. La construction la moins avantageuse de toutes serait celle de la brouette autrichienne puis celle de la brouette anglaise.

La cause des résultats défavorables donnés par la brouette autrichienne gît principalement dans la grandeur de la roue; car, d'après les expé-

riences de Morin, les résistances sont en raison inverse du diamètre de
la roue, ce qui donne au c de notre formule, lequel, d'après Morin,
vaut 0,04 pour les roues les plus grandes, la valeur de 0,056 pour les
roues les plus petites.

Nous avons dit, au commencement de ce chapitre, qu'un homme
chargé de 70 kilog. peut se mouvoir sur une voie horizontale avec une
vitesse de $0^m,76$ par seconde, durant 10 heures de travail. Nous avons en
conséquence, d'après notre formule,

$$M = (\lambda + l')\,0,065;$$

en admettant 70 kilog. pour le poids personnel du travailleur, on aura
un résultat égal à

$$M = 4,55 + 4,55 = 9^{km},10.$$

Si l'on cherche dans la formule V, en admettant $m = 9^{kgm},10$, l et $\sin \alpha = 0$
et $nv = 0,036$, par conséquent $n = 0,047$, la vitesse v, avec laquelle un
homme non chargé peut marcher journellement pendant 10 heures de travail, on obtient $v = 1^m,2$, soit 1 mille géographique $= 7,42$ kilomètres dans
l'espace d'environ $\dfrac{7}{4}$ d'heure, ce qui est un résultat tout à fait proportionnel.

On calcule qu'un homme d'une force moyenne peut pousser ou
traîner sur une voie horizontale $5^k,5$, ce qui, avec la force de $4^k,55$
nécessaires pour la locomotion de son corps, donne un total de déplacement de force égal à $10^{km},05$.

Or, comme en transportant des matériaux avec une brouette, le travailleur agit soit en portant, soit en poussant, on peut, sans erreur
grave, évaluer par $9^{kgm},6$, en moyenne, la somme de son travail durant
l'espace de 10 heures.

D'après Huy et Bukn, l'expérience aurait appris qu'on perd une minute
pour charger, verser et revenir; si la distance est de 50 mètres,
distance moyenne pour le travail des brouetteurs, il faut, pour aller et
revenir, $50 \times 2 : 0,76 = 115$ secondes, en compte rond, 2 minutes. Ainsi
pendant un tiers du temps de travail, le travailleur n'a pas à faire de
déploiement de force; mais comme un ouvrier vigoureux peut faire pendant tout le temps du travail $9^{km},6$ et que le corps animal n'est pas une
machine, mais peut, dans de courts espaces de temps, développer une
activité beaucoup plus grande que l'activité moyenne constatée par un
travail d'une plus longue durée, on peut admettre, d'accord avec l'expérience, que le travailleur peut compléter sa charge totale, les $9^{km},6$ qu'il

ne donne point durant son repos, c'est-à-dire durant le tiers du temps du travail, de sorte que la brouette pleine, son œuvre équivaut à $19^{km},2$; la brouette vide, son œuvre reste, durant le retour, égale à $9^{km},6$.

En moyenne, si dans la formule V pour $\sin \alpha = 0,1$ on cherche l, qui peut résulter d'un déploiement de force $m'' = 19^{km},2$, on obtient :

```
Pour la brouette allemande. . . . . . . . . . . . . . . . .   95^k,1
     —        anglaise. . . . . . . . . . . . . . . . . . .   93 ,6
     —        italienne. . . . . . . . . . . . . . . . . .   94 ,0
     —        autrichienne. . . . . . . . . . . . . . . .   87 ,8
```

Ce qui donne, déduction faite du poids du véhicule,

```
Pour la brouette allemande. . .   42,1 kilogr. avec un chargement possible de 103.5
     —        anglaise. . . .   58,6                —                        58,5
     —        italienne. . . .   62,0                —                        65.0
     —        autrichienne. .   51,9                —                        55,5
```

Il résulte de cette comparaison :

1° Qu'il y a très-peu d'utilité à rapprocher du point d'appui le centre de gravité du chargement, les bras du levier $\frac{1}{4}, \frac{1}{3}, \frac{1}{11}$ donnant un résultat de 95,94 et 93,6 ;

2° Qu'avec le même déploiement de force, la brouette italiene transporte un chargement égal à $1\frac{1}{7}$ de chargement de la brouette allemande sur un terrain de $\frac{1}{10}$ de pente ;

3° Que pour transporter au delà de ce plan la quantité correspondant à la capacité de la brouette allemande, il faut une force de travail 2,4, en d'autres termes, pour le même cube qu'un travailleur peut transporter horizontalement avec $10^{km},65$. Il faut 2,4 travailleurs avec un déploiement de force $19^{km},2$ sur une inclinaison de 1 : 10.

Les travailleurs étant employés et payés en raison du travail qu'ils fournissent, la voie horizontale permettant d'ailleurs d'utiliser même des femmes, ce que l'on fait ; de plus le salaire de l'ouvrier qui n'a à travailler qu'en raison de $10^{km},65$ étant à celui d'un ouvrier forcé d'attaquer de traduire comme 10,65 est à 19,2, on peut établir, pour la brouette allemande, les frais de la voie horizontale comparée à ceux de l'inclinaison de $\frac{1}{10}$, l'équation suivante :

$$10,65 : 2,4 \times 19,2 = 10 : 43,2.$$

Si l'on fait le même calcul pour le brouette italienne, on obtient

$$10 : 22,8.$$

Comme par une inclinaison de $\frac{1}{10}$, la voie horizontale correspond à la hauteur décuple du soulèvement du fardeau, il reste comme coefficient, au moyen duquel le soulèvement est ramené à une longueur horizontale exigeant le même travail, 33,2 dans le premier cas et 12,8 dans le second.

Au reste, ces résultats du calcul ne sont basés que sur des données favorables; ces coefficients ne suffisent pas, quand le temps est humide, quand il faut sabler les planches pour empêcher la brouette de glisser; car alors le frottement est augmenté artificiellement, les matériaux sont humides, c'est-à-dire plus lourds, ce qui aggrave la difficulté de son enlèvement.

C'est ce que l'on reconnut en temps et lieu, car le coefficient 12 étant généralement admis en Allemagne aussi bien qu'en Autriche (Bekkn donne le coefficient 13 pour un véhicule qui peut recevoir un chargement de $0^{mc},035$) jusque vers l'an 1857, il fut élevé à 20, du moins dans ce dernier pays. (Voir les cahiers des charges de la ligne de la Theiss, première ligne de la Transylvanie, etc.) Cette augmentation du coefficient étant appliqué proportionnellement à la brouette allemande, donnait l'équation

$$12,8 : 20 = 33,2 : x;$$

par conséquent

$$x = 51,9.$$

La direction générale impériale allemande des chemins de fer a, dans son cahier des charges, adopté le coefficient 50; le professeur docteur E. Winkler obtient, d'après la formule $\frac{lv}{l} = 1 + 10s + 470s^2$, qu'il a faite différente de la nôtre, pour $s = \frac{1}{10}$, le coefficient $\frac{5}{4}$, résultait d'une concordance certes très-remarquable pour des calculs tout à fait différents.

Il s'agirait maintenant d'examiner si une diminution de la pente, obtenue par l'allongement de la voie, ne donnerait pas des résultats plus avantageux que les précédents, et si de la sorte on ne ferait pas une économie considérable.

Quand la capacité de la brouette et la force du travail, sur une pente donnée, ont été complétement utilisées, comme c'est le cas des brouettes anglaise et italienne sur une pente de $\frac{1}{10}$, on ne peut faire d'économie en diminuant cette pente artificiellement, parce qu'en diminuant la pente on obtient un travail plus facile, mais moins bien rétribué ; toutefois, en allongeant la voie, on éprouve une perte de temps qui compense amplement la réduction de salaire, comme pourra le prouver l'exemple suivant :

Sur une pente de 1 : 10, la brouette anglaise ou la brouette italienne est complétement utilisée avec une dépense de force de $19^{km},2$.

Sur une pente de 1 : 20, il ne faudrait qu'une dépense de force de $12^{km},8$; on pourrait donc employer pour ce travail un ouvrier dont le salaire serait à celui de la pente 1 : 10 comme 12,8 : 19,2, ou comme 2 : 3, différence approximative du salaire de la femme et de celui de l'homme ; mais il faudrait deux fois autant de temps, et si l'on regarde le temps du chargement comme étant le tiers du temps de tout un voyage, par une pente de 1 : 10, les temps seraient comme 3 : 5, les frais comme 9 : 10, sans compter qu'il faudrait construire et entretenir une voie double en longueur.

Nos terrassiers savent cela parfaitement ; aussi choisissent-ils toujours la voie la plus courte, pourvu que la pente ne soit pas de nature à empêcher un chargement complet.

Il ne faudrait cependant pas en conclure qu'une montée plus ardue vaille mieux qu'une montée plus douce, ce qui contredirait le sens commun de même que notre équation (V) ; mais il serait permis de dire que, dès que l'on a trouvé une pente permettant d'utiliser toute la capacité de la brouette et le déploiement de force du travailleur, toute diminution de la pente par l'allongement du chemin est désavantageuse.

Il importe donc, pour toute espèce de véhicule, de trouver une pente qui permette complétement cette double utilisation.

Si, dans l'équation (V), nous cherchons pour brouette allemande sin α, nous trouverons que la pente 1 : 15 permet la double utilisation.

Si l'on admet de nouveau le temps du chargement comme étant le tiers du temps d'un voyage aller et retour, les durées des transports sur des pentes $\frac{1}{15}$ et $\frac{1}{10}$ sont l'un à l'autre comme 4 : 3 ; mais les capacités des véhicules utilisés par une pente de $\frac{1}{10}$ étant à celles des véhicules pour une pente de $\frac{1}{15}$ comme 60 : 103, l'avantage de la brouette allemande par la pente $\frac{1}{15}$, qui lui est la plus favorable, étant égale la différence des hauteurs du point de chargement et du point de déchargement, est de 25 p. 100 plus grand que celui des trois autres espèces de brouettes pour lesquelles $\frac{1}{10}$ est la pente la plus favorable.

Ainsi s'explique le travail plus fructueux que font les mineurs italiens, là où tous ces véhicules sont employés, comparativement à celui qui est relatif aux contrées où l'on ne se sert que d'une seule des quatre brouettes.

Nous conseillerions donc à tous les entrepreneurs de terrassements de ne pas reculer devant une dépense de 50 p. 100 pour se procurer des brouettes dont l'emploi permet de faire de si grandes économies relatives.

Les pierres qui ne sont pas réduites à l'état de décombre, ne sont pas transportées dans des brouettes, mais sur des véhicules pareils à ceux que représentent les *fig.* 57 et 58. Voici pourquoi.

(*a*) La pierre placée sur ces véhicules y garde l'équilibre même sans parois latérales.

(*b*) Le chargement dans le creux d'une brouette est ordinairement plus difficile et plus compliqué que sur une brouette plate.

(*c*) On ne peut se servir complétement de la caisse des brouettes, parce que souvent des pierres pointues s'enfoncent dans les parois et y font des crevasses difficiles à fermer.

(*d*) Les caisses se détériorent rapidement.

(*e*) Le déchargeme nt estplus compliqué que celui de la brouette plate.

Fig. 57.

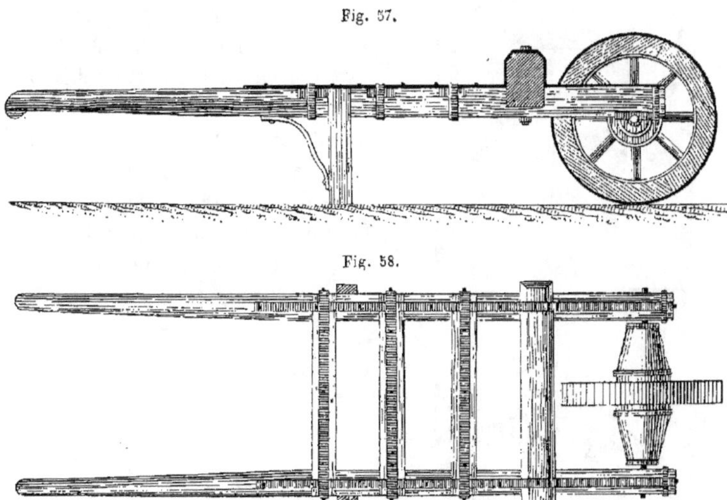

Fig. 58.

A ce dernier véhicule s'appliquent les règles auxquelles les autres brouettes sont soumises; on peut ajouter ce qui suit :

Avec les brouettes à caisse, on suit le plus souvent des pentes; avec les brouettes plates, on suit le plus souvent des voies soit horizontales, soit descendantes, parce qu'il n'arrive jamais que l'on creuse dans le roc

6

des fossés pour la construction de digues ; il est très-rare aussi que les matériaux obtenus à l'aide d'entailles dans les rochers soient déposés plus haut que le lieu d'extraction. Au reste, nous reparlerons de cette question. .

Comme donc on suit rarement des montées pour transporter des pierres avec la brouette plate, on peut donner à celle-ci une plus grande largeur, afin d'utiliser la plus grande force possible dans la manière de travailler la plus usuelle.

La brouette reproduite par les *fig.* 57 et 58 montre aussi comment on atteint ce but : on peut y charger 150 kilogrammes de pierres, et c'est par une pente de 1 : 60 que ce véhicule offre le plus d'avantages.

(*b*) Véhicules à deux roues.

Les véhicules à deux roues sont mis en mouvement soit par des hommes, soit par des animaux.

Fig. 59.

Les premiers se nomment *camions*, les autres *charrettes*.

Les camions (*fig.* 59, 60, 61 et 62) doivent être mus au moins par deux hommes attelés sur le devant ; on peut, en cas de besoin, en ajouter deux autres, qui pousseront par derrière. La caisse des camions est ordinairement disposée de manière à pouvoir contenir de 0^{mc},23 à 0^{mc},30 ou 0^{mc},50,

Fig. 60.

Fig. 61.

Fig. 62.

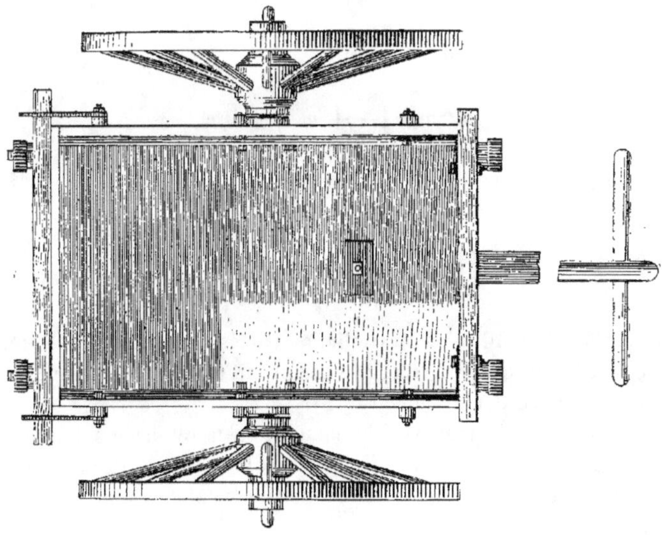

ce qui correspond à un poids de 345 à 750 kilogrammes; les roues
ont de 10 à 13 décimètres de diamètre; la paroi de derrière peut s'enlever et elle est fixée par un bois placé en travers. Le poids d'un camion
semblable est de 165 à 200 kilogrammes. Le centre de gravité du chargement est un peu en arrière de l'essieu; celui du camion vide, en avant,

de sorte que, lorsqu'on met le timon dans la position qu'il doit avoir pendant le voyage, le centre de gravité de tout le véhicule se trouve à peu près juste au-dessus de l'essieu et l'attelage humain n'a ni à porter ni à baisser, mais seulement à traîner.

Quand les travaux sont bien organisés, le transport des camions chargés comme celui des brouettes s'effectue sur des planches ou sur des madriers ; le retour avec les camions vides sur le sol même. Le coefficient de résistance dû au frottement, suivant que le diamètre de la roue atteint 10 ou 13 décimètres, est 0,021 à 0,025, sur le sol ferme et sec 0,055 à 0,071, et sur un terrain argileux détrempé 0,080 à 0,120, ce qui prouve l'utilité des voies en madriers.

Pour calculer les services que l'on peut attendre de cette espèce de véhicule, on peut employer de nouveau notre équation (V), en prenant $i = 0$.

Nous obtenons ainsi pour la voie horizontale, en fait de transport par camion chargé,

$$m = \rho\lambda \left(\frac{v^2}{2g} + nv\right) + lvc,$$

et pour le retour du camion vide

$$m' = \rho\lambda \left(\frac{v^2}{2g} + nv\right) + l'v'c';$$

par conséquent, pour l'aller et le retour,

$$M = \frac{m + m'}{2} \quad \frac{2\rho\lambda \left(\frac{v^2}{2g} + nv\right) + lvc + l'v'c'}{2}, \tag{VI}$$

où ρ signifie le nombre des travailleurs attelés, l le poids du camion chargé, l' celui du camion vide, c le coefficient de frottement sur la voie en bois, et c' le frottement sur le sol.

Mais comme, après avoir vidé le camion, on le retourne et l'on quitte la voie en bois pour marcher sur le sol ameubli, la force à ce nécessaire, avec l'hypothèse de travailleurs qui traînent le camion, est

$$m'' = 2\lambda \left(\frac{v^2}{2g} + nv\right) + lvc',$$

et pour les camions et charrettes, eu égard aux valeurs précitées, on a pour le petit camion

$$m'' = (2 \times 70)\,(0,65) + 510 \times 0,12 = 55,6;$$

pour le grand camion

$$m'' = (2 \times 70)\,(0{,}065) + 950 \times 0{,}76 \times 0{,}08 = 66{,}9,$$

ou par ouvrier $27^{\mathrm{km}}{,}8$ et $33^{\mathrm{km}}{,}5$, résultats impossibles; il faut donc, à cet effet, ou bien employer par camion 3 ou 4 ouvriers, qui devraient alors attaquer avec des forces de $19^{\mathrm{km}}{,}8$ ou $19^{\mathrm{km}}{,}0$, ce qui est praticable, comme nous le savons, par les brouettes, ou bien il faudrait, aux lieux de chargement et de déchargement, établir un plancher sur lequel se feraient les évolutions nécessaires.

Pour les montées, la formule des camions chargés serait :

$$m = \rho\lambda \left(\frac{v^2}{2g} + nv\right) + lvc + (\rho\lambda + l)\,v \times \sin\alpha,$$

et pour le retour à vide sur la pente :

$$m' = \rho\lambda \left(\frac{v^2}{2g} + nv\right) + l'v'c' - (\rho\lambda + l)\,v \times \sin\alpha;$$

donc pour l'aller et le retour

$$\mathrm{M} = \frac{m + m'}{2} = \frac{2\rho\lambda \left(\dfrac{v^2}{2g} + nv\right) + lvc + l'v'c' + (l - l')\,v \sin\alpha}{2}, \quad \text{(VII)}$$

résultat exact seulement pour des montées très-douces, où $l'\sin\alpha$ est encore plus petit que $l'c'$ et où l'homme marchant librement n'a pas besoin d'une certaine force pour retenir son propre poids à chaque pas.

Si, dans l'équation ci-dessus, nous substituons la valeur correspondante de $\mathrm{M} = \dfrac{m + m'}{2} = \rho \times 10^{\mathrm{km}}$, soit une moyenne de 10 kilogrammètres par travailleur et par voyage, nous obtenons pour $\rho = 2$ un angle d'inclinaison α, dont le sinus devrait être pour les petits camions $\sin\alpha = 0{,}0093$, pour les grands $\sin\alpha = 0{,}0024$; en d'autres termes, le petit camion étant établi avec une moyenne de 10 kilogrammètres par travailleur, peut avec 2 autres travailleurs franchir une pente d'environ $\dfrac{1}{100}$, sans que les travailleurs aient besoin d'un repos entre deux opérations; quant aux grands camions, il faudrait, dans la même hypothèse, les mouvoir sur une pente d'au moins $\dfrac{1}{400}$, ou bien il faudrait accorder aux travailleurs un temps de repos entre deux voyages, ou enfin il faudrait employer plus de gens pour traîner le véhicule.

Plessner, il est vrai, dit, dans les *Terrassements* de Hing, 2ᵉ édit., p. 153, que deux hommes sur une pente de $\frac{1}{100}$ par camion ayant des roues de 3 pieds et demi de hauteur, peuvent transporter de 14 à 15 pieds cubes d'humus avec une vitesse de 4 pieds par seconde; mais il paraît admettre (p. 155) des poses de 10 à 11 minutes entre deux voyages complets; cependant ici l'on doit remarquer, comme fait curieux, que les expériences pratiques citées par Plessner, lors de la construction des chemins de fer, tant anciens que nouveaux, auxquelles il emprunta sans doute la vitesse de 4 pieds, concordent parfaitement avec sa formule $x = \dfrac{4000}{n + 35}$, formule basée sur une vitesse de 3 pieds $\frac{1}{2}$ et non de 4. Outre cela, il lui est échappé une faute dans le calcul du temps de chargement sur la voie artificielle, car, d'après sa déduction, la formule serait $x = \dfrac{4000}{n + 60}$, attendu que si une minute correspond à $6\frac{2}{3}$ *Nutzmhen*, 9 minutes correspondraient à 60 *Nugtzmthen* et non, comme il le dit, à $\dfrac{70}{2}$.

Mais il paraît que M. Plessner lui-même trouva les sésultats exagérés, car il conseille de ne pas adopter comme bases de devis ces données, garanties cependant par l'expérience.

Disons tout de suite que, dans la 3ᵉ édit., M. Streckert a modifié ce passage en réduisant le chargement de 14 à 16 pieds cubes à 0,3 ou $0^{m3},4$ et la vitesse, de 13 à 10 décimètres par seconde; la formule aussi a été convenablement modifiée.

Il résulte évidemment de tout ce que nous venons de dire que les caisses exagérées pouvant contenir $0^{m3},5$ sont aussi incommodes que les petites roues des camions représentés par les *fig.* 59 et 60, et que les meilleurs camions doivent avoir une caisse pouvant contenir $0^{m3},3$ et ayant des roues de 1,3 de diamètre. Ces camions donnant l'équation

$$M = \frac{m + m'}{2} = \frac{6\times70\left(\dfrac{v^2}{19,62} + v\times0,047\right) + 6,5v\times0,031 + 170v\times0,12 + 450\times v\sin\alpha}{2},$$

j'en conclus qu'on aurait par travailleur $8^{km},89$, ou, en règle générale, 10 kilogrammètres par travailleur et par voyage, toutes les circonstances étant favorables et la voie horizontale. La vitesse de transport serait $v = 0^m,83$, ou si l'on se contentait de 0,76, on pourrait gravir une pente $\sin\alpha = 0,024$, à l'aide de trois ouvriers.

Il va de soi que si le temps est défavorable, les pentes plus raides, il faudra ou diminuer la vitesse ou augmenter le nombre des travailleurs.

Viennent ensuite les charrettes à deux roues traînées par des chevaux; elles diffèrent ordinairement des précédentes, en ce qu'au lieu de timon il y a une fourche dans laquelle on fait entrer le cheval pour l'atteler; la caisse n'y est pas solidement reliée à l'essieu de la roue; on ne la verse pas lors du déchargement; mais elle se verse notamment par comparti-ments autour de cet essieu; enfin la caisse est d'un contenant bien supérieur.

En ce qui concerne le premier point, je dis que l'on employa avec succès des charrettes de ce genre dans la construction de la ligne à travers le Küm-Lapos, sur la ligne de la Theiss; on y attelait deux bœufs assujettis à un joug. La caisse pouvant contenir $0,^{m3},8$, et les roues avaient 16 déci-mètres de diamètre.

On employa aussi fréquemment des charrettes traînées par un cheval, et l'on prit toutes les mesures nécessaires pour arriver à des résultats aussi larges que possible.

Quand la voie est bien faite, quand de larges rails sont adaptés aux madriers, suivant la description que Heng en fait dans ses *Terrassements*, un cheval peut, sur une voie horizontale, traîner deux charrettes à $0^{m3},6$, toutefois il faut, pour cela, non-seulement une voie parfaitement dis-posée, mais encore des échafaudages aux places de chargement et de déchargement; ces échafaudages doivent suivre les progrès du travail; il faut aussi des escouades de travailleurs pour détacher, tourner et vider les charrettes.

Déjà l'établissement d'une voie avec ses plaques de fer pesant de 9 à 10 kilog. par mètre courant et ses échafaudages de chargement, pro-voque des dépenses qui excèdent de beaucoup celles d'un chemin de fer à rails de 6 à 7 kilogrammes par mètre courant, sur des conssinets posés en travers à des distances de $0^m,6$ ou $0^m,8$ avec toutes les voies crois-santes et les plaques tournantes nécessaires.

C'est à peine si l'on doit encore parler de ce maniement des charrettes à une époque où les chemins de fer sont si multipliés, que l'on a recours aux locomotives dès que les masses et les distances semblent l'exiger et où l'on construit des machines de toute grandeur et de toute puissance.

Nous croyons donc pouvoir nous dispenser de parler plus longtemps de ce mode de transport qui appartient désormais à l'histoire.

Nous n'entendons point dire par là qu'on cessera bientôt, dans les tra-vaux de terrassements, de se servir de charrettes traînées par des chevaux, et qu'on fera bien d'exclure définitivement ce mode de transport ; car souvent il deviendra un mal nécessaire, là où un chemin de fer ne fournirait qu'un débouché insuffisant et où le terrain d'exploitation et celui d'utilisation auraient une étendue considérable.

Lorsque par exemple, dans une plaine où l'ensemble de la voie doit consister en fossés creusés dans les matériaux, il faudra construire une plus grande station et transporter les matériaux hors du grand emplacement des remblais et des déblais, ou quand la plate-forme d'une gare, dans le sens de la longueur, sera situé en partie dans les travaux de creusement, en partie dans les tas de matériaux, ce qui permet ou plutôt exige des transports opérés sur une vaste étendue de terrain, alors le mulet avec la charrette à 2 roues entre en possession de ses droits, et si son emploi n'est pas le moins coûteux, il sera du moins le moyen le plus prompt de réaliser les travaux projetés.

C'est ainsi que nous avons vu employer ce véhicule et cet attelage sur une large échelle près de Vienne, tant pour la régularisation du cours du Danube que pour l'aplanissement de la partie inférieure du Prater à propos de l'exposition universelle de Vienne. La construction de ces charrettes est expliquée par les *fig.* 63 et 64 ; la caisse peut contenir de $0^{m3},45$ à $0^{m3},50$, et le poids total du véhicule est d'environ 210 kilogrammes.

Cette charrette étant, pour les causes indiquées ci-dessus, employée sur des terrains à l'état de nature, le plus souvent sur des terrassements de date récente, on doit adopter comme son plus faible coefficient de frottement $c = 0,055$; par un temps humide, ce coefficient peut s'élever jusqu'à 0,2.

Un mulet bien nourri et vigoureux peut, en travaillant 10 heures par jour, faire par seconde un travail de $52^{krm},25$, outre la force requise pour le déplacement de son propre corps.

Le travail que cet animal effectue, quand il se meut sans être chargé, est

$$m = \lambda \left(\frac{v^2}{2g} + nv \right),$$

formule dans laquelle on devra faire $\lambda = 250$ kilogrammes et $n = 0,038$.

On sait qu'un mulet, un cheval, etc., donnera son plus grand contingent de travail par une vitesse de 1 à 2 mètres ; on réglera donc la charge de manière que la vitesse avec laquelle l'animal travaillera soit de 1 à 2 mètres.

Pour $v = 1$ mètre, la force déployée par l'animal pour le déplacement de son corps sera $m = 22^{km},25$, ce qui, joint à la force de trait, donnera une force moyenne de $74^{km},5$.

Fig. 63.

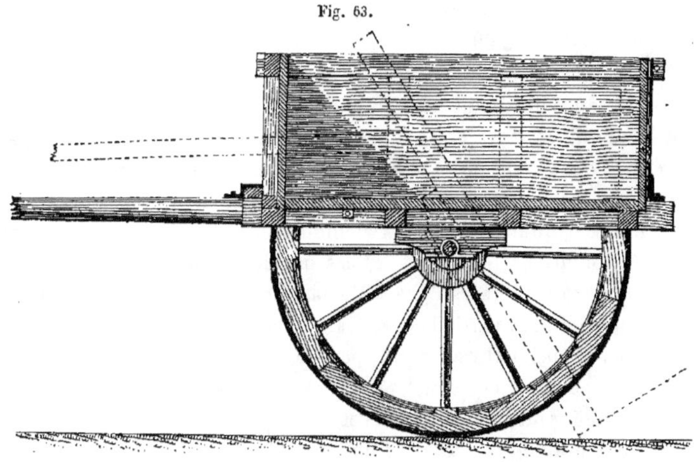

Fig. 64.

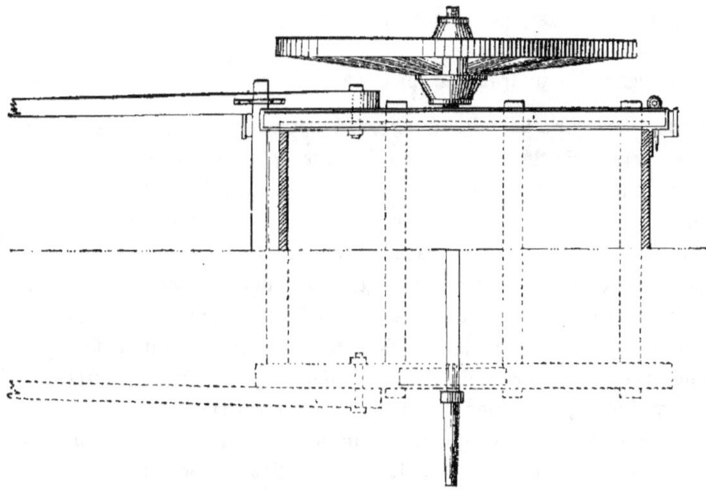

Nous aurons donc, d'après notre formule (VII), en désignant par ρ le nombre des animaux de trait,

$$M = 2\rho\lambda\left(\frac{v^2}{29} + nv\right) + (l + l')v' + (l - l')\,v\sin\alpha. \qquad \text{(VIII)}$$

Si nous prenons $M = 74{,}5$ et $v = 1$, $\sin\alpha = 0{,}026$, pour nous trouver dans des conditions favorables, la charge étant complète, on pourra encore franchir une rampe d'environ $\frac{1}{40}$.

Si les conditions sont défavorables, mais si la voie est horizontale, on pourra prendre $c = 0,09$.

Si l'on songe maintenant que l'on ne peut charger le véhicule et que l'opération du dételement est compliquée, il s'ensuivra un moment de repos pendant le chargement, cette pause, avec 3 chargeurs par charrette et des matériaux faciles à remuer, durera au moins 6 minutes ; elle donnera à l'animal le temps de reprendre de nouvelles forces, qui seront utilisées quand le travail recommencera ; il s'ensuit que, même dans des conditions plus défavorables que les conditions précitées, on pourra cependant utiliser la charrette dans toute l'acception du mot.

Les mulets et chevaux faibles et mal nourris employés par les charretiers italiens font naturellement peu de besogne ; leurs charrettes, construites pour recevoir $0^{m3},45$, n'en reçoivent d'ordinaire que de $0^{m3},3$ à $0^{m3},35$. Outre la force nécessaire à leur propre déplacement, on ne peut évaluer le travail d'un animal qu'à 38 kilogrammètres, leur propre poids étant de 200 kilogrammes ; ils pourraient donc transporter le chargement précité sur une pente de $\dfrac{1}{50}$. Parfois, il est vrai, ces animaux franchissent des rampes de $\dfrac{1}{15}$, mais cela s'explique aisément : on leur a fait faire un effort exceptionnel ; mais ce n'est qu'une faible portion de leur tâche quotidienne, et leur repos pendant le chargement fait compensation.

Ordinairement les muletiers italiens se présentent spontanément quand on doit procéder à de grands travaux ; on peut alors, en apprenant quelles sont leurs exigences, savoir aisément si leur concours sera utile ou non. Si l'on se trouvait réduit à acheter simultanément brouettes, camions, charrettes, chevaux, mulets, bœufs, etc., on ferait bien d'user de la plus grande prudence dans le devis de ces dépenses, des frais d'entretien et de surveillance ; enfin, en fixant la cote d'amortissement, il ne faudrait pas s'abandonner à des espérances immodérées ; il faudrait aussi, pour les frais d'entretien et de surveillance, admettre un coefficient de réduction considérable.

On ne doit pas oublier que l'on ne peut confier ce précieux matériel à un entrepreneur, intéressé à s'enrichir en se livrant aux travaux sur la plus grande échelle possible. Même en confiant la gestion a un administrateur habile et intègre, on doit se dire que le succès dépend uniquement de la loyauté des charretiers et que la surveillance même la plus rigoureuse, la plus intelligente et la plus consciencieuse ne peut se flatter de réussir avec des gens qui ne sont point intéressés personnellement à l'œuvre, et c'est le cas de la majorité des chantiers.

Mais si l'on voulait encourager les charretiers au moyen de primes, on risquerait de les voir, par cupidité, excéder leurs bêtes et faire naître ainsi les inconvénients que présenterait l'arrangement fait avec un entrepreneur.

Ce n'est donc que dans le cas d'une nécessité absolue que je conseillerais l'emploi des primes, dont mon expérience m'a fait connaître les fâcheux résultats.

(c) Véhicules à quatre roues.

Dans cette catégorie contenant les voitures ordinaires qui sillonnent nos routes, elles sont si connues que nous pouvons nous dispenser d'en faire la description.

On ne les emploie d'ailleurs guère dans les travaux de terrassements ; elles ne seraient utiles que s'il fallait transporter les matériaux à de grandes distances par les voies ordinaires, par exemple pour des travaux de régularisation et d'aplanissement dans de grandes villes, où il faut transporter les décombres ou matériaux acquis, extra muros sur un emplacement déterminé, ou bien quand il s'agit de transporter des cailloux ou d'autres matériaux pris dans les couches supérieures du terrain hors des carrières ou d'autres endroits jusqu'au lieu des travaux, par les routes existantes.

On charge alors ces voitures de caisses pouvant contenir de 1 à $1^{m3},3$; ces caisses (voir les *fig.* 65 et 66) peuvent s'ouvrir de deux côtés, et, lors du déchargement, on peut, au moyen d'un levier ordinaire, les faire pivoter sur leur axe pour en verser le contenu.

Ces voitures sont attelées de deux chevaux, plus rarement de bœufs, et pèsent de 1 000 à 1 200 kilogrammes. On peut les charger de 1 500 à 2 000 kilogrammes.

On admet que le travail d'un cheval vigoureux, travail constaté par l'expérience, équivaut à 70 kilogrammètres, non compris la force nécessaire à l'animal pour déplacer son propre corps.

Ainsi, durant 10 heures de travail par jour, un cheval transporterait 100 kilogrammètres, et une des voitures susdites, attelée de deux chevaux, avec des roues de $1^{m},07$ en moyenne (étant admis le coefficient du frottement, sur un terrain sec, $c = 0,02$) exigerait une force de $M = 110$ kilogrammètres ; elle fournirait toute la somme de travail dont elle est susceptible, sur une pente de 25 p. 100 ou sur des gazons assez durs, cas pour lequel il faut prendre $c = 0,066$.

On ne peut donc se servir de ce véhicule que sur un sol d'une dureté

Fig. 65.

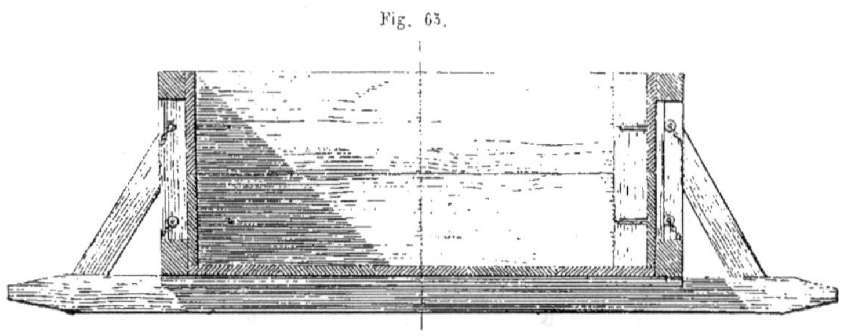

Fig. 66.

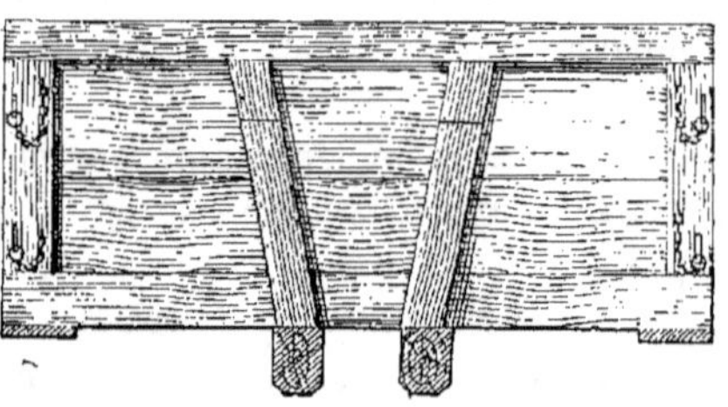

ordinaire et pour des travaux exigeant une vaste étendue de terrain, vu le grand espace qui est ncéessaire pour faire pivoter la caisse et en verser le contenu.

Nous avons déjà parlé de l'établissement d'une voie en plateaux, à l'aide de voitures à quatre roues; nous préférions alors ce moyen de transport à l'emploi de tombereaux traînés par des chevaux, emploi qui aurait exigé l'achat de tout un matériel neuf et la création d'une régie spéciale, parce que les voitures à quatre roues surabondaient dans la localité, pouvaient être louées avec facilité et permettaient d'exécuter tout le travail par voie de raccord. Pour égaliser les capacités des véhicules, l'entreprise fournit elle-même les caisses et les prêta aux voituriers, qui les installèrent sur leurs véhicules.

Nous n'avons, en fait de véhicules à quatre roues, plus à parler que des *rallwagons*.

On entend par ce mot des wagons de chemins de fer; leur nom provient sans doute, dans l'origine, de ce qu'ils roulaient d'eux-mêmes, sans même aucune traction en descendant des pentes à forte inclinaison.

Il y a près d'un siècle que dans les travaux des mines et des usines, on se sert de chemins de fer; mais ce n'est que dans ces derniers temps qu'on a, sur une large échelle, utilisé des *railways* au point que toutes les entreprises d'une certaine importance y ont recours aujourd'hui.

Mais l'achat des wagons, des rails et des locomotives est tellement dispendieux que, lorsqu'il s'agit de travaux peu considérables, on préfère recourir aux anciens modes de transport que nous avons décrits.

Toutefois, de nos jours, on accorde, pour l'achèvement des travaux, des périodes de temps de plus en plus restreintes ; il faut alors absolument recourir aux chemins de fer quand il s'agit de déplacer de grandes masses de terrain et qu'on ne veut pas être arrêté par la pluie ou le ramollissement du sol qui en est la conséquence.

Dans toutes les grandes entreprises de travaux, le besoin de chemins de fer auxiliaires se fait sentir ; il en résulte que les compagnies possèdent, presque toutes, l'attirail nécessaire à la construction d'un railway momentané ; dans ce cas-là, on gagne du temps et de l'argent en préférant des chemins de fer aux véhicules des temps passés.

Les wagons diffèrent grandement les uns des autres, tant par leur structure que par leurs dimensions. Les plus petits sont ceux que l'on appelle *chiens* (*fig.* 67 et 68) ; on ne les emploie guère que dans les mines

Fig. 67.

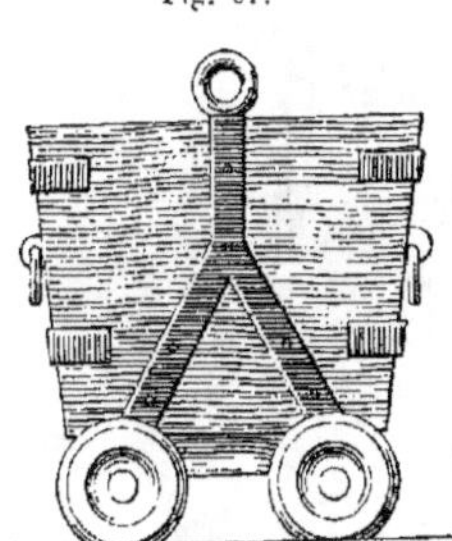

Fig. 68.

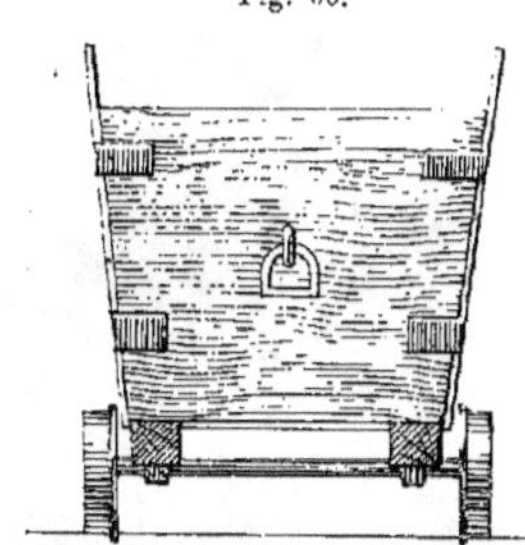

et lors du percement de tunnels ; cependant l'usage pouvant en devenir nécessaire, même dans les travaux ordinaires, pour le creusement de galeries, comme nous le verrons dans les chapitres suivants, nous avons cru devoir les mentionner ici. Ils ont une capacité de $0^{m3},2$ des rouleaux de $0^{m3},2$ et, comme ils sont ordinairement pourvus d'un anneau ou oreille, on peut les faire monter de galerie en galerie ; pour les vider, on les fait tourner sur l'essieu d'une roue.

Les plus petits wagons pour le transport journalier sont représentés *fig.* 69 et 70 ; ils peuvent contenir $0^{m3},4$; ils pèsent 200 kilogrammes, dont 70 de fonte pour les roues et la caisse, 24 kilogrammes de fer forgé pour les essieux, 6 kilogrammes de fer forgé pour les garnitures et les vis, les autres 100 kilogrammes pour le bois. Les roues parallèles sont distantes de $0^{m},56$. Leur caisse étant petite, ils ne peuvent recevoir de forts chargements ; aussi ne peut-on les employer avec avantage, comme nous le di-

Fig. 69.

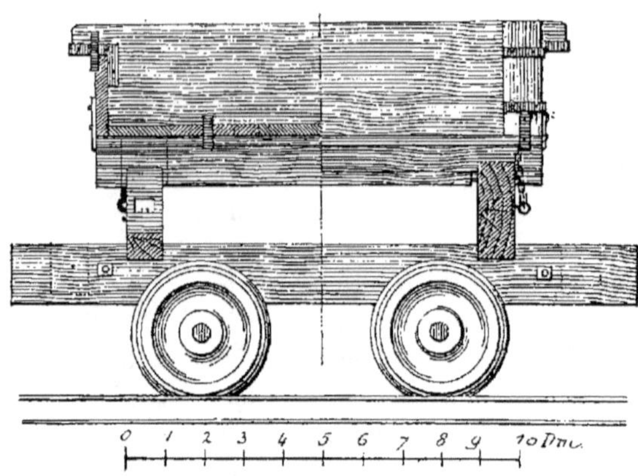

Fig. 70.

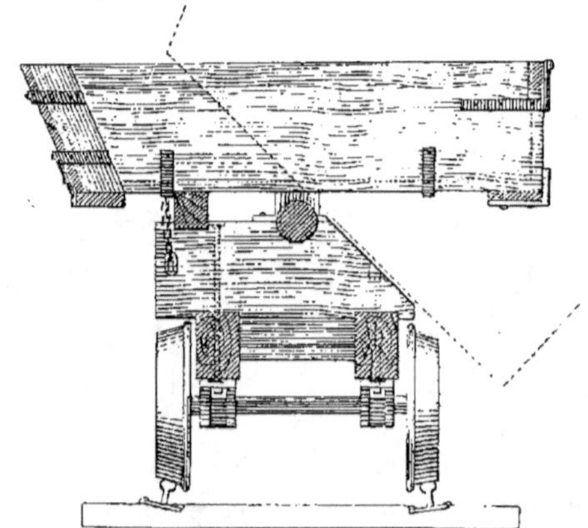

rons plus tard, que là où une forte pente leur permet de rouler jusqu'au lieu de déchargement; après quoi un journalier les pousse jusqu'au bout de la pente.

Quand on ouvre de grandes tranchées, il peut être souvent avantageux, pour activer momentanément le travail, de creuser d'abord une saignée dans le sens de la longueur totale; cette saignée est ensuite convertie en rampe ou pente, et l'on peut y faire rouler des wagons de plus fortes dimensions, qui aident à accélérer l'achèvement de la tranchée.

Au commencement de ce travail, on aura souvent à faire des pentes assez considérables, quoique d'une longueur restreinte. D'après la for-formule (VII), un travailleur pourra y faire monter un wagon vide avec

$\frac{65}{100}$ d'inclinaison et deux travailleurs même à $\frac{136}{100}$, tandis qu'un wagon chargé ne pourra être poussé de bas en haut par un travailleur que sur une pente de $\frac{10}{100}$, et, si les distances sont plus considérables, que sur une pente de $\frac{5}{100}$.

Sur les voies auxiliaires, le coefficient de frottement est de 0,01, d'abord parce que la surface de ces voies, ensuite les caisses et essieux ne se trouvent jamais dans les mêmes conditions que sur une voie définitive, où l'on sait que le coefficient de frottement est $c = \frac{1}{280}$.

Les wagons plus grands et ceux dont on se sert généralement dans les travaux de terrassements sont représentés dans les *fig.* 71, 72 et 73; ils contiennent de $1^{m3},2$ à $1^{m3},5$ et pèsent de 510 à 555 kilogrammes, soient 120 à 130 kilogrammes sont de la fonte pour les roues et les caisses, 33 à 35 kilogrammes de fer forgé pour les essieux, 18 à 20 kilogrammes de fer forgé pour les garnitures et les vis, le reste étant le bois de la carcasse du wagon.

Si les wagons doivent être remorqués par des locomotives, on les munit encore d'un crochet et d'une double chaîne, et les deux arbres-longerons du châssis sont garnis à leurs extrémités de fer-blanc pour former tampons; en quoi il est à remarquer que le front d'un longeron est toujours coupé droit, celui de l'autre en forme de segment pour obtenir une marche facile dans les courbes. Si, dans une locomotive, on emploie le système à un tampon, il faut disposer au milieu du cadre une poutre à tampon passant d'outre en outre.

S'il faut transporter le chargement sur une pente, les wagons descendent en vertu de leur poids seul jusqu'au lieu de déchargement et l'on régularise leur vitesse à l'aide de freins; suivant l'inclinaison de la pente, il faudra un ou plusieurs travailleurs pour ramener le wagon à son point de départ; ces travailleurs descendent avec le wagon, assis ou debout sur la saillie postérieure du cadre, derrière la caisse, le visage tourné vers le but de la course du wagon et occupés à faire manœuvrer le frein.

Comme, sur les voies auxiliaires, l'espace à parcourir dépasse plusieurs centaines de mètres; comme d'ailleurs, pour le déchargement et le retour, il faut deux fois autant de temps que pour l'aller, durant lequel le wagon se meut en vertu de sa seule pesanteur, on ne peut évaluer qu'à $9^{km},5$ le travail développé par le travailleur, bien qu'il puisse se reposer pendant la descente; c'est à peu près le résultat obtenu, comme nous l'avons vu par les petits wagons.

Fig. 71.

Coupe transversale.

Fig. 72.

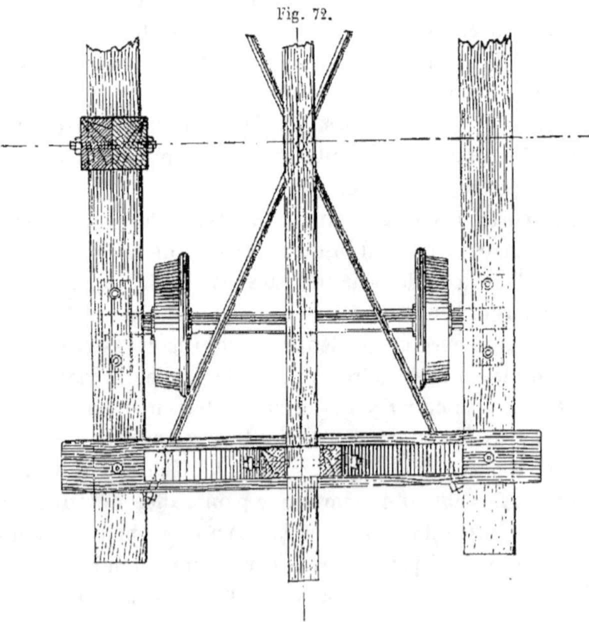

Plan.

La pente, sur laquelle un homme peut faire mouvoir un wagon vide
sera donc de 12 à 13 p. 100, et celle pour laquelle il faut deux travailleurs
sera de 38 p. 100.

S'il fallait plus de deux travailleurs pour remonter un wagon vide, on
ferait peut-être bien de recourir à des chevaux; car dans la descente, la
présence de trois personnes nuirait peut-être à leur sécurité commune,
la vitesse étant généralement bien supérieure à celle de la marche d'un

piéton ; on perdrait donc beaucoup de temps à attendre le troisième travailleur.

Si le chargement doit remonter la pente au lieu de la descendre, il faut, quand l'inclinaison est de 2 à 5,6 p. 100, employer trois ouvriers, et si elle est de 6,6 à 9 p. 100, il en faut quatre pour opérer le transport ; lorsque les pentes sont plus grandes, il faut employer des chevaux. Ainsi de 2,5 à 6 p. 100 d'inclinaison, un cheval vigoureux tirera deux wagons chargés à la fois, avec une vitesse de 1 mètre par seconde ; mais sur une rampe de 13 à 18 p. 100, il n'en pourra tirer qu'un.

Il résulte amplement de ce qui précède qu'il faut éviter, autant que possible, de faire remonter des pentes à des chargements ; de plus, qu'on doit, en général, préférer les grands wagons aux petits ; enfin que, dans certains cas, de petits wagons, auxquels, à l'état de vacuité, un seul travailleur peut faire remonter une forte pente, peuvent être très-utiles à l'avancement des travaux. Si les masses à transporter sont considérables et si la distance est au moins assez grande pour que, durant l'aller, le déchargement et le retour, on ait le temps de charger un autre wagon, on croit devoir recommander l'emploi de locomotives de travaux.

Le tableau suivant contient la liste des machines à travaux que Krauss construit, à cet effet, à Munich.

NOMENCLATURE.	UNITÉ de mesure.	CATÉGORIE DE LOCOMOTIVES.						
		I.	II.	III.	IV.	V.	VI.	VII.
Diamètre du cylindre. . .	Millimèt.	100	160	180	200	250	250	290
Course du piston.	Millimèt.	160	300	300	300	400	500	540
Diamètre de la roue. . . .	Millimèt.	390	580	580	650	800	1 000	970
Pression de la vapeur. . .	Atmosph.	12	12	12	12	12	12	12
Surface de chauffe.	Mèt. car.	6,2	13.12	18,2	23,6	29,7	40.2	62,6
Surface de la grille. . . .	Mèt. car.	0,12	0,22	0,34	0,34	0,50	0,60	0,92
Distance des essieux. . .	Millimèt	900	1 100	1 100	1 700	1 700	2 000	2 450
Volume occupé par le combustible.	Déc. cub.	150	340	340	520	750	1 530	1 800

NOMENCLATURE.	UNITÉ de mesure.	CATÉGORIE DE LOCOMOTIVES.						
		I.	II.	III.	IV.	V.	VI.	VII.
Volume du réservoir du tender	Litres.	200	580	660	1 240	1 580	2 230	2 960
Agrandissement du volume pour chaque centimètre d'élargissement de la voie, comparativement à la largeur minima de la voie.	Litre.	5	12	12	20,8	18,3	22,5	29,2
Poids de la machine. . .	Kilogr.	2 500	5 000	6 300	9 000	14 000	18 000	24 000
Effort de traction effectif. .	Kilogr.	180	600	770	900	1 500	1 380	2 100
Charge transportée sur une pente de. 1/20	Quintal mét.	35	100	160	230	400	450	550
Idem. 1/40	Quintal mét.	65	230	300	400	700	800	950
Idem. 1/60	Quintal mét.	105	350	500	630	1 000	1 200	1 400
Idem. 1/80	Quintal mét.	150	460	600	850	1 300	1 500	1 800
Idem. 1/100	Quintal mét.	190	600	850	1 200	1 800	2 000	2 200
Idem. 1/200	Quintal mét.	300	850	1 200	1 800	2 600	3 000	3 800
Idem. 1/500	Quintal mét.	400	1 200	1 700	2 500	4 000	4 200	5 000
Idem. . . . horizontale.	Quintal mét.	600	1 800	2 500	3 600	6 000	6 200	7 500
Avec une vitesse de. . . .	Mille.	1 $\frac{1}{2}$	1 $\frac{1}{2}$	1 $\frac{1}{2}$	1 $\frac{1}{2}$	2	2 $\frac{1}{2}$	2 $\frac{1}{2}$
Largeur minima du chemin de fer entre les rails	Millimèt.	500	600	670	730	1 000	1 200	1 200
Limite inférieure du rayon des courbes.	Mètre.	5	20	30	50	60	70	100
Hauteur maxima de la locomotive.	Millimèt.	2 300	2 800	2 800	3 000	3 300	3 700	4 000
Largeur maxima de la locomotive sur la largeur minima des rails. . . .	Millimèt.	1 000	1 300	1 300	2 000	2 000	2 400	2 600

Fig. 74.

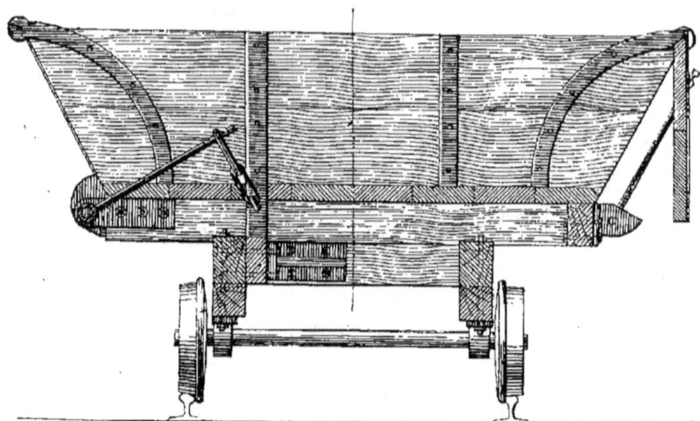

Coupe transversale.

Fig. 75

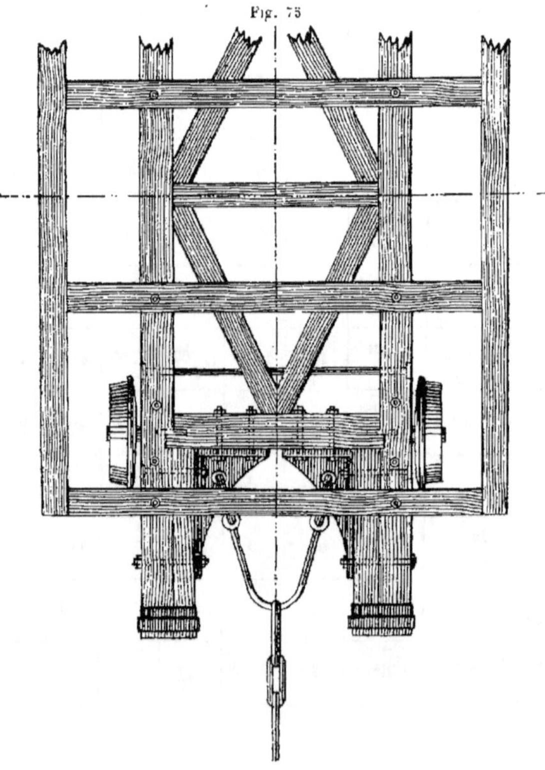

Plan.

Très-souvent, lorsque l'on construit des chemins de fer, il arrive un moment où les travaux sont déjà assez avancés pour qu'on aperçoive au

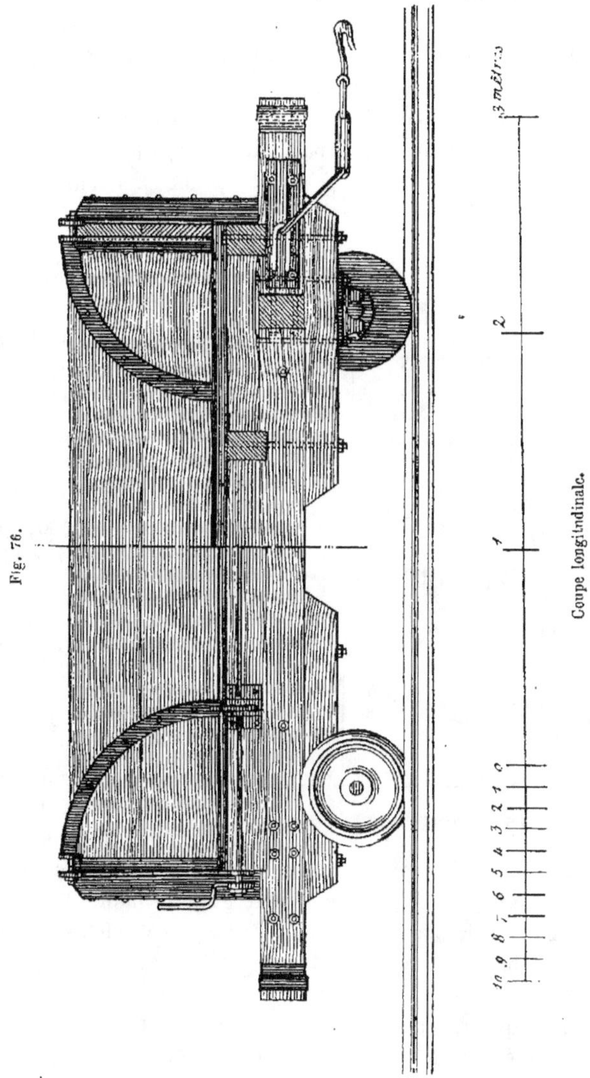

fond de la tranchée le niveau de la voie à créer; les terrassements sont ainsi déjà nettement indiqués et, au moyen des locomotives, on peut non-seulement placer les déblais, mais encore hâter l'achèvement des travaux qui restent à faire (cas dont nous reparlerons dans la troisième section); c'est pour ce moment-là qu'on peut recommander l'emploi des wagons représentés par les *fig.* 74, 75 et 76. Ils peuvent contenir 5^{m3},60 pour 8400 kilog.; eux-mêmes pèsent 1743 kilog., dont 137 pour les essieux en fer forgé, 224 pour pour les roues en fonte, 358 pour des surfaces et garnitures en fonte, 600 pour des garnitures en fer forgé et 424 pour le bois employé.

Nous recommandons des locomotives à tenders avec six roues accouplées de 0^{m},95 de diamètre, 2^{m},68 d'entre-voie, 61^{m2},50 de surface de chauffe et pesant 28000 kilog. Nous donnons, *fig.* 77 et 78, une esquisse d'une de ces locomotives sorties des ateliers de la Société impériale royale des chemins de fer de l'État pour la construction de la ligne de Linz à Budweis. Elle remorque facilement sur une pente de 1 : 65, la surface n'étant pas encore consolidée, 12 wagons remplis des déblais précités, avec une vitesse de 19 kilom. à l'heure, ce qui, sur la ligne horizontale et convenablement consolidée, correspond à un chargement de 840 tonnes que cette locomotive peut remorquer avec la vitesse ordinaire des trains de marchandises.

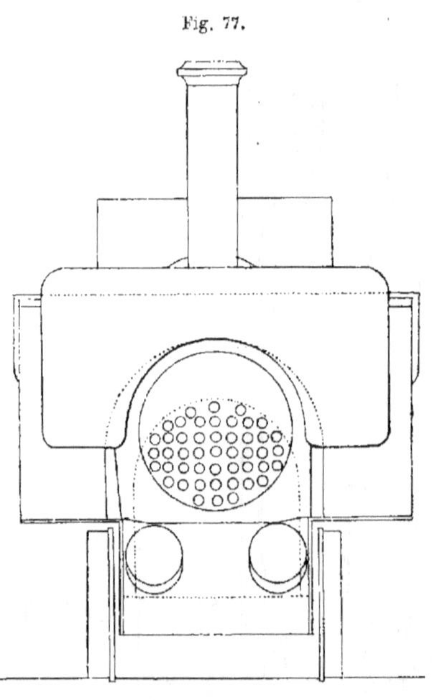
Fig. 77.

Coupe transversale.

Lors de la construction de la ligne de Turnau à Kralup, se présenta le cas où le matériel aussi bien de la tranchée provisoire que d'une partie du tunnel près de Prague dut être monté à une hauteur considérable sur le plateau du mont Zizka; à cet effet, on construisit une voie à câbles, au moyen de laquelle on transporta, chaque jour en moyenne, 600 mètres cubes de terrain meuble sur le plateau.

Il se peut que des circonstances analogues se reproduisent ailleurs; d'un autre côté, la voie à câbles, dont la construction fut dirigée par notre éminent ingénieur Rziha, rendit des services extraordinaires; c'est donc pour nous un devoir de mentionner dans cet ouvrage un travail aussi remarquable.

Dans ce chapitre, spécialement consacré aux véhicules, contentons-nous de dire que sur cette voie à câbles on employa des wagons qui ne différaient des wagons ordinaires qu'en ce qu'on leur donnait, pour l'effet à obtenir, des armatures solides ainsi que des chaînes de sûreté. Le mo-

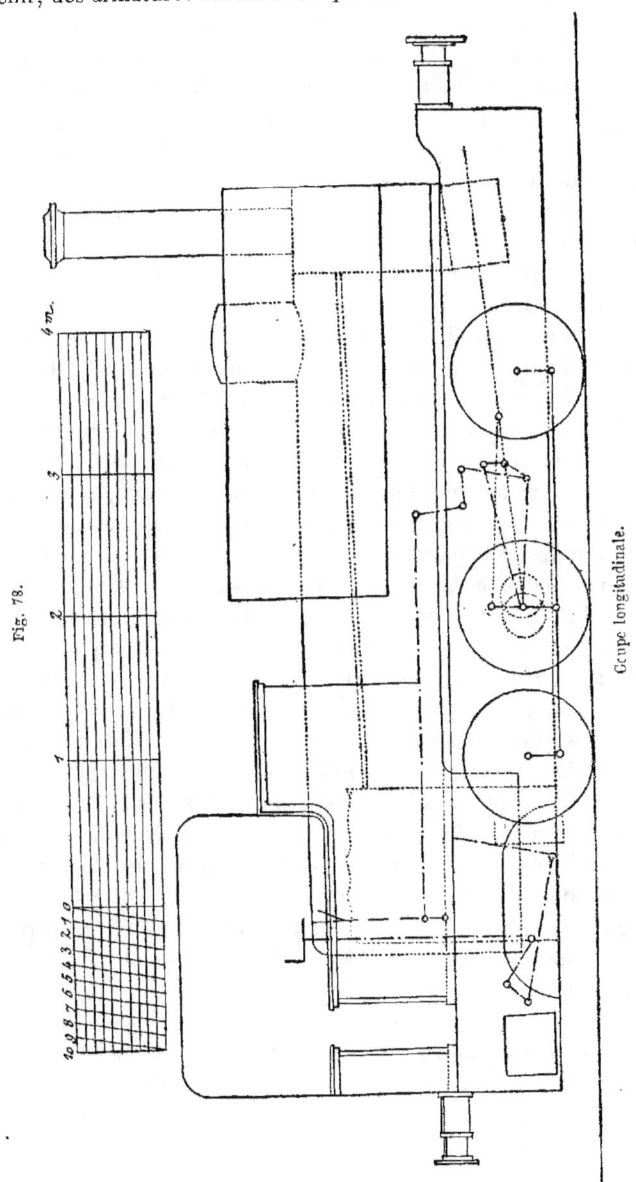

teur était une locomotive spéciale de trains de marchandises, laquelle, comme nous le décrirons plus loin, fut raccordée avec les tambours des câbles et put ainsi être utilisée comme machine à vapeur fixe.

M. G. Siegl, constructeur de machines, a construit, près de Vienne, le modèle d'une voie à câbles, dont il est l'inventeur breveté; cette voie présente, dans sa structure, une différence notable avec les voies à câbles employées jusqu'ici; elle est peut-être destinée à jouer un grand rôle parmi les voies à câbles; aussi voulons-nous consacrer ici quelques mots à l'exposé de ce système.

La différence principale entre le système Siegl et les autres consiste en ce que les convois ne se composent pas de wagons dont le premier se rattache au câble et chacun des autres à celui qui le précède; mais les wagons, aussi bien ascendants que descendants, sont suspendus directement à de certaines distances les unes des autres au câble sans fin qui, en haut comme en bas, passe sur un disque horizontal.

A cet effet, on a, à certaines distances, fait, au moyen d'une réunion de nœuds au câble, nœuds qui commandent une fourchette adhérant au wagon et traversée par le câble, ce qui produit la locomotion du wagon. Dès que le nœud saisit la fourchette du wagon, celle-ci est un peu soulevée, ce qui relâche les freins habituellement à l'état de tension; mais ces freins retombent et reprennent leur action dès que, pour une cause quelconque, le nœud a lâché la fourchette.

Pour plus de sûreté, on a adapté aux sabots des freins des crochets qui, si le frein n'est pas relâché, s'engrènent dans les crampons mis dans ce but à chaque plaque de garde et empêchent ainsi une chute du wagon, même dans le cas où, par un concours de circonstances défavorables, le ressort qui presse les sabots des freins n'agirait pas sur la roue.

Si le câble se rompt, si une fourchette se brise, si un nœud se détache, les wagons s'arrêtent aussitôt sous l'action des freins et l'on prévient à l'avance tout accident qui pourrait être causé par la chute d'un wagon.

L'avantage principal de ce système consiste en ce que chaque wagon, dès qu'il atteint le plateau supérieur ou inférieur, se détache du câble, sans qu'on ait besoin d'interrompre son mouvement; on ne perd donc pas de temps à accrocher ou décrocher les wagons et l'on obtient un travail continu.

Le modèle précité sert en ce moment à des trains de plaisir pour transporter les curieux au haut de la *Sophienalpe*, d'où l'on jouit d'un point de vue magnifique.

CHAPITRE VII.

TRANSPORT.

Après nous être amplement occupé des moyens de transport, nous pouvons passer au transport lui-même.

(*a*) **Transport par la brouette.**

Nous avons dit, dans le chapitre précédent, qu'un homme, d'une vigueur moyenne, pouvait, durant 10 heures de travail (son propre poids y compris), porter $9^k,15$ et pousser ou traîner $10^k,05$, une femme porter $6^k,6$, pousser ou traîner $6^k,9$. Cela fait par jour $329^{km},400$ ou $361^{km},800$ pour un homme et $237^{km},600$ ou $248^{km},400$ pour une femme; nous avons aussi dit que, si le temps de travail est interrompu par plusieurs pauses ou repos, le résultat grandit en proportion.

Il serait ridicule d'affirmer qu'un homme n'ayant qu'un kilogramme à transporter, le transporterait en 10 heures à $329^m,400$ ou, n'ayant qu'une seconde à transporter par jour, transporterait dans cette seconde $329^k,400$ à un mètre de distance; il n'en est pas moins vrai qu'en diminuant la durée du travail ou en augmentant celle des repos, on peut obtenir momentanément un plus grand développement de force. Ainsi, par exemple, les messagers qui, des environs de Vienne, portent au marché de cette ville des légumes, des fruits, du lait, du fromage, etc., font 2 milles géographiques en trois heures avec un poids moyen de 50 kilog.; les femmes n'en portent que 35.

Cela répond à $19^{km},9$ par homme et par seconde, à $13^{km},7$ par femme et par seconde. Ces personnes, le même jour et avec une vitesse à peu près égale, rapportent chez eux les récipients allégés de leur contenu et font, les hommes $11^{km},5$, les femmes $8^{km},3$, ce qui équivaut en tout à $331^{km},500$ ou $237^{km},600$, c'est-à-dire à peu près ce qu'ils feraient dans une journée de travail de 10 heures.

Si les travaux durent moins de temps, on peut obtenir des résultats sextuples et même décuples de ceux de 10 heures de travail, comme on peut s'en convaincre dans les fours à puddler et dans les ateliers à cylindre, où les travailleurs ont à effectuer journellement et à différentes reprises des opérations équivalant à plus de 50 kilogrammètres par seconde.

Un simple exemple d'un grand déploiement de force, où l'on ne remarque même pas d'effort extraordinaire, est donné par un pompier ou un gymnaste qui grimpe le long d'une échelle verticale et doit produire en même temps 70 kilogrammètres ou plus encore.

L'expérience enseigne aussi que, dans le transport par brouette, les pauses pendant le chargement sont, en réalité, des périodes où les forces se réveillent, et les forces ainsi recueillies se manifestent dans les voyages aller et retour, à moins que les distances ne soient très-petites.

La démonstration théorique de cette donnée, fournie par l'expérience, conduit à des résultats très-instructifs.

Soient m la force déployée à l'aller, z le temps employé, m' la force déployée au retour avec véhicules vides, z' le temps employé, M le travail moyen développé, en une seconde, pendant 10 heures d'activité, enfin z'' la pause qui accompagne le chargement; nous aurions, d'après notre hypothèse,

$$mz + m'z' = M(z + z' + z''),$$

et si l'on pose $z = z'$, c'est-à-dire si l'on admet qu'au retour le travailleur marche avec la même vitesse qu'à l'aller, ce qui est à peu près, nous obtenons

$$(m + m')z = M(2z + z'') \quad \text{ou} \quad m + m' = \frac{M(2z + z'')}{z}$$

et

$$\frac{m + m'}{M} = 2 + \frac{z''}{z},$$

et comme z n'est pas autre chose que

$$\frac{\text{distance}}{\text{vitesse}}, \quad \text{c'est-à-dire} \quad \frac{d}{v},$$

nous avons

$$(m + m')z = 2M + \frac{Mvz''}{d}, \quad \frac{m + m'}{M} = 2 + \frac{vz''}{d}; \qquad \text{(IX)}$$

mais comme m est une fontion de v, on pose, dans l'hypothèse d'une voie horizontale, par conséquent $\sin \alpha = 0$, d'après notre formule (V),

$$m = (\lambda + tl)\left(\frac{v^2}{2g} + nv\right) + (1 - t)lvc,$$

$$m' = (\chi + tl_1)\left(\frac{v^2}{2g} + nv\right) + (1 - t)l've,$$

où l représente le poids du véhicule plein et l_1 celui du véhicule vide; la vitesse v est alors exprimée par la formule suivante

$$v = \sqrt{\frac{4Mg}{2\lambda + t(l + l')} + g^2\left[n + \frac{(1 - t)(l + l')cd - Mz''}{[2\lambda + s(l + l')]d}\right]^2} - \left[n + \frac{(1 - t)(l + l')cd - Mz''}{[2\lambda + t(l + l')d}\right]. \qquad (X)$$

Si, dans cette équation, on met successivement

$$d = 10^m, \quad 20, \quad 30^m, \quad 40^m, \quad 50^m, \quad 60^m, \quad 70^m, \quad 80^m, \quad 90^m, \quad 100^u, \quad 600^m, \quad 1000^u,$$

on obtient pour la brouette allemande

$$v = 4^m,72, \quad 2^m,24, \quad 1^m,61, \quad 1^m,35, \quad 1^m,22, \quad 1^m,14, \quad 1^m,08, \quad 1^m,04, \quad 1^m,02, \quad 0^m,99, \quad 0^m,85, \quad 0^m,84$$

Un coup d'œil jeté sur ces valeurs nous apprend que, notamment avec les distances de 40 mètres en descendant, ce sont des grandeurs que pratiquement on ne saurait atteindre; d'où il suit qu'à ces distances on ne ne peut plus utiliser complétement la force du travailleur.

Comme, d'après l'expérience, v ne peut varier d'une manière efficace qu'entre les limites de $1^m,36$ et $0^m,76$ par seconde, on pourrait pour $M = 9,6$ ne considérer comme une utilisation de la puissance mécanique que les distances dont le v tombe en deçà de ces limites, c'est-à-dire de 40 mètres à 1 000 mètres et au delà ; mais comme on peut employer des puissances moindres, c'est-à-dire des femmes, jusqu'à un développement de force $M = 6,8$, leur emploi élargirait la distance jusqu'à environ 30 mètres.

Il en est tout autrement quand on considère que notre équation (V) ne pouvait être posée que pour les circonstances les plus favorables, mais qu'en pratique se manifestent quantité d'influences, dont on ne peut tenir compte dans la formule, mais qui absorbent une portion notable de la puissance réellement développée.

L'influence considérable qu'exerce l'état sec ou humide de la voie sur la marche du travailleur et sur le développement de sa force, la dépense de force nécessaire pour le balancement du véhicule et soustraite ainsi à la somme réelle des résultats, les montées inévitables qui sont produites d'abord par le nivellement imparfait de la voie horizontale, ainsi que par des affaissements des inflexions des madriers, l'adhérence insuffisante des boulons et des caisses, défauts qui se produisent inévitablement au milieu de tant de hasards et de secousses, auxquelles les brouettes sont exposées, enfin la rudesse plus ou moins grande que donne à la voie la terre semée sur les madriers, tout cela constitue des éléments, dont on ne peut pas tenir compte dans une formule mathématique, mais qui, formant un total plus ou moins considérable, absorbent une portion considérable de la force employée.

Si l'on considère les résultats définitifs dus à l'emploi des brouettes, on acquiert la conviction qu'en moyenne il n'y a que les $\dfrac{75}{100}$ de la force du travailleur employés à vaincre la résistance théorique, tandis que $\dfrac{25}{100}$ sont supprimés par les causes ci-dessus énumérées ; on a aussi pour la puissance utilisée $M' = 0{,}75M$. Il faudrait donc dans la formule (X) remplacer M par M' et mettre pour les hommes $\dfrac{3 \times 9{,}6}{4} = 7{,}2$; pour les femmes $\dfrac{3 \times 6{,}8}{4} = 5{,}1$. Si l'on pose ensuite pour les hommes $\lambda = 70$, pour les femmes $\lambda = 50$ kilog., pour les brouettes allemandes $l = 156^{k},5$, $l' = 53$ et $n = 0{,}047$, on obtient

$$v = \sqrt{1{,}469 + \left(\frac{0{,}782\,d - 22{,}033}{d}\right)^{2}} - \frac{0{,}782\,d - 22{,}033}{d} \quad \text{pour hommes,}$$

$$v = \sqrt{1{,}313 + \left(\frac{0{,}863\,d - 19{,}698}{d}\right)^{2}} - \frac{0{,}863\,d - 19{,}698}{d} \quad \text{pour femmes,}$$

d'où l'on déduit les résultats suivants :

BROUETTE ALLEMANDE.

VITESSE.	POUR d EXPRIMÉ EN MÈTRES.										
	10	20	30	40	50	60	70	80	90	100	
v	2,70	1,27	0,96	0,83	0,77	»	»	»	»	»	pour $M' = 5^{km},1$
v	3,29	1,37	1,16	1,00	0,92	0,87	0,83	0,81	0,79	0,77	pour $M' = 7^{km},2$

BROUETTE AUTRICHIENNE.

VITESSE.	POUR d EXPRIMÉ EN MÈTRES.										
	10	20	30	40	50	60	70	80	90	100	
v	3,09	1,48	1,10	0,95	0,87	0,83	0,79	0,77	0,76	»	pour $M' = 5^{km},1$
v	3,60	1,78	1,32	1,14	1,04	0,98	0,94	0,91	0,89	0,87	pour $M' = 7^{km},2$

On voit, par ces tableaux, que, pour la brouette allemande, à des distances de moins de 18 mètres, on ne peut plus employer toute la force accumulée, parce qu'on ne gagne pas davantage à une vitesse supérieure à $1^m,36$ par seconde et que le chargement ne peut pas être augmenté. C'est entre 18 et 50 mètres pour les femmes, entre 25 et 110 mètres pour les hommes que l'on utilise le développement complet de la force avec une vitesse variant de $0^m,76$ à $1^m,36$. A une distance de plus de 100 mètres il faudrait diminuer la charge en proportion, ce qui revient à dire qu'à cette distance-là l'emploi des brouettes n'offre plus d'avantages.

Quand on passe au calcul des frais de transport, on ne peut naturellement, jusqu'à une distance de 18 mètres inclusivement, poser que $v = 1,36$, une valeur plus grande étant impossible dans la pratique; on peut aussi prendre jusqu'à $d = 50$ mètres inclusivement les valeurs de v pour $M = 5^{km},1$, c'est-à-dire la force de travail d'une femme; mais alors il faut diminuer le salaire quotidien en proportion de la diminution de M.

En conséquence, il faudrait, entre les limites $M = 5,1$ et $M = 7,2$, faire varier M, pour les différentes distances, de telle sorte que la vitesse v s'obtienne entre les limites pratiques et que la dépense ainsi résultant devînt un minimum par mètre cube.

Pour procéder avec le plus de simplicité et de vérité, on détermine, d'après les valeurs indiquées dans les tableaux ci-dessus, le coefficient de v, par lequel on multiplie le salaire quotidien d'un ouvrier de force moyenne et l'on obtient ainsi le coût du transport, par mètre cube, pour n'importe qu'elle distance.

Mais, comme nous l'avons dit, il ne faut pas oublier qu'on ne doit faire en ligne de compte que les valeurs de v comprises entre les limites pratiques, et quand v descend au-dessous de la valeur minima pratique, il faut diminuer l proportionnellement; quand au contraire v dépasse la valeur maxima pratique, la charge ne pouvant être augmentée, il faut ramener la valeur théorique de v à cette valeur maxima pratique.

On peut calculer la valeur de l par la formule déduite des équations
(IX) et (X).

$$l = \frac{(2d + vz'')\mathrm{M} - \left(\dfrac{v}{g} + 2n\right) d\lambda v}{\left[\left(\dfrac{v}{2g} + n - c\right) t + c\right] dv} - l,$$
$$\sin \alpha = 0.$$

Si z est le temps de l'aller, comme du retour, d'après notre hypothèse
antérieure, L la charge que peut contenir la brouette, z'' le temps de
repos pendant le chargement, Z la durée du travail et T le salaire
quotidien moyen d'un travailleur de force moyenne, $\dfrac{Z}{2z + z''}$ indique
le nombre des voyages quotidiens et $\dfrac{ZL}{2z + z''}$ le transporté. La dépense
K pour l'unité de volume est alors

$$\mathrm{K} = \frac{\dfrac{\mathrm{T}}{\mathrm{ZL}}}{2z + z''} = \frac{\mathrm{T}(2z + z'')}{\mathrm{ZL}}.$$

Donc le coefficient par lequel il faut multiplier le salaire quotidien, pour
savoir le coût de l'unité, est

$$\frac{\mathrm{K}}{\mathrm{T}} = \frac{(2z + z'')}{\mathrm{ZL}};$$

mais on a

$$z = \frac{d}{v},$$

d'où

$$\frac{\mathrm{K}}{\mathrm{T}} = \frac{2d + vz''}{\mathrm{ZL}v}. \tag{XI}$$

Si nous substituons à Z et z'' les valeurs connues, savoir $36000''$ et $60''$,
nous aurons

$$\frac{\mathrm{K}}{\mathrm{T}} = \frac{d + 30v}{18000\mathrm{L}v}.$$

Pour la brouette allemande, avec $\mathrm{L} = 0,069$, on obtient les résultats suivants par mètre cube transporté, $d = 50$ mètres, M étant $5,1$ et $\mathrm{T}_1 = \dfrac{3}{4}\,\mathrm{T}$;
ainsi le salaire quotidien est diminué proportionnellement à M et
$\sin \alpha = 0$.

d	$\frac{K}{T}$	d	$\frac{K}{T}$	d	$\frac{K}{T}$	d	$\frac{K}{T}$
10	0,024	70	0,092	130	0,177	190	0,317
20	0,027	80	0,104	140	0,192	200	0,339
30	0,036	90	0,116	150	0,223	250	0,464
40	0,048	100	0,129	160	0,243	300	0,620
50	0,038	110	0,141	170	0,266	350	0,757
60	0,053	120	0,156	180	0,291	400	0,928

Pour la brouette autrichienne contenant 0,037 :

d	$\frac{K}{T}$	d	$\frac{K}{T}$	d	$\frac{K}{T}$	d	$\frac{K}{L}$
10	0,042	60	0,114	110	0,237	160	0,338
20	0,051	70	0,133	120	0,257	170	0,359
30	0,063	80	0,150	130	0,277	180	0,379
40	0,081	90	0,165	140	0,298	190	0,399
50	0,099	100	0,217	150	0,318	200	0,416

Si, en dehors de la prolongation horizontale, la charge est encore augmentée, on est jusqu'ici, du moins pour la construction des chemins de fer, généralement dans l'usage d'exprimer le surcroît de dépense que cause cette augmentation, par une prolongation de la ligne horizontale. Nous avons dit plus haut qu'a cet effet on employait et emploie encore plusieurs coefficients, par lesquels on multiplie chaque augmentation dans le sens de la hauteur, pour obtenir la distance horizontale, qui doit égaliser les frais de transport.

On ne saurait toutefois recourir pour toutes les différences de hauteur à cette transformation du transport vertical en transport horizontal, comme nous l'avons fait observer à propos des véhicules et comme l'indique la formule du professeur E. Winklers.

Les recherches qui suivent montreront quelle influence est exercée par la différence absolue des hauteurs et par la gradation des pentes sur un pareil coefficient et jusqu'à quel point on peut, en pratique, poser ces coefficients.

Mais ici l'on doit bien se tenir sur ses gardes, de peur d'avancer des hypothèses purement théoriques et de tomber ainsi dans des erreurs; car, par exemple, quand les pentes augmentent, on ne trouve pas d'amélioration, comparativement à la voie horizontale, mais plutôt une aggravation, comme nous l'avons dit plus haut. On se tromperait donc fort en donnant une valeur négative à $(\lambda + l) \sin \alpha$, pour un voyage sur une pente; tout ce que l'on peut admettre, c'est que le retour sur une pente exige le même déploiement de force que sur une voie horizontale.

La vérité de cette proposition est prouvée déjà en ce que, pour un voyage sur une pente, en posant

$$m_1 = (\lambda + tl_1)\left(\frac{v^2}{2g} + nv\right) + (1 - t)l_1 vc - (\lambda + l_1)v \sin \alpha,$$

on trouverait, pour certaines pentes, $m_1 = 0$ ou même moins que zéro, ce qui serait évidemment absurde.

Bien que nous ayons dit, après avoir développé notre formule (VIII), qu'elle n'est approximativement exacte que pour des pentes douces (comme dans le cas considérer de $\sin \alpha = 0,01$), nous ne pouvons nous empêcher, pour éviter des malentendus, de faire remarquer encore une fois que, notamment pour l'homme qui marche, des pentes plus fortes exigent de plus grands efforts qu'une voie horizontale; aussi l'équation en question ne fut-elle posée que pour des pentes extrêmement douces: elle n'est donc pas en désaccord avec nos hypothèses antérieures.

Si donc on pose d'après les notations ci-dessus

$$m = (\lambda + tl_1)\left(\frac{v^2}{2g} + nv\right) + (1 - t)lvc + (\lambda + l)v \sin \alpha$$

$$m' = (\lambda + tl_1)\left(\frac{v^2}{2g} + nv\right) + (1 - t)l_1 vc.$$

on obtient

$$v = \sqrt{\frac{4Mg}{2\lambda + t(l + l_1)} + g^2\left[n + \frac{(1 - t)(l + l_1)cd + (\lambda + l)d \sin \alpha - Mz''}{d[2\lambda + t(l + l_1)]}\right]^2} - g\left[n + \frac{(1 - t)(l + l)cd + (\lambda + l)d \sin \alpha - Mz''}{d[2\lambda + t(l + l_1)]}\right]$$

et, dans le cas où la charge devrait être diminuée,

$$l = \cfrac{(2d + vz'')M - \left[\left(\dfrac{v}{2g} + n - c\right)t + c\right]dl_1 v - \left(\dfrac{g}{v} + 2n + \sin\alpha\right)d\lambda v}{\left[\left(\dfrac{2g}{v} + n - c\right)t + c + \sin\alpha\right]dv}.$$

En utilisant ces équations et l'équation (XI), on obtient le tableau suivant des différentes valeurs de d et $\sin\alpha$:

d	BROUETTE ALLEMANDE. $\frac{K}{T}$ pour $\sin\alpha =$					d	BROUETTE AUTRICHIENNE. $\frac{K}{T}$ pour $\sin\alpha =$				
	0,025	0,050	0,075	0,100	0,200		0,025	0,050	0,075	0,100	0,200
10	0,021*	0,021*	0,021*	0,021*	0,034	10	0,042*	0,042*	0,042*	0,042*	0,045*
20	0,030*	0,033*	0,042*	0,047	0,261	20	0,051*	0,054*	0,057*	0,072*	0,142
30	0,042*	0,054*	0,074	0,113	.	30	0,069*	0,075*	0,094	0,101	1,286
40	0,063	0,083	0,139	0,255	.	40	0,087*	0,112	0,121	0,176	.
50	0,076	0,133	0,253	0,665	.	50	0,114*	0,137	0,190	0,313	.
60	0,102	0,202	0,465	6,053	.	60	0,148	0,162	0,288	0,590	.
70	0,136	0,295	0,969	.	.	70	0,170	0,226	0,424	0,969	.
80	0,175	0,417	2,504	.	.	80	0,191	0,300	0,626	1,879	.
90	0,217	0,589	.	.	.	90	0,216	0,393	0,916	8,246	.
100	0,272	0,816	.	.	.	100	0,237	0,472	1,282	.	.

Les nombres marqués de * sont calculés pour l'emploi de moindres forces de travail $M = 5,1$; on a pris $T_1 = \frac{1}{4} T_1$ de sorte que leur valeur, multipliée par le salaire quotidien d'un homme, donne des valeurs exactes.

Ce tableau nous donne un grand nombre de solutions; mais nous allons voir, avant tout, s'il est d'accord avec les résultats fournis par l'expérience.

Et d'abord on y remarque un résultat certainement reconnu conforme à la réalité par tous les hommes compétents, c'est qu'à certaines distances courtes, on peut, avec la brouette, triompher d'une pente de $\frac{1}{5}$ et l'employer avec avantage pour des montées moindres.

De plus, quand la pente est $\sin \alpha = 0{,}075$ jusqu'à une distance de 80 mètres, $\sin \alpha = 0{,}05$ jusqu'à une distance de 50 mètres, $\sin \alpha = 0{,}075$ jusqu'à une distance de 30 mètres, $\sin \alpha = 0{,}10$ jusqu'à une distance de 25 mètres, enfin $\sin \alpha = 0{,}20$ jusqu'à une distance de 10 mètres, la brouette allemande est de beaucoup supérieure à la brouette autrichienne.

Le coefficient de réduction, sur la voie horizontale, est toujours 50 pour la brouette allemande sur une pente de 5 mètres, tandis que, pour la brouette autrichienne, les conditions étant les mêmes, il est de 20.

Plus la montée diminue, plus aussi diminue le coefficient de réduction.

Quand la hauteur de soulèvement (*Hebungshöhe*) est d'environ 2 mètres et la montée de $\frac{1}{15}$, la brouette allemande est d'environ 20 p. 100 supérieure à la brouette autrichienne, étant donnée la même hauteur avec une montée de $\frac{1}{10}$.

Enfin, la brouette allemande avec une hauteur de soulèvement de 4 mètres et une montée de $\frac{1}{15}$ atteint son maximum relatif d'utilité, tandis que la brouette autrichienne atteint le sien par une hauteur de soulèvement de 5 mètres et une montée de $\frac{1}{10}$.

Ce tableau explique encore aisément les différents coefficients 12, 20, 30, 50, etc., employés sur différentes lignes, car la distance moyenne (qui se présente le plus souvent dans la pratique et sur laquelle seront basées la plupart des expériences) est de 40 à 60 mètres, et les hauteurs à gravir sont en moyenne de 4 à 5 mètres; or ces deux colonnes fournissent, d'après la comparaison du tableau de la page 108 avec le tableau de la page 113, les coefficients 12, 20, 30 et 50, de sorte que j'ai raison, à mon avis, d'affirmer que les valeurs du dernier tableau répondent parfaitement à la réalité, et cette conviction est d'autant mieux confirmée que la brouette autrichienne, sauf le cas d'obstacles extraordinaires, atteint son maximum d'utilité à une hauteur de 6 mètres. Nul doute, et le tableau le prouve, que pour gravir des hauteurs, si l'on choisit des travailleurs d'une plus grande vigueur, on peut dépasser de beaucoup les limites assignées plus haut; mais la plainte générale des entrepreneurs de terrassements, savoir qu'en fait de hauteurs à gravir, les tableaux donnent de trop faibles résultats, prouve clairement que l'on excède très-souvent les limites rationnelles et qu'alors les coefficients ordinaires sont inexacts.

Dans nos tableaux, nous avons, jusqu'à de certaines limites, tenu compte de forces de travail inférieures (celles des femmes); évidemment cela ne peut qu'indiquer à l'entrepreneur habile jusqu'à quel point, quand il trouve des femmes à employer, il peut les utiliser; mais, dans un devis, on ne s'occuperait pas de ce détail, parce qu'on peut, qu'on doit même être forcé de n'employer que des forces supérieures, parce qu'ensuite on ne peut pas toujours changer les forces de travail quand les distances augmentent. Par conséquent, l'ingénieur dirigeant et l'entrepreneur, qui calcule ses propres dépenses, seront forcés de faire leurs comptes d'après le tableau suivant, où l'on ne s'est occupé que d'une catégorie de forces de travail.

TABLEAU I. — Pour brouettes.

d	BROUETTE AUTRICHIENNE. $\dfrac{K}{T+10 \text{ p. }100}$ pour $\sin \alpha =$						d	BROUETTE ALLEMANDE. $\dfrac{K}{T+10 \text{ p. }100}$ pour $\sin \alpha =$					
	0,000	0,025	0,050	0,075	0,100	0,200		0,000	0,025	0,050	0,075	0,100	0,200
10	0,056	0,056	0,056	0,056	0,056	0,056	10	0,030	0,030	0,030	0,030	0,030	0,034
20	0,067	0,067	0,067	0,069	0,072	0,142	20	0,036	0,036	0,039	0,042	0,047	0,261
30	0,079	0,079	0,088	0,094	0,101	0,286	30	0,045	0,049	0,054	0,074	0,113	»
40	0,099	0,104	0,112	0,121	0,176	»	40	0,056	0,063	0,083	0,139	0,255	»
50	0,117	0,126	0,137	0,190	0,313	»	50	0,068	0,076	0,133	0,253	0,665	»
60	0,137	0,148	0,162	0,288	0,590	»	60	0,083	0,102	0,202	0,465	6,053	»
70	0,157	0,170	0,226	0,424	0,969	»	70	0,092	0,136	0,295	0,969	»	»
80	0,177	0,191	0,300	0,626	1,879	»	80	0,104	0,175	0,417	2,504	»	»
90	0,197	0,216	0,393	0,916	8,246	»	90	0,116	0,217	0,589	«	»	»
100	0,217	0,237	0,472	1,282	»	»	100	0,129	0,272	0,816	»	»	»

La formule de transport, assez généralement adoptée en Autriche, est

$$\mathrm{KT} = \frac{G}{ab}\left(\frac{2d}{v} + z''\right),$$

dans laquelle

$g = 1500^{k}$ est le poids de mètre cube de terre,

$a = 36\,000^{km}$ le travail quotidien,

$b = 50^{k}$ le poids du chargement,

d la distance en mètres jusqu'au lieu d'arrivée.

$v = 0{,}87$ la vitesse en mètres par seconde,

$Z'' = 54''$ le temps de chargement.

(Voir les analyses de prix de la ligne du Sœmmering, de la ligne de la Theiss, de la 1re ligne de Transylvanie, etc.)

Si, d'après cette formule, on calcule le $\frac{K}{T}$ pour les valeurs indiquées ci-dessus et si on les compare à nos résultats, puis que l'on mette la montée égale à zéro, on obtient comme résultat le tableau suivant :

POUR $d =$		10	20	30	40	50	60	70	80	90	100	110	120	130	140	150
$\frac{K}{T}$ d'après	la formule antérieure	0,063	0.080	0,097	0.115	0,132	0.150	0.167	0.185	0.202	0.220	0.237	0.255	0.272	0.290	0.308
	notre calcul	0.056	0.07	0.079	0.099	0.117	0,137	0.157	0.177	0.197	0.217	0.237	0.257	0.277	0.298	0.318

Ce sont là des résultats presque identiques; il n'y a de différence qu'en ce qu'avec l'augmentation de la distance nous supposons (comme l'expérience nous l'a démontré) une diminution de la vitesse, tandis que l'ancienne formule donne la même vitesse pour toutes les distances. Cependant nous attachons la plus grande importance à la découverte rationnelle de la somme plus grande de travail obtenu en gravissant les hauteurs, et nous croyons avoir ainsi comblé une lacune qui depuis longtemps donnait naissance à des discussions.

Il paraît qu'en rédigeant l'analyse des prix pour la ligne du Semmering, on a été, pour le calcul de la compensation des hauteurs à gravir, plus près de la vérité que dans toutes les autres analyses où l'on n'admettait qu'un coefficient pour tous les cas; car là le coefficient grandissait par degrés avec la hauteur à gravir. Lorsque nous comparons ces coefficients à ceux qui résultent de notre tableau, en moyenne par mètre de hauteur, nous trouvons les résultats suivants :

Les auteurs de l'analyse Sœmmering ne disent pas comment ils sont arrivés aux coefficients en question ; le partage textuel est : « α est un coefficient dû à l'expérience, par lequel il faut multiplier la hauteur verticale pour la changer en ligne horizontale ; les valeurs de α sont comme suit, etc. »

DIFFÉRENCE de hauteurs des centres de gravité.	COEFFICIENT POUR LA LONGUEUR VIRTUELLE.	
	Analyse Sœmmering.	Heyne.
2 mètres	10.50	7,50
3 »	12,75	10,00
4 »	15.00	14,00
5 »	17.23	20.00
6 »	19,50	36,67

Comme on le voit par le tableau ci-dessus, il ne se manifeste de différence notable entre l'analyse Sœmmering et nos résultats qu'à une hauteur de soulèvement de 6 mètres ; mais d'après les plaintes précitées et persistantes des entrepreneurs de terrassements, on ne tiendrait pas suffisamment compte de la dépense réelle des hauteurs plus grandes de soulèvement ; donc les tableaux de transport prouvaient que nos résultats sont plus près de la vérité que ceux de l'analyse Sœmmering.

Les formules Wink les donnent, pour une distance moyenne de 40 à 50 mètres, et pour les hauteurs de soulèvement de 2, 3, 4 et 5 mètres, les coefficients 29,6 ; 37,7 ; 49,4 ; et 54,7 ; nos tables pour les brouettes allemandes fournissent, avec le mêmes données, à peu près les mêmes valeurs.

En ce qui concerne les dépenses de conservation des brouettes, madriers, etc., il est difficile d'obtenir à cet égard des renseignements détaillés ; ils dépendent d'ailleurs tellement des circonstances, des climats, des températures durant une saison de travaux, d'une surveillance plus ou moins rapide, même du caractère des travailleurs, qu'il ne suffit pas de l'expérience personnelle pour tirer des conclusions valables.

Ainsi, au risque d'encourir le reproche de ne pas entrer suffisamment dans les détails, il faudra nous contenter ici de donner, comme dépense de la conservation des véhicules et autres parties du matériel, le $\dfrac{1}{10}$ du salaire des ouvriers, dépense suffisante, excepté dans des cas tout à fait exceptionnels.

S'il était à peu près démontré qu'une masse cubique de matériaux, transportés à une certaine distance, exigera, toutes circonstances égales d'ailleurs, les mêmes frais de réparation, que la voie soit horizontale ou inclinée (parce que dans les deux cas tous les moyens de transport sont également employés), il faudra augmenter d'un tant pour cent le prix de chaque journée d'un répondant au mode de transport, ou, ce qui revient au même, grossir le T de ce tant pout cent, comme nous l'avons indiqué dans le tableau ci-dessus, ce tant pour cent n'étant qu'un nombre proportionnel admis d'après une moyenne générale, comprenant toutes les gradations de montées.

Sans doute celui qui n'use que de voies horizontales se trompera à son désavantage ; celui qui n'a que des voies fort inclinées se trompera à son profit, s'il emploie ce tant pour cent sans le modifier ; mais l'erreur sera peu de chose, tandis que la différence entre les prix des matériaux et les salaires, subissant de nombreuses variations, sera bien plus considérable. Au reste, ces tant pour cent ne sont à peu près exacts qu'en grand et dans la généralité, et, si l'on veut bien préciser les dépenses que l'entrepreneur aura à supporter, notamment par la direction des travaux, il faudra faire toujours un calcul spécial pour chaque cas concret, comme nous le montrerons plus loin par un exemple.

Après avoir épuisé à peu près le chapitre relatif aux brouettes, nous pourrons passer à celui des camions ou tombereaux.

En parlant des camions mus par des hommes, nous comparerons les résultats qu'ils donnent à ceux que donnent les brouettes ; nous déterminerons les limites des distances, ainsi que des soulèvements de hauteur, où la supériorité appartient aux uns ou aux autres, et il sera dès lors facile de déterminer le genre de véhicules dont on aura besoin dans tous les cas corrects.

(*b*) Transport au moyen de camions.

En décrivant ces véhicules avec les calculs afférents, nous avons dit que les ouvriers n'ont pas, durant le chargement, de pause comme les brouetteurs, ce qui est vrai dans la théorie comme dans la pratique.

En effet, l'espace défend d'employer plus de trois hommes au charge-

ment d'un camion; aussi cette opération exige-t-elle de 208 à 360 secondes; il en résulte que, lorsque les distances sont courtes, la force re-
cueillie est telle que pour l'aller (comme nous l'avons démontré pour le
transport par brouettes) elle ne peut pas être employée complétement ;
d'un autre côté, dans les tranchées, l'emplacement étant très-étroit, il
pourrait se produire un encombrement de personnes, ce qui nuirait à
la continuation du travail.

Nous devons donc regarder les ouvriers comme travaillant tout le
temps avec l'ensemble de leurs forces, soit qu'ils chargent eux-mêmes
les camions, soit qu'ils les traînent en se substituant à d'autres.

On perd donc, en employant un camion, l'accumulation de forces;
d'autre part, on ne perd pas de temps durant le changement.

Tout le travail de l'aller et du retour serait donc

$$\mathrm{M}' = m + m' = 2\rho\lambda \left(\frac{v^2}{2g} + nv \right) + lvc + l'vc + (\rho\lambda + l)v \sin \alpha ;$$

en adoptant pour le travail de traction d'un ouvrier 10 kilogrammètres
par seconde, on obtiendrait $\mathrm{M}' = 205$ kilogrammètres.

Si maintenant on résout ces équations, comme nous l'avons fait
pour les brouettes, pour chercher v et l, nous pourrons calculer le
$\frac{\mathrm{K}}{\mathrm{T}}$ pour les différentes valeurs de d et $\sin \alpha$.

Cependant il faudra, dans ce calcul, tenir compte d'un détail qui ne
se rencontre pas à propos des brouettes, c'est que le nombre des ouvriers
poussant ou traînant peut être élevé du minimum $\rho = 2$ au maximum
$\rho = 4$.

Comme dans la pratique, de même dans le calcul, il pourra se faire
que la charge complète soit trop forte pour 2 ouvriers, mais pas assez
pour 3; on en est quitte alors pour charger quelques pelletées de
moins.

Ce sera donc au calcul de déterminer si, le travail étant trop grand
pour un ρ donné, il faut diminuer l' ou augmenter $l'\rho$.

Toutefois l'entrepreneur intelligent peut, ici encore, faire une économie, quand il a le choix entre les forces de travail, plus encore que
lorsqu'il s'agit de brouettes; il peut combiner ces forces en étudiant les
valeurs citées dans le tableau suivant. Il peut employer, suivant des besoins, 2 femmes, 1 femme et 1 homme, 2 hommes, 3 femmes, 1 homme
et 2 femmes, 2 hommes et 1 femme, 3 hommes, etc., jusqu'à ce qu'il
arrive finalement au maximum de 4 hommes pour l'utilisation des camions.

Mais le calcul de ces combinaisons et l'énumération, sous forme de tableau, de tous ces résultats nous entraînerait trop loin et n'aurait pour la pratique qu'une utilité fort douteuse; il faut donc laisser l'entrepreneur expérimenté s'arranger du mieux qu'il l'entendra.

Le tableau qui suit a été calculé sur l'emploi d'hommes d'une vigueur moyenne, c'est-à-dire de $9^{krm},5$. Dans ce cas, où les travailleurs ne peuvent être employés que pour la traction, la force normale doit être représentée par 10 kilogrammètres, dont environ 5 p. 100 sont absorbés par des influences secondaires et par conséquent perdus. Ce tant pour cent, comparé au 25 p. 100 des brouettes, ne surprendra pas, si l'on se dit qu'il n'y a plus de balancement de la charge ni de déraillement sur les madriers; que, les essieux étant construits avec plus de solidité et de précision, le frottement est réduit au minimum, etc.

Si, pour calculer le tableau qui suit, nous employons notre formule fondamentale déjà citée

$$M' = m + m' = 2 \times 9,5 \times \rho = 2\rho\lambda \left(\frac{v^2}{2g} + nv\right) + lvc + l'vc' + (\rho\lambda + l)v \sin \alpha,$$

nous obtenons

$$v = \sqrt{\frac{19g}{\lambda} + \left\{\frac{g}{2}\left[\frac{l(c + \sin \alpha) + l'c'}{\rho\lambda} + 2n + \sin \alpha\right]\right\}^2 - \frac{g}{2}\left[\frac{l(c + \sin \alpha) + l'c'}{\rho\lambda} + 2n + \sin \alpha\right]}$$

et

$$l = \frac{\rho\left\{19 - \lambda\left[2\left(\frac{v^2}{2g} + nv\right) + v \sin \alpha\right]\right\} - l'vc'}{v(c + \sin \alpha)}.$$

La capacité de $0^{m3},3$ répondant à une mesure de $0^{m3},24$ de sol mêlé de végétaux, $l = 360 + 165 = 525$; $l' = 165$; $\lambda = 70$ et, comme nous l'avons dit, $c = 0,024$; $c' = 0,08$, d'où, par l'emploi de l'équation

$$\frac{K}{T} = \frac{\rho(d + 0,5vz'')}{18\,000 \times L \times c'},$$

où $z'' = 100$ secondes, résulte le tableau suivant :

TABLEAU II. — Pour des camions a deux roues.

d	$\dfrac{K}{T + 15\,\text{p. }100}$ pour sin $\alpha =$				d	$\dfrac{K}{T + 15\,\text{p. }100}$ pour sin $\alpha =$			
	0,000	0,025	0,050	0,075		0,000	0,025	0,050	0,075
10	0,029	0,047	0,077	0,173	220	0,153	0,252	0,412	»
20	0,035	0,057	0,093	»	240	0,165	0,272	0,444	»
40	0,047	0,076	0,125	»	260	0,177	0,292	0,476	»
60	0,059	0,096	0,156	»	280	0,189	0,311	0,508	»
80	0,070	0,115	0,188	»	300	0,200	0,331	0,540	»
100	0,082	0,135	0,220	»	320	0,212	0,350	0,572	»
120	0,094	0,155	0,252	»	340	0,224	0,370	0,604	»
140	0,106	0,174	0,284	»	360	0,236	0,390	0,636	»
160	0,118	0,194	0,316	»	380	0,248	0,409	0,668	»
180	0,129	0,213	0,348	»	400	0,260	0,429	0,700	»
200	0,141	0,233	0,380	»					
	$v=0,783$ $L=0,24$ $\rho=2$	$v=0,76$ $L=0,224$ $\rho=3$	$v=0,76$ $L=0,183$ $\rho=4$	$v=0,76$ $L=0,081$ $\rho=4$		$v=0,783$ $L=0,24$ $\rho=2$	$v=0,76$ $L=0,214$ $\rho=3$	$v=0,76$ $L=0,183$ $\rho=4$	$v=0,76$ $L=0,081$ $\rho=4$

Ce tableau fournit des résultats remarquablement inférieurs à ceux
d'autres tableaux de transport; la cause est bien simple : dans ces derniers, le temps du chargement est regardé comme perdu, c'est-à-dire
que l'on admet à tort, comme nous l'avons dit, que les travailleurs se
croisent les bras pendant ce temps.

En comparant ce tableau à celui qui est relatif aux brouettes, on voit
que, pour des distances assez grandes, l'emploi des brouettes est plutôt

nuisible qu'utile ; d'un autre côté, l'emploi des camions ne dépend nulle ment des longues distances, mais, sur des voies horizontales et pour les distances les plus courtes, il est encore préférable à celui des brouettes. C'est encore là un résultat confirmé par l'expérience ; car, notamment sur les voies horizontales, on se sert des camions là où la limite pratique, posée naturellement par l'espace nécessaire pour tourner au lieu de chargement comme au lieu de déchargement, est atteinte ou dépassée, c'est-à-dire à une distance d'environ 20 mètres.

Nous voyons, en outre, dans ce tableau, que, pour les montées, le camion est moins utile que la brouette, et qu'il ne faut pas dépasser une pente de $\dfrac{1}{20}$.

Nous remarquons enfin que, notamment dans les montées, il vaut mieux diminuer la charge qu'augmenter les forces de travail, ce qui est encore confirmé par la pratique, où l'on aime toujours mieux remplir moins les camions qu'employer pour la traction 3 ou 4 ouvriers.

En ce qui concerne les frais d'entretien des véhicules, nous nous en référons à ce que nous avons dit plus haut ; nous invoquons aussi le té moignage d'autres auteurs, par exemple de Henz (*Terrassements*), qui adoptent pour cela les $\dfrac{15}{100}$ du taux du salaire des ouvriers ; voilà pour quoi, dans notre tableau, nous avons remplacé

$$\frac{K}{T} \text{ par } \frac{K}{T + 15 \text{ p. } 100}.$$

Disons encore, pour éviter des malentendus, qu'il faut prendre, dans notre tableau, les postes de journaliers nécessaires pour le transport d'un mètre cube ; il ne faut donc regarder la note de 2 ouvriers, 3 ou vriers, etc. que comme une explication du calcul et une indication pour les entrepreneurs : mais cela ne signifie nullement qu'il faille multiplier par 2 ou 3 les nombres contenus dans le tableau.

(c) Transport par tombereaux attelés de chevaux.

Parlons encore des camions traînés par des chevaux. Nous avons déjà dit qu'avec ce véhicule il y a nécessairement une pause amenée par le chargement ; d'après notre théorie, cette pause doit être regardée comme un recueillement de forces.

Si l'on donne en moyenne de 0.33 à 0.26 de sol compacte à la capacité du véhicule, si l'on évalue les vitesses, entre les limites, de 1 à 2 mètres, le travail d'un mulet à 38 kilogrammètres, son poids à 200 kilog., $l = 600$, $l' = 210$, le coefficient moyen de frottement $c = 0,06$, si l'on prend finalement trois chargeurs, de telle sorte que la pause ou temps de chargement soit de 8 minutes, on aura le tableau suivant, où T indique le salaire journalier d'un pareil véhicule avec le charretier et les frais d'entretien :

TABLEAU III. — POUR DES TOMBEREAUX A 2 ROUES TRAINÉS PAR DES CHEVAUX.

d	$\frac{K}{T}$ pour $\sin\alpha =$				d	$\frac{K}{T}$ pour $\sin\alpha =$			
	0,00	0,025	0,050	0,075		0,00	0,025	0,050	0,075
10	0,054	0,054	0,054	0,054	700	0,175	0,214	0,400	»
20	0,055	0,055	0,055	0,055	800	0,198	0,259	»	»
40	0,058	0,058	0,058	0,058	900	0,220	0,313	»	»
60	0,060	0,060	0,060	0,060	1800	0,244	0,369	»	»
80	0,062	0,062	0,062	0,062	1100	0,267	0,431	»	»
100	0,064	0,064	0,064	0,064	1200	0,291	0,494	»	»
200	0,075	0,075	0,078	0,085	1300	0,313	0,563	»	»
300	0,087	0,096	0,108	0,124	1400	0,336	0,632	»	»
400	0,108	0,122	0,141	0,215	1500	0,359	0,704	»	»
500	0,130	0,150	0,210	»	1600	0,382	0,779	»	»
600	0,152	0,177	0,295	»	1700	0,406	0,860	»	»

Ou n'a tenu compte de la dimension de la charge que lorsqu'elle comportait plus de la moitié de la normale.

Comme le prix de la journée d'un travailleur ne dépend nullement d'un véhicule semblable (les conditions d'existence des forces en question n'étant pas les mêmes, le fourrage pour les animaux de trait pouvant être à très-bon marché et les aliments de l'homme fort chers ou l'inverse), on ne peut *à priori* comparer les résultats de ce tableau avec ceux du tableau I ou II, ni en tirer des conclusions; mais il faudrait dabord déterminer les prix des journées de travail, suivant les localités. Comme nous l'avons dit plus haut, les muletiers spécifieront le plus souvent eux-mêmes leurs prix et, sous ce rapport, le tableau III pourra servir de guide; cependant nous répétons qu'à propos d'une entreprise, on fera bien *à priori* de ne pas recourir à ce moyen de transport.

(*d*) **Transport par voitures routières (à quatre roues).**

Parlons maintenant des voitures de roulage et autres qui sillonnent les grandes routes et qui ont, chose à peu près indifférente, des bahuts pour transporter de la terre ou des échelles placées horizontalement pour transporter des pierres. Il s'agit seulement de savoir si elles peuvent transporter des poids plus ou moins considérables. Nous avons déjà dit que ce dernier genre de véhicule ne doit guère être employé que sur des grandes routes déjà faites et qu'on ne doit les utiliser que dans des cas exceptionnels sur l'emplacement des travaux ou aux extrémités.

Si les circonstances dans lesquelles on emploie ces véhicules diffèrent complétement de celles dont nous avons parlé jusqu'ici, il va de soi que les règles générales, que nous avons établies, doivent être soumises à tant de modifications que leur donner une forme unitaire serait presque impossible, ou bien cela donnerait lieu à des complications qui rendraient fort difficiles les indications nettes et précises. Qu'on songe aux difficultés, toujours faciles à vaincre, que présentent les brouettes et camions, comme l'indiquent les tableaux à propos des vitesses, quand on emploie les forces recueillies, les hommes ou bêtes de trait auxiliaires, les mineurs requis par extraordinaire, les manœuvres, les palefreniers, etc.; mais les grandes et massives voitures routières rencontrent souvent des difficultés presque insurmontables; le peu d'aide qu'on peut leur donner est à peu près insuffisant; que l'on se rappelle ensuite les inégalités, tantôt volontaires, tantôt involontaires des grandes routes, plus ou moins négligées par l'administration et où les coefficients de frottement sont d'une gravité incomparable, la boue, la pluie, les haltes répétées, les renforts amenés à l'attelage, et l'on comprendra que l'on aurait ici affaire à une nuée de détails qu'on ne pourrait guère faire entrer dans une formule.

Il ne reste donc qu'à calculer, pour cette dernière catégorie de véhicules, la charge évaluée par bête de trait dans les différentes localités et pour certaines distances à parcourir, la vitesse moyenne, le temps moyen de la durée des chargements et déchargements et à se composer un tableau, détail par détail, d'après la formule

$$\frac{K}{T} = \frac{2d + z''v}{36000vL}.$$

Le z'', que l'on peut mettre à 30 minutes quand il s'agit d'un sol friable, et à 45 minutes quand il est question d'un sol rocheux, peut toutefois, pour les distances de plus de 900 mètres, être considérablement diminué; à cet effet, suivant les distances, on a 1, 2, 3 voitures attelées et de plus une voiture non attelée, que l'on charge pendant les allers et retours des autres, de sorte que, quand la première voiture revient à vide, on n'a pas autre chose à faire que de dételer et d'atteler.

Ainsi, quand il faut transporter de la terre, par exemple, à 1800 mètres de distance, on mettra en mouvement 6 voitures attelées et l'on chargera au fur et à mesure 2 voitures non attelées, employant 2 ouvriers pour son chargement; chaque voiture attelée, faisant 1 mètre par seconde, emploiera une heure et quart pour l'aller et le retour; ces voitures feront donc 8 voyages par jour et transporteront 8 mètres cubes. Si, au contraire, chaque voiture devait attendre son chargement, un voyage exigerait 100 minutes et l'on ne pourrait faire que 6 voyages par jour avec chaque voiture; ainsi l'on ferait une économie de 25 p. 100 en employant 8 voitures. Il serait plus simple d'avoir 3 voitures au lieu de 6; mais il est plus avantageux d'en employer 6, que l'on fait voyager deux par deux pour qu'elles puissent s'entr'aider en cas de besoin.

L'économie de 25 p. 100 n'entre pas tout entière dans la poche de l'entrepreneur, car il faut qu'il paye les deux voitures non attelées, ainsi que les frais de réparation et d'amortissement.

CHAPITRE VIII.

CHEMINS DE FER.

On employait primitivement pour les voies auxiliaires des rails en bois, assujettis à de longs coussinets; on se servit ensuite de rails pesants en fer, du poids de 25 à 30 kilog. par mètre, posés sur des coussinets transversaux; aujourd'hui l'on emploie ordinairement des rails creux, du poids de 6 à 8 kilog. par mètre.

Dans les rails de bois, les extrémités se soulevaient fréquemment, pour peu que le clouage se disloquât sous l'influence de la température; il en résultait une surface plus ou moins onduleuse; aussi ne tarda-t-on pas à abandonner ces rails, dont on avait reconnu l'insuffisance.

On tomba ensuite dans l'autre extrême et l'on employa pour les voies auxiliaires des rails en fer définitifs, d'abord neufs, plus tard vieux et réformés, l'expérience ayant appris que les neufs ne tardaient pas à se courber dans tous les sens, de sorte qu'on ne pouvait plus s'en servir pour une voie régulière et définitive.

Mais encore on trouva qu'on ne tirait pas de profit réel de l'emploi de ces rails, ni vieux ni neufs. On s'est donc décidé à recourir, pour les travaux de terrassements, à des rails d'une structure particulière, parce que le transport était difficile avec ce lourd matériel jusqu'aux places de travail souvent hérissées d'obstacles; les remblais récents s'affaissaient fréquemment et le lourd matériel s'enfonçait profondément dans ces endroits affaisés; il fallait de grandes dépenses en ouvriers et en argent pour établir le niveau et la ligne; le déplacement et surtout le soulèvement de semblables rails offraient nombre de difficultés; enfin les rails réformés se trouvaient dans un état misérable (des champignons à moitié usés, des bouts écrasés, fendus ou brisés, etc.); bref les frottements produits par ces rails rendaient presque illusoire l'utilité de la voie auxiliaire.

Comme nous l'avons dit, ces rails ont un poids de 6 à 8 kilog. par mètre courant; ce sont ou des rails-chaises ou des rails Vignole à large base; les premiers peuvent, au lieu d'être fixés sur des chaises, être descendus simplement dans des entailles faites, à cet effet, en forme de queue d'aronde, sur les coussinets, où on les assujettit à l'aide de coins de bois. Les rails Vignole à large base sont, comme sur les lignes définitives, cloués avec des crampons sur des coussinets préalablement calés.

Avec ces rails, on peut construire les plus fortes courbes; on peut aisément, en cas de besoin, les remettre dans une position rectiligne; ils sont très-maniables et n'exigent qu'un faible déploiement de travail pour la mise en état de la surface, pour son déplacement ou son soulèvement; malgré cela, ils ont une résistance assez grande pour permettre avec sûreté et sans inconvénients non-seulement l'emploi des wagons ordinaires, mais encore de petites locomotives (n° I et II de notre tableau). Le faible coefficient de frottement sur les chemins de fer permet, en ligne horizontale, avec l'emploi de la même force, une augmentation considérable du chargement comparé à celui des véhicules mentionnés ci-dessus; mais comme sur des montées, indépendamment du coefficient de frottement, il faut soulever toute la charge en proportion de la pente, il est naturel qu'avec l'augmentation de la montée, les difficultés grandissent beaucoup plus que sur les voies de transport précitées.

Mettons à 0,01 le coefficient de frottement sur une voie de service, chaque unité de poids rencontrera, sur une ligne horizontale, à peu près le cinquième et sur une montée de 4 p. 100, soit environ la moitié de la résistance opposée au mouvement qu'éprouvent les camions sur une route ordinaire, d'où l'on voit qu'avec l'augmentation des pentes, l'utilité des chemins de fer diminue rapidement.

Bien qu'on doive en général, comme le prouvent d'ailleurs les tableaux I, II et III, éviter les transports sur les montées, on pèche gravement lorsqu'on projette de pareils transports alors qu'on a en vue de construire un chemin de fer.

Par contre, des pentes sur le railway, jusqu'à de certaines limites, favorisent le transport bien plus que sur les autres routes, soit parce qu'elles diminuent notablement les forces nécessaires pour la locomotion, soit qu'elles opèrent cette locomotion sans emploi ultérieur de force et que l'on peut modérer une trop grande vitesse à l'aide de freins, sans efforts de la part des travailleurs, ce qui n'est le cas ni pour les brouettes, ni pour les camions, ni pour les tombereaux où, sauf sur des pentes très-douces, on ne peut retenir le véhicule que par un développement de forces plus ou moins grand de la part du travailleur ou de la bête de trait.

En théorie pure, sur une pente de 1 p. 100, le wagon une fois lancé devrait se mouvoir, sans accélération, avec sa vitesse initiale, l'effet de la pesanteur étant complétement paralysé par le coefficient de frottement; mais il n'en est pas ainsi, car lorsque le coefficient de frottement ou de résistance est 0,01, il comprend aussi toutes les résistances plus grandes qui peuvent se présenter sur les rails par suite d'inégalités accidentelles de terrain, de chocs, etc; il existera donc de longs espaces où cette résistance sera considérablement amoindrie; il en résultera une augmentation de vitesse qu'une plus grande résistance ne pourra neutraliser; au contraire les obstacles seront vaincus et la vitesse restera croissante.

Les limites de la pente sont déterminées par la force nécessaire pour faire franchir les montées aux wagons revenant vides.

Nous avons donné une idée générale de ces limites; le calcul qui suit approfondira cette question.

Mais, avant de procéder à ce calcul, consacrons encore quelques lignes aux forces de traction habituellement employées.

Et d'abord c'est avec raison que l'on emploie, en premier lieu, la force musculaire de l'homme, surtout quand les distances ne sont pas grandes ni les pentes trop rapides, et que la force humaine ne doit pousser que des wagons vides. Sur les voies horizontales et sur des montées douces on utilise, quand les distances ne sont pas trop fortes, des chevaux qui rendent d'excellents services; mais pour de grandes distances et quand on transporte des quantités de terre considérables, que la voie soit horizontale, descendante ou ascendante, on a, dans ces derniers temps, employé de préférence des locomotives.

Toutefois on éprouvait encore tout récemment une espèce d'antipathie contre l'emploi des locomotives en fait de terrassements; ainsi Plessner dit, dans la 2ᵉ édition des *Terrassements*, de Henz (1868) :

« Nous avons dit, dès le commencement, que l'emploi des locomotives pour le transport des terres sur les voies auxiliaires ne peut avoir lieu, en Allemagne du moins, que dans des circonstances particulières et seulement quand les travaux sont en connexion intime avec un chemin de fer en plein exercice. Dans le midi de l'Allemagne on a employé de petites locomotives à rails étroits, mais on y a renoncé à cause des réparations dispendieuses qu'elles nécessitaient. »

Six ans plus tard, Strecker dit, dans la 3ᵉ édition du même ouvrage, que Plessner avait, mais n'a plus raison, car aujourd'hui l'on emploie fréquemment de petites locomotives à tenders courts et à rails étroits.

L'antipathie antérieure était justifiée par les résultats déplorables dus à l'emploi de rails lourds et massifs et de trains de marchandises écrasants sur une voie dépourvue de bases solides ; elle l'était encore quand Strukert conseillait d'employer des locomotives vieilles et impropres à un service actif, ayant par conséquent besoin de réparations incessantes et jetant le désordre parmi les ouvriers qui restaient quelquefois désœuvrés par centaines.

C'était par une économie mal entendue que l'on employait ces vieilles locomotives, en considérant que l'achat de machines neuves et puissantes aurait élevé à un taux exagéré le prix du mètre cube dans les travaux de terrassements.

Mais depuis qu'exclusivement à cet effet on construit de petites locomotives à rails étroits, on a diminué énormément les dépenses d'achat et d'entretien, car une de ces locomotives n° 2 coûte environ 2 000 florins (25 000 francs) et n° 3 11 000 florins (27 500 francs). Pour ces machines, bien plus légères que les autres, une voie moins affermie suffit ; elle n'a pas besoin, comme pour les locomotives plus grandes, d'être enfoncée profondément dans les terrassements incomplétement consolidés ; on évite ainsi des déraillements ou d'autres accidents qui peuvent détériorer la locomotive. Depuis qu'on s'est convaincu que les locomotives devenues impropres au service sur une voie achevée et en cours d'exploitation sont encore moins propres à être employées sur une voie auxiliaire, l'emploi des petites locomotives à l'usage des terrassiers a pris un développement tel que beaucoup de fabriques de machines s'occupent presque exclusivement de la construction de machines semblables.

C'est de quoi les chiffres suivants donnent une idée satisfaisante :

Krauss, de Munich, construisit et vendit à des entrepreneurs et à des compagnies, pour travaux de chemins de fer : en 1868, 6 petites locomotives ; en 1869, 10 ; en 1870, 18 ; en 1871, 16 ; en 1872, 19 ; en 1873, 12 ; total : 81. Trois de ces machines furent achetées en 1873, 1 en 1870, 2 en 1873 par la maison Sager, Hügel et Angermann ; 1 en 1870 par le conseiller d'architecture, de Schwatz ; 1 en 1870 par le conseiller d'architecture, de Schwatz, associé avec MM. Klein et Brassel ; 2 par les mêmes en 1872.

Si les entrepreneurs et associés précités n'avaient pas trouvé leur compte à l'emploi de ces machines, ils ne se seraient pas avisés d'en acheter de nouvelles après des mois d'intervalle.

Plessner lui-même acheta, en 1872, deux petites locomotives de la force de 60 chevaux pour des travaux de chemins de fer, ce qui permettrait de croire qu'il avait perdu ses répugnances de 1868.

Si les achats diminuèrent en 1873, c'est moins par suite d'accidents qu'à cause de stagnation presque universelle que les constructeurs de chemins de fer éprouvèrent cette année-là.

Or, nous n'avons cité qu'une seule fabrique de petites locomotives sur toutes celles qui peuvent exister en Bavière et dans d'autres pays, parce que nous n'avons de données que relativement à la maison Krauss; mais on peut juger, par ce que nous avons dit de celle-ci, de l'élan que la construction des petites locomotives a dû prendre en Europe.

L'emploi des locomotives pour les travaux de chemins de fer nous paraît donc avoir une utilité incontestable. Faisons remarquer toutefois qu'il ne faut pas calculer la dépense causée par les locomotives d'après les frais d'exploitation des voies ferrées de plein exercice. Il faut sur les chemins de fer un personnel habile et sûr, par conséquent bien payé, si l'on ne veut pas s'imposer la nécessité d'occuper, dans des circonstances exceptionnelles, des centaines d'ouvriers en plus; il faut avoir des locomotives, wagons. etc., de réserve; il faut enfin une somme considérable pour l'amortissement, les machines utilisées pour les travaux de chemins de fer s'usant beaucoup plus vite que sur les voies ferrées ordinaires. Sans toutes ces prévisions, on risque d'avoir de forts mécomptes, qui feraient déplorer, bien qu'à tort, l'emploi des locomotives.

Nous nous occuperons des frais de transport par chemins de fer, (a) pour le travail des hommes, (b) pour celui des chevaux, (c) pour l'emploi des locomotives.

(a) Transport à l'aide d'hommes.

Ici trois cas se présentent : 1° transport en ligne horizontale; 2° transport en ligne descendante; 3° transport en ligne ascendante.

Pour le transport horizontal nous obtenons, d'après notre formule VI en supposant $c' = c$, l'équation suivante :

$$M' = \frac{2\rho\lambda\left(\frac{v^2}{2g} + nv\right) + (l + l')vc}{2},$$

dans laquelle M' représente le travail moyen multiplié par ρ. En substituant les valeurs correspondant à l, l' et λ, M et ρ, on peut ensuite déterminer v ou, si l'on voulait prendre v comme constant, le ρ ou avec ρ et v comme données, déterminer l. Nous obtenons alors pour les deux catégories de wagons mentionnées ci-dessus le tableau suivant pour $\frac{K}{T}$ sur une voie horizontale :

WAGONS (*fig.* 67, 68).

d	$\frac{K}{T}$	d	$\frac{K}{T}$	d	$\frac{K}{T}$	d	$\frac{K}{T}$
10	0,028	100	0,046	350	0,095	600	0,145
20	0,030	150	0,056	400	0,105	650	0,154
40	0,034	200	0,065	450	0,115	700	0,164
60	0,038	250	0,075	500	0,125	750	0,174
80	0,042	300	0,085	550	0,135	800	0,184

WAGONS (*fig.* 69, 70).

d	$\frac{K}{T}$	d	$\frac{K}{T}$	d	$\frac{K}{T}$	d	$\frac{K}{T}$
10	0,022	100	0,037	350	0,078	600	0,119
20	0,024	150	0,045	400	0,086	650	0,127
40	0,027	200	0,053	450	0,094	700	0,135
60	0,031	250	0,062	500	0,102	750	0,143
80	0,045	300	0,070	550	0,110	800	0,151

Sur une voie descendante, on aura besoin de la force des travailleurs tant que l'effet de pesanteur ne sera pas égal au moins au coefficient de frottement, ce qui arrivera quand, le coefficient de résistance étant égal à 0,01, $\sin\alpha$ sera égal à 0,01. Dans ce cas, l'ouvrier se laissera transporter purement et simplement, sans même faire l'effort de marcher les mains vides.

Dans ce cas, tout l'aller pourra être considéré comme une pause, c'est-à-dire comme un temps de recueillement de forces; ce temps peut être désigné par v'. Le retour avec le wagon vide, gravissant une montée, sera calculé de la manière ordinaire.

Nous obtenons ainsi deux formules, dont l'une est valable jusqu'au moment où le mouvement de la charge a lieu uniquement en vertu de la pesanteur; l'autre, quand ce cas est arrivé.

De là naissent les équations suivantes :

I. Quand la charge suit une voie descendante et que $\sin \alpha < 0{,}01$.

(a) Pour l'aller :

$$m = \rho\lambda\left(\frac{v^2}{2g} + nv\right) + lvc - lv \sin \alpha.$$

(b) Pour le retour, à vide :

$$m' = \rho\lambda\left(\frac{v^2}{2g} + vn\right) + l'vc + (\rho\lambda + l')v \sin \alpha.$$

II. Quand la charge suit une voie descendante et que $\sin \alpha \geqq 0{,}01$.

$$(c) \quad m = 0 \quad \text{et} \quad m' = \rho\lambda\left(\frac{v^2}{2g} + nv\right) + l'vc + (\rho\lambda + l')v \sin \alpha,$$

Il faut alors tenir compte de $\dfrac{d}{v'}$ M comme recueillement de force pendant la pause, de la manière déjà suivie à propos des brouettes.

III. Quand la charge suit une voie ascendante, toutes les formules précitées sont valables ; seulement il faut faire permuter l avec l'. Pour $\sin \alpha < 0{,}01$, on obtient, quand on pose de nouveau $M = 9^{\text{km}},5$ et $M' = \rho M$, les résultats combinés de l'aller et du retour :

$$m + m' = 2M' = \frac{\rho\lambda}{g} v^2 + [\rho\lambda(2n + \sin \alpha) + (l + l')c + (l' + l)\sin \alpha]v.$$

Si maintenant on représente par $v' = 2$ mètres la vitesse du wagon mû par la force de pesanteur, vitesse que l'on peut à volonté régler à l'aide du frein et qui, pour des motifs de prudence, reste toujours égale, on obtient pour $\sin \alpha \gtreqless 0{,}01$, quand z' indique la durée de la pause ou recueillement de force et z le temps du poussage :

$$m'z = M'(z + z'),$$

par conséquent pour

$$z = \frac{d}{v} \quad \text{et} \quad z' = \frac{d}{2}, \quad m' = M' + \frac{M'v}{2},$$

d'après quoi l'on peut de nouveau pour chaque cas déterminer v et l.

Pour calculer les postes nécessaires à l'unité de volume, on emploie ensuite l'équation

$$\frac{K}{T} = \rho\left[\frac{dv + 2(d + cz'')}{72\,000 L v}\right].$$

d'après laquelle sont rédigés les tableaux suivants :

TABLEAU IV*a*. — POUR WAGONS, D'APRÈS LES FIGURES 67 ET 68, AVEC TRAVAIL D'HOMMES.

Pour montée

d	$\dfrac{K}{1,60\,T}$ POUR MONTÉE $\sin\alpha=$						
	0,000	0,025	0,050	0,075	0,100	0,150	0,200
10	0,028	0,072	0,174	0,716			
20	0,030	0,076	0,184	»			
40	0,034	0,085	0,204	»			
60	0,038	0,093	0,224	»			
80	0,042	0,101	0,244	»			
100	0,046	0,110	0,264	»	Pour faire remonter		
150	0,056	0,130	0,314	»	la voie		
200	0,063	0,151	0,363	»	au wagon vide,		
250	0,075	0,172	0,413	»	trois travailleurs		
300	0,085	0,192	0,463	«	de force moyenne		
350	0,095	0,212	0,513	»	sont insuffisants.		
400	0,105	0,234	0,563	»			
450	0,115	0,254	0,612	»			
500	0,125	0,275	0,662	»			
550	0,135	0,296	0,712	»			
600	0,145	0,316	0,762	»			
650	0,154	0,337	0,811	»			
700	0,164	0,358	0,861	»			
750	0,174	0,378	0,911	»			
800	0,184	0,399	0,961	»			

Pour descente

d	$\dfrac{K}{1,60\,T}$ POUR DESCENTE $\sin\alpha=$									
	0,025	0,050	0,075	0,100	0,125	0,150	0,175	0,200	0,250	0,300
10	0,027	0,055	0,082							
20	0,029	0,058	0,090							
40	0,031	0,063	0,096							
60	0,034	0,063	0,104							
80	0,037	0,074	0,113							
100	0,040	0,080	0,122							
150	0,046	0,094	0,144							
200	0,053	0,108	0,166	Trois travailleurs de force moyenne						
250	0,060	0,121	0,188							
300	0,067	0,135	0,210	ne peuvent plus rouler le wagon vide jusqu'au lieu						
350	0,074	0,149	0,231							
400	0,081	0,164	0,253	où les matériaux sont retirés de terre.						
450	0,087	0,177	0,275							
500	0,094	0,191	0,297							
550	0,101	0,205	0,319							
600	0,108	0,219	0,341							
650	0,115	0,233	0,363							
700	0,122	0,247	0,385							
750	0,128	0,260	0,407							
800	0,135	0,274	0,429							

TABLEAU IV *b*. — POUR WAGONS, D'APRÈS LES FIGURES 69 ET 70, AVEC TRAVAIL D'HOMMES.

$\dfrac{K}{1,60\ T}$ pour montée sin $\alpha =$

d	0,000	0,005	0,010	0,015	0,020	0,025	0,030
10	0,022	0,023	0,033	0,047	0,065	0,091	0,128
20	0,024	0,024	0,035	0,050	0,069		
40	0,027	0,028	0,039	0,055	0,077		
60	0,031	0,032	0,043	0,060	0,084		
80	0,034	0,035	0,046	0,066	0,092		
100	0,037	0,039	0,050	0,071	0,099		
150	0,045	0,048	0,059	0,084	0,117		
200	0,053	0,057	0,069	0,098	0,136		
250	0,062	0,066	0,078	0,111	0,155		
300	0,070	0,075	0,088	0,125	0,174		
350	0,078	0,084	0,098	0,139	0,192		
400	0,086	0,094	0,108	0,154	0,211		
450	0,094	0,103	0,117	0,166	0,229		
500	0,102	0,112	0,126	0,179	0,248		
550	0,110	0,121	0,135	0,192	0,262		
600	0,119	0,130	0,145	0,205	0,276		
650	0,127	0,139	0,153	0,217	0,297		
700	0,135	0,148	0,162	0,229	0,319		
750	0,143	0,157	0,172	0,244	0,340		
800	0,151	0,166	0,183	0,259	0,361		

La masse de terre transportable par quatre ouvriers de force moyenne n'équivaut plus qu'à 0m3,389 ou 0m3,276.

$\dfrac{K}{1,60\ T}$ pour descente sin $\alpha =$

d	0,005	0,010	0,015	0,020	0,025	0,030	0,035	0,040	0,045	0,050
10	0,015	0,014	0,014	0,015	0,022	0,022	0,022	0,022	0,029	0,029
20	0,016	0,015	0,015	0,015	0,023	0,023	0,023	0,023	0,031	0,031
40	0,018	0,016	0,017	0,017	0,025	0,025	0,026	0,026	0,034	0,034
60	0,020	0,018	0,018	0,018	0,027	0,027	0,028	0,028	0,037	0,038
80	0,023	0,019	0,019	0,020	0,029	0,030	0,030	0,031	0,040	0,041
100	0,025	0,020	0,021	0,021	0,031	0,032	0,033	0,033	0,043	0,044
150	0,030	0,023	0,024	0,025	0,037	0,037	0,039	0,040	0,051	0,052
200	0,036	0,027	0,028	0,029	0,042	0,043	0,045	0,046	0,059	0,061
250	0,041	0,030	0,031	0,033	0,047	0,048	0,051	0,052	0,067	0,069
300	0,047	0,033	0,035	0,037	0,053	0,054	0,057	0,059	0,075	0,077
350	0,053	0,036	0,038	0,041	0,058	0,060	0,063	0,065	0,083	0,086
400	0,058	0,040	0,042	0,044	0,063	0,065	0,069	0,071	0,091	0,094
450	0,064	0,043	0,045	0,048	0,068	0,071	0,074	0,077	0,099	0,102
500	0,069	0,046	0,049	0,052	0,074	0,076	0,080	0,084	0,107	0,110
550	0,075	0,049	0,052	0,055	0,079	0,082	0,086	0,090	0,114	0,119
600	0,080	0,053	0,056	0,058	0,084	0,087	0,092	0,096	0,122	0,127
650	0,086	0,056	0,059	0,062	0,090	0,093	0,098	0,107	0,130	0,135
700	0,091	0,059	0,063	0,067	0,095	0,098	0,104	0,118	0,138	0,143
750	0,097	0,062	0,067	0,071	0,100	0,104	0,110	0,120	0,146	0,152
800	0,102	0,066	0,070	0,075	0,106	0,110	0,116	0,122	0,154	0,160

La dépense pour l'entretien et l'amortissement des véhicules, ainsi que pour l'entretien des constructions supérieures, est très-élevée par rapport aux frais de transport purs et simples ; on peut, en moyenne, l'évaluer aux 60 p. 100 de ces mêmes frais de transport.

Quelque surprenant que paraisse ce chiffre à première vue, il sera justifié complétement après un mûr examen ; ainsi, pour le transport par camion, cette dépense forme déjà les 15 p. 100 du salaire des ouvriers ; or le salaire des ouvriers est à peu près le triple de celui qu'exige l'emploi des wagons. Si donc on n'admettait que l'égalité absolue des frais par mètre cube à ceux de l'emploi des camions, on aurait déjà les 45 p. 100 du salaire pour l'entretien des véhicules ; mais, sur les chemins de fer, les véhicules étant chers, la cote d'amortissement doit être considérablement plus forte. Nous avons donc posé immédiatement $\dfrac{K}{T + 60 \text{ p. } 100}$ pour ces frais dans nos tableaux IVa et IVb ; par conséquent, les nombres contenus dans ces tableaux doivent être multipliés par les 60 p. 100 du salaire, si l'on veut connaître le prix du transport par mètre cube.

(b) Transport à l'aide de chevaux.

Pour ce mode de transport on peut réemployer les formules développées ci-dessus, avec cette variante que, $\sin \alpha \gtreqless c$; alors qu'intervient pour les hommes un temps de repos complet, les chevaux ont encore à déplacer leurs corps, ce qui donne

$$\rho\lambda \left(\frac{v^2}{2g} + nv \right) :$$

d'après cela, les formules de calcul pour $\sin \alpha < 1$ devriendront

$$m + m' = 2M' = \frac{\rho\lambda}{g} v^2 + [\rho\lambda(2n + \sin \alpha) + (l + l')c + (l' - l)\sin \alpha]v$$

et pour $\sin \alpha \geqq c$

$$m + m' = 2M' = \frac{\rho\lambda}{g} v^2 + [\rho\lambda(2n + \sin \alpha) + l'(c + \sin \alpha)]v.$$

D'après quoi, pour $M' = \rho M = \rho(75 + 22^{km},5)$, on pourra chaque fois déterminer v, ainsi que, en cas de besoin, l si v est réputé fixe. Voici la formule finale pour le calcul du tableau, T signifiant la dépense journalière d'un cheval :

$$\frac{K}{T + T'} = \rho \frac{(d + 0,5z''v)}{18\,000\,Lv},$$

d'où résulte le tableau suivant :

TABLEAU V. — POUR WAGONS AVEC CHEVAUX.

d	$\dfrac{K}{1,6\,T + T'}$ POUR MONTÉE $\sin \alpha =$						d	$\dfrac{K}{1,6\,T + T'}$ POUR DESCENTE $\sin \alpha =$							
	0,000	0,005	0,010	0,015	0,020	0,025		0,005	0,010	0,015	0,020	0,025	0,030	0,035	0,040
60	0,0029	0,0039	0,0049	0,0062	0,0075	0,0089	60	0,0020	0,0011	0,0014	0,0017	0,0021	0,0024	0,0027	0,0031
80	0,0031	0,0041	0,0052	0,0066	0,0080	0,0095	80	0,0022	0,0012	0,0015	0,0019	0,0022	0,0026	0,0029	0,0033
100	0,0032	0,0043	0,0054	0,0069	0,0084	0,0099	100	0,0023	0,0013	0,0016	0,0020	0,0023	0,0027	0,0030	0,0035
150	0,0039	0,0052	0,0065	0,0082	0,0100	0,0119	150	0,0027	0,0015	0,0019	0,0023	0,0028	0,0032	0,0036	0,0041
200	0,0045	0,0060	0,0076	0,0096	0,0117	0,0138	200	0,0032	0,0018	0,0022	0,0027	0,0032	0,0038	0,0042	0,0048
250	0,0049	0,0067	0,0084	0,0106	0,0129	0,0153	250	0,0035	0,0020	0,0025	0,0030	0,0036	0,0042	0,0047	0,0054
300	0,0053	0,0073	0,0092	0,0117	0,0142	0,0168	300	0,0038	0,0021	0,0027	0,0033	0,0039	0,0046	0,0052	0,0059
350	0,0059	0,0080	0,0100	0,0127	0,0155	0,0183	350	0,0042	0,0023	0,0029	0,0036	0,0043	0,0050	0,0056	0,0064
400	0,0065	0,0086	0,0108	0,0137	0,0167	0,0198	400	0,0045	0,0025	0,0032	0,0039	0,0046	0,0054	0,0061	0,0069
450	0,0071	0,0095	0,0119	0,0151	0,0184	0,0217	450	0,0050	0,0028	0,0035	0,0043	0,0051	0,0059	0,0067	0,0076
500	0,0078	0,0103	0,0130	0,0165	0,0101	0,0237	500	0,0054	0,0030	0,0038	0,0047	0,0055	0,0064	0,0073	0,0083
600	0,0087	0,0116	0,0146	0,0185	0,0226	0,0267	600	0,0061	0,0034	0,0043	0,0053	0,0062	0,0073	0,0082	0,0093
700	0,0100	0,0134	0,0168	0,0213	0,0259	0,0306	700	0,0070	0,0039	0,0050	0,0060	0,0072	0,0083	0,0094	0,0107
800	0,0110	0,0146	0,0184	0,0233	0,0284	0,0336	800	0,0077	0,0043	0,0054	0,0066	0,0078	0,0091	0,0103	0,0118
900	0,0120	0,0159	0,0200	0,0254	0,0309	0,0366	900	0,0084	0,0047	0,0059	0,0072	0,0085	0,0099	0,0112	0,0128
1000	0,0133	0,0177	0,0222	0,0281	0,0343	0,0405	1000	0,0093	0,0052	0,0066	0,0080	0,0095	0,0110	0,0125	0,0142
1200	0,0155	0,0207	0,0260	0,0329	0,0401	0,0475	1200	0,0109	0,0061	0,0077	0,0094	0,0111	0,0129	0,0146	0,0166
1400	0,0178	0,0237	0,0297	0,0377	0,0460	0,0544	1400	0,0125	0,0070	0,0088	0,0107	0,0127	0,0148	0,0167	0,0190
1600	0,0198	0,0263	0,0330	0,0418	0,0510	0,0603	1600	0,0138	0,0077	0,0098	0,0119	0,0141	0,0164	0,0185	0,0211
1800	0,0220	0,0293	0,0368	0,0466	0,0568	0,0672	1800	0,0154	0,0086	0,0109	0,0133	0,0157	0,0183	0,0207	0,0235
2000	0,0243	0,0323	0,0406	0,0514	0,0627	0,0742	2000	0,0170	0,0095	0,0120	0,0146	0,0173	0,0202	0,0228	0,0259

(c) Transport par locomotives.

Le calcul des dépenses du transport à l'aide de locomotives est bien plus difficile que pour les véhicules en général (brouettes, camions, etc.); car, même en faisant abstraction des dépenses d'entretien, il y a de telles différences entre le travail d'une locomotive de la force de 7 chevaux et celui d'une locomotive de la force de 500 chevaux, par exemple, qu'il est difficile d'établir une moyenne.

Mais, comme on ne peut faire de tableaux pour chacune des locomotives imaginables, nous n'avons rien de mieux à faire que de choisir un type dans la pratique.

Avant de procéder à ce calcul, disons quelques mots sur la division du travail.

Pour utiliser du mieux possible cette dispendieuse force de traction, il faut évidemment perdre le moins de temps possible à charger et à décharger et s'arranger de telle sorte que, quand un train revient à vide, un autre train chargé soit prêt à partir.

A cet effet, il faut :

1° Qu'il y ait un emplacement assez vaste pour qu'un, deux ou trois trains puissent être successivement emportés et ramenés par la locomotive ;

2° Que la distance à parcourir pour l'aller et retour ne soit pas trop forte ;

3° Que la vitesse soit suffisante ;

4° Qu'on ne perde pas trop de temps à décharger.

Si, à la station du chargement, il n'y avait pas un embranchement assez grand pour recevoir un train au moins, ce serait déjà un grave inconvénient, car on ne pourrait avoir qu'un train, et la locomotive serait sur l'avant des trains partant et sur l'arrière du train revenant ou *vice versa*, à moins qu'il n'y eût quelque part une petite ligne d'évitement ; il faudrait qu'à la station de déchargement il y eût un appareil très-solide, pouvant porter la locomotive, ou que celle-ci fût toujours utilisée à la station de chargement ; ce qui serait fâcheux, car les travailleurs seraient gênés, et l'on se verrait d'ailleurs forcé de se servir de la locomotive aux endroits où la voie ferrée ne serait, pour ainsi dire, qu'ébauchée.

Il appartient donc au calcul de déterminer s'il vaut mieux construire un appareil à la station de déchargement ou un embranchement provisoire, revenant à la ligne par un détour.

Mais si, à la station d'extraction, il y a assez d'espace pour établir une double voie ferrée, on peut, au besoin, préparer trois trains à la fois. Il suffirait de relier ces deux voies chacune à un évitement tel qu'il donnât place à un troisième convoi.

Si alors un convoi était en train de se charger et un autre déjà tout chargé sur les deux voies de la station de chargement, et que la locomotive arrivât remorquant un train vide, elle le lâcherait soit entre, soit devant les deux évitements, suivant les besoins ; elle se mettrait en tête du train tout chargé, poussant les wagons à la place qu'occupait le train chargé, puis poussant celui-ci, elle arriverait à la station de déchargement ; de la sorte ce ne serait jamais la locomotive, mais seulement les wagons qui arriveraient jusqu'aux extrémités, c'est-à-dire jusqu'à la plus mauvaise partie de la voie.

Une locomotive transportant de la terre plus ou moins dure sur des rails ne devrait pas faire plus de 12 kilomètres à l'heure, c'est-à-dire 33 décimètres par seconde. Le déchargement devrait s'opérer le plus vite possible. Avec des camions et tombereaux (*fig.* 72 et 73), le déchargement, l'ablation et le replacement des parois latérales, la remise des caisses et la préparation au retour par le personnel du train peuvent s'effectuer en dix minutes. Quant aux trains chargés, différentes considérations sembleraient exiger une vitesse de 3 mètres seulement par seconde.

Pour le replacement du train vide à la station d'extraction et pour différentes pauses, il faut compter dix autres minutes.

Nos wagons peuvent contenir 1^{m3},5, soit 1^{m3},2 de terre mêlée de matières végétales, soit 1 mètre cube de roc compacte ; le chargement exige, à raison de 3 chargeurs par wagon, 30 minutes pour la terre et 40 minutes pour le roc.

Soit a le temps du chargement d'un train, b celui du poussement, etc., c celui du déchargement et d celui du voyage aller et retour, on aura, si la locomotive sert pour deux trains,

$$a = d + c ;$$

si elle en sert trois,

$$a = 2d + 2c + b,$$

d'où résulte

$$d = a - c \quad \text{et} \quad d = \frac{a - 2c - b}{2}.$$

de telle sorte que l'on utiliserait complétement la locomotive :

Pour de la terre : à 3 trains avec   0 mètre (*); à 2 trains avec 1 800 mètres.
Pour du roc :   —   450 mètres,   —   2 700 mètres.

Évidemment on n'emploiera pas de locomotive pour une distance de 0 mètre; mais si pour une distance de 1 800 mètres l'emploi d'une locomotive paraissait avantageux, on aurait 3 trains, mais moins de 3 hommes par wagon, pour le chargement, vu la distance.

Si les distances sont plus fortes, on emploiera de même moins de gens pour le chargement. Si les distances sont très-grandes, on pourra aussi trouver qu'il est avantageux de n'employer qu'un train; quand il viendra à la station d'extraction, on emploiera mineurs et ouvriers à le charger, le temps du chargement n'étant presque plus rien comparativement à un voyage qui dure des heures; il n'y aura donc plus lieu de faire la dépense d'un deuxième train.

Prenons, au n° II de notre tableau, une locomotive de la force de 20 chevaux, elle pourra, sur une voie horizontale encore imparfaite, remorquer des wagons dépourvus de ressorts transportant 50 000 kilogrammes; il y aura donc 21 wagons portant chacun 25 mètres cubes de terre, puis

Sur la pente 1 : 500. . . . . 14 wagons avec 16,8 mètres cubes.
       —   1 : 200. 10   —   12,0   —
       —   1 : 100. 7   —   8,4   —
       —   1 : 80. 5   —   6,0   —
       —   1 : 60. 4   —   4,8   —
       —   1 : 40. 2   —   2,4   —
       —   1 : 20. 1   —   1,2   —

La vitesse, égale pour tous, sera de 3 mètres par seconde.

D'après les données ci-dessus, on peut, d'après la formule

$$\frac{K}{T} = \frac{2d + z''v}{36000\,Lv},$$

déterminer le rapport du transport d'un mètre cube avec la dépense journalière d'un train remorqué par une lomotive et l'on obtiendra

$$z'' = 1\,200 \text{ secondes, } v = 3 \text{ mètres}$$

et L variant d'après les montées, comme nous l'avons dit, le tableau suivant fera connaître les différentes valeurs de $\frac{K}{T}$:

(*) La distance de 0 mètre correspondrait proprement à la triple longueur du train, b étant les temps du poussement, présupposant le mouvement sur un espace d'au moins trois fois la longueur du train.

d	POUR TERRES. $\frac{K}{T}$ pour le rapport de montée de						
	$1/\infty$	$1/500$	$1/200$	$1/100$	$1/80$	$1/60$	$1/40$
400	0,00163	0,00242	0,00340	0,00484	0,00680	0,00849	0,01698
500	0,00170	0,00253	0,00355	0,00506	0,00710	0,00887	0,01774
600	0,00178	0,00264	0,00370	0,00528	0,00740	0,00925	0,01850
700	0,00125	0,00275	0,00385	0,00550	0,00770	0,00964	0,01928
800	0,00192	0,00286	0,00401	0,00572	0,00802	0,01003	0,02005
900	0,00200	0,00297	0,00416	0,00594	0,00832	0,01041	0,02082
1000	0,00207	0,00308	0,00432	0,00616	0,00864	0,01080	0,02160
1200	0,00222	0,00330	0,00462	0,00660	0,00924	0,01157	0,02314
1400	0,00236	0,00352	0,00493	0,00704	0,00986	0,01234	0,02468
1600	0,00251	0,00374	0,00524	0,00748	0,01048	0,01311	0,02662
1800	0,00267	0,00396	0,00555	0,00792	0,01110	0,01389	0,02777
2000	0,00281	0,00418	0,00586	0,00836	0,01172	0,01466	0,02932
2200	0,00296	0,00440	0,00617	0,00880	0,01234	0,01543	0,03086
2400	0,00311	0,00462	0,00648	0,00924	0,01296	0,01620	0,03240
2600	0,00326	0,00484	0,00679	0,00968	0,01358	0,01697	0,03394
2800	0,00341	0,00507	0,00710	0,01014	0,01420	0,01775	0,03549
3000	0,00355	0,00529	0,00741	0,01058	0,01482	0,01852	0,03704
3500	0,00392	0,00584	0,00818	0,01168	0,01636	0,02045	0,04090
4000	0,00492	0,00639	0,00895	0,01278	0,01790	0,02238	0,04476
4500	0,00466	0,00694	0,00972	0,01388	0,01944	0,02430	0,04862
5000	0,00503	0,00750	0,01049	0,01500	0,02098	0,02623	0,05247
5500	0,00540	0,00805	0,01126	0,01610	0,02252	0,02816	0,05633
6000	0,00577	0,00861	0,01203	0,01722	0,02406	0,03009	0,06019
6500	0,00615	0,00917	0,01280	0,01834	0,02560	0,03202	0,06404
7000	0,00642	0,00973	0,01358	0,01946	0,02716	0,03395	0,06790
7500	0,00689	0,01029	0,01435	0,02058	0,02870	0,03588	0,07176

YEN DE LOCOMOTIVES.

| | POUR ROCHERS. | | | | | | |
| | $\dfrac{K}{T}$ pour le rapport de montée de | | | | | | |
d	1/∞	1/500	1/200	1/100	1/80	1/60	1/40	1/20
00	0,00225	0,00334	0,00469	0,00668	0,00938	0,01172	0,02343	0,04686
00	0,00235	0,00349	0,00490	0,00698	0,00980	0,01225	0,02449	0,04899
00	0,00245	0,00364	0,00511	0,00728	0,01022	0,01278	0,02556	0,05112
00	0,00255	0,00379	0,00532	0,00759	0,01065	0,01331	0,02662	0,05324
00	0,00265	0,00394	0,00553	0,00789	0,01107	0,01384	0,02768	0,05537
00	0,00276	0,00409	0,00574	0,00819	0,01150	0,01437	0,02874	0,05750
00	0,00286	0,00425	0,00596	0,00850	0,01192	0,01490	0,02981	0,05963
00	0,00306	0,00455	0,00639	0,00911	0,01277	0,01597	0,03194	0,06388
00	0,00327	0,00486	0,00681	0,00971	0,01362	0,01703	0,03407	0,06814
00	0,00347	0,00516	0,00724	0,01032	0,01447	0,01810	0,03620	0,07239
00	0,00368	0,00547	0,00767	0,01094	0,01532	0,01917	0,03833	0,07665
00	0,00388	0,00577	0,00809	0,01155	0,01617	0,02023	0,04046	0,08091
00	0,00409	0,00608	0,00852	0,01216	0,01703	0,02130	0,04259	0,08518
00	0,00429	0,00638	0,00895	0,01277	0,01788	0,02236	0,04472	0,08944
00	0,00449	0,00669	0,00937	0,01338	0,01874	0,02343	0,04685	0,09371
00	0,00470	0,00699	0,00980	0,01399	0,01959	0,02449	0,04898	0,09797
00	0,00490	0,00730	0,01023	0,01460	0,02045	0,02556	0,05112	0,10224
00	0,00541	0,00807	0,01129	0,01613	0,02258	0,02822	0,05644	0,11288
00	0,00592	0,00884	0,01235	0,01766	0,02471	0,03088	0,06176	0,12353
00	0,00643	0,00960	0,01342	0,01920	0,02684	0,03354	0,06709	0,13417
00	0,00694	0,01037	0,01448	0,02073	0,02897	0,03620	0,07241	0,14482
00	0,00745	0,01114	0,01554	0,02226	0,03109	0,03886	0,07773	0,15546
00	0,00796	0,01191	0,01660	0,02379	0,03322	0,04153	0,08306	0,16610
00	0,00847	0,01267	0,01767	0,02533	0,03535	0,04419	0,08837	0,17675
00	0,00899	0,01343	0,01873	0,02686	0,03748	0,04685	0,09370	0,18739
00	0,00951	0,01420	0,01980	0,02840	0,03961	0,04951	0,09902	0,19804

Il y aurait maintenant à traiter la question la plus épineuse, c'est-à-dire à déterminer le T dans l'emploi des locomotives.

Avant tout, ce sont les combustibles qui sont soumis aux plus grandes variations, car la grandeur et la structure de la locomotive influeront beaucoup sur le coût du chauffage, outre le prix ou la qualité du combustible.

On compte en général pour une petite locomotive, par heure et par force de cheval, 5,0 kilog. de houille; mais, comme nous l'avons dit, la dépense variera beaucoup suivant la structure de la machine et la qualité du combustible.

La dépense, en fait de houille, sur une voie horizontale, par force de chevaux, serait exprimée par l'équation suivante

$$x = \frac{(Lcd + z''k)\,Z\,v}{360(2d + vz'')k},$$

L représentant la charge utile d'un train,

c le coefficient de résistance,

v la vitesse,

d la distance,

Z la durée quotidienne du travail évaluée en secondes,

z'' les pauses aux stations de chargement et de déchargement,

k la force d'un cheval, c'est-à-dire 75 kilogrammètres.

Dans cette formule, on a tenu compte suffisamment du chauffage et de la vapeur durant les pauses.

Nous aurions donc pour notre locomotive sur la voie horizontale et sur les montées, en admettant que la force employée soit la même sur toutes les montées,

$$\alpha = \frac{675d + 180.000}{d + 1800},$$

où par exemple $d = 1000$ mètres, la consommation quotidienne de houille $\alpha = 305$ kilogr.; d'après un calcul semblable pour $d = 10\,000$, on a $\alpha = 587$, ou, en nombre rond, 590 kilogr. de houille.

Comme on peut le voir dans le tableau, la locomotive prise ici pour modèle n° I, a 340 décimètres cubes de capacité pour recevoir le combustible pesant 570 kilogr., ce qui indique la quantité de houille à consumer pour une distance de 10 000 mètres.

Avec de grandes machines, la proportion du combustible à brûler est bien plus favorable, car une locomotive de la force de 300 chevaux, comme dans le premier exemple, avec un déploiement de force de $\frac{1}{4}$, devrait brûler en 10 heures au moins 3 800 kilogr. de houille, tandis que la consommation réelle n'atteint pas même la moitié de ce chiffre.

Pour obtenir un **T** moyen, on pourrait établir le calcul suivant relatif à une locomotive de la force de 20 chevaux (n° 1 de notre tableau), en supposant des variations assez considérables, suivant les prix du combustible et les circonstances locales; en tenant compte de ce qu'il faut de houille pour un parcours de 1 000 mètres :

Un mécanicien à 1 000 florins (2 500 francs) par an, c'est-à-dire à 240 journées
  de travail par an, par jour. . . . . 4^{fl},17
Tantième pour le cube transporté. . . . . 1 ,50
Chauffeur, 480 florins par an, soit par jour de travail. . . . . 2 ,00
Personnel d'un train : chef de train à 2^{fl},50, 3 garde-freins et graisseurs à 1 fl. 5 ,50
Garde de nuit. . . . . 1 ,20
Pour puiser de l'eau et dépense afférente. . . . . 0 ,63
Combustible, 305 kilogrammes à 0^{fl},02. . . . . 6 ,10
Graissage, torchons, étoupe, etc. . . . . 1 ,80
Intérêts du capital employé pour l'achat de la locomotive. . . . . 1 ,15
      —   —   du parc de wagons. . . . . 0 ,75
Réparations de la locomotive et des wagons. . . . . 6 ,00
Amortissement du capital pour la locomotive, 15 p. 100 du prix d'achat pour
  l'année, c'est-à-dire par jour. . . . . 6 ,87
Amortissement du capital pour le parc de wagons. . . . . 3 ,75
Entretien des constructions supérieures, 3 hommes à 1 florin. . . . . 3 ,00
                                                              ———————
                       Total. 44^{fl},42
                                  ou. . . . . 111^{fr},05

Si l'on veut procéder avec toute la prudence possible, on peut admettre par jour pour cas imprévus : déraillements, où les wagons et la locomotive sont endommagés, des frais de réparations doubles, c'est-à-dire environ 50 florins (125 francs) par jour.

Plus d'un lecteur, connaissant la pratique d'un service régulier, pourra trouver ce devis exagéré; mais, répétons-le, dans ces travaux-ci, les employés doivent être mieux payés que sur les lignes ordinaires; ajoutons qu'on peut d'autant moins se passer du garde que, durant ces travaux, il faut très-souvent laisser la locomotive en plein air pendant la nuit; de plus, à l'article *pour puiser de l'eau*, on tient compte aussi de l'amortissement pour pompes et fontaines; enfin une locomotive, employée à ce service, ne peut guère résister que sept ans, et l'on doit être content si, après l'avoir utilisée pendant deux ans, on peut la revendre pour les $\frac{2}{3}$ de ce qu'elle a coûté.

On sera peut-être surpris aussi de la dépense prévue pour réparation de tout le parc de wagons; mais on doit se rappeler que, suivant l'expérience, il faut réparer au moins $\frac{1}{10}$ des wagons, c'est-à-dire 4 sur 40, ce qui nécessite l'emploi d'un charpentier, d'un manœuvre et au moins de $\frac{1}{2}$ forgeron; on trouvera dès lors qu'en tenant compte du prix du matériel, la prévision n'est pas exagérée.

Si l'on trouve des employés à meilleur marché et qu'on soit à proximité de mines de houille; si l'on peut, par suite, se procurer le kilogramme de houille à $0^{n},01$ à $0,03$, tant mieux; mais *à priori* on ne doit pas s'abandonner à des espérances exagérées; au reste, notre analyse permet de mettre ces économies en ligne de compte.

Dans tous les tableaux calculés jusqu'ici, nous n'avons tenu compte que du transport de terres; quant aux brouettes construites pour recevoir une forte charge, disposée en forme pyramidale et pressée considérablement, nous avons calculé le remplissage de la caisse opéré avec le cube provenant d'un sol compacte, dûment pressé; quant aux tombereaux, nous avons tenu compte de la proportion de terre friable supérieure à celle de la terre compacte.

Quand il est question de rochers, il faut augmenter de 50 p. 100 les résultats fournis par les tableaux ci-dessus, c'est-à-dire que le transport des rochers coûte moitié plus que celui des terres ordinaires. Ici l'emploi des locomotives fait exception, car les wagons peuvent être chargés de roc plus lourdement que de terre, ce qui donne pour les rocs un poids mort moindre que pour les terres.

Ni pour les wagons poussés par des hommes, ni pour les wagons traînés par des chevaux ou par des locomotives, nous n'avons tenu compte de la hausse que donnent les frais de construction de la partie supérieure du chemin de fer aux prix du transport. Si nous ne l'avons pas fait, c'est que l'unité cubique est à des prix bien différents, suivant que la masse à transporter à une certaine distance est grande ou petite; c'est ensuite que, outre le prix d'achat du matériel destiné à la partie supérieure du chemin de fer, les distances, la nature des chemins affluents ou convergents, etc. influent plus ou moins sur le prix de revient des transports. On ne peut faire entrer toutes ces dépenses dans une formule générale relative au prix du transport, d'autant plus qu'elles sont, les unes accidentelles, les autres secondaires.

Pour les réparations des wagons et pour l'entretien de la voie, on peut, s'il faut transporter des terres, fixer, comme nous l'avons fait, tant pour cent du salaire à payer pour le transport de terres, parce que ces dépenses augmentent ou diminuent d'une manière à peu près proportionnelle avec le produit de la masse et de la distance; mais pour reporter sur l'unité cubique les dépenses nécessitées par la partie supérieure de la voie ferrée, il faudrait, de cas en cas, calculer le montant des dépenses faites pour la pose des rails nécessaires, déterminer approximativement la valeur du matériel employé, la soustraire dudit montant, et d'après le reste et le nombre des unités cubiques à transporter sur les rails en question, déterminer la quote des frais des constructions supérieures revenant à chaque unité, en aucun cas il ne peut être question de tant pour cent du salaire quotidien des travailleurs.

Si nous examinons de plus près les résultats de nos calculs, nous arriverons à la conclusion que l'on peut bien rédiger des tables générales de transport pour les brouettes, les camions et même les tombereaux traînés par des chevaux et en faire la base d'un projet de travaux et d'une distribution de tâches, mais que, lorsqu'il faut établir des voies ferrées, la masse cubique à transporter sur chaque mètre courant de rails et tous les autres détails jouent un rôle si important, que non-seulement on ne peut pas déterminer le prix du transport par distances sur un tableau *ad hoc*, mais qu'il faut rédiger un tableau spécial pour chaque catégorie de travaux.

Nous voyons, en outre, que l'emploi des brouettes est avantageux principalement quand les distances sont courtes et les montées fortes, quand à une certaine distance et élévation le brouetteur est remplacé par un autre qui lui donne une brouette vide et pousse la brouette pleine qu'il a reçue, soit jusqu'à la station finale, soit jusqu'à la station intermédiaire où lui-même est remplacé à son retour. On peut ainsi à l'aide des brouettes atteindre une certaine hauteur, ce qui est d'une grande importance lors de la construction de tranchées.

Nous voyons de plus que les camions sont utiles principalement sur les voies horizontales et ne comportant que de petites montées, mais sont, à ces conditions, d'un emploi moins dispendieux que les brouettes.

On ne peut comparer le travail des tombereaux attelés de chevaux que lorsqu'on connaît le prix du travail d'un ouvrier pour une journée et celui d'un tombereau semblablement pour une journée. On peut regarder le cheval et le tombereau comme coûtant à peu près trois fois autant qu'un ouvrier.

Mais ce que l'on peut encore voir dans le tableau III, c'est qu'on atteint ici, que l'on dépasse même la limite où l'on peut encore employer complétement la théorie du recueillement des forces durant les pauses; ce serait surtout le cas pour des distances de moins de 200 mètres sur une voie horizontale et pour d'assez fortes montées; mais, comme on en est pour soi, ce moyen de transport à des distances de moins de 200 mètres n'est point praticable, on doit considérer les valeurs mentionnées au tableau jusqu'à cette distance comme n'ayant pas d'importance, mais étant seulement des résultats remarquables de calculs.

On ne peut donc comparer les frais des chemins de fer à ceux des autres moyens de transport que d'un cas à l'autre, le tout dépendant de la masse à transporter.

Pour l'emploi de la locomotive aussi, c'est la masse à transporter qui décide; car, si l'on n'utilise pas la machine 240 jours par année, les frais d'amortissement, intérêts, salaires des ouvriers, calculés par jour, croîtront en raison inverse de la diminution du nombre des jours de travail. Ce qui d'ailleurs exerce une influence extraordinaire, c'est la facilité avec laquelle peuvent s'opérer les déchargements. S'il faut les opérer à coups de pelles, les frais de transport s'accroissent considérablement.

Nous terminons ici la deuxième section de notre ouvrage, attendu qu'il ne s'agit plus de donner nos réflexions sur l'utilité comparative des différents moyens de transport. Il faut d'abord s'étendre sur les opérations à effectuer dans le travail des tranchées et des digues ou amoncellements de terre.

CHAPITRE IX.

DÉTERMINATION DES TALUS POUR LES TRANCHÉES ET LES CHAUSSÉES.

Jusqu'ici nous n'avons pu nous occuper que de la manière et des frais avec lesquels, à l'aide de force de travail, d'un matériel et d'instruments, dont on détache le sol pour le transporter du lieu d'extraction à celui d'utilisation, sans nous demander comment il faut procéder au creusement et à l'entassement de la terre.

La forme des excavations et celle des entassements dépendent de deux conditions, savoir : du but que l'on se propose et de la nature du sol que l'on doit ou creuser ou amonceler.

Quand même un terrain est homogène, l'exécution des travaux varie beaucoup de forme, si l'on veut aplanir le terrain pour y construire une route ou une voie ferrée, ou si l'on veut simplement obtenir des terres pour combler un creux de terrain ; de même le mode de creusement variera beaucoup, étant donné un but identique, c'est-à-dire un aplanissement pour une route, si le sol que l'on doit travailler se compose de roches dures ou de sable meuble.

Sur un terrain rocheux, on pourra occasionnellement faire des parois verticales sans crainte d'éboulements ; sur un terrain meuble, au contraire, il y aura des éboulements tant qu'on n'aura pas obtenu une surface plane, qui rétablisse l'équilibre et fasse cesser tout mouvement ultérieur de terrain ; il est vrai que la pluie, le vent, des cours d'eau, etc., peuvent ensuite diminuer la cohésion de ce terrain et produire de nouveaux éboulements jusqu'à ce qu'enfin il se forme un talus qui garantisse contre tout éboulement.

Il en est absolument de même pour la construction de digues ; ici, il est vrai, même sur un fond de rochers, il est difficile de construire des parois verticales, à moins que, par des liens artificiels et une disposition savante des pierres, on ne crée un corps aussi résistant que le roc naturel, ferme, compacte, c'est-à-dire une muraille. Il n'en faudra pas moins donner aux entassements, suivant la nature des matériaux à employer, une inclinaison, par rapport à l'horizon, telle que l'ouvrage à construire acquière une solidité durable.

Il y a déjà plus de cent ans qu'un capitaine du génie français, Coulomb, exposa sur les entassements de terrains une théorie qui, malgré quelques développements reçus plus tard, n'en est pas moins restée la base de tous les calculs.

Il n'entre pas dans notre programme de donner ici l'histoire du développement de la théorie des entassements ; nous nous bornons à dire qu'après Coulomb, ce sujet a été traité savamment par Français, Navier, Poncelet, Mártony, Hagen, Scheffler, Ott, Rebhann, etc.

Rebhann notamment a ouvert des horizons nouveaux, en arrivant aux mêmes résultats que les autres auteurs, sans adopter un prisme de terre exerçant la plus grande pression. Nous reparlerons de ses autres innovations, en tant qu'elles ont rapport aux simples travaux de terrassements.

Il faut toujours avoir la théorie devant les yeux, bien que ses résultats puissent être notablement modifiés, dans la pratique, par l'inégale cohésion du terrain, puis par des influences extérieures, telles que la gelée, la pluie, la chaleur, les sources, les ruisseaux, etc.

Mais comme on ne peut donner de forme mathématique à ces diverses influences accidentelles, il faut en faire abstraction et considérer en théorie tous les terrains comme possédant dans leur ensemble la même cohésion, le même degré de résistance contre les frottements.

Cela posé, considérons un plan perpendiculaire au plan de profil du massif ; comme le dit Rebhann dans sa *Théorie de la pression du terrain et des murs de soutenement* (Vienne, Gerold, 1870, p. 25), on est autorisé, non au point de vue purement scientifique, mais bien par la pratique, dans la plupart des cas, en s'approchant de la vérité autant que possible, à poser les conclusions suivantes :

Si AH (*fig.* 79) est le talus où un terrain, sans aucune cohésion, ne peut se maintenir qu'en vertu de la résistance au frottement, talus que

Fig. 79.

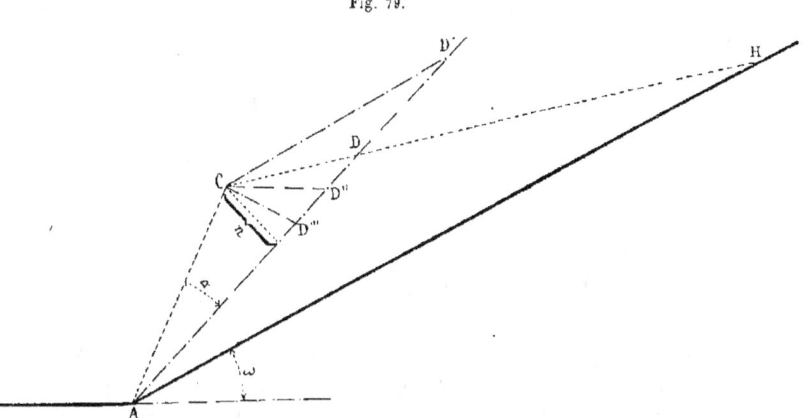

l'on nomme le talus naturel, il est clair que, dans le même terrain, alors qu'il possède encore sa cohésion primitive, un talus beaucoup moins oblique, par exemple AC, pourra se maintenir sans éboulement.

Il existera donc, au-dessus du talus naturel AH, un massif ayant le profil ACH, dont le talus le moins oblique est AC et qui se trouve en état d'équilibre, en d'autres termes, où la disposition à un éboulement est neutralisée par une disposition contraire.

La force qui tend à provoquer un éboulement est la pesanteur; elle est combattue par la force de cohésion et par le frottement.

On peut exprimer la première force comme étant le produit de la gravité g par la masse M; la deuxième force comme étant le produit de la surface de séparation par le coefficient de cohésion c, et la troisième force comme étant le produit de Mg par le coefficient de frottement f.

Désignons par n la distance du point C à AD.

Si l'effet de la pesanteur était plus grand que celui de l'ensemble des deux autres forces, une partie du prisme ACH se détacherait nécessairement vers une surface de séparation AD et glisserait dans la direction DA et cette chute aurait lieu si

$$\mathrm{AD} \times \frac{n}{2}\, g \cos \alpha > \mathrm{AD}\, c + \mathrm{AD} \times \frac{n}{2}\, gf \sin \alpha.$$

Posons

$$\mathrm{AD} \times \frac{n}{2} \times g \times \cos \alpha - \mathrm{AD}\left(c + \frac{n}{2}\, gf \sin \alpha\right)$$
$$= \mathrm{AD}\left[\frac{n}{2}\, g\,(\cos \alpha - f \sin \alpha) - c\right] = \mathrm{K}; \tag{1}$$

K étant la force avec laquelle le prisme se détachant presserait l'objet qui s'opposerait à sa chute ; pour que l'équilibre s'établisse, il faut que

$$\mathrm{AD}\left[\frac{n}{2}\,g\,(\cos\alpha - f\sin\alpha) - c\right] = 0, \tag{II}$$

d'où résulte

$$\frac{\mathrm{AD} \times \dfrac{n}{2}\,g\cos\alpha}{\mathrm{AD}\left(c + \dfrac{n}{2}\,gf\sin\alpha\right)} = \frac{\dfrac{n}{2}\,g\cos\alpha}{c + \dfrac{n}{2}\,gf\sin\alpha} = 1. \tag{III}$$

On voit par cette équation que la longueur de la ligne de rupture AD n'exerce aucune influence sur l'équilibre ; ainsi, la ligne de profil du terrain naturel n'exerçant aucune influence sur l'équilibre, peut être tout aussi bien CD′, CD″, CD‴ que CD.

Mais comme, dans des rapports semblables, quand, par exemple, les grandeurs α, f et c restent égales entre elles, l'équilibre ne dépend que de n et que cet n ne change pas, quand la pointe du prisme glissant se trouve (*fig.* 80) sur un point quelconque de la ligne OS, parallèle

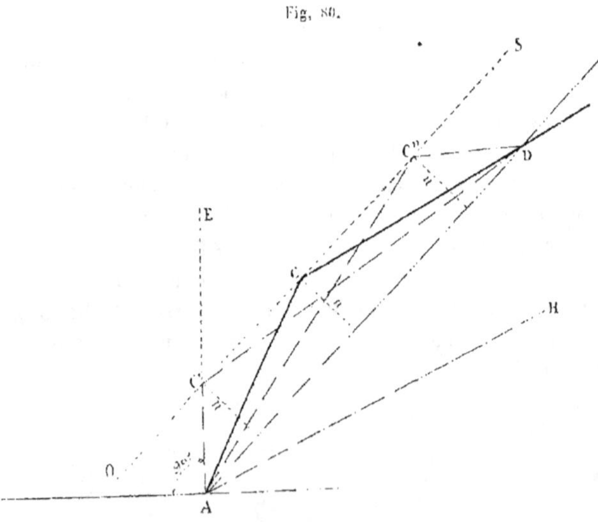

Fig. 80.

à AD, l'équilibre n'est pas non plus dérangé, que la pointe du prisme s'éboulant soit à C, C′ ou C″.

Ce déplacement de la pointe C sur la ligne OS n'a sa limite qu'à la verticale AE, attendu que s'il allait jusque vers C''', de manière à faire naître un massif surplombant, il faudrait tenir compte, outre l'éboulement, de la chute du prisme $AC'C'''$.

On peut donc placer la pointe du prisme s'éboulant, dès qu'un talus moins oblique que le talus naturel devient possible, tout aussi bien sur la verticale AE, c'est-à-dire en C' qu'en C; en d'autres termes, dès qu'il existera une cohésion, il faudra qu'il y ait une hauteur h où le terrain se maintienne même sous une incision verticale, quelle que soit l'inclinaison du terrain naturel.

Si nous nous en tenons à cette conclusion, dans l'équation (II), nous mettons pour $\dfrac{n}{2}$ (fig. 81) sa valeur $\dfrac{h}{2}\sin\alpha$, nous obtiendrons

$$\frac{\frac{1}{2}\,hg\sin\alpha\cos\alpha}{\frac{1}{2}\,hgf\sin^2\alpha + c} = 1 \qquad \text{ou} \qquad \frac{hg\sin\alpha\cos\alpha}{hgf\sin^2\alpha + 2c} = 1. \qquad \text{(IV)}$$

Fig. 81.

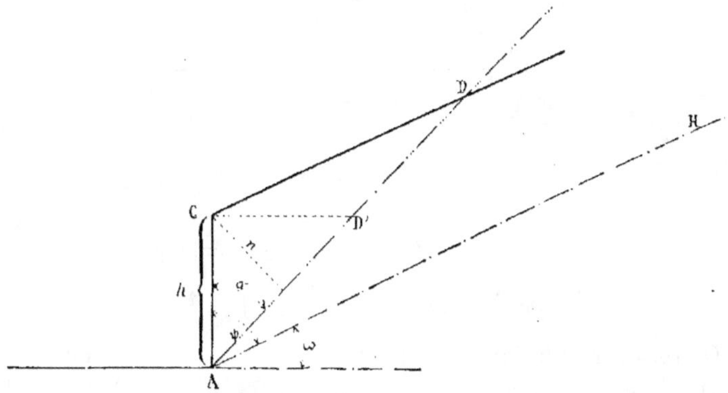

En faisant dans cette équation $c = 0$, c'est-à-dire admettant une masse de terre sans cohésion, nous obtenons :

$$\frac{hg\sin\alpha\cos\alpha}{hgf\sin^2\alpha} = 1 \qquad \text{ou} \qquad \frac{\sin\alpha\cos\alpha}{f\sin^2\alpha} = 1,$$

d'où résulte

$$f = \cotg\alpha.$$

Ce qui signifie en langage ordinaire : pour que la terre sans cohésion soit en équilibre, il faut que la cotangente de l'angle du talus naturel soit égale au coefficient de frottement.

Nous désignerons par ψ cet angle en réservant la lettre α pour le cas où c n'est pas nul, et nous poserons en conséquence

$$\operatorname{cotg} \psi = f.$$

Si, dans l'équation (IV), nous substituons cette valeur à f, nous obtiendrons

$$\frac{hg \sin \alpha \cos \alpha}{hg \operatorname{cotg} \psi \sin^2 \alpha + 2c} = 1, \qquad\qquad (V)$$

ou

$$gh \sin \alpha \cos \alpha - gh \operatorname{cotg} \psi \sin^2 \alpha - 2c = 0,$$

d'où successivement

$$gh \frac{\cos \alpha}{\sin \alpha} - \frac{2c}{\sin^2 \alpha} = hg \operatorname{cotg} \psi$$

$$\operatorname{cotg} \psi = \operatorname{cotg} \alpha - \frac{2c}{gh}(1 + \operatorname{cotg}^2 \alpha) = \operatorname{cotg} \alpha - \frac{2c}{gh} - \frac{2c}{gh} \operatorname{cotg}^2 \alpha$$

$$\left(\frac{gh}{4c}\right)^2 - \frac{gh}{4c}\left(2\operatorname{cotg} \psi + \frac{4c}{gh}\right) = \left(\operatorname{cotg} \alpha - \frac{gh}{4c}\right)^2$$

$$\pm \sqrt{\frac{gh}{4c}\left(\frac{gh}{4c} - 2\operatorname{cotg} \psi - \frac{4c}{gh}\right)} + \frac{gh}{4c}$$

$$= \frac{gh}{4c} \pm \sqrt{\left(\frac{gh}{4c}\right)^2\left[1 - \frac{8c}{gh} \operatorname{cotg} \psi - \left(\frac{4c}{gh}\right)^2\right]} = \operatorname{cotg} \alpha,$$

et, par conséquent,

$$\frac{\dfrac{4c}{gh}}{1 \mp \sqrt{1 - \left[\dfrac{8c}{gh} \operatorname{cotg} \psi + \left(\dfrac{4c}{gh}\right)^2\right]}} = \operatorname{tang} \alpha. \qquad (VI)$$

On voit, par cette équation, que, si ψ et c sont donnés, la valeur de α dépend uniquement de h.

Posons, pour abréger,

$$X = \frac{8c}{gh} \operatorname{cotg} \psi + \left(\frac{4c}{gh}\right)^2.$$

Pour que tang α soit réel, il faut que l'on ait

$$X \leqq 1.$$

Le signe inférieur correspond à la plus petite valeur h_0 de h et à une seule valeur pour tang α; et nous avons

$$\operatorname{tang} \alpha = \frac{4c}{gh_0} \quad \text{et} \quad h_0 = \frac{4c}{g \operatorname{tang} \alpha}, \qquad (VII)$$

et si nous substituons cette valeur de h dans l'expression $X = 1$, nous trouvons

$$\text{cotg}\,\psi = \frac{\text{cotg}\,\alpha - \text{tang}\,\alpha}{2} = \text{cotg}\,2\alpha,$$

d'où

$$\alpha = \frac{\psi}{2}. \qquad\qquad \text{(VIII)}$$

Ainsi, pour la plus petite valeur h_0 de h pour laquelle l'équation donne encore une valeur réelle, l'angle d'équilibre α deviendra égal à la moitié de l'angle du talus naturel.

Mais comme il ressort évidemment de l'équation

$$\text{AD}\left[\frac{gh}{2}\left(\sin\alpha\cos\alpha - \text{cotg}\,\psi\sin^2\alpha\right) - c\right] = \text{K}$$

que des valeurs négatives résultent pour K aussi bien pour $\alpha = 0$ que pour $\alpha = \psi$, comme d'ailleurs pour $h = h_0 = \dfrac{4c}{g\,\text{tang}\,\alpha}$, l'équation VI ne donne qu'une valeur pour α, il est clair qu'entre α et 0 et entre α et ψ, il ne peut exister pour h_0 que des plans de séparation dans lesquels K serait positif, que, par conséquent, un massif de terre coupé verticalement à cette hauteur $h_0 = \dfrac{4c}{g\,\text{tang}\,\dfrac{\psi}{2}}$ se trouve en équilibre.

Quand on construit une courbe sur laquelle on porte comme abscisses les différentes valeurs de α, de 0 jusqu'à ψ et comme ordonnées les valeurs de K résultant de l'équation (1), dans laquelle on met, pour AD, $h_0\sec\alpha$, elle acquerra la forme (*fig.* 82) et h_0; K = 0 sera un minimum.

Fig. 82.

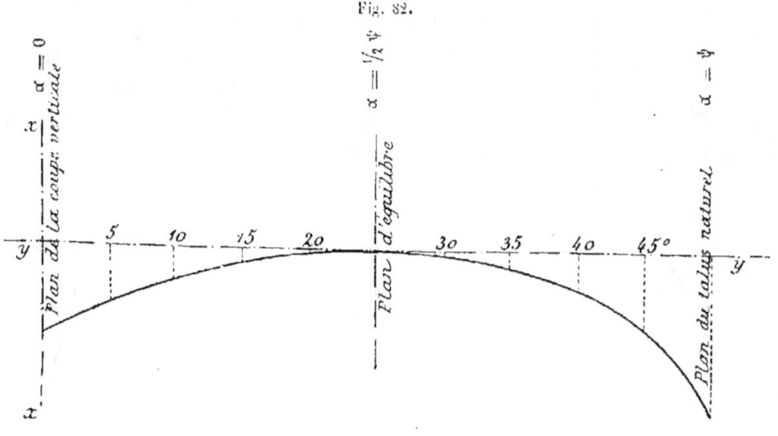

Si maintenant on prend h comme plus grand que h_0, on peut voir, par l'équation (VI), que pour $\tang \alpha$ résultent toujours deux valeurs qui, substituées dans l'équation (I), donnent aussi toujours $K = 0$. Quand h croît, les deux valeurs de $\tang \alpha$ affectent des différences de plus en plus grandes et les angles d'équilibre se rapprochent de plus en plus des limites 0 et ψ. (Voir la *fig.* 83.)

Fig. 83.

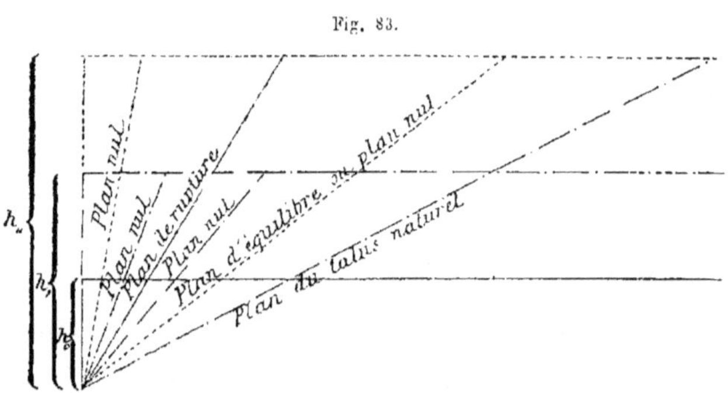

Entre ces deux valeurs de α, K reçoit des valeurs positives ; la courbe, que l'on peut tracer pour $h_1 > h_0$, prendra la forme de la *fig.* 84, correspondant à $h_1 = 2h_0$. Comme on le voit, elle atteint, n'importe où, entre y_0 et y'_0, sa hauteur maxima, c'est-à-dire pour une valeur déterminée entre y_0 et y'_0, l'ordonnée x deviendra un maximum.

Fig. 84.

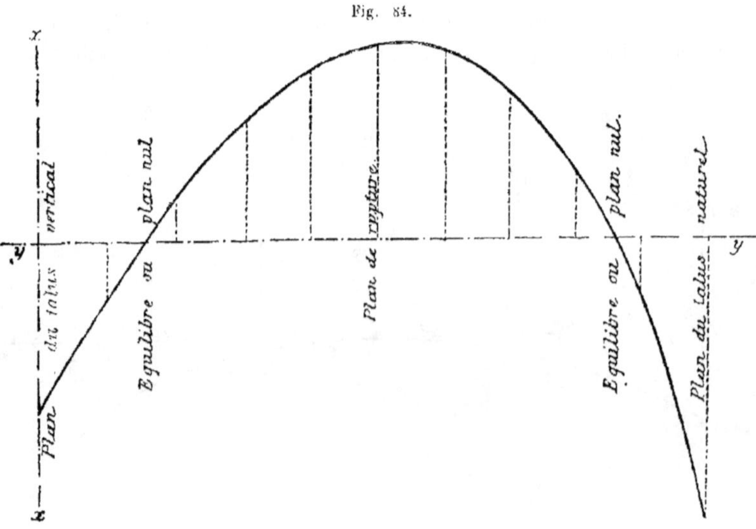

Or, comme x n'est pas autre chose que l'excédant, non absorbé par la cohésion et le frottement, de la force qui opère la séparation, il est clair aussi que la rupture a lieu dans le plan, où cet excédant de force atteint son maximum.

On peut voir cependant par l'équation (I)

$$\mathrm{AD} \left[\frac{gh}{2} (\sin \alpha \cos \alpha - \cotg \psi \sin^2 \alpha) - c \right] = \mathrm{K},$$

que K acquiert sa valeur maxima, quand l'expression $\mathrm{U} = \sin \alpha \cos \alpha$ ($\mathrm{U} = \sin \alpha$ ou $\sin \alpha - \cotg \psi \sin^2 \alpha$) devient un maximum. Supposons $\dfrac{d\mathrm{U}}{d\alpha} = 0$, nous obtenons de nouveau $\cotg \psi = \cotg 2\alpha$; si donc la paroi antérieure est verticale, la rupture aura toujours lieu dans un plan, dont l'angle est, relativement à une verticale, la moitié de l'angle que forme le talus naturel avec la même direction.

Si maintenant, conformément à notre hypothèse antérieure, nous construisons dans la *fig.* 85, au-dessus de la ligne de rupture AD, des prismes triangulaires ACD″, ACD′ ou AC′D′, AC″D″, etc., qui ont tous pour hauteur $h_0 \sin \alpha = n$, pour tous ces prismes devrait régner l'équilibre tout aussi bien que pour ACD avec paroi antérieure verticale ; il faudrait donc trouver, par un procédé graphique très-simple (*fig.* 85), pour une hauteur quelconque, le talus le moins oblique encore tenable,

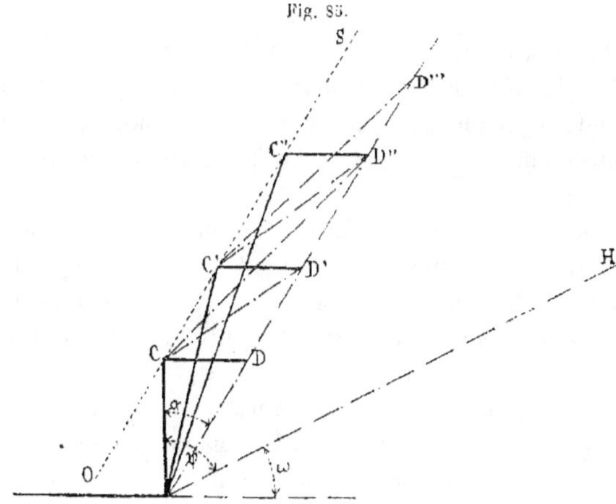

dès que l'on connaîtrait l'angle du talus naturel et la hauteur h_0, sur laquelle se tient encore le terrain en question, sous une coupe verticale.

Ensuite on pourrait déterminer pour toute autre hauteur le talus le moins oblique à l'aide des deux talus les moins obliques, sans qu'on eût besoin de chercher l'angle du talus naturel.

Si l'on a trouvé par exemple qu'une certaine masse de terre s'appuie, à la hauteur maxima h' avec le talus m, sur une autre hauteur maxima h'', on n'aurait qu'à tirer une ligne droite (*fig.* 86) par C et C' et toute autre

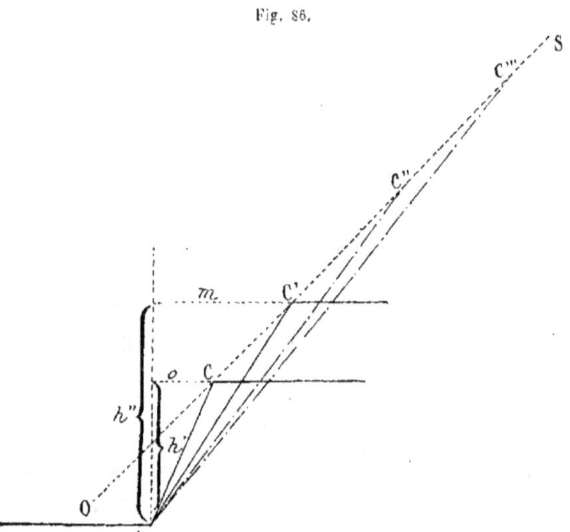

Fig. 86.

ligne de talus tirée de A, telle que AC″AC‴ donnerait, en coupant la ligne CC' prolongée, la hauteur maxima, sur laquelle ce talus se tient : on pourrait de même pour des hauteurs de talus données trouver, en coupant l'horizontale par CC', les talus correspondants les moins obliques.

Il est hors de doute que, pour tous ces prismes, la force K est nulle ; nous l'avons d'ailleurs démontré suffisamment plus haut ; mais toute différente est la question de savoir si K aussi a atteint son maximum sur ce plan, s'il n'y aurait point par hasard un autre plan passant par A, pour lequel K obtiendrait une valeur positive plus grande que zéro.

Si nous examinons plus attentivement la *fig.* 83, nous remarquerons que, pour des hauteurs trop fortes h', h'', apparaissent des talus, où K devient nul et où pourtant le plan de rupture ne se trouve que sous un angle avec l'horizon beaucoup plus petit : si maintenant nous nous figurons la paroi antérieure penchée vers AH seulement de la différentielle de l'angle φ, il est clair que le plan de rupture et les deux plans nuls ou pour lesquels K —0 ne disparaîtront pas d'un coup pour reparaître simultanément à l'endroit où l'équation fait apparaître le nouveau plan nul déplacé par rapport aux précédents seulement de la différentielle.

On comprend aisément qu'à mesure que le talus antérieur s'inclinera, les deux plans nuls se rapprocheront l'un de l'autre, comprendront ainsi un angle de plus en plus aigu et finiront par coïncider entièrement, quand le talus de coupe aura pris une pente déterminée. Tant que les plans nuls feront un angle l'un avec l'autre, K, en raison de la paroi antérieure verticale, aura, dans l'intérieur de cet angle, une valeur positive plus grande que zéro et atteindra quelque part son maximum.

C'est dans le plan, où cela aura lieu, que doit incontestablement se produire la rupture.

Dans ce cas aussi, la force excédante K peut se représenter par une courbe analogue à celle qui est tracée à propos de la paroi antérieure verticale; si cette courbe coupe l'axe des abscisses, une rupture inévitable a lieu à l'endroit où K devient un maximum; c'est là que la courbe est tangente à l'axe des abscisses; dès lors l'équilibre prédomine.

Si, d'après la formule (I), nous posons l'équation de telle sorte que nous y fassions entrer l'angle du talus le moins oblique, et si nous désignons (*fig.* 87) cet angle par ε, nous obtenons

$$AD = h' \sec \alpha, \qquad n = h \sec \varepsilon \sin (\alpha - \varepsilon) = \frac{h \sin (\alpha - \varepsilon)}{\cos \varepsilon}$$

et par conséquent

$$K = AD \left[\frac{gn}{2} (\cos \alpha - \cotg \psi \sin \alpha) - c \right]$$

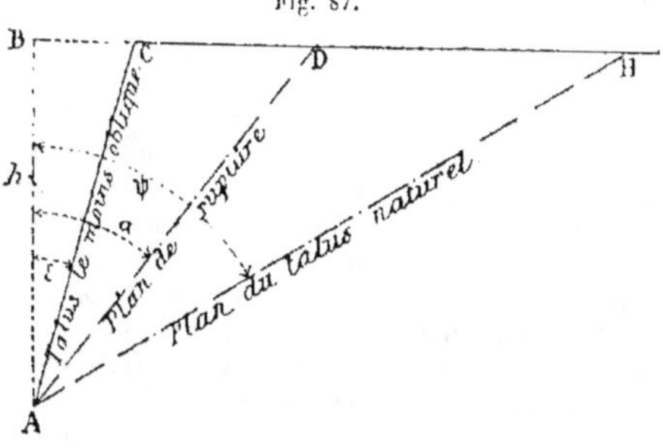
Fig. 87.

et pour K = 0,

$$0 = \left[\frac{gn}{2} (\cos \alpha - \cotg \psi \sin \alpha) - c \right] = \frac{gh \sin (\alpha - \varepsilon) \cos \alpha}{2 \cos \varepsilon} - \frac{gh \cotg \psi \sin (\alpha - \varepsilon) \sin \alpha - c}{2 \cos \varepsilon}.$$

Soit

$$1 = \frac{gh \sin(\alpha - \varepsilon) \cos \alpha}{gh \cotg \psi \sin(\alpha - \varepsilon) \sin \alpha - 2c \times \cos \varepsilon} = \frac{P}{Q},$$

P et Q désignant respectivement les composantes dues à la pesanteur et aux résistances.

En différentiant par rapport à α, on obtient

$$\frac{dP}{dQ} = 1 = \frac{\cos(\alpha - \varepsilon)\cos\alpha - \sin(\alpha - \varepsilon)\sin\alpha}{\cotg \psi [\sin(\alpha - \varepsilon)\cos\alpha + \cos(\alpha - \varepsilon)\sin\alpha]} = \frac{\cotg \psi \sin(2\alpha - \varepsilon)}{\cos(2\alpha - \varepsilon)},$$

d'où

$$\cotg \psi = \frac{\cos(2\alpha - \varepsilon)}{\sin(2\alpha - \varepsilon)} = \cotg(2\alpha - \varepsilon),$$

par suite

$$\alpha = \frac{\psi + \varepsilon}{2},$$

c'est-à-dire que le plan de rupture divise en deux parties égales l'angle compris entre le talus le moins oblique et le talus naturel, et la force excédante K devient égale à 0, quand on a

$$h = \frac{2c \times \cos \varepsilon \sin \psi}{g \sin^2 \left(\frac{\psi - \varepsilon}{2} \right)} \, (^*). \tag{IX}$$

Si, dans l'équation précédente, on fait $\varepsilon = 0$, on obtient de nouveau

$$h_0 = \frac{4c}{g \tang \frac{\psi}{2}},$$

(*) Ce résultat prouve que, quelque séduisante que soit la détermination graphique décrite plus haut des talus les moins obliques, et quelque vraisemblable et exacte qu'elle puisse sembler au premier coup d'œil, nous n'en tirerions pas moins des connaissances entièrement fausses. Nous avons inséré ici cette conclusion trompeuse pour montrer combien on doit être circonspect dans des recherches de ce genre, et notamment parce que le résultat théorique d'après lequel l'inclinaison du terrain naturel n'exercerait aucune influence sur la disposition des talus, est tout à fait de nature à provoquer de semblables erreurs, surtout quand on trouve (comme Becker, dans sa *Théorie des travaux de l'ingénieur*, Stuttgart, 1853) pour l'angle de séparation α, une valeur qui ne dépend de ε sous aucune forme. Becker dit, p. 208 :

$$\tang \beta = \frac{1}{f} \left[1 - \sqrt{(1 + f^2)} \cdot \frac{\dfrac{2c}{gh}}{f + \dfrac{2c}{\gamma h}} \right].$$

où β représente l'angle de rupture, f le coefficient de frottement, g le poids de l'unité cubique, c le coefficient de cohésion, et h la hauteur; or, il faut bien conclure de cette équation que l'angle de séparation doit rester le même pour tous les talus imaginables.

par conséquent

$$\frac{h}{h_0} = \frac{\sin^2 \frac{\psi}{2} \cos \varepsilon}{\sin^2 \left(\frac{\psi - \varepsilon}{2} \right)} . \qquad (X)$$

On voit par l'équation (IX) que si, d'après l'expérience, on connaît c, ψ, la détermination de la hauteur de cohésion h pour un angle ε de talus donné se fait sans difficulté; mais, si l'on veut trouver l'angle ε pour une h donnée, il faut modifier l'équation (X) de telle sorte qu'on n'y voie figurer que les valeurs de tang ψ et tang ε, pour en tirer la valeur de tang ε exprimée seulement en fonction de h, h_0 et tang ψ.

Rebhann élucide cela avec talent dans son ouvrage déjà cité p. 74 et 75; car il obtient d'abord

$$\frac{h}{h_0} = \frac{\sqrt{1 + \tan^2 \psi} - 1}{\sqrt{(1 + \tan^2 \psi)(1 + \tan^2 \varepsilon)} - 1 - \tan \psi \tan \varepsilon},$$

puis

$$\tan \varepsilon = a \tan \psi - \sqrt{(1 + \tan^2 \psi)(a^2 - 1)} \qquad (XI)$$

après avoir posé, pour simplifier,

$$1 + \frac{h_0}{h} \left(\sqrt{1 + \tan^2 \psi} - 1 \right) = a.$$

Toutes les équations formulées jusqu'ici présupposent que l'on connaît ψ et c par des expériences directes; mais ces expériences réclament des appareils spéciaux, et l'on ne peut, en général, y procéder qu'au milieu de nombreuses difficultés; on doit donc faire bon accueil à une méthode qui permet de trouver, en évitant ces difficultés, tous les facteurs principaux.

Or Rebhann donne cette méthode, pages 68 et 69 de son ouvrage déjà mentionné, en proposant de faire sur un seul et même terrain, au sujet de la hauteur de cohésion, au moins deux expériences tendant à trouver la hauteur en question d'abord pour une coupe de talus, et ensuite pour une autre coupe de talus; on obtient ainsi deux équations au moyen desquelles on peut calculer les deux inconnues, ψ et c (*).

(*) Les expériences faites en France à ce sujet sont probablement inconnues en Autriche. En voici les principaux résultats :

Gros sable sec (Audé) cos $\psi =$ 0,577
Sable extra-fin (Audé) $=$ 0,286

Si les hauteurs expérimentales sont h et h', les angles de talus afférents ε et ε_1 on obtient par la substitution de ces valeurs en (IX) deux équations; d'où résultent :

$$\frac{h}{h'} = \frac{\cos \varepsilon \, \sin^2 \left(\dfrac{\psi - \varepsilon_1}{2} \right)}{\cos \varepsilon_1 \, \sin^2 \left(\dfrac{\psi - \varepsilon}{2} \right)},$$

ou

$$\frac{\sin \left(\dfrac{\psi - \varepsilon_1}{2} \right)}{\sin \left(\dfrac{\psi - \varepsilon}{2} \right)} = \sqrt{\dfrac{\dfrac{h}{\cos \varepsilon}}{\dfrac{h'}{\cos \varepsilon_1}}}$$

d'où

$$\frac{\tang \dfrac{\psi}{2} - \tang \dfrac{\varepsilon'}{2}}{\tang \dfrac{\psi}{2} - \tang \dfrac{\varepsilon}{2}} = \frac{\cos \dfrac{\varepsilon}{2} \sqrt{\dfrac{h}{\cos \varepsilon}}}{\cos \dfrac{\varepsilon'}{2} \sqrt{\dfrac{h'}{\cos \varepsilon'}}} = \frac{\sqrt{(h' \sec \varepsilon + 1)}}{\sqrt{(h \sec \varepsilon' + 1)}}$$

et, en résolvant l'équation d'après $\tang \dfrac{\psi}{2}$.

$$\tang \frac{\psi}{2} = \frac{\sqrt{h (\sec \varepsilon' - 1)} - \sqrt{h \sec \varepsilon - 1)}}{\sqrt{h' (\sec \varepsilon' - 1)} - \sqrt{h' (\sec \varepsilon - 1)}}. \qquad \text{(XII)}$$

Quand on a ainsi trouvé $\dfrac{\psi}{2}$, on obtient ε très-simplement par l'équation (VII) dans laquelle, comme nous le savons. $\alpha = \dfrac{\psi}{2}$.

Si, dans les deux expériences, un talus est vertical, c'est-à-dire $\varepsilon = 0$.

Terre humectée (Morin) $=$ 0,727
Terres fortes les plus denses (Morin) $=$ 1,282
Argile sèche (Lesbros) $=$ 0,577
Argile humide et ramollie (Lesbros) $=$ 0,404
Même argile couverte de grosse grève (Lesbros) $=$ 0,488

D'après Navier. on a :

Pour les terres franches $c =$ . . . . 136 kil.
—   fortes $=$ 568

On trouvera plus loin dans le texte un tableau dressé par un major du génie autrichien. M. Ch. Martong de Kosregh, donnant quelques chiffres relativement aux éléments ci-dessus.

l'équation (XII) simplifiée devient

$$\tan \frac{\psi}{2} = \frac{\sqrt{\sec(\varepsilon' - 1)}}{\sqrt{\sec(\varepsilon' + 1)} - \sqrt{2\dfrac{h_0}{h'}}}. \qquad \text{(XIII)}$$

Pour simplifier le calcul, Français a déjà rédigé des tableaux que l'on retrouve sous des formes plus ou moins modifiées et qui sont plus ou moins complets dans tous les écrits relatifs à la poussée des terres. Au reste, voici ce tableau :

$\dfrac{h}{h_0} =$		TANG $\psi =$								
		0,9	1,0	1,1	1,2	1,3	1,4	1,5	1,6	1,7
	0	1,00	1,00	1,00	1,00	1,00	1,00	1,00	1,00	1,00
	0,1	1,33	1,29	1'26	1,24	1,23	1,22	1,21	1,20	1,19
	0,2	1,80	1,71	1,64	1,59	1,55	1,52	1,49	1,47	1,45
	0,3	2,57	2,35	2,19	2,08	1,99	1,91	1,86	1,81	1,77
	0,4	3,88	3,36	3,02	2,78	2,60	2,46	2,35	2,26	2,17
	0,5	6,38	5,11	4,34	3,84	3,48	3,22	3,02	2,87	2,74
	0,6	11,93	8,41	6,63	5,53	4,83	4,33	3,97	3,69	3,48
	0,7	28,26	15,77	10,90	8,42	6,96	6,00	5,33	4,84	4,48
tang $\varepsilon =$	0,8	119,08	37,41	20,47	13,92	10,61	8,65	7,39	6,51	5,88
	0,9	∞	157,39	48,55	26,65	17,51	13,18	10,65	9,01	7,89
	1,0	»	∞	204,69	61,95	32,86	24,77	16,21	12,98	10,91
	1,1	»	»	∞	260,64	79,01	40,81	26,73	19,74	15,71
	1,2	»	»	»	∞	328,14	96,93	50,09	32,53	23,87
	1,3	»	»	»	»	∞	405,5	119,2	59,39	39,24
	1,4	»	»	»	»	»	∞	505,4	143,7	73,47
	1,5	»	»	»	»	»	»	∞	616,3	168,5

On utilise ce tableau de la manière suivante :

Si, par exemple, on avait trouvé, à la suite de deux expériences, pour la hauteur h' un talus correspondant à tang $\varepsilon = m$ et pour la hauteur h''

un talus correspondant à tang $\varepsilon = n$, et si, d'après ces talus, il fallait chercher l'inclinaison du talus pour une autre hauteur h, que l'on calcule,
d'après la formule (XII), l'angle ψ, et, d'après l'équation (VIII), en faisant
$\alpha = \dfrac{\psi}{2}$, la hauteur h_0 qu'on forme ensuite le quotient $\dfrac{h}{h_0}$ et qu'on cherche
dans le tableau ci-dessus, à la colonne qui correspond à la valeur de
tang ψ, le nombre ainsi trouvé, alors la valeur de tang ε répondant à ce
point sera la disposition du talus cherchée. Soit $h = 12^m$, $h_0 = 1^m,5$,
tang $\psi = 1,7$, on trouvera à la rubrique tang $\psi = 1,7$ le nombre 7,89 et
correspondant à celui-ci tang $\varepsilon = 0,9$.

Ces talus les moins obliques qui, au moindre dérangement des prévisions relatives à l'équilibre, font craindre une chute dans le plan de séparation de l'angle dangereux ou de rupture, ne devront naturellement
pas être pratiqués dans des travaux pour lesquels leur existence n'est
présupposée que comme devant être de courte durée.

On peut donc, pour creuser des fossés, à l'effet de poser des tuyaux,
pour faire un canal, pour extraire des pierres en vue d'éviter l'emploi
d'étrésillons, lorsque les circonstances le permettront, donner au talus
une pente aussi faible que possible, ce qui n'empêchera pas d'user de la
plus grande circonspection dans la construction de ces talus, attendu
que l'on ne peut pas avoir d'avance la certitude de rencontrer toujours
un terrain homogène. D'un autre côté, il faut chercher une certaine
garantie dans le fait que le prisme de chute ne doit pas être d'une longueur infinie, comme on le suppose dans le devis; il faut, au contraire,
interrompre le travail à une distance plus ou moins forte, suivant les
besoins; de la sorte naîtra une tension qui permettra d'utiliser sur deux
points, outre la force Q, la résistance à la séparation sur le plan de
profil.

Si l'on doit s'attendre à l'apparition de sources, on ne peut nullement
déterminer à l'avance la solidité du terrain ni par conséquent recourir
à la méthode précitée.

Les ingénieurs expérimentés conseillent aussi, pour le cas où l'on
voudrait établir des talus qui se rapprochent le plus de la verticale,
de ne poser, par prudence, que les $\dfrac{2}{3}$ de la valeur de la hauteur verticale
d'incision h_0 obtenus par des essais directs ou indirects. Toutefois les
travaux de terrassements, destinés à durer longtemps, sinon toujours,
doivent former des talus considérablement inclinés, attendu qu'avec le
temps des influences extérieures diminuent considérablement la force
de cohésion.

Il ne peut naturellement pas être question, non plus, de talus se rapprochant autant que possible de la verticale, quand on veut construire des digues pour lesquelles, au moment de l'entassement, le coefficient de cohésion est presque égal à zéro ; ce coefficient n'augmente que peu à peu ; il n'acquiert une valeur égale à celle du coefficient d'un sol naturel couvert de végétation qu'au bout d'un certain nombre d'années.

Si, au-dessus de la coupe, il se trouvait une lourde charge ou si l'on avait l'intention d'y déposer des matériaux, ce qui arrivera souvent, surtout pour des fossés qui devront soutenir des constructions (car on peut être amené à y entasser non-seulement des déblais, mais encore des pierres, des tuyaux, etc.), il faudra un redoublement de prudence, et l'on doit tenir compte de cette éventualité, quand on s'occupe de l'inclinaison des talus.

Si la masse placée sur le talus est d'une nature telle qu'elle se prête sans résistance à une séparation sur n'importe quel point, si de plus elle est étendue par couches égales sur toute la surface, de manière que le poids réparti sur l'unité de surface soit γ, la force qui tend à la séparation est augmentée, en ce que la charge imposée au terrain presse de tout son poids sur le prisme de rupture ACD, ce qui équivaut à augmenter le poids de ce prisme du poids de la charge qui le recouvre.

Ainsi (*fig.* 88) le poids du prisme sera, non $CD \dfrac{h}{2} g$, mais

$$ CD \frac{h}{2} g + CD\gamma = CD \frac{h}{2}\left(g + \frac{2\gamma}{h} \right). $$

Mais, comme on le voit par notre équation (I), le poids augmenté accroît proportionnellement le frottement et, dans toute l'équation, il n'y a de changé que g, qui devient $g' = \left(g + \dfrac{2\gamma}{h} \right)$; nous remplacerons donc, dans l'équation (IX) g par g', ce qui nous donnera

$$ h = \frac{2c \sin\psi \cos\varepsilon}{\left(g + \dfrac{2\gamma}{h} \right) \sin^2\left(\dfrac{\psi - \varepsilon}{2} \right)} = \frac{2c \sin\psi \cos\varepsilon}{g\left(1 + \dfrac{2\gamma}{gh} \right) \sin^2\left(\dfrac{\psi - \varepsilon}{2} \right)}, $$

d'où l'on tire

$$ h\left(1 + \frac{2\gamma}{gh} \right) = \frac{2c \sin\psi \cos\varepsilon}{g \sin^2\left(\dfrac{\psi - \varepsilon}{2} \right)} \quad \text{ou} \quad h = \frac{2c \sin\psi \cos\varepsilon}{g \sin^2\left(\dfrac{\psi - \varepsilon}{2} \right)} - \frac{2\gamma}{g}, $$

c'est-à-dire que la hauteur due à la cohésion d'un terrain chargé est égale à la hauteur h', correspondant à un terrain non chargé, moins le double poids d'unité de la charge, divisé par le poids d'unité du terrain. On a donc

$$h = h' - \frac{2\gamma}{g}.$$

Si donc on a une hauteur donnée h, sur laquelle il faille opérer un creusement sous l'angle du talus le plus large, où cependant il faut tenir compte d'un chargement éventuel du terrain par le poids γ par unité de surface, on devra chercher (*fig.* 89) ε_1 pour $h' = h + \frac{2\gamma}{g}$ absolument de la même manière qu'on le ferait pour un terrain non chargé.

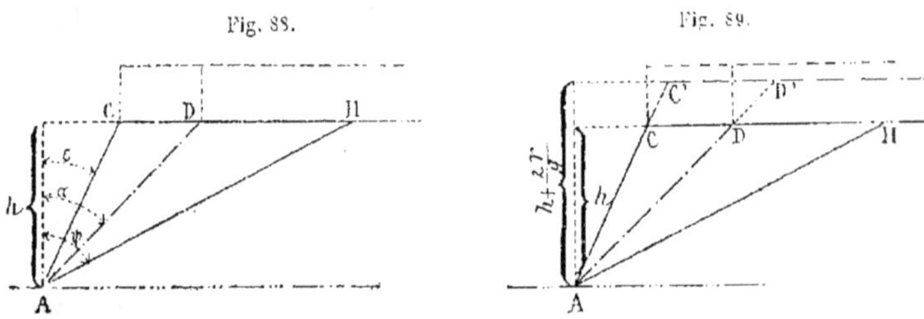

On obtiendra donc, pour la hauteur h' à exécuter, un angle de talus, cet angle de talus moins aigu ε_1 et l'angle de rupture α'.

Rebhann a dit, pages 79 et 80 : « La hauteur de cohésion (h) du terrain chargé est donc de $\frac{2p}{g}$ (p répondant à notre γ) plus petite que la hauteur (h) du terrain non chargé, et il est à remarquer que cette diminution ne dépend ni de α ni de ε », ce qui ne signifie pas qu'on ne puisse diminuer ou éviter la diminution de h en augmentant ε ; mais, quelle que soit la valeur de ε, par rapport à son corrélatif h, h n'en doit pas moins être diminué de $\frac{2\gamma}{h}$ quand le terrain est chargé, ou ε doit être augmenté et devenir ε_1, ce qui correspondait à un $h' = h + \frac{2\gamma}{g}$.

Le froid, la chaleur, les influences chimiques de l'atmosphère, produiront à l'intérieur du talus des effets qui détruiront jusqu'à une certaine profondeur la force de cohésion du terrain et faciliteront ainsi la séparation d'une partie de ce terrain ; la portion qui restera debout sera, elle aussi, exposée à ces influences nuisibles : sa cohésion sera pareillement détruite, une séparation aura lieu, et ainsi de suite jusqu'à la formation finale du talus naturel.

Nous donnons dans le tableau ci-dessous les angles d'un talus naturel et les coefficients de cohésion c, tels que les a trouvés, dans une série d'expériences, M. Charles Mastony de Koszegh, major dans le génie de l'armée impériale royale (autrichienne).

TABLEAU VIII.

TERRAIN D'EXPÉRIENCES.	POIDS D'UN PIED CUBE DE TERRE en livres viennoises.		COHÉSION de la terre foulée en livres viennoises.	TALUS NATUREL	
	Meuble.	Foulée ou piétinée.		$\operatorname{tang}\psi$	$\angle\,\psi$
Terre de digue.	Naturellement humide 70,7	94,4	100,0	1,10	47°44'
Argile.	Sèche et poussiéreuse 85,0	89,6	93,7	1,21	50°26'
Argile.	Un peu humide 77,7	107,0	166.6	1,21	50°26'
Sable.	Sec ou un peu humide 96,5	»	»	1,4	54°50'

On voit, par ce tableau, que les angles d'un talus naturel sont à peu près les mêmes pour les terrains de toute nature et varient de 48 à 55°. Le plus grand angle d'un talus naturel a été trouvé être de 63° dans un sable saturé d'eau; mais ce résultat ne peut pas être décisif pour des creusements, attendu que, dans un sol saturé d'eau, l'élimination de cette eau, pendant son cours naturel, provoquera dans tout le massif des effets qu'on ne peut préciser à l'avance et qui peuvent très-facilement avoir pour conséquence un mouvement de toute la masse du terrain.

Le tableau nous apprend encore que de l'argile foulée, même à l'état humide, n'a pas le degré de cohésion qu'elle possédait à l'état naturel; en effet, si nous considérons le résultat n° 3 et si nous cherchons, d'après l'équation (VII), la hauteur h_0, sur laquelle ces matériaux pourraient encore se tenir, quand la coupe est verticale, nous obtenons 13,2, tandis qu'on peut trouver dans le bassin du haut Danube des parois verticales d'argile et de terre glaise, ayant une hauteur de plusieurs toises et qui nécessairement existent dans cet état depuis un grand nombre d'années.

Malgré cela, un talus naturel lui-même ne peut pas se maintenir intact, car l'eau de pluie qui ruisselle sur ce talus entraîne chaque fois avec elle des parcelles de terre; elle formera d'abord de petites rigoles qui, dans le le cours du temps ou même à la suite d'un violent orage, se changeront en crevasses. Plus le talus sera aplani, plus ces crevasses deviendront profondes.

Si l'on n'avait pas de moyens d'empêcher ces influences funestes, le talus, même le plus oblique, ne garantirait pas la durée des travaux de terrassements.

Nous apprendrons ci-dessous à connaître ces moyens préventifs; disons seulement en peu de mots quels talus on construit d'ordinaire, en se basant sur l'expérience acquise dans de grands travaux, toujours en supposant que l'on prend les précautions nécessaires pour empêcher les pernicieuses influences de l'atmosphère et des chutes de terrain.

Pour les chemins de fer français et belges, on creuse la terre de 0 à 4 mètres de profondeur sous un angle de 45°, de 4 à 8 mètres sous un angle de 51° 20′, et à une profondeur encore plus grande sous un angle de 56° 20′.

Pour les chemins de fer autrichiens, on détermine l'obliquité des talus suivant les circonstances; ainsi on a creusé avec succès dans de l'argile à plus de 10 mètres de profondeur, et les travaux ont été durables, bien qu'il n'y eût que 1 pied entre la verticale et l'oblique du talus. C'est la distance usuelle de laquelle on n'aime pas à se départir; cependant on est allé jusqu'à 2 pieds et plus de distance entre la verticale et l'oblique, quand on creusait des terrains remplis de sources.

Si l'on compare ces données pratiques au tableau des angles de talus naturels, on verra que, même en creusant des terrains d'une grande cohésion qui, d'après le tableau VII, permettaient des talus fort peu obliques, surtout pour les constructions de chemins de fer, on s'en tient de préférence aux angles de talus naturels, que l'on dépasse même quand les hauteurs sont considérables. Dans la construction des routes ordinaires, les talus se font moins obliques que pour les chemins de fer, ce qui s'explique aisément : les trains de chemins de fer ébranlent en effet considérablement la terre, détruisant de plus en plus la force de cohésion et détachent des molécules de terre que les véhicules ordinaires laisseraient en repos, le frottement étant moins considérable.

Les digues en terre ont ordinairement 1 pied et demi entre la verticale et l'oblique : elles sont donc plus obliques que les talus naturels, dont les plus grands angles sont $\frac{1}{2}$. On met de 1 à 1 pied $\frac{1}{4}$ aux digues creusées dans le roc; mais il faut alors consolider le talus en égalisant jusqu'à un certain point les saillies des pierres.

Toutefois, pour les routes ordinaires, comme pour les chemins de fer, il importe toujours de se rappeler que le sol ne possède point l'homogénéité que l'on croit devoir présupposer en théorie, et qu'une seule veine de terre peu cohérente peut amener la rupture en un endroit que certes la théorie n'aurait point prévu.

Ces considérations inspirent la prudence: aussi, même pour les routes ordinaires, où l'on n'appréhende pas les fâcheuses conséquences des ébranlements de terrain, façonne-t-on toujours des talus plus obliques que ceux que le calcul conseillerait.

Quand on creuse à une profondeur de moins de 2 mètres, le danger n'est pas aussi grand ; aussi voyons-nous construire sur les routes ordinaires, à cette hauteur, des talus presque verticaux sans qu'on ait lieu de s'en repentir ; tout au plus se détache-t-il par-ci par-là une motte de terre qui vient encombrer le fossé ; si, par malheur, cette circonstance est accompagnée d'un forte averse, il peut se faire que la route soit quelque peu inondée et par suite détériorée, mais pas détruite, surtout si elle a été construite avec soin.

L'inconvénient serait plus grave s'il s'agissait d'un chemin de fer et que, par l'effet du concours des circonstances que nous venons d'indiquer, la voie fût submergée : le sous-sol serait amolli, le gravier serait enlevé, le chemin s'affaisserait considérablement ; il pourrait même, dans quelques endroits, se former des cavités sous les rails. Les conséquences seraient graves à un point qu'on ne saurait prévoir d'avance.

Aussi, quand il faut creuser un terrain pour construire des chemins de fer, ne donne-ton pas aux talus une obliquité d'un angle de moins de 45 degrés.

CHAPITRE X.

TRACÉS ET PROFILS.

Nous avons expliqué, dans notre introduction aux tracés des chemins de fer, qu'on entend généralement par ce mot la fixation du plan, en grandeur naturelle, des travaux à effectuer, fixation faite sur le terrain même qui doit être remanié. Les tracés ne consistent donc pas seulement dans l'indication de l'axe, mais dans la détermination effectuée sur le terrain même, de tous les détails des travaux à exécuter.

Nous avons dit aussi que l'opération, plus restreinte, que l'on désigne par le mot de *tracé*, constitue une partie intégrante de l'ensemble du projet, le plan complet renfermant les détails relatifs au corps de la voie, aux ponts, aux maisons, etc., que l'on doit construire.

Pour procéder aux travaux de terrassements avec précision et d'une façon artistique, il faut, sur le terrain même, esquisser le plan général, pour l'ensemble comme pour les détails, indiquer les points où doivent être opérés les déblais comme les remblais; bref, faire bien comprendre aux terrassiers la carcasse de l'œuvre entière pour qu'ils puissent aborder sans hésitation la part de travaux qui leur incombe.

La deuxième opération précitée s'appelle *le stationnement.*

Avant de pouvoir procéder au tracé de la carcasse de l'œuvre, il faut en examiner encore une fois l'axe et le compléter au besoin, en conformité du but actuel.

Dans les droites, il faut en chaque point, devant servir à la détermination du tracé des constructions, bien préciser la direction de l'axe; car nous savons qu'en fait de stationnement, on n'attache pas une très-grande valeur au placement, et d'une exactitude parfaite, les points intermédiaires; d'ailleurs on aura souvent besoin d'intercaler des points intermédiaire, pour donner aux travailleurs un plus grand nombre de points de repère. De même pour les courbes en vertu du motif énoncé plus haut, il faudra souvent entre les points déjà existants en intercaler d'autres.

Par contre, maints points donnés, lors du tracé du projet, nécessaires pour évaluer aussi exactement que possible le cube à extraire, ne seront point utiles pour l'établissement du tracé des constructions et pourront par conséquent être négligés.

Le stationnement pour le tracé des travaux n'a donc d'autre but à atteindre que celui du tracé du projet, la première opération n'ayant pour objet que de fixer aux travailleurs les points nécessaires pour la parfaite exécution des travaux, tandis que la seconde ne doit tenir compte que des points qui influent sur la cubature.

Expliquons cela par l'exemple suivant : sur un terrain plat, il arrivera très-souvent qu'entre deux stations, c'est-à-dire sur un hectomètre de longueur, il ne faille aucun point intermédiaire pour le projet de construction, tandis que le travailleur a besoin, tous les 20 mètres, d'un point de repère sûr pour l'achèvement de l'œuvre.

Par contre, sur un terrain très-accidenté, on peut faire, en vertu des nécessités du projet des travaux, un piquetage (*Ampflockung*), tandis que le travailleur pourra se contenter de distances de 5 à 10 mètres seulement.

Si, lors du tracé du projet, on voulait faire d'une pierre deux coups et fixer tout à la fois les points du projet et ceux du tracé des travaux, on se chargerait simplement d'un surcroît inutile de travail tant pour le projet que pour le devis des travaux et pour tous les calculs intermédiaires.

On pourrait sans doute, dans le protocole de stationnement ainsi que dans le profil en long, indiquer les points qui, ne servant qu'au tracé de la construction, doivent être exclus aussi bien du plan du profil que du calcul de la cubature; on éviterait ainsi le surcroît de travail précité, mais on n'y gagnerait pas grand'chose; car si l'on perdait les points du tracé, etc., il faudrait toujours compléter la ligne à nouveau, avant de pouvoir procéder à la détermination du tracé des travaux.

Il sera bon, mais pas toujours nécessaire, de donner et de niveler, avec l'instrument, ces nouveaux points de l'axe de la voie.

On pourra se passer, dans ce travail, du théodolite, s'il existe des points d'arrêt sûrs, pour la ligne et le niveau, assez peu éloignés les uns des autres pour qu'avec les jalons et la mire, on puisse obtenir le nouveau point à fixer avec une précision suffisante, aussi bien pour la position que pour la hauteur, par exemple dans des droites, déterminées par des perches à signaux placées exactement et où, du point en question, on aperçoit au moins deux signaux semblables; mais il ne faut pas que la perche la plus voisine soit trop rapprochée: la distance au point de nivellement le moins éloigné ne doit pas être de plus de 20 mètres; il ne faut pas non plus que l'opération soit hérissée de difficultés.

J'ai fait observer dans ces derniers temps que, pour le jalonnement du tracé d'un projet, on n'a plus l'habitude de poser le signal sur la ligne, mais bien en dehors; on marque la ligne elle-même par un jalon ou, si l'on ne peut l'enfoncer dans le roc, par un repère sur la pierre, de sorte que le signal montre seulement où il faut chercher le vrai point d'alignement. Toutefois je ne recommanderais nullement cette méthode, car d'abord elle entraîne une perte de temps pour tous les travaux ultérieurs qui ont rapport à ce point, l'ingénieur, s'il veut procéder sûrement, étant toujours forcé d'aller lui-même jusqu'à ce point et de le remplacer par un jalon, ce qui, en outre, peut devenir fort incommode, notamment quand il faut franchir des gorges impraticables.

En second lieu, il arrive très-souvent que la perche de tracé qu'on y a érigée ne peut être vue d'un grand nombre de points, quoique la perche de signal, bien plus haute, y soit visible, ce qui trop souvent occasionne des opérations auxiliaires qui font perdre du temps et ne contribuent pas précisément à l'exactitude des résultats.

En troisième lieu, la mire, quand elle est placée exactement et quand un autre point exact est donné, soit par un jalon, soit par un signal, cette mire, dis-je, fournit le moyen de se placer parfaitement dans la ligne, soit avec l'instrument, soit avec un jalon (dès que l'instrument permet à la vue de s'étendre), en partageant en deux, au moyen de la perche la plus rapprochée, la mire la plus éloignée.

On peut excuser (jamais recommander) ce jalonnement dans le seul cas où un terrain rocailleux rend particulièrement difficile la pose exacte et durable des signaux et où il faut hâter surtout l'exécution du tracé du projet; mais alors il incombe à l'ingénieur ou au géomètre, chargé de maintenir le niveau et la ligne pendant les travaux, de fixer les signaux avec une précision irréprochable, fût-ce à l'aide d'une maçonnerie.

Il est vrai qu'à mes objections sur ce point on répondait : « Oh! mon Jean ou mon Pierre est un homme à qui l'on peut entièrement se fier sur ce point. Bien plus, si d'un point je n'aperçois pas le jalon, j'ai assez d'autres points sûrs d'où je la vois, et je me dirige de ceux-ci vers le point en question, ce qui me rassure plus que je ne le suis en ne voyant que la pointe d'une perche, qui peut être sortie de sa position verticale. »

Très-bien, mais il s'agit de savoir si tout autre ingénieur appelé à agir, a toujours sous la main ce Jean ou ce Pierre, auxquels on peut tant se fier, s'il est réellement impossible de fixer la perche d'une manière durable et si l'on reconnaît aucun moyen de s'assurer de la position verticale de la perche, sans opérations par trop longues. Mais ce qui est certain, c'est que toute rectification définitive de la ligne devenue nécessaire pendant les travaux où l'on suit la méthode précitée, fait perdre du temps aux ingénieurs et aux ouvriers, ce qui est dispendieux et ne contribue pas aux progrès de l'œuvre ; de plus, les fauteurs de cette manière de fixer la ligne prennent difficilement la résolution ou ne trouvent guère le temps de procéder aux rectifications définitives de ligne si fréquentes et si inévitables ; tout cela ne plaide pas en faveur de leur principe.

Si, pour comble de malheur, comme dans la division générale des chemins de fer de l'Empire d'Allemagne, la distribution du service est telle qu'un géomètre est chargé de la ligne, et un ingénieur du niveau, au point qu'en cas de besoin, il faille faire venir un géomètre de plusieurs milles de distance, chaque petite vérification définitive de ligne présente un fait remarquable dans l'histoire des constructions.

Quand les tranchées sont peu profondes, en tous cas lorsqu'elles ont 2 mètres de profondeur, si les travaux ont lieu dans de la terre ordinaire, on peut facilement transférer le niveau et même la ligne dans la base de la tranchee ; on ne fait pas descendre en creusant le point de tracé en question, mais on le laisse debout sur un cône de terre, jusqu'à ce qu'avec le cordeau on puisse le placer sur la base.

Pour employer le cordeau, on place sur le clou du piquet, qui indique la position exacte de l'axe, le coin d'une latte servant de règle et l'on projette de celle-ci deux points sur la base de la tranchée ; ces deux points sont garnis de chevilles et, par surcroît d'exactitude, d'un clou à leur sommet ; à peu près normalement au plan de cette première opération, on renouvelle la même manœuvre ; puis on creuse la base du cône de terre et l'on enlève ce cône ; ensuite on tend des cordeaux par-dessus les quatre points obtenus de la sorte et leur point d'intersection reproduit exactement la position du point de l'axe. On comprend qu'avant l'enlèvement du cône, le niveau a dû être transféré sur la base de la tranchée.

On peut conserver de même la ligne et le niveau pour des chaussées de 3 à 4 mètres de hauteur avec une précision suffisante, du moins pour les travaux de terrassements, en effectuant de forts profils allant jusqu'à la nivellette.

Quand les tranchées sont plus profondes ou quand on creuse des rochers, à mesure que les travaux avancent, la perte de la ligne est un accident inévitable ; il en est de même pour des chaussées élevées, dont on ne peut faire des profils durables dans toute leur hautenr.

La nature de l'opération exige donc le fréquent renouvellement de la ligne et du niveau, durant les travaux, ainsi que l'emploi sur les lieux d'un théodolite régulier, muni d'un cercle horizontal. Il faut de plus inscrire au devis des frais une section pour les dépenses de tracés, établir par conséquent un compte de tracés, où figureront le traitement d'un ingénieur, les salaires des ouvriers qu'il dirigera, les matériaux tels que piquets, signaux, couleurs, payement des instruments par termes, etc.

Pour spécifier à l'avance, dans le devis, le montant de cette section des dépenses, il faudra surtout tenir compte de la nature du terrain; car, par exemple sur un terrain plat, où les chaussées n'alternent que rarement avec les tranchées et où les chaussées n'atteignent guère qu'une hauteur, qui permet aisément un profil jusqu'à la nivelette, cette section comprendra un chiffre minime de dépenses; par contre, dans un terrain accidenté, sur un fond rocailleux, les dépenses de tracés s'élèveront à une assez forte somme.

Sur un terrain uni, ce chiffre pourrait être exprimé par les frais d'un premier travail de jalonnement et de nivellement, qui doit être effectué peu de temps avant la fixation des travaux de la surface, encore une fois à l'effet de fixer la plate-forme de la chaussée et de la tranchée, gâtée par les éboulements, si, en pareil cas, on prend possession de toute la ligne, si l'on commence les travaux et que l'on ébauche l'œuvre entière dans un court laps de temps. Toutefois on n'agit ordinairement pas de la sorte, mais on occupe les espaces par des portions de travaux progressant peu à peu (nous discuterons plus tard les causes de ce mode de travail), de telle sorte qu'ils soient achevés autant que possible simultanément avec les portions plus difficiles que l'on rencontre certainement sur une voie d'une plus grande extension; aussi perd-on souvent des portions des tracés primitifs, portions que l'on est forcé de remplacer.

Au contraire, sur un terrain accidenté, particulièrement là où des gorges de rochers escarpés alternent avec des talus abruptes, il faut renouveler souvent la ligne aussi bien que le niveau, d'abord parce que les points sont bientôt recouverts de terre, que les points de talus se perdent par les fouilles et ne peuvent guère être transférés à l'aide de cordeaux à cause de la profondeur ordinairement plus grande des tranchées, ensuite parce que, dans un terrain rocailleux, toute erreur, concernant le niveau et la ligne, se paye nécessairement fort cher vu les mines si dispendieuses qui doivent la réparer.

D'après mes notes, il a fallu pour compléter et renouveler l'axe de la voie, durant les travaux :

En plaine, par kilomètre, environ.	1,5 postes d'ingénieur et	6 postes d'ouvriers.
Sur des coteaux, par kilomètre, environ. . .	5 —	25 —
Sur un terrain fort accidenté, mais non rocailleux	10 —	40 —
Sur des rochers déchirés.	13,5 —	54 —

et les frais ont été, par mètre cube, en moyenne de $0^q,002$ à $0^q,02$ ou d'un demi-pfennig à 5 pfennigs.

Quand on a réglé ce qui concerne l'axe des travaux, on peut s'occuper des profils.

Nous le savons déjà, les profils constituent la carcasse, que la masse de terre est appelée à remplir; pour les tranchées, les profils ne peuvent qu'indiquer la direction dans laquelle les talus, creusés jusqu'à la profondeur prescrite, indiquent la masse de terre à déblayer. Pour des digues, si on le juge convenable, on peut représenter par un échafaudage tous les remblais qu'il s'agit d'effectuer.

Pour les profils, on emploie ordinairement des lattes d'une largeur de 5 centimètres et d'une épaisseur de 2 centimètres et demi, lesquelles indiquent les talus; c'est seulement pour les profils des chaussées que l'on se sert, quand elles sont élevées, de bois ronds qui sont plus solides.

De même que les profils transversaux de terrain doivent toujours être perpendiculaires à l'axe, de même les profils de travail doivent être perpendiculaires à cette ligne.

Les instruments. employés pour les profils, sont : le disque en croix ou le tambour à angles pour l'indication des perpendiculaires des verges à tracés, la latte à mesurer, la libelle, le fil à plomb et l'angle à talus.

Faute de disque en croix ou de tambour à angles, on peut se servir aussi d'un angle en bois, dont les côtés doivent avoir au moins 1 mètre de longueur; mais, dans ce cas, il faut deux cordeaux à mesurer, dont l'un est tendu dans la direction du deuxième côté. Cette opération, sur un terrain accidenté, où l'on ne peut pas directement mettre l'angle au cordeau, demande bien plus de temps que l'opération faite avec le disque en croix.

La latte à mesurer est construite de telle sorte qu'on puisse la réunir, au moyen d'une rainure, avec la libelle; cette latte forme donc pour la libelle une espèce d'encadrement, long habituellement de 4 mètres (*fig.* 90); on peut aussi confectionner cette latte avec une planche ra-

Fig. 90.

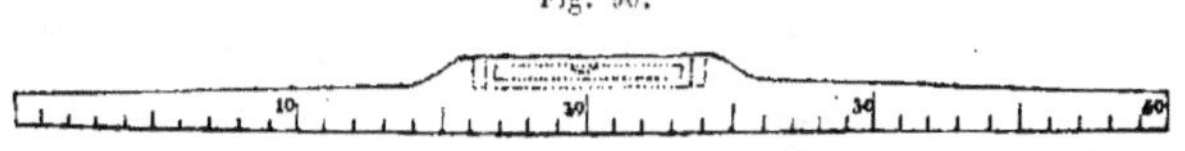

botée, large de 15 centimètres, épaisse de 2 à 3 centimètres, aux bouts de laquelle sont pratiquées des entailles pouvant recevoir des crochets : on y place, en l'assujettissant faiblement, la libelle ou, à défaut de libelle, la balance à pains de plomb (*schrotwaage*) (*fig.* 91).

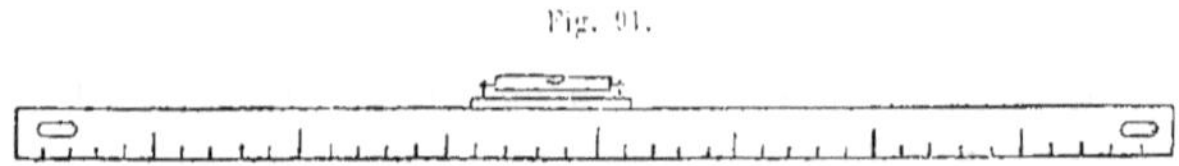

Fig. 91.

Dans le premier cas, on rectifie la latte à mesurer comme formant un ensemble ; dans le second cas, seulement la libelle ou la balance à pains de plomb pour elle-même, en ayant soin, bien entendu, de faire qu'un côté au moins de la latte soit une ligne droite. Pour simplifier l'opération du mesurage, la latte à mesurer est divisée en mètres et décimètres ou en pieds et demi-pieds, suivant l'unité de mesure adoptée pour le projet.

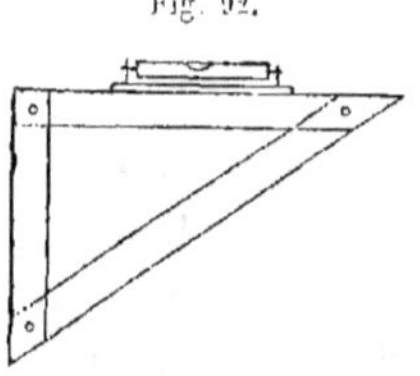

Fig. 92.

Les angles de talus sont : ou bien des triangles rectangles, construits de telle sorte que, si l'un des côtés de l'angle droit est placé horizontalement, l'hypoténuse indique la direction du talus désiré ; ou bien des triangles obtusangles, dont le côté le plus long indique la direction du talus, quand un fil à plomb, adapté au sommet de l'angle obtus, marque les subdivisions de la base du triangle isocèle inscrit (*fig.* 92 et 93).

Quand le terrain est presque horizontal, le relevé des profils se réduit à une opération très-simple ;

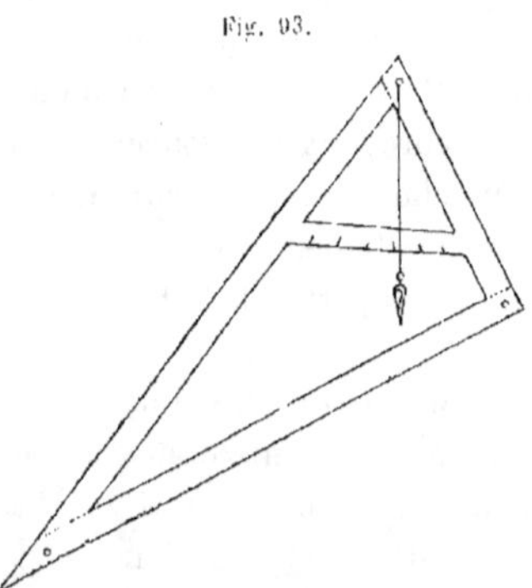

Fig. 93.

il est vrai que, même pour des terrains accidentés, les difficultés techniques ne seraient pas grandes non plus, abstraction faite de la périlleuse nécessité de gravir souvent des parois verticales de rochers : mais, à force de vétilles, on s'est ingénié si bien, dans ces derniers temps, par-ci, par-là, que l'on a converti en un problème ardu une chose parfaitement simple en elle-même.

« Considérons d'abord (*) le cas où le terrain diffère peu du plan hori-

---

(*) La traduction textuelle de cette partie de l'ouvrage se prêtant peu aux habitudes françaises, on a dû faire une traduction libre reflétant les idées de l'auteur.

(*Note du traducteur.*)

zontal et supposons que l'on veuille déterminer le profil d'une tranchée dont la largeur à la base soit b, que la profondeur dans un endroit donné soit h, que la tangente de l'inclinaison de l'un et l'autre talus sur la verticale soit m. On accusera, au moyen de lattes, verges, etc., la direction de la perpendiculaire à l'axe de la voie menée par un point I de cet axe servant de base d'opération. A partir du point du terrain correspondant verticalement à I, on mesurera, transversalement, dans l'un et l'autre sens, et à une hauteur au-dessus de ce point que nous désignerons par a ($0^m,60$ à $0^m,80$), une longueur égale à $(h+a)m + \dfrac{b}{2}$ (*fig.* 94),

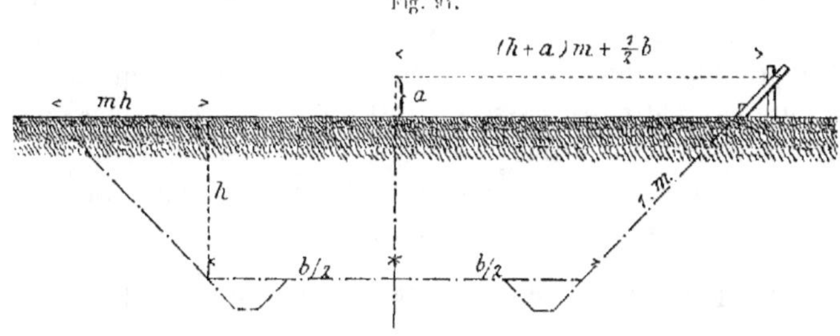

dont l'extrémité déterminera en projection horizontale, sur le terrain, un point J. On repérera ce point au moyen d'un piquet d'une hauteur convenable; mais au niveau ci-dessus indiqué, on fixera à ce piquet une latte (maintenue à sa base par un second piquet) inclinée dans le sens du talus ayant la pente voulue, déterminée par l'angle de talus (*fig.* 95). »

Si le terrain est incliné, on procédera de la même manière. S'il résulte, par exemple, de l'inclinaison du terrain (*fig.* 96) qu'avec l'horizontale

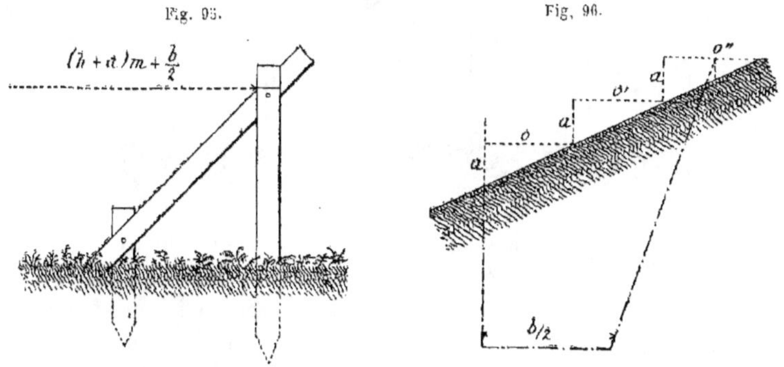

que l'on voudrait tracer à la hauteur $h+a$, dans la direction du profil et vers la montagne, on atteigne le terrain déjà au point o, c'est-à-dire à une distance plus courte que $(h + a)m + \dfrac{b}{2}$, il faudra élever là une nouvelle verticale et la longueur correspondante devra être $(h + 2a)m + \dfrac{b}{2}$; si la ligne horizontale rencontre encore une fois le terrain plus tôt que ne l'indique la distance calculée ci-dessus, on renouvelle l'opération, et cela jusqu'à ce que la distance totale $(h + na)m + \dfrac{b}{2}$ atteigne le niveau voulu; c'est alors là qu'on enfonce le piquet, qu'on y trace au crayon la hauteur évaluée et que l'on établit le profil comme auparavant. Naturellement on attribuera, dans ce cas, à a une hauteur plus grande, c'est-à-dire de 16 à 17 décimètres.

On procédera absolument de même dans la vallée ou quand il s'agira de faire le profil des chaussées; il est toutefois à remarquer que, pour des chaussées ayant moins de 4 mètres de hauteur, on établit les profils jusqu'à la nivelette, tandis que, pour des hauteurs plus grandes, on ne fait le profil que pour le pied de la chaussée.

Dans le premier cas, on enfoncera à la distance $\dfrac{b}{2}$ un piquet de telle sorte qu'elle dépassera le terrain de 60 à 80 centimètres, on y tracera au crayon la hauteur évaluée $(h - a)$; on prendra ensuite deux lattes, x et y (*fig.* 97). La latte x a une longueur suffisante pour qu'on puisse

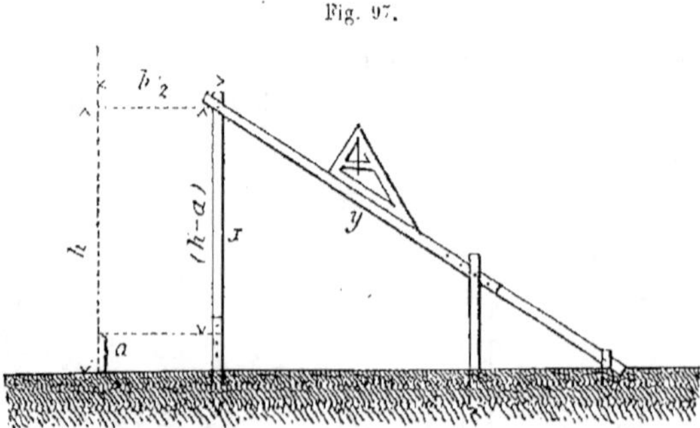

Fig. 97.

la consolider, au moins dans une longueur de 5 décimètres, sur le piquet précité, de manière que son extrémité supérieure se trouve à la hauteur de la nivelette; il faut les réunir ensemble à leur extrémité au moyen d'un clou et tracer sur la latte x, avec un crayon, une marque à la hauteur $(h - a)$. On dressera ensuite cette paire de lattes et l'on fixera la première dans une position verticale à l'aide de clous; de telle sorte que, au piquet, les deux marques se toucheront. La deuxième latte y pivotera ensuite autour du clou d'en haut comme autour d'un centre jusqu'à ce que l'angle de talus superposé indique qu'elle prend la position du talus désiré; dans cette position, on l'assujettira à un second piquet. Si elle n'atteint pas le pied du talus, on peut l'allonger convenablement au moyen d'un autre morceau; si elle est trop longue, on se contente de la rogner.

Si les chaussées sont élevées, on ne fait le profil que de leur base et l'on procède absolument comme nous avons dit qu'il fallait s'y prendre pour les tranchées. Sur un terrain rocailleux où l'on ne peut enfoncer de pieux et où les tranchées sont ordinairement limitées par des talus fort escarpés, on ne peut travailler strictement d'après les profils; on se contente donc généralement d'indiquer par des repères les points où le futur talus devra être taillé dans le terrain. Sur un sol semblable, il faut consolider par des murs en pierres sèches les profils des chaussées.

Quand on a fait, en entier ou en partie, les profils d'une tranchée ou d'une chaussée, on trace la ligne d'intersection de talus et du terrain; sur un sol terreux, on creuse, avec la bêche ou la pioche, la ligne droite de raccordement entre deux points du profil, ligne formée à cet effet par un cordeau; sur un sol rocailleux, on indique cette ligne au moyen d'un lait de chaux.

Faire les profils d'après la méthode indiquée ci-dessus, de manière à déterminer, par le dessin linéaire, les points d'intersection des talus et du terrain, sur des plans de profils transversaux, et de les transférer ainsi, sans façon, sur le terrain, constitue une pratique peu recommandable; car d'abord les inégalités de terrain donnent naissance à de grandes inexactitudes; ensuite, dans des conditions normales, on peut confier cette tâche à un agent de classe inférieure, à un conducteur sûr, à un chef de poste ou d'escouade, ce qui ne pourrait guère s'effectuer si l'on recourait à des plans.

Sans doute il faut renoncer à l'emploi de ces agents subalternes, pour l'exécution des profils, quand il s'agit, par exemple, lors de la construction de chemins de fer, de procéder au surhaussement et à l'élargissement des voies courbes, quand il faut construire des chaussées sur une ligne brisée de profils transversaux: parfois, comme nous en montrerons un exemple, l'opération devient tellement compliquée qu'elle ne peut être accomplie avec succès que par des personnes capables de résoudre vite et nettement les problèmes divers qui surgissent à tout moment; par des personnes assez perspicaces pour deviner à la vue de chaque profil les circonstances secondaires qui peuvent en modifier la forme; par des personnes qui ont le don de convevoir dans leur esprit l'ensemble des profils qu'il s'agit de confectionner.

12

Citons ici deux exemples de profils semblables pour mieux faire comprendre ce que nous venons de dire. A cet effet, nous sommes forcé d'intervertir l'ordre du présent ouvrage et d'indiquer les règles qui prescrivent, lors de la construction de plusieurs chemins de fer, de se préoccuper des remblais de digues.

Sur les anciens chemins de fer, tels que les chmins de fer impériaux et royaux, celui de la Theiss, le chemin Élisabeth, celui de Transylvanie, etc., pour les chaussées en terre ou en pierres (*fig.* 98), que le terrain fût horizontal ou incliné, on admettait $v = \dfrac{h}{20}$; sur le chemin de fer impérial et royal du Sud, pour les chaussées en terre, le terrain étant

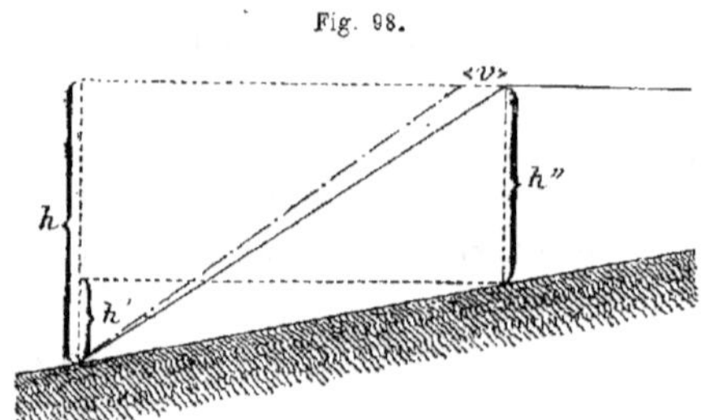

Fig. 98.

horizontal $v = \dfrac{h}{8}$, incliné $\dfrac{h''}{8} + \dfrac{h'}{12}$; pour les chaussées en pierres, le terrain étant horizontal $v = \dfrac{h}{20}$, incliné $v = \dfrac{h''}{30} + \dfrac{h'}{60}$; sur le chemin de fer autrichien du Nord-Ouest, le terrain étant horizontal et terreux, $v = \dfrac{h}{25}$; pour des chaussées en pierres, $v = \dfrac{h}{25}$. L'inspection générale des chemins de fer impériaux et royaux veut, pour les digues en terre sur un terrain horizontal, que $v = \dfrac{h}{15}$; pour un terrain incliné, $v = \dfrac{h''}{15} + \dfrac{h'}{30}$; pour des chaussées en pierre avec un talus de $\dfrac{5}{4}$ de pied et sur un terrain horizontal $v = \dfrac{h}{20}$; sur un terrain en pente $v = \dfrac{h''}{20} + \dfrac{h'}{40}$; pour des digues en pierres avec un talus d'un pied sur un terrain horizontal $v = \dfrac{h}{25}$; sur un terrain incliné $v = \dfrac{h''}{25} + \dfrac{h'}{50}$.

Cela posé, nous procéderons d'abord à des profils de chaussées d'après les règles citées en dernier lieu, c'est-à-dire d'après les règles les plus nouvelles.

Admettons que la chaussée, dont il faut tracer les profils, soit placée dans l'arc d'un rayon de 180 mètres sur un terrain incliné (*fig.* 99), et un sol meuble ayant un talus de 1 pied et demi; cette chaussée devra servir

de base à un seul couple de rails ; la largeur du couronnement sera de
52 décimètres ; la vitesse maxima des trains qui parcourront la voie sera,

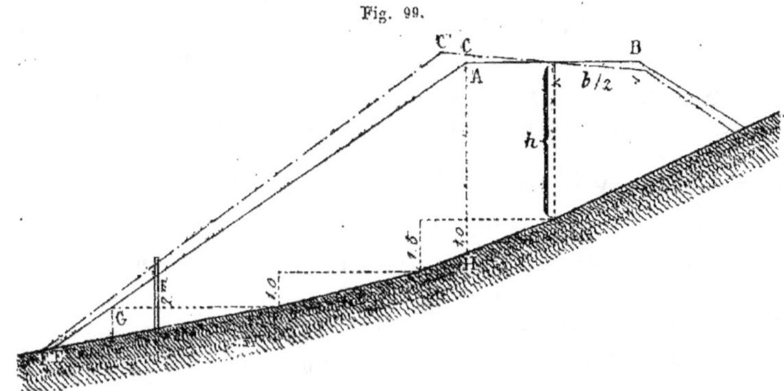

Fig. 99.

à cause des montées et des détours, de 45 kilomètres par heure. De tout
cela résultera le calcul suivant :

A $1^m,435$, largeur normale du couple de rails, et à la vitesse précitée
des trains répond un exhaussement de $0^m,0816$; d'où l'inclinaison du
plan des travaux inférieurs $\dfrac{0,0816}{1,435} \times 5,2 = 0,296$, ou, en répartissant
sur les deux côtés, $AC = BD = 0^m,148$. L'élargissement du couple de
rails est, pour ce rayon, $0^m,02$ et partagé $0^m,01$; il faut donc faire dépasser au pied du talus la verticale de $\dfrac{3}{2}(0,148) + 0,010 = 0,232 = EF$.

Dans la nature, on est, en pesant, descendu de la cheville de l'axe
jusqu'à H 1 mètre et jusqu'à G, ensemble 25 décimètres ; ainsi
$2,5 + h = 2,5 + 4,5 = 7$ mètres. Le talus à 1 pied et demi, étant arrêté,
est rencontré par le point de pied normal du profil vers E ; si l'on dépasse $EF = 0,232$, on obtient le point de pied correspondant au calcul
ci-dessus ; la différence de hauteur entre F et G est mesurée par 1 mètre ;
donc la différence totale de hauteur entre la nivelette et le point de pied
est 8 mètres ; ajoutez-y la hauteur $AC = 0^m,148$, totale $8^m,148$, dont
$h'' = 4,5 + 1 + 0,148 = 5^m,648$ et $h' = 2^m,5$. En général, pour la donnée
$\dfrac{5,648}{15} + \dfrac{2,5}{30}$, $v = 0,376 + 0,083 = 0,459$. Quand on ne veut donner au
pied des talus qu'une hauteur de 2 mètres, il faut d'abord poser la latte
d'après le talus de 1 pied et demi ; on fait une entaille au poteau de
profil d'une manière d'autant plus verticale que l'on mesure, dans le
sens horizontal, pour la nouvelle pose de la latte $\dfrac{0,459}{8,148} \times 2 = 0^m,112$.

Maintenant on peut consolider la latte et l'allonger à mesure que le travail avance, après quoi les autres profils peuvent être faits par les ouvriers eux-mêmes. Il faudra procéder d'une manière tout à fait semblable pour l'autre face des profils; seulement la largeur qui résultera de l'exhaussement du cordeau des rails devra y être additionnée avec des signes négatifs. Si les remblais sont arrivés jusqu'à 1 mètre environ au-dessous de la nivelette, on peut procéder aux profils du point C', qui est à $\frac{b}{2}+0,431 = 3,031$ de distance de l'axe et placé de $\frac{3,031\times0,148}{2,6} = 0,173$ plus haut que la nivelette; on construira aussi le talus correspondant.

Les travaux de tranchées s'effectuent avec plus de simplicité, parce qu'on n'a pas à s'y préoccuper du placement.

Si nous admettons qu'on fasse une tranchée dans le même arc (*fig.* 100), tranchée qu'il faille exécuter avec un talus d'un pied, si de

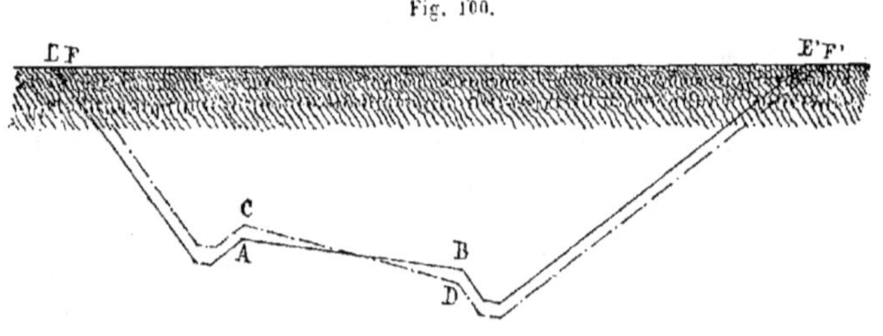

Fig. 100.

plus la largeur normale mesurée à la base des fossés latéraux est $b = 7^m,2$ et que la base des fossés soit de $0^m,72$ au-dessous de la nivelette, nous aurons $\frac{0,0816}{1,435}\times7,2 = 0,409$ et, en répartissant entre les deux côtés, $AC = 0,204$; quand le talus est d'un pied, on diffère la coupure du talus avec le terrain $EF = 0,204 - 0,010 = 0,194$, avec la différence que cette fois-ci le pied du profil de l'axe doit être rapproché de la longueur de cette mesure, tandis que pour le profil de la digue, il devait être éloigné dans la mesure de 0,232. Les autres opérations sont les mêmes dans la méthode ordinaire pour faire les profils.

On pourra maintenant simplifier un peu le travail en calculant à l'avance et en rangeant sous forme de tableau, pour les exhaussements réclamés par un chemin donné, les reculs des talus tels qu'ils résultent pour les différents rayons de courbure et pour les angles des talus, dans les tranchées et les endiguements. Ce tableau pourrait dès lors être consulté avec fruit, même pour les voies qui, relativement aux arcs plus rapprochés des gares, réclament l'exhaussement des rails pour une

vitesse de locomotive moindre, toutes les fois que les arcs sont à
1 000 mètres de la station (*).

Il est donc probable que personne ne s'avisera d'affirmer que des profils
semblables, même sans tableaux, sont des problèmes difficiles pour un
ingénieur ; mais il peut très-bien se faire que l'ingénieur, forcé de partager
son attention entre le travail manuel et le calcul, oublie de tenir compte
de tel ou tel chapitre ; ou bien après avoir fait les profils d'une tranchée,
il continuera le travail de la digue et il poussera les talus dans la même
direction, comme il a toujours agi relativement aux profils de tranchée x
ou vice versa ; quant à laisser la direction de ce travail à un maître,
chef d'escouade ou figurant, c'est ce qu'il faut bien se garder de faire.

Avant de terminer ce chapitre, nous croyons nécessaire de mentionner
une méthode de tracé à laquelle il faudra recourir très-fréquemment et
qu'on oublie dans le tracé du projet : c'est le déchevillage de ce qu'on
nomme les courbes d'*Auschleifurg* (évitement).

Des nécessités du service veulent que, notamment pour des arcs plus
aigus, la voie s'éloigne de la ligne droite par une courbe plus douce et
n'entre que peu à peu dans l'arc du projet.

On peut opérer cette transaction de différentes manières, dont la plus
pratique nous semble la suivante, notamment lorsque dans le tracé du
projet, comme c'est ordinairement le cas, on n'a pas tenu compte des
arcs d'évitement :

Que l'on adopte, une fois pour toutes, un rayon minimum R, avec
lequel sera décrit tout arc formant tangente à la ligne droite ; que l'on
fixe la longueur b, que cet arc doit avoir dans toutes les circonstances ;
que l'on détermine enfin un rayon minimum R' pour l'arc, qui doit relier
l'arc d'embranchement avec l'arc du projet, et que l'on adopte aussi
pour celui-ci une longueur b'.

Pour pouvoir relier plusieurs arcs de cette manière, il faudrait, à vrai
dire, reculer à une distance notable la tangente primitive ; mais cela
serait long et fâcheux aussi bien pour de longues tangentes que particulièrement dans le cas où l'arc en question est suivi ou précédé d'un
arc tournant dans une direction opposée. Il vaut mieux diminuer le rayon
de la courbe du projet r d'une faible quantité a, insignifiante en ce qui
concerne le service du chemin de fer. Il faut toutefois faire coïncider
exactement avec le centre de l'arc du projet le centre de l'arc à décrire
avec le rayon $(r - a) = r''$.

<hr>

(*) Sur beaucoup de voies on adopte, pour des arcs éloignés de la station d'une distance
de 200 mètres, une vitesse de 22 kilomètres par heure ; pour 450 mètres, 30 kilomètres ; pour
700 mètres, 38 kilomètres ; pour 900 mètres, 45 kilomètres, et pour 1 000 mètres, 52 kilomètres.

Ici, naturellement, suivant la grandeur de r, R' et R, le commencement de l'arc devra être reculé, relativement à celui du projet, d'une distance quelconque c vers N.

Soit (*fig.* 101) $AE = R$, $BD = R'$, $\overline{AB} = b$, $\overline{BC} = b'$, $\overline{AJ} = r$, $\sphericalangle DEG = \alpha$, $\sphericalangle BDC = \beta$ et $\sphericalangle DGH = \gamma = \alpha + \beta$; de plus $KF = \overline{AE}$ et $CF = r' = (r - a)$, on a $DH = (R - R') \sin \alpha$, $GH = DH \cot g\, \gamma$ et $HE = (R - R') \cos \alpha$, $\overline{AG} = R - GE$, $JF = (\overline{AG} - r)\, \mathrm{tg}\, \gamma = c$ et $r' = R' - (R - \overline{HE} - R) \sec \gamma$.

Fig. 101.

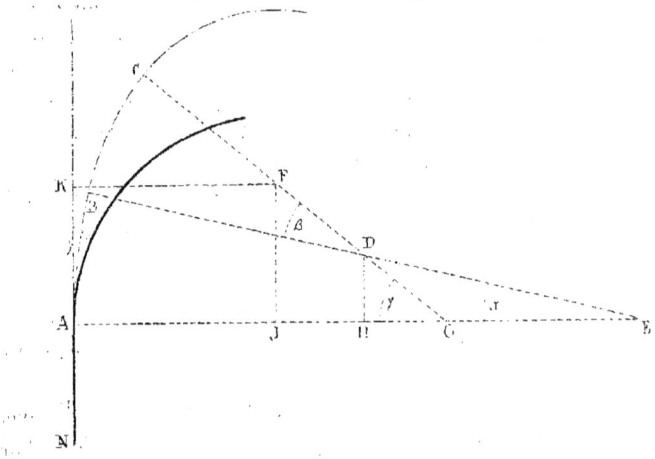

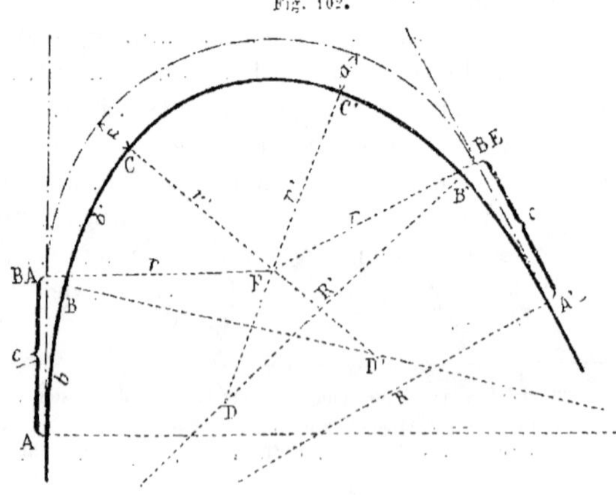

Si l'on se figure maintenant le commencement de l'arc de la courbe d'embranchement reculé vers N jusqu'à ce que F tombe sur J et K sur A,

Fig. 102.

il sera satisfait à toutes les conditions énoncées plus haut (*fig.* 102), à moins que par là r' ne soit diminué tellement que l'on ne puisse satisfaire aux droits que le service pourra faire valoir ou que le projet des travaux soit considérablement altéré.

Si l'on prend, ce qui répond certainement aux exigences les plus rigoureuses du service, R $= 2000$ mètres, R' $= 1000$ mètres, $b = b' = 20^m$, on obtient le tableau suivant, IX, dans lequel c indique la distance qui

TABLEAU IX.

r	R	R'	r'	a	$b = b' =$	c	ORDONNÉES POUR UNE ABSCISSE DE			
							9,99	19,97	29,95	39,93
200	2000	1000	199,591	0,409	20,0	33,96	0,025	0,100	0,249	0,648
300	2000	1000	299,636	0,364	20,0	30,96	0,025	0,100	0,249	0,648
400	2000	1000	399,681	0,319	20,0	27,97	0,025	0,100	0,249	0,648
500	2000	1000	499,725	0,275	20,0	24,94	0,025	0,100	0,249	0,648
600	2000	1000	599,721	0,229	20,0	21,97	0,025	0,100	0,249	0,648
700	2000	1000	699,815	0,185	20,0	18,98	0,025	0,100	0,249	0,648
800	2000	1000	799,861	0,139	20,0	15,98	0,025	0,100	0,249	0,648
900	2000	1000	899,905	0,095	20,0	12,98	0,025	0,100	0,249	0,648
1000	2000	1000	999,950	0,050	20,0	9,99	0,025	0,100	»	»
1100	2000	»	1099,955	0,045	20,0	8,99	0,025	0,100	»	»
1200	2000	»	1199,960	0,040	20,0	7,99	0,025	0,100	»	»
1300	2000	»	1299,965	0,035	20,0	6,99	0,025	0,100	»	»
1400	2000	»	1399,970	0,030	20,0	5,99	0,025	0,100	»	»
1500	2000	»	1499,975	0,025	20,0	4,99	0,025	0,100	»	»
1600	2000	»	1599,980	0,020	20,0	3,99	0,025	0,100	»	»
1700	2000	»	1699,985	0,015	20,0	3,00	0,025	0,100	»	»
1800	2000	»	1799,990	0,010	20,0	2,00	0,025	0,100	»	»
1900	2000	»	1899,995	0,005	20,0	1,00	0,025	0,100	»	»
2000	2000	2000	2000	0,000	0,0	0,00	0,025	0,100	0,225	0,399

sépare le commencement de l'arc de la courbe d'embranchement d'avec le commencement de l'arc de la courbe du projet.

Naturellement l'arc reliant du rayon $R' = 1\,000$ ne sera utilisé que là où $r < 1\,000$ mètre, tandis que tous les autres arcs du rayon $r \gtreqless 1\,000$ se rattachent immédiatement à la courbe d'embranchement du rayon $R = 2\,000$.

On voit, par ce tableau, que la grandeur a, dont le rayon du projet doit être diminué, acquiert une valeur presque imperceptible qui ne peut exercer d'influence ni sur le service ni sur l'ensemble des travaux.

D'après ce tableau, le jalonnement de cette courbe, quand le tracé du projet est déjà effectué en campagne, est une opération très-simple : étant donné sur le terrain le nouveau commencement d'arc, conformément à la valeur de c, il faut jalonner la courbe d'embranchement ainsi que, quand il se présente, l'arc de transition avec des abscisses et des coordonnées, telles qu'elles sont indiquées dans les quatre dernières rubriques du tableau; il faut ensuite déplacer et pousser vers le centre chacun des anciens points de l'arc d'une distance égale à a. Au reste, cette dernière opération peut s'effectuer en même temps que celle des profils.

D'un autre côté, si l'on veut procéder à nouveau sur le plan inférieur terminé, au jalonnement du plan supérieur, la réduction du rayon r à r' n'a d'autre effet que de faire ajouter aux distances calculées d'arcs la grandeur a; à part cela, on opère absolument comme si l'arc avait le rayon r. Les preuves de l'exactitude de cette proposition se trouvent dans notre ouvrage intitulé *le Tracé des chemins de fer*, chap. I et III, où il est parlé des limites des erreurs à propos du jalonnement des axes.

CHAPITRE XI.

DÉBLAIS.

Nous avons parlé à plusieurs reprises, dans le chapitre IX, de l'influence, impossible à prévoir, que les inégalités de cohésion dans les terrains, l'action atmosphérique et notamment la présence de sources au sein de la terre peuvent exercer sur les travaux de terrassements; nous avons dit qu'il faut obvier à ces influences par des mesures spéciales, souvent difficiles et dispendieuses.

Nous nous proposons toutefois de traiter cette question dans la section suivante; pour le moment, nous ne voulons nous occuper que des travaux de déblais que l'on peut exécuter en différents cas, sans avoir à subir les influences précitées.

Voici le cas le plus simple : quand il faut construire un tumulus étroit, une digue de route ou de chemin de fer, à l'aide du terrain retiré d'un sol que l'on creuse en forme de fossé, on emploie exclusivement les brouettes à emporter les terres déblayées.

Si le tumulus à construire n'a pas plus d'un mètre d'élévation, l'opération peut s'effectuer très-aisément, d'après les mêmes profils, sans qu'un transport des matériaux soit nécessaire. Si la hauteur des digues doit être plus grande, il faut, pour pouvoir gravir la digue avec les véhicules, pousser les matériaux hors du profil transversal, construire une voie plus longue et atteindre ainsi les proportions correspondantes de la montée.

Dans l'ouvrage déjà plusieurs fois mentionné *Introduction pratique à l'art de construire des terrassements*, par L. Henz, est recommandée la méthode suivante : Toute la fosse matérielle est partagée en un certain nombre de figures, dont chacune reçoit une escouade de travailleurs; chacune de ces escouades ne doit s'occuper que d'une seule couche, d'une épaisseur égale à celle des autres couches et proportionnée à la rampe montante; cette couche reçoit la forme d'un trapèze (*fig.* 103).

Fig. 103.

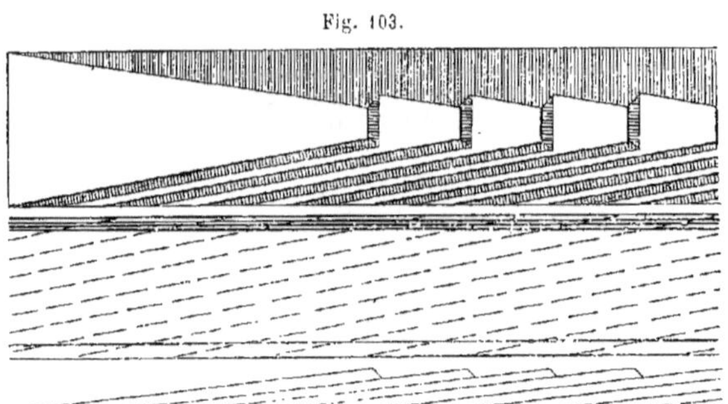

Si la pente des travaux est comme 1 est à 10, ce trapèze aura évidemment la même largeur en haut et en bas que le profil normal de la digue. Mais comme la surface de la coupe transversale de la fosse à remplir (et il ne peut en être autrement, s'il faut avec cela compléter le remblai) doit répondre au profil de la digue, eu égard à l'augmentation du matériel, la légende des figures à délimiter sera une fonction de la force de la couche et, dans le cas ci-dessus, elle sera dix fois aussi grande que celle-ci.

Si, par exemple, il faut remblayer une digue de 3 mètres de hauteur, de 5 mètres de largeur au commencement et d'un pied et demi de talus, la hauteur de ce trapèze serait de 30 mètres et, avec une hauteur de couche de 0,5, la largeur de la figure sera de 5 mètres.

Ici les talus de digue tournés vers les fosses à remplir prendront d'abord la forme de gradins, attendu qu'il faut laisser de la place pour le chemin de montée; de plus le couronnement de la digue prendra la forme d'une scie; ces espaces devront ensuite être comblés lors des tableaux d'achèvement et d'aplanissement.

En employant cette méthode, il faut naturellement occuper la digue, à partir d'un des points de zéro ou de tous les deux, soit entièrement, soit jusqu'à une certaine longueur; mais si un pareil remblai, sur une hauteur variable, a un ou plusieurs milles de largeur, comme cela arrive souvent dans les pays de plaines, et si ensuite il est interrompu par des constructions, ce qui ne peut guère s'éviter, cette méthode ne peut être employée que lorsqu'à chacune de ces interruptions de digues, on travaille au moins à une pièce ayant des couches horizontales (*fig.* 104) ou une couche ascendante (*fig.* 105), afin d'obtenir une base pour les couches ultérieures.

D'un autre côté, on ne doit pas perdre de vue que cette méthode

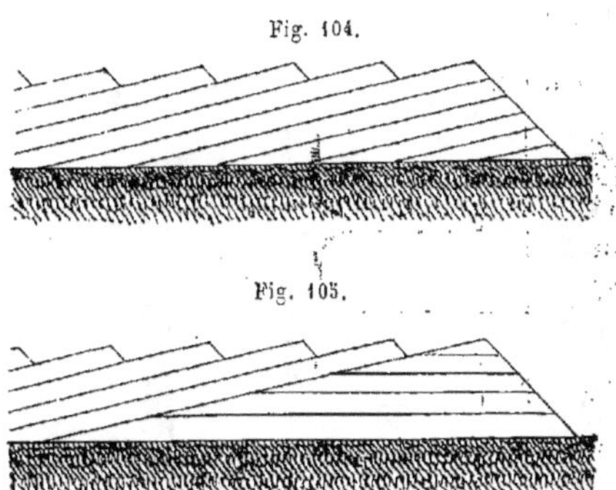

Fig. 104.

Fig. 105.

présuppose, pour toutes les figures, des opérations parfaitement semblables ; car si une escouade, ce qui arrivera souvent, fait plus de besogne que l'escouade qui la précède, par son activité, par sa force ou son habileté supérieures, elle ne tardera pas à atteindre l'ordre, et les travaux seront dérangés.

Nous parlerons d'un autre inconvénient quand il sera question des influences qui peuvent nuire à une digue.

En Autriche, que je sache, on n'emploie nullement cette espèce de remblais, mais on procède comme il suit :

Le fossé des matériaux est, comme nous l'avons dit plus haut, partagé en certaines figures qui sont assignées à des escouades spéciales, pour qu'ils y pratiquent des galeries.

Jusqu'à une certaine hauteur, 1 mètre ou 1^m,50 par exemple, les matériaux sont transportés hors du fossé que l'on creuse, d'après le même profil, sur la digue ; à cet effet, on commence le travail sur le rebord intérieur du fossé, et l'on étaye par de petits supports les planches longitudinales, pour atteindre cette hauteur de remblais avec la proportion ascendante de $\frac{1}{5}$ (ce qui, d'après le tableau I, est encore très-praticable à cette hauteur).

Si l'on atteint cette hauteur par un plan presque horizontal, les parois de la digue s'étendront obliquement le long du talus, dans la proportion d'ascension nécessaire, c'est-à-dire conformément à la plus grande hauteur, en tout cas à $\frac{1}{10}$; les planches longitudinales seront alors appuyées en dehors sur de petits soutiens ou placées sur les rampes taillées dans le corps du remblai (*fig.* 107). Ce dernier mode de montées était jadis interdit dans les stipulations relatives aux travaux de terrassements.

Pour toute hauteur de plan, les charretiers devront toujours établir une couche forte de 20 à 25 centimètres.

Souvent aussi, lorsqu'on a atteint une certaine hauteur, on modifie la direction des montées pour ne pas éprouver un trop grand déplacement dans telle ou telle direction ; cela peut être très-utile, notamment quand les remblais sont interrompus.

Fig. 105.

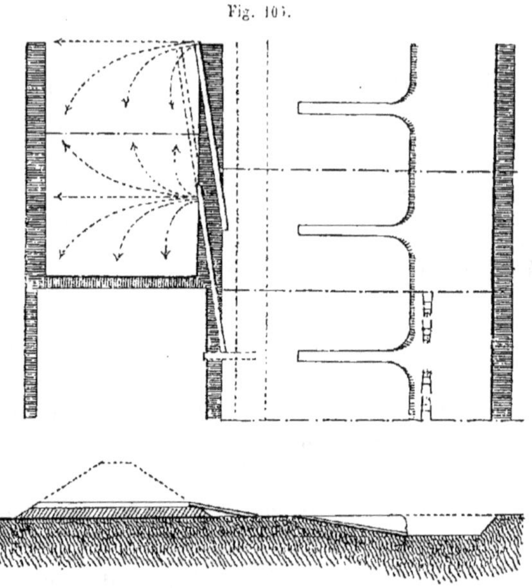

Si, par exemple, on a une digue haute de 5 mètres avec une largeur de couronnement de 4 mètres et un talus d'un pied et demi et que l'on verse le premier mètre de hauteur dans le profil, lorsque, après avoir atteint la moitié de la hauteur de la digue, on change la direction des montées, on poussera la première moitié des matériaux encore restants, jusqu'à 25 mètres, dans une direction, et l'autre moitié jusqu'à 50 mètres, dans une autre direction, de sorte que tout le partage finit par prendre la tournure qu'il aurait si tout avait été transporté en profil.

Voici un deuxième cas presque aussi simple : quand, sur un terrain uni, il s'agira de faire un remblai avec de la terre prise dans une fosse adjacente, on donnera au remblai comme à la fosse une largeur considérable, comme lorsqu'il s'agit, par exemple, de construire une gare ; il n'est pas besoin, d'ailleurs, de réflexions approfondies pour façonner les rampes et montées les plus propres au transport des matériaux.

Dans ce cas, la distance à parcourir pour le transport sera telle que raisonnablement on ne pourra plus guère se servir de la brouette : il faudra le plus souvent recourir à des charrettes traînées par un ou deux chevaux.

L'emploi de camions ne sera guère jugé avantageux ; car en ne portant qu'à 90 kreutzers le salaire quotidien d'un charretier, celui d'une voiture à un cheval à 3ⁿ,50, la distance à parcourir, à 100 mètres, la pente de la route, à 5 p. 100, le prix du mètre cube serait, pour les camions, de 0ⁿ,227 et, d'après les tableaux II et III, pour une voiture attelée d'un cheval, de 0ⁿ,224.

Toutefois cette différence de prix ne serait pas encore un motif déterminant; mais il faut encore se dire que, si l'on a par exemple 1 000 mètres cubes à transporter par jour, les camions exigent, outre les terrassiers, 320 manœuvres pour le chargement et le transport, ainsi que 110 camions; si, au contraire, on emploie des tombereaux traînés par des chevaux, on n'a besoin que de 100 manœuvres et de 64 tombereaux. De plus, la surveillance des camionneurs augmenterait considérablement les frais. Il faut, en outre, une dépense première assez considérable pour la confection des camions, des planches longitudinales; tout cela, malgré la prévision d'une cote d'amortissement de 15 p. 100, exige un capital qui n'est point nécessaire quand on n'emploie que les tombereaux à traction de chevaux (*).

Dans tout ce qui vient d'être dit, il est bien entendu que l'on se sert de charretiers amenant chevaux et véhicules; il ne s'agit, pour la direction des travaux, ni de chevaux ni de voitures à acheter par la compagnie elle-même, expédient auquel elle ne doit recourir que dans des cas exceptionnels, comme nous l'avons dit en parlant des véhicules en général.

Mais, quand on remonte un terrain où l'on peut facilement utiliser une pareille fosse à déblais, on y trouve probablement une quantité de bêtes de train. Un simple calcul, basé sur les prix de la localité, pourra, dès lors, décider du choix des moyens de transport; ce choix fait, on procédera à la distribution des travaux. Prenons, pour plus de clarté, un cas déterminé.

Soit à tracer le plan d'une station de 600 mètres de long sur une largeur moyenne de 50 et une hauteur de 4 à l'aide d'un fossé latéral de 15 décimètres de profondeur sur 120 mètres de largeur. On aura donc 100 mètres pour distance directe du centre de gravité du creusement au centre de gravité des remblais, en tenant compte des talus de la digue et du fossé, et la différence de hauteur sera 2ᵐ,75. Mais comme, avec une largeur plus que double, le fossé n'a pour profondeur qu'un tiers environ de toute la différence de hauteurs, il faudra faire la plus grande

---

(*) Les frais d'entretien des véhicules, comme poutres longitudinales, charrettes, etc., figurent aux 15 p. 100 du tableau III, à propos du prix journalier des camions à traction de chevaux; en général, tous les frais de réparations incombent aux propriétaires des chevaux.

partie de la levée dans l'intérieur du corps des remblais et y chercher le développement en longueur correspondant au degré de pente à choisir.

Si les travaux doivent avoir lieu à l'aide de la pioche et de la bêche, il convient, en tout cas, de déterminer d'un coup toute la profondeur que devra avoir le creusement des matériaux, l'élargir au fur et à mesure que les travaux de construction avanceront, et l'on commencera par la partie du fossé la plus éloignée du lieu où devront s'effectuer les remblais.

On placera donc les véhicules aux quatre sections ab, cd, ef et fg (*fig.* 107); à chaque extrémité de ces sections, on établira des rampes

Fig. 107.

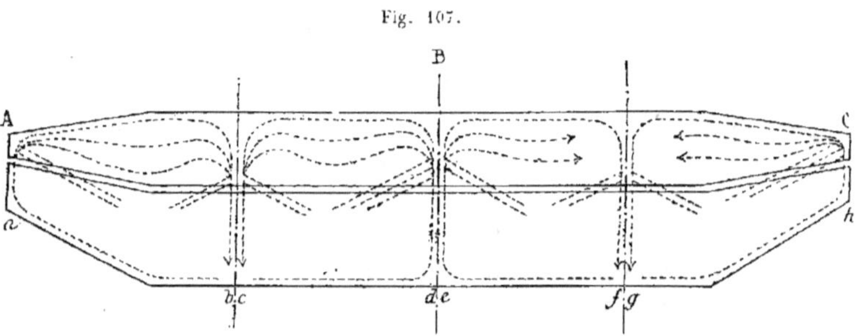

communiquant avec l'intérieur du fossé et l'on commencera les remblais au côté opposé de la digue ABC. La marche des voitures sera réglée de telle sorte que nulle part ne se rencontreront des véhicules vides avec des véhicules pleins; elle sera donc indiquée par des flèches comme dans la *fig.* 105, de a à b en passant par B, de d à c en passant par B, de e à f en passant par B, enfin de h à g en passant par C.

On fera naturellement à A, B et C des rampes de montées convenables, à peu près $\frac{1}{20}$ de pente; aux places de retour, pour les voitures vides, des rampes de descente d'une verticalité quelconque jusqu'à $\frac{1}{4}$.

On établira ainsi tout le plateau en montant, par couches successives, à l'exception d'une petite partie près de la digue tournée vers le fossé qui, s'élevant dans la même proportion avec le reste du terrassement, devra être emporté à l'aide de brouettes. Le travail se terminera par le déblayement des rampes de montée et de descente du fossé qui devront être semblablement transportées, à l'aide de brouettes, aux rampes respectives des remblais.

Le calcul du temps et de l'argent que coûtera le travail peut être établi comme suit :

Toute la masse à remuer se compose de 150 000 mètres cubes; depuis le jour du commencement jusqu'à celui de l'achèvement, 15 mois se seront écoulés; un de ces mois aura été employé à préparer les travaux, à apporter les outils et les ustensiles; les travaux suivants, l'aplanissement, etc., exigent pareillement l'espace d'un mois; durant les mois d'hiver, du 15 novembre au 15 mars, le froid empêche tout travail, de sorte que l'année ne donne, à vrai dire, que neuf mois de travail plein. De ces 270 jours, il faut retrancher 39 dimanches, 6 jours de fêtes, 60 jours de pluie ou de récoltes; enfin, comme immédiatement après de violentes averses, les voitures ne peuvent circuler sur un terrain argileux, il faut retrancher 15 jours en prévision de cette éventualité; il ne restera donc, dans une année, que 150 jours pendant lesquels on pourra travailler; il y aura donc 1 000 mètres cubes à déplacer chaque jour.

La masse qui devra être emportée par des brouettes devra être d'environ 12 000 mètres cubes, dont une moitié sera employée dans le dernier mois à aplanir le plateau; les 6 000 autres devront être remués avec le reste du travail. Il y a donc à emporter journellement 920 mètres cubes par véhicules et en même temps 40 mètres cubes par brouettes.

Les alentours peuvent fournir en quantité suffisante des attelages de bœufs, et d'après la charge qui, suivant les habitudes du pays, incombe à une paire de bœufs, on peut admettre que l'on charge en moyenne 1 mètre cube de sol mêlé de végétaux. La vitesse avec laquelle procède un pareil attelage est de 8 décimètres par seconde.

Le chemin que doit parcourir en moyenne un attelage, pour l'aller et le retour, est de 420 mètres, ce qui exige 525 secondes, c'est-à-dire 8 minutes 45 secondes ou 8 minutes 75 secondes. Il faut, en moyenne, 6 minutes 25 secondes pour s'arrêter, décharger, retourner et se ranger au lieu du chargement, en tenant compte des empêchements accidentels; cela fait qu'au total un voyage, aller et retour, exige 15 minutes. Les propriétaires de voitures peuvent fournir assez de véhicules pour organiser un système de stationnement; ils n'ont besoin d'emprunter que des brouettes à l'administration des travaux, brouettes qu'ils s'engagent à conserver et à restituer en bon état.

On peut, pour chaque voiture, employer deux chargeurs qui ne se gênent pas l'un l'autre, et comme il leur faut 30 minutes pour charger 1 mètre cube sur une voiture, il faut deux voitures stationnant et pour chacune deux chargeurs si l'on veut complétement utiliser la force de travail des bêtes de trait.

De la sorte, un attelage peut transporter par heure 4 mètres cubes, et par journée de travail de 10 heures 40 mètres cubes.

Il faut donc, en tenant compte des cas imprévus, 24 attelages, 72 voitures et 96 chargeurs. Il faut de plus occuper 180 terrassiers, chargés de fournir aux voitures les matériaux à emporter.

Enfin le service des brouettes exige par jour 10 terrassiers et 15 brouetteurs.

Le prix quotidien du travail d'un attelage de bœufs, dans cette contrée, est de 5 florins (12',50), mais il faut augmenter ce prix de 0',20 quand on veut accélérer les travaux; de la sorte, un attelage de bœufs coûtera par jour 6 florins (15 francs); la cote d'entretien et de réparation des deux voitures de stationnement augmente encore ces frais de 10 p. 100, de sorte que le salaire total d'une paire de bœufs s'élève à 6^{fl},50 (16',25) par jour, ce qui, sur 40 mètres cubes enlevés par jour, fait coûter le mètre cube 0^{fl},16.

En comparant ce résultat avec ceux que l'on obtient par la substitution à 1 des prix indiqués dans les tableaux II et III, on verra si l'on doit préférer ou non ce prix local à celui des camions ou des charrettes attelées d'un cheval.

Pour qu'il y eût égalité parfaite entre les deux modes de dépense, il faudrait qu'un charretier se contentât de 2^{fl},60 et une voiture à un cheval de 2^{fl},13, ce qui supposerait un rabais considérable provenant d'une concurrence extraordinaire en fait d'hommes, de véhicules et de bêtes de train.

Une manière intéressante d'exploiter les fosses à matériaux était celle que l'on employa à Kún-Lapos, sur la section Kargag-Püspök-Ladány du chemin de fer impérial et royal privilégié de la Theiss (Theisseisenbahn).

Le Kún-Lapos est un bas-fond qui s'étend à travers la grande contrée de la Theiss au Berettyó et qui, à l'époque de la construction de ce chemin de fer, alors qu'on n'avait encore régularisé ni le cours de la Theiss ni celui du Berettyó, était rempli d'eau, soit par l'effet des débordements de la Theiss, soit par l'effet de la fonte des neiges qui avaient grossi les rivières dites Hartohagy et Kössöly. Cette eau devait s'écouler par le Berettyó, mais on ne put le faire que médiocrement vu le peu de déclivité de cette rivière et l'innombrable quantité de roseaux qui l'encombrent.

Par suite, comme nous l'avons dit, bien des milles carrés étaient, tous les ans, recouverts d'eau, parfois à une profondeur de 15 décimètres et encombrés de joncs et de roseaux.

Le sol de ces bas-fonds se composait d'une argile noire, imperméable à l'eau et solide, même quand l'eau y était encore stagnante. Le tracé du chemin de fer traverse ces bas-fonds l'étendue de 1 mille allemand (7^{km},408); à peu près vers le milieu de ce mille, on trouvait une île d'environ 200 mètres de largeur et de 3 à 400 mètres de longeur, île coupée par le chemin de fer dans le sens de sa plus petite largeur.

Sur la terre ferme, voisine de Kargag et de Püspök-Ladany, comme pour l'île de Lentesziget, on creusa des fossés d'où l'on retira la terre nécessaire pour endiguer le Lapos.

A cet effet, on employa des tombereaux pouvant contenir environ $0^{me},7$ et traînés par deux bœufs.

Mais il fallait transporter les matériaux jusqu'à une distance de 3 000 mètres, acheter les bœufs nécessaires et donner au transport la forme d'une régie; de plus, le malheur voulut que ces bestiaux fussent mis hors de service par une maladie qui les frappa. Les entrepreneurs furent donc forcés de rechercher les moyens de suppléer presque complétement au travail que les bœufs ne pouvaient plus fournir.

Quand la première couche de digue dépassa de 30 à 40 centimètres le niveau de l'eau, on forma, avec la terre transportée par les brouettes à une distance d'environ 40 mètres du pied de la digue, une étroite digue de soutenement parallèle à la digue principale, et quand cette nouvelle digue eut atteint une longeur de 50 à 60 mètres, on la fit communiquer, par une digue transversale, avec la digue principale (*fig.* 108). Dans cet espace, ainsi indiqué, on installa deux machines à épuisement qui eurent bientôt entièrement desséché cet espace. Lorsque, dans la digue de soutènement, se manifestaient des endroits perméables, on les revêtait d'un enduit massif d'argile et l'on eut bientôt le plaisir de voir en face de soi une surface passablement sèche de 2 000 à 2 500 mètres carrés. Dans cet espace, on installa des escouades de travailleurs qui l'exploitèrent comme fossé à matériaux (chambres d'emprunt) et transportèrent les matériaux sur la grande digue à l'aide de brouettes.

Une portion des matériaux retirés de cet espace de terrain fut employée à la construction ultérieure d'une semblable digue de soutenement et l'on procéda de la sorte jusqu'à ce qu'on pût occuper, tout le long de la ligne, les fossés à matériaux.

Comme on ne pouvait faire les digues de soutenement assez compactes pour qu'elles fussent imperméables à l'eau, il fallut de temps en temps réemployer les machines à épuisement; toutefois une de ces machines suffisait le plus souvent pour deux ou trois espaces endigués.

Lorsque ces fossés à matériaux eurent été suffisamment exploités, on y introduisit de l'eau et ils constituèrent dès lors le plus beau canal de navigation, sur lequel on installa tous les matériaux nécessaires pour la construction des ponts ainsi que les fascines pour les couches de terre destinées à revêtir le pied de la digue.

Les travaux, ainsi dirigés, avaient rendu inutiles les bœufs précédemment employés au transport des matériaux : de plus on pouvait embarquer, sur les bateaux, les briques façonnées aux extrémités du canal et destinées à la construction des ponts : elles pouvaient être embarquées

Fig. 108.

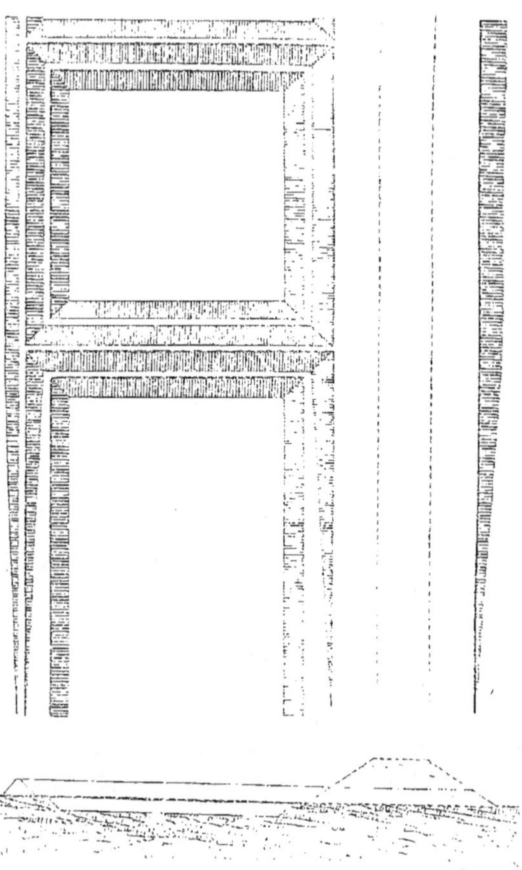

au lieu même de la fabrication, et les fascines, préparées près du canal de Nadudvar, mis en communication avec les fossés précités, purent être transportées, sans l'aide des voitures, à leur lieu de destination.

Sur les terrains rocailleux, où l'on peut creuser les fossés dans les flancs des montagnes, un champ considérablement plus vaste s'ouvre pour la théorie et l'ingénieur habile, qui sait agir et penser, peut, par des combinaisons savantes, arriver à une diminution des dépenses nécessitées par l'extraction des matériaux ainsi que du temps qu'emploieraient des confrères moins expérimentés; il en résulte des profits considérables au bénéfice de l'entreprise.

Avant tout, pour le choix des emplacements où il faudra creuser la terre comme pour celui des lieux où l'on devra attaquer les travaux de terrassement, il faut s'y prendre de telle sorte que la masse s'écroule le plus aisément possible.

Pour peu que l'on examine nos tableaux II, IV et V, on verra qu'au tableau II les opérations en ligne horizontale sont près de trois fois moins dispendieuses que celles qui s'effectuent sur une pente de $\frac{1}{20}$; ainsi il faut trois fois moins de temps et de frais sur une ligne horizontale que sur une pente de $\frac{1}{20}$. D'après le tableau IV, sur une pente de $\frac{1}{100}$, on peut obtenir des résultats presque doubles de ceux que l'on obtient sur une ligne horizontale et presque triples de ceux que l'on obtient sur une montée de $\frac{1}{100}$. Enfin, tableau V, les résultats obtenus par une descente de $\frac{1}{100}$ sont presque triples de ceux que donne une montée de $\frac{1}{100}$. En outre, on pourra déduire de ces tableaux quelle inclinaison descendante il faudra donner aux différentes voies, en tenant compte des moyens de transport, pour obtenir les résultats les plus favorables.

Quant aux camions, pour lesquels nous n'avons donné aucune indication dans les tableaux, en ce qui concerne les pentes descendantes, on peut déterminer l'angle α et obtenir les résultats maxima, en prenant $\tang \alpha = c$, c'est-à-dire égale au coefficient de frottement, par conséquent l'angle α égal à l'angle de repos, de sorte que les transporteurs, lors d'un transport complet, n'ont ni à tirer en avant ni à retenir en arrière. La petitesse de l'angle fera que $\tang \alpha = \sin \alpha$, ce qui a été admis par toutes nos formules afférentes.

Quand la descende est de $\frac{1}{50}$, on peut admettre que deux travailleurs, avec une vitesse moyenne de 1 mètre par seconde, pourront faire le trajet à plein comme à vide; on obtient ainsi des résultats bien plus considérables que sur la ligne horizontale, et ce résultat grandit avec la distance à parcourir.

Si l'on suppose une voie planchéiée, ce qui convient le mieux, ne fût-ce que pour le retour avec les véhicules vides, la meilleure pente descendante devra être de $\frac{1}{50}$ pour les camions, tandis que, pour les wagons, tant qu'ils suivront la ligne droite, il faudra une descente de $\frac{1}{100}$.

Si la voie présente des courbes, il faudra que la descente augmente à proportion de la diminution du rayon de la courbe, si l'on veut que la charge soit mise en mouvement par l'effet de son poids. On obtient donc :

POUR R = mètres.	POUR LA LARGEUR DE LA VOIE =								
	1,43	1,33	1,20	1.10	1.00	0.90	0,80	0,70	0.60
	$tg\alpha =$								
30	0,0140	0,0137	0,0134	0,0131	0,0128	0,0126	0,0122	0,0119	0.0117
40	0,0130	0,0128	0,0126	0,0123	0,0122	0.0119	0.0116	0.0114	0.0113
50	0,0124	0,0122	0,0120	0,0119	0,0117	0,0115	0,0113	0,0111	0.0110
60	0.0120	0,0119	0,0117	0,0116	0.0114	0.0113	0.0111	0.0110	0.0109
70	0,0117	0,0116	0,0114	0,0113	0.0112	0.0111	0.0109	0.0108	0.0107
80	0,0115	0,0114	0,0113	0,0112	0.0111	0.0109	0.0108	0,0107	0,0106
90	0,0113	0,0112	0,0111	0,0110	0.0109	0.0108	0.0107	0,0106	0.0105
100	0,0112	0,0111	0,0110	0,0109	0,0109	0.0108	0,0106	0.0106	0.0105
120	0,0111	0,0110	0,0109	0.0109	0.0108	0.0107	0.0105	0,0105	0.0104
140	0.0110	0,0109	0.0108	0.0108	0.0107	0.0106	0.0105	0.0105	0.0104
160	0,0109	0.0108	0.0107	0.0107	0.0106	0.0105	0.0104	0.0104	0.0103
180	0.0108	0.0107	0.0106	0.0106	0.0105	0.0105	0.0104	0.0104	0,0103
200	0.0106	0,0106	0.0105	0.0105	0.0104	0.0104	0.0103	0.0103	0,0102

On a admis que la longueur de la taxe est une fois et demie égale à la largeur de la voie.

Le mieux sera de disposer la voie de telle sorte qu'en ligne droite la descente soit de $\frac{1}{100}$ et que, pour chaque courbe, la descente soit telle qu'elle résulte du tableau précédent, relativement au rayon et à la largeur de la voie. Il est bien possible aussi de faire passer le véhicule chargé par une pente plus douce, sous la seule impulsion de la pesanteur, en suivant les courbes, pourvu qu'au-dessus de cette pente il y en ait une autre qui lui imprime un mouvement de nature à le faire entrer dans l'arc et triompher de tous les obstacles sans s'arrêter sur la ligne droite, mais en continuant à rouler avec la vitesse désirable. Toutefois, on ne saurait dire qu'un pareil arrangement soit bon, car le véhicule arriverait à la courbe avec une vitesse nuisible aux rails, vitesse qui pourrait donner lieu à des déraillements, au point où la courbe commence et où le véhicule arrive avec la plus grande vitesse, ce qui augmente la gravité des accidents possibles.

L'exploitation du terrain en question aura-t-elle lieu avec des camions, avec des tombereaux traînés par des chevaux, avec d'autres voitures ou avec des wagons? Les véhicules précités seront-ils mus par la pesanteur, par des chevaux ou par des locomotives? Ce sont là des questions dont la réponse dépend des circonstances locales, de la masse à déplacer et des forces de transport dont on peut disposer. Il faut donc faire un devis, dans lequel toutes les circonstances seront pesées avec soin et dont les conclusions indiqueront le mode de transport préférable.

On trouvera dans l'*Erdbau* (Terrassements) de Herz beaucoup d'exemples instructifs sur la manière d'utiliser les fossés creusés dans le sol.

Notre *fig.* 109 montre l'endroit où l'on prendra les matériaux destinés à construire le viaduc, haut de 40 mètres avec 8 mètres de largeur au couronnement, qui doit franchir la vallée.

La tranchée insignifiante, qui précède cette digue et le tunnel avec la tranchée préparatoire qui le suit, ne fournissent qu'une portion exiguë des matériaux qu'exige la construction de la digue.

La première tranchée sera creusée dans un terrain argileux, dont se composera tout le talus; en remontant le vallon, là où le terrain est plus escarpé, on trouvera en grande partie du gneiss pur ou recouvert d'une légère couche de terre.

Le versant, que le tunnel doit traverser, se compose entièrement d'un gneiss qui, bien que plus ou moins fruste à l'extérieur, est à l'intérieur d'une solidité telle que, pour le percer, il faut employer la mine.

Comme les tranchées et le tunnel ne fournissent, ainsi que nous l'avons dit plus haut, qu'une portion exiguë des matériaux nécessaires, il faut, pour obtenir le reste, creuser des fossés.

Si l'on travaillait sur un terrain rocailleux, on pourrait ne donner à la digue que des talus d'un pied et des bermes proportionnelles; mais en travaillant sur de l'argile, il faut des talus de 1 pied et demi. Dans le premier cas, le contenu est de 430000 mètres cubes; dans le second cas, de 610000 mètres cubes.

Si l'on tient compte de l'augmentation que ces deux espèces de matériaux éprouvent dans la digue et la quantité à obtenir des tranchées et du tunnel, on trouve qu'en employant des matériaux rocheux, il en faut 257000 mètres cubes, tandis qu'il faut 518800 mètres cubes de sol mêlé de matières végétales. Extraire un mètre cube de gneiss et le charger revient à 1",50 (3',75); la même opération pour l'argile ne revient qu'à 0",30 le mètre cube; ainsi le matériel de gneiss revient à 385500 florins; celui d'argile à 155700 florins; or, comme l'argile est un utile ingrédient de terrassement, c'est principalement dans les terrains argileux qu'il importera de creuser des fossés.

Il s'agit maintenant, avant de procéder à la distribution du travail, de déterminer quel est le mode de transport le moins coûteux; il faut donc opter d'abord entre les rails et wagons, d'une part; les chemins ordinaires, camions, charrettes, etc., d'autre part.

A vol d'oiseau, on se dit que la moyenne de la distance à parcourir varie de 3 à 400 mètres; on peut donc admettre une moyenne de 350 mètres.

Pour cette distance, sur une voie horizontale, les frais (K) de transport sont par mètre cube :

Pour camions. . . . . $K = 0,23$ $(T + 15$ p. $100)$ voir tableau II.
Pour charrette à chevaux. . . . . $K = 0,097$ (T) voir tableau III.
Pour wagon poussé par des hommes. . . $K = 0,078$ $(T + 60$ p. $100)$ voir tableau IV b.
Pour wagon traîné par des chevaux. . . . $K = 0,0059$ $(1,6)$ $(T + T'')$ voir tableau V.
Pour wagon traîné par une locomotive. . $K = 0,0015$ (T''') voir tableau VI.

Les journées d'ouvriers peuvent être évaluées ainsi :

$$T = 1 \text{ florin}; \quad T' = 3",50; \quad T'' = 3 \text{ florins}; \quad T''' = 45 \text{ florins}.$$

Il résulte de là que K. pour les différents modes de transport donnés ci-dessus, donne 0",26, 0".34, 0"125. 0".037. 0".067.

Si l'on peut établir des chemins de fer inclinés, c'est un point d'une grande importance, tant pour hommes que pour wagons. Cela n'est vrai que pour les voies rectilignes. Quand il y a des courbes, les obstacles se multiplient, comme on peut le voir, tableau X, et ces obstacles peuvent augmenter considérablement les dépenses.

Pour déterminer le mode de transport le plus convenable dans notre contrée, il faut établir le calcul suivant :

Le tunnel ne peut être construit en moins de vingt-quatre mois; on n'a donc besoin de hâter les travaux d'endiguement qu'autant qu'il le faut pour qu'ils soient terminés en même temps que le tunnel.

Comme de ces vingt-quatre mois, il faut défalquer huit mois d'hiver (du 15 novembre au 15 mars) durant lesquels, suivant les prévisions les plus judicieuses, on ne saurait procéder à des travaux de terrassement, il reste encore seize mois de travail, lesquels, déduction faite des dimanches, fêtes et jours de pluie, ne donnent que 347 journées de travail, de sorte qu'il faut déblayer et remblayer par jour $\dfrac{518800}{347}$, soit, en nombre rond, 1500 mètres cubes par jour.

Un wagon, conforme aux *fig.* 71 et 73, contient $1^{m3},2$ de sol mêlé de matières végétales et peut être rempli par trois ouvriers en 14 minutes. Pour descendre une pente de $\dfrac{1}{100}$, il faut à une voiture chargée $\dfrac{350}{2}$ ou 175 secondes; pour vider, reculer, apprêter et atteler, il faut 430 secondes; pour remonter à vide avec l'aide chevaux, il faut 350 secondes; total 955 secondes ou $15^{min},9$. Pour un voyage complet, un wagon complet, un wagon a donc besoin de $49^{min},9$ ou, nombre rond, 30 minutes. La journée de travail étant évaluée à 360 minutes, un wagon peut faire vingt voyages, c'est-à-dire transporter 24 mètres cubes.

Comme il faut tous les jours transporter 1500 mètres cubes, $62^{wag},5$ ou plutôt 64 wagons sont nécessaires pour cette besogne; 1/5 de remplaçant pour les wagons en réparation ou en réserve : cela fait un total indispensable de 80 wagons.

Afin de gagner de la place pour les travaux et de ne pas laisser trop souvent la voie frayée empiéter sur les travaux de creusement, il faudra occuper les fossés sur les points d'attaque. En donnant à chacune de ces places à matériaux une longueur de 200 membres, on fera correspondre à chaque point d'attaque une voie d'environ 600 mètres de longueur; on aura, par conséquent, 2400 mètres de voie non interrompue, à quoi il faut encore ajouter, pour chaque place de travail, 100 mètres de rails d'évitement ainsi qu'un relais. Si l'on y joint de plus une réserve de 200 mètres et un relais, on aura besoin, au total, de 3000 mètres de rails et de 5 relais.

Si l'on pose, en principe, qu'il faut remuer des couches de 4 mètres de hauteur, et si, d'après l'expérience, on donne 1 mètre de largeur aux travaux qui peuvent être effectués sans déplacer les rails; si l'on se souvient de plus que, dans le fossé, il faut faire avancer les rails mètre par mètre, il faudra enlever dix fois les rails pour les replacer autrement et il faudra les pousser 125 fois en avant. Il y donc 30000 mètres continus de rails à déplacer. Au reste, la question s'éclaircira par la description de la marche des travaux.

La prudence veut que l'on n'approche jamais les rails assez près du rebord du fossé pour que toute la masse versée hors du wagon, lors du déchargement, roule par-dessus le talus; il faut donc qu'une partie du talus soit aplanie par des travailleurs spéciaux; on peut opérer, à cet effet, sur le 1/3 de la masse totale, en tenant compte de la production de première catégorie. Il suit de là que les frais d'une voie ferrée se détaillent ainsi :

Florins.

1° 80 wagons neufs, chacun de 125 florins (312^{fr},50), amenés au théâtre des opérations (25 000 francs). 10 000

2° 6 000 mètres de rails à 12 kilogrammes $=$ 72 tonnes (rails qui ont déjà servi une fois), la tonne à 100 florins, en tout (18 000 francs). 7 200

72 tonnes transportées par chemin de fer, à 50 milles, prix, par tonne, y compris le chargement et le déchargement, 11 florins, en tout (1 980 francs). 792

72 tonnes transportées par les routes ordinaires, à 6 milles de distance, par tonne, 12 florins, en tout (2 160 francs). 864

3° 7,5 tonnes de petits matériaux, à 300 florins $=$ (5 625 francs). 2 250

7,5 tonnes de petits matériaux, pour transports comme ci-dessus, à 23 florins. . . 173

4° 5 000 coussinets transportés à leur destination, à 0^{fl},30. . . . . 1 500

5° 10 chevaux de trait, à 250 florins. 2 500

6° Atelier de réparations et écurie provisoire. 1 200

Total des premières dépenses. 26 479

Ce capital portant intérêt à 6 p. 100 pendant 2 ans. 3 185

Amortissement des wagons à 25 p. 100. . . . . 2 500

— des rails, 10 p. 100 de plus pour le transport. 2 376

— des petits matériaux, plus 60 p. 100 pour le transport. 1 454

— des coussinets, 50 p. 100. 750

— des chevaux, 50 p. 100. . . . . 1 250

— de l'atelier et de l'écurie. 600

I. Total des frais du matériel du chemin de fer. 12 115

II. Pose de 3 000 mètres à 0^{fl}.20 et 5 weichen, à 20 florins. 700

III. Pour défaire et remettre 10 fois les rails, 30 000 $\times$ 12^{kr},5. . . . . 3 750

IV. Pour les rails à pousser en avant, 375 000 à 1^{kr}.6. . . . . 6 000

V. Aplanissement de 104 000 mètres cubes, à 10 kreutzers. 10 400

En tout. 32 965

$$\frac{32\,965}{520\,000}$$ donnent par mètre cube. . . . . 0,062 $\left.\begin{array}{c} \\ \\ \end{array}\right\}$ 0,187 florin.

Outre cela, les frais pour le transport par hommes. . . . 0,125

Les frais pour le transport par chevaux 0,062 flor. $+$ 0^{fl}.037 $=$ 0^{fl},099.

D'après ce calcul, il est clair que le chemin de fer utilisé, soit avec des locomotives, soit avec des chevaux, soit avec des hommes, constitue, pour cette masse cubique, le moyen de transport le moins cher

et le plus rapide, de plus que, pour la distance à parcourir, les chevaux
fournissent le travail le moins dispendieux.

Il faudra donc ici utiliser le chemin de fer à traction de chevaux.

Cela posé, on peut procéder à la répartition du travail et en évaluer
les frais.

On voit par les profils des longueurs (*fig.* 110) que, dans le fond, coule

Fig. 109.

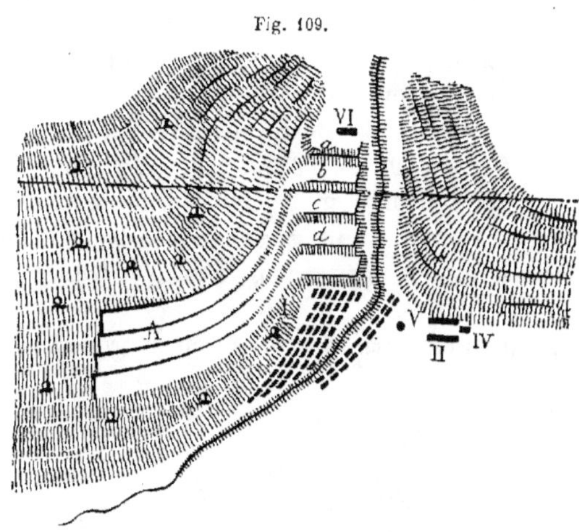

Fig. 110.

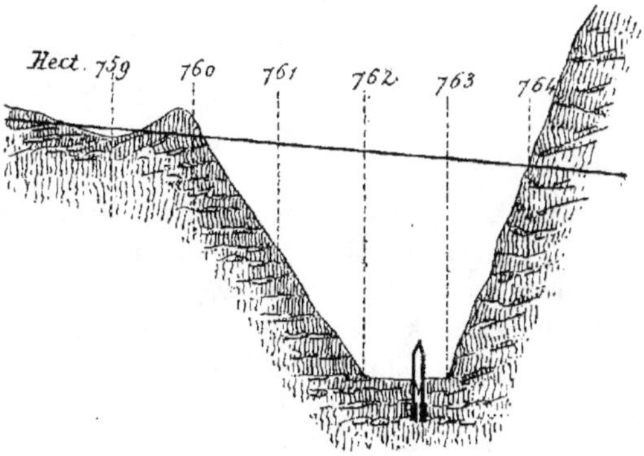

une rivière que l'on traversera sur un pont large de 5 mètres et sur
lequel passera le chemin vicinal. Tant que ce pont ne sera pas construit,
il faudra éviter d'y faire un remblai, motif de plus pour accélérer la
construction de ce passage. Or cette accélération est d'autant plus facile
que le rocher du coteau adjacent fournira une pierre de taille très-douce
et très-résistante aux intempéries de l'air et que la longueur considé-

rable du projet permet d'employer un grand nombre de maçons. On peut donc admettre avec certitude qu'au bout de quatre mois les travaux du pont seront terminés.

Durant ce laps de temps, égal à 88 journées de travail, il faut cependant déverser une masse de 132 000 mètres cubes à raison de 1 500 par jour; or en vertu du tableau de la page 204, où sont inscrites les masses cubiques de chacune des figures de remblais, cela correspond à deux couches hautes chacune de 4 mètres, sans compter l'espace qui doit rester momentanément intact.

Nous avons dit que l'emplacement où doivent se recueillir les matériaux n'est situé que d'un côté de la vallée, à l'appui A (*fig.* 109); il faudra donc, pour pouvoir remblayer la partie de la digue comprise entre le port et le coteau le plus rapproché, construire des échafaudages par lesquels passeront les matériaux par-dessus le passage que l'on veut construire en cet endroit.

Dans le profil transversal (*fig.* 111) sont marquées les différentes

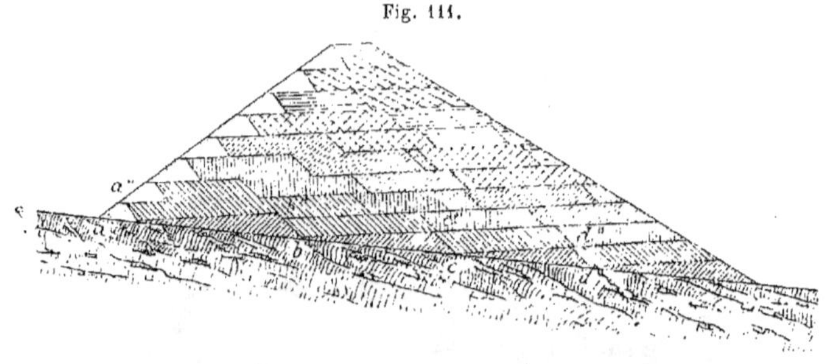

Fig. 111.

figures de remblais, telles qu'elles doivent être successivement construites. Les figures à terminer simultanément sont indiquées par des hachures identiques. La *fig.* 112 nous représente un profil transversal de la place aux matériaux et les portions de fossé, ayant rapport à chaque figure de déblais ont les mêmes hachures que celles-ci.

Les figures de travail distinctes (voir *fig.* 111 et 112) sont tellement agencées avec les masses cubiques qui les suivent que si l'on se conforme à un plan sévèrement combiné, aucune partie ne sera jamais gênée par une autre.

En comparant le groupement ultérieur avec les *fig.* 111 et 112, on voit que, jusqu'au groupe *e*, les différentes figures de travail sont disposées, les unes par rapport aux autres, de telle sorte que, même dans de petits dérangements accidentels, il ne peut guère se produire d'empiétements respectifs. C'est seulement dans le groupe *e* que les figures

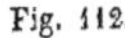

Fig. 112.

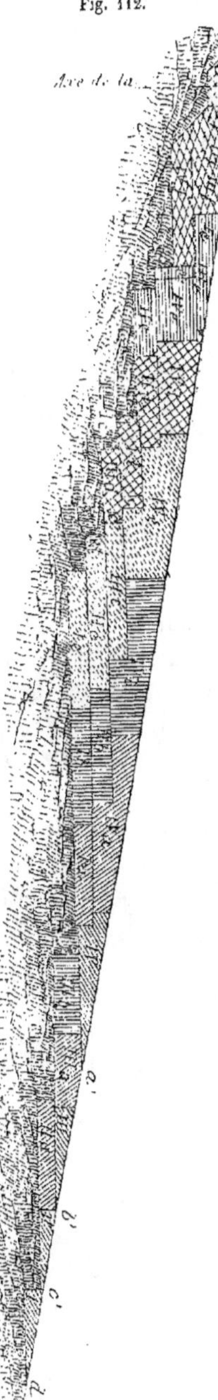

se pressent tellement les unes contre
les autres que, dans des cas imprévus,
un dérangement pourrait survenir, si
le directeur des travaux ne surveillait
pas attentivement la marche des travaux. Il faudra en outre employer ici
une pente plus roide pour les parties I e
et III e, disposition qui devra être prise
le plus souvent vers la fin du travail,
si l'on veut employer toutes les forces
de travail jusqu'à la fin; mais cette
disposition n'a pas d'influence déci-
sive sur l'ensemble de l'œuvre, vu la
petite quantité de masse cubique que
l'on peut remuer.

Il est indispensable de prendre des
dispositions aussi minutieuses, même
avant le commencement des travaux,
sans quoi il adviendra certainement
que sur une place de travail quelconque un dérangement résultera de
l'avance prise par une partie des travailleurs, soit aux déblais, soit aux
remblais.

Mais si cet inconvénient se produit,
alors que les travaux sont en train,
il en résulte une confusion extrême;
il faut, pour la partie compromise,
chercher un nouvel emplacement, ce
qui modifie tout à la fois la pente
antérieurement adoptée et les dispositions relatives aux autres parties.

Si maintenant on procède à cette
modification, sans plan préconçu,
pour l'ensemble des travaux futurs,
les dérangements seront de plus en
plus fréquents; les forces de travail,
prévues dans le devis, seront insuf-
fisantes; on sera obligé d'abandonner
les places de matériaux commencées;
les travaux coûtant plus cher, il faudra

faire l'acquisition de nouveaux terrains, et l'achèvement de l'entreprise deviendra problématique, eu égard aux déblais fixés antérieurement.

TABLEAU DES MASSES CUBIQUES DE CHACUNE DES FIGURES DE TRAVAIL.

Figures de travail,	I, II et III,	chacune avec	5 535 mètres cubes,	total	16 505	mètres cub.
—	IV,	—	11 070	—	11 070	—
—	I a, II a et III a,	—	14 112	—	42 336	—
—	IV a,	—	28 224	—	28 224	—
—	I b, II b et III b,	—	20 160	—	60 480	—
—	IV b,	—	40 320	—	40 320	—
—	I c, II c et III c,	—	1 674	—	5 022	—
—	IV c et IV d,	ensemble	29 248	—	29 248	—
—	I d, II d et III d,	chacune avec	12 960	—	38 880	—
—	I d',	—	2 970	—	2 970	—
—	IV e,	—	23 400	—	23 400	—
—	I e et III e,	—	»	—	16 200	—
—	II e,	—	10 300	—	10 300	—
—	I f, II f et III f,	—	»	—	28 512	—
—	IV f,	—	18 720	—	18 720	—
—	IV g,	—	12 310	—	12 312	—
				Total.	470 229	mètres cub.

Si nous nous sommes étendu sur cet exemple avec tant de détails, c'est que nous avons pensé que l'importance de la question n'était pas suffisamment appréciée par les ingénieurs; nous conseillerions donc aux débutants de se créer à eux-mêmes des travaux de terrassement pour y acquérir, par leur expérience personnelle, l'habileté que ces entreprises requièrent toujours.

Malgré toutes ces précautions, il faudra le plus grand ordre, la plus sévère surveillance pour que les travaux marchent à souhait. L'ingénieur doit se tenir prêt à obvier aux incidents imprévus, afin de ne pas être surpris par eux ni entravé dans l'exécution des mesures qu'il aura prises.

Voici comment se fait la répartition des travaux :

Avant que puisse commencer le travail de la voie ferrée, il faut établir la plate-forme des quatre voies distinctes (fig. 109, 111 et 112; à a et a', b et b', c et c', d et d', de telle sorte que la charge à transporter suive une pente de $\frac{1}{100}$. Les remblais, à l'aide de la voie ferrée, se font alors dans les figures les plus basses indiquées fig. 109, mais seulement jusqu'à ce que l'on attaque l'extrémité de la figure.

Quand les remblais sont suffisamment avancés, tous les wagons sont tournés en sens inverse pour pouvoir se vider à gauche; puis en passant sur les échafaudages provisoirement élevés de ce côté, on procède aux remblais de l'autre côté du passage à construire; mais, comme il est plus difficile de déplacer les échafaudages que de faire avancer la voie sur les remblais, il faut faire subir là aux matériaux un deuxième mouvement au moyen de brouettes ; il faut donc, au delà comme en deçà de l'objet, établir les mêmes projets de remblais.

Dans l'intervalle, on établit en a, au moyen de camions, une digue haute de 3 mètres avec une largeur de couronnement de 2 mètres et des talus d'un pied ; puis on commence les remblais d'une deuxième couche à $a''b''c''d''$.

Quand on est arrivé à l'extrémité des figures, on procède, grâce à un échafaudage rehaussé de 4 mètres, à l'établissement d'une digue au delà de l'objet, suivant le mode décrit ci-dessus.

De même en a, on élève une digue haute de 4 mètres, de la même forme que la précédente, et on la construit à l'aide de camions ; mais comme pendant ce temps l'objet doit être terminé et que l'on peut le remblayer, il faut effectuer cette opération en a'', au moyen de camions, et continuer cette digue jusqu'à l'appui le plus rapproché. Mais en b'', c'', d'', cela s'opère comme dernier travail à cette couche au moyen de wagons.

A partir de ce moment, le deuxième mouvement des matériaux au delà de l'objet n'est plus nécessaire, et l'on construit figure après figure, d'après le mode déjà décrit, dans toute la longueur de l'ouvrage, à l'aide de wagons ; seule, la digue de gauche doit toujours être construite, à l'aide de camions, comme l'indique le profil transversal ($fig.$ 110), afin de former un commencement pour la figure à venir immédiatement après.

En distribuant les projets de déblais, il faut prendre garde que celui de dessus ne soit dépassé par celui de dessous ; aussi la figure la plus élevée est-elle façonnée de telle sorte qu'elle reçoit une quantité de mètres cubes double de celle des figures inférieures ; par contre, elle est garnie deux fois aussi solidement, de telle sorte que relativement à la première couche de remblais, elle dépasse de $\dfrac{4}{10}$ de toute la largeur des figures et relativement aux suivantes, de $\dfrac{1}{3}$ la figure immédiatement inférieure.

La digue, qui doit être construite à l'aide de camions, a une coupe transversale de 24 mètres carrés et dans l'ensemble des couches, une longueur totale de 2 250 mètres, et par conséquent, défalcation faite de la multiplication, 48 600 mètres cubes qu'il faut soustraire de la somme totale 518 800, restent 470 400 mètres cubes à emporter par les wagons.

Il résulte dès lors d'un calcul plus exact qu'il ne faut emporter pour et par wagon que $\dfrac{470\,400}{347} = 1\,356$ mètres cubes par jour, tandis que les camions doivent emporter chaque jour 240 mètres cubes.

Si l'on emploie des tombereaux attelés de chevaux, il faudra en avoir 14 par jour en moyenne et 16, si l'on use en outre de camions; quant aux wagons, il en faut $\dfrac{1\,356}{24} = 56,5$.

Pour obtenir la régularité du service et pour utiliser complétement les chevaux qui, sur une voie ferrée de $\dfrac{1}{100}$ de pente, traîneront fort bien 6 voitures vides avec une vitesse de 1 mètre (par seconde), il faudra faire fonctionner 60 voitures séparées, dont 24 à l'étage le plus haut et 12 à chacun des étages inférieurs; 16 autres (chevaux ou voitures) formeront la réserve.

Nous avons dit que le chargement d'une voiture exige 14 minutes, l'aller et le retour avec les haltes, 15 minutes; il y aura toujours 2 trains fonctionnant simultanément, l'un de 6 pour l'aller, l'autre de 6 pour le retour. Les chevaux seront assez occupés pour arriver avec 6 voitures vides au moment même où le deuxième train sera chargé

Pour le transport par tombereaux, les alentours fournissent des bêtes de trait en quantités suffisantes pour un prix convenable, c'est-à-dire pour $0^{\mathrm{fr}},012$ par voiture et par 2 voyages. On trouvera aussi bon nombre de muletiers disposés, au prix de $0^{\mathrm{fr}},029$ par mètre cube, à se charger des remblais à l'aide de tombereaux; mais il faudra construire une écurie pouvant contenir 20 chevaux avec un magasin de fourrages et des chambres à coucher pour les valets. Autant que possible, les travaux seront adjugés à des soumissionnaires pour détacher le terrain d'après les figures de travail mesurées en mètre, pour charger et transporter en employant les freins, pour le nombre de voitures et wagons nécessaires, pour le retour de véhicules vides avec les chevaux, pour le transport par tombereaux attelés de chevaux d'après la masse cubique extraite du sol et transportée conformément à ce mode, dans la figure de travail respective mesurée par mètre.

L'aplanissement sera fait par des journaliers; on emploiera le même mode pour la conservation des constructions supérieures: mais la prolongation et le déplacement des rails s'effectueront à l'aide de soumissionnaires.

Si cependant il se trouvait des soumissionnaires (maîtres de galeries, sectionnaires), proposant de faire le travail sur telle ou telle place aux matériaux, par conséquent de se charger de produire, de transporter, d'aplanir les matériaux, de conserverser les constructions supérieures, le tout à tant par mètre et offrant des garanties suffisantes pur la direction et l'achèvement des travaux, nous ne serions pas d'avis qu'on rejetât ces propositions.

Après avoir ainsi réglé l'ordonnance des travaux, on peut songer à l'établissement des chantiers.

Organisation des chantiers.

Il faut pour obtenir chaque jour 1 500 m. cub. de matériaux, $1\,500 \times 0,015 = 225$ terrassiers.

Pour charger cette masse. . . . . $1\,500 \times 0,06 = 90$ chargeurs.

Pour employer le frein quand les voitures sont complétement chargées. . . 15 garde-freins.

Pour l'entretien de 2 800 mètres courants de rails. . . . . 28 ouvriers.

Pour aplanir les remblais. . . . . $1\,500 \times 0,02 = 30$ aplanisseurs.

Pour le deuxième mouvement des remblais effectués au delà de l'objet,
$$1\,350 \times 0,14 = 189 \text{ terrassiers.}$$

Total. . . . . 577 travailleurs.

Ou, en nombre rond. 580

Dans le plus petit village voisin, on peut, loger tout au plus 350 travailleurs; il faut donc loger les 230 autres sur ou près de l'emplacement même des travaux; mais comme, dans cette énumération, nous n'avons parlé ni des charrons, ni des charpentiers, ni des maréchaux ferrants, c'est pour 200 ouvriers au moins qu'il s'agit de construire des habitations.

Il faut donc construire :

I° Des baraques pour loger 240 ouvriers ;

II° Un magasin pour les outils et les matériaux (bois, fer, graisse, etc.) ;

III° Un échafaudage avec un petit magasin main ;

IV° Un atelier avec une forge, charronnage et plancher ;

V° Une cantine avec cuisine et cave pour la nourriture des travailleurs, ainsi qu'un magasin avec une petite boutique de vente pour les besoins divers des travailleurs ;

VI° Une écurie pour 20 chevaux, un dépôt de fourrage et des couchettes pour les valets ;

VII° Des puits pouvant fournir 12 mètres cubes par 24 heures.

I. *Baraques habitables.*

Un homme a besoin d'un espace d'environ 5 mètres cubes pour que son logement ne soit pas funeste à sa santé ; il faudra donc construire des logements renfermant 1 040 mètres cubes (*). Le meilleur système est celui des militaires pouvant renfermer chacune 4 hommes. Il faudra donc, pour 240 ouvriers, en construire 60.

Chacune de ces baraques (*fig.* 113) exigera 35 mètres de bois rond,

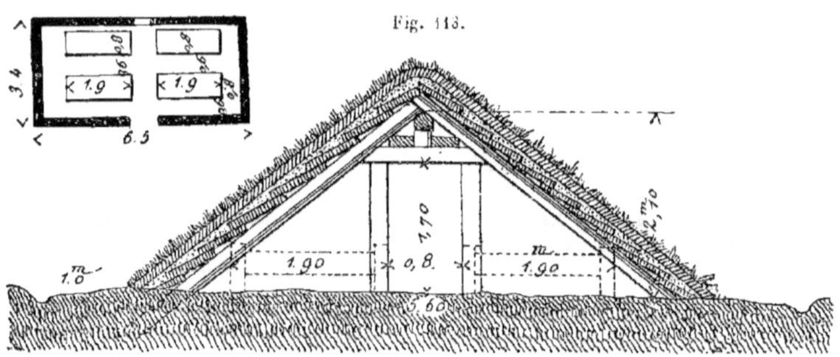

Fig. 113.

de 12 centimètres de diamètre, soit 400 décimètres cubes; 26 mètres 4 décimètres de bois rond, de 8 centimètres de diamètre, soit 132 décimètres cubes: 52^{mc},2 ou 1 305 décimètres cubes de planches minces: 90 décimètres cubes des planches plus fortes; 4 à 6 kilogrammes de clous et de crampons; une serrure, des revêtements de fenêtre de l'espèce la plus simple, pour environ 2 000 florins, 40 mètres carrés de sol aplani; 52 mètres carrés de gazonnement: l'adjonction d'un charpentier et d'un journalier pendant 1 jour $\frac{1}{2}$. Le décimètre cube de bois rond coûte 0^{fl},01; le bois de menuiserie le plus simple 0^{fl},015, le plus recherché 0^{fl},02; 4 kilog. de clous et de crampons, 0^{fl}.30 en moyenne; le mètre carré à aplanir, 0^{fl},02; le gazonnement, 0^{fl}.10 par mètre carré: 1 journée de charpentier, 1^{fl},20; une de journalier. 1 florin. Il faudra.

(*) Ces petites baraques valent mieux que les grands baraquements auxquels on a parfois recours; car d'abord elles sont préférées par les travailleurs aux dortoirs où l'on entasse quelquefois quarante personnes et plus, et où l'on a tant de peine à se garantir d'être volé: ensuite la ventilation est toujours assez défectueuse pour qu'il soit impossible d'éviter certains miasmes dangereux: enfin plus il y a d'hommes réunis dans le même endroit, plus les occasions de querelles sont fréquentes. On circule avec une liberté relativement plus grande dans les petites baraques. Quand aux casernes, si l'on ne veut pas y faire coucher les travailleurs en rangs pressés comme ceux des esclaves à bord des vaisseaux négriers, sans laisser au moins 60 centimètres entre deux dormeurs, elles coûtent plus cher que les petites baraques. le prix minimum du mètre carré du sol. toutes choses d'ailleurs égales. étant, dans les casernes, de 4^{fl}.50. et celui de l'habitant ou locataire, de 11^{fl}.50 à raison des 2^{mq}.60 qu'il occupe.

pendant la durée des travaux, changer quatre fois de paille, ce qui coûtera 36 florins, soit 11ⁿ,50 par ouvrier, et 2ⁿ,55 par mètre carré.

Le prix d'une baraque terminée peut être évaluée à 15 florins, c'est-à-dire à peu près à la moitié de la nouvelle valeur du bois; il en résulte que la taxe d'amortissement est de 31 florins, soit 7ⁿ,75 par ouvrier et, par jour de travail, par chaque travailleur, 2ᵏⁱˢ,2 par jour.

Pour ne pas avantager les travailleurs logés dans ces baraques plus que ceux qui habitent les villages, il faut leur faire payer tant par mètre; mais cette taxe ne doit pas s'étendre au delà de celle que payent les autres ouvriers; on la prélèvera à chaque jour de payement. Si la taxe pour la baraque devenait moindre que celle des ouvriers logés au village, il ne faudrait pas l'augmenter en proportion, mais construire un plus grand nombre de baraques, jusqu'à ce que l'équilibre s'établisse.

On peut, il est vrai, être amené à exiger pour une nuit moins que ne vaudrait la cote d'amortissement et avoir néanmoins une portion des baraques vides; il faudrait alors prélever une partie de l'amortissement sur le fonds des constructions; cela vaut mieux que de livrer l'ouvrier aux demandes exagérées des logeurs; on aviserait au mal, lors des soumissions des adjudicataires.

II, III et IV. *Magasin pour outils et matériaux.*

Ce magasin devra contenir :

1° Une chambre pouvant se chauffer et se fermer, comme bureau du garde-magasin;

2° Une chambre pouvant se fermer et destinée à contenir bêches, pelles, pics, hoyaux, outils de charpentier et de forgeron, bancs de fer, etc.;

3° Une chambre pour la graisse, les lampes, les clous, les petits outils des terrassiers, les mesures ordinaires, etc.;

4° Un enclos pour les grands instruments, véhicules, brouettes, camions, wagons, rails, perches, bois de construction, planches, etc.;

5° Des bureaux pour l'ingénieur dirigeant.

Il conviendra aussi de mettre en communication avec le magasin une partie du chantier, notamment le charronnage et le charpentage; quant à la forge et au dépôt de houille, on fera mieux, par crainte d'incendie, de les établir dans une baraque distincte.

Pour le moment, contentons-nous d'une baraque telle que la montre la *fig.* 114.

Fig. 114.

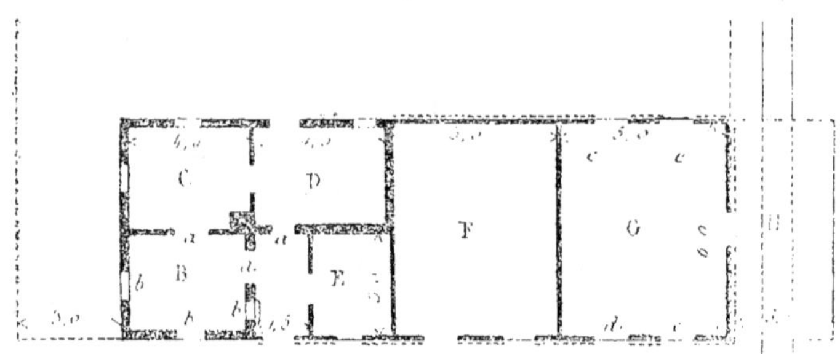

A un corridor avec les portes *a*, *a*... et le guichet *b*;

B bureau pour les contrôleurs des travaux et leurs commis avec les portes *a*, *a*... et les fenêtres *b*, *b*...;

C le bureau de l'ingénieur dirigeant;

D le bureau du garde-magasin;

E le dépôt des petits matériaux;

F le magasin des bêches, pelles, pioches, crampons, etc.;

G l'atelier *c* des charrons, *d* des faiseurs de manches, *e* des faiseurs de caisses de tombereaux;

H hangar pour la construction des tombereaux ou wagons.

Les planchers et la cour où sont les brouettes, les camions, les charrettes, le bois de construction, les rails, etc., se trouvent dans l'enclos déterminé par des lignes ponctuées.

IV (*fig.* 109) indique la forge, le dépôt de houille et la chambre du gardien.

Les grosses lignes indiquent des murs avec cloisons latérales; les lignes moins fortes avec lignes parallèles ponctuées, des murs une à seule cloison et à rebords; les lignes moins fortes, des murs à une cloison, mais sans rebords; enfin les lignes simplement ponctuées, des palissades.

Le bâtiment principal demande :

15/15 de centimètre de bois équarri pour seuils, poteaux et linteaux, 420 mètres courants. = 9 450 décimètres cubes.
10/10 de centimètre de bois équarri pour chevrons, etc., 257 mètres courants. . . . . = 3 084   —
8/10 de centimètre de bois équarri pour coussins et divers petits bois, 100 mètres courants. . . . . = 800   —

Total, 777 mètres courants. . . . = 13 334   —

286 planches de 2,0 cent. d'épaisseur pour le revêtement du toit. = 6 900 décimètres cubes.
305   —   2,5   —   pour cloisons. . . . . = 9 250   —
200   —   4,0   —   pour planchers et greniers. = 9 120   —

Total, 791 planches avec un contenu de. . . . 25 270   —

48 schwarten pour rebords. = 480 décimètres cubes.
Pavage en argile du magasin et de l'atelier. . . . . 60 mètres carrés.
8 portes et 12 fenêtres.
Clous et pointes de 8 centimètres de long. . . . . 12 000 pièces.
Cheminées en maçonnerie. . . . . 4,5 mètres cubes.
Mousse pour boucher l'espace entre les murs et les cloisons. . . . 19,5 mètres cubes.
Poêles en fonte pour les bureaux. 3
Pieux de 6 centimètres d'épaisseur pour former les palissades.
Charpentiers. . . . . 84 journées.
Journaliers. . . . . 24 journées.

Cette baraque coûtera, vu les prix énoncés plus haut, environ 1,000 florins (2,500 fr.) 7fl,35 par mètre cube.

V. *La cantine, le magasin de vivres et la boutique à vente renferment (fig. 115) :*

A Une salle à manger pour 80 personnes sur une surface de 48 mètres carrés ;

B Une cuisine avec armoire de 18 mètres carrés de surface ;

C Le logement du cantinier sur une surface de 12 mètres carrés ;

D Une boutique de ventes ;

E Un magasin de vivres sur une surface de 24 mètres carrés ;

F Un cellier et une cave, chacun de 9 mètres carrés.

De tous ces locaux, on ne plancheye que C, D et E.

Les caves se composent de fosses de 1m,5 de profondeur, creusées hors et au nord de la maison et recouvertes de toits inclinés, formés de terre et de gazon. Cette construction ressemble fort à la première ; les caves

Fig. 115.

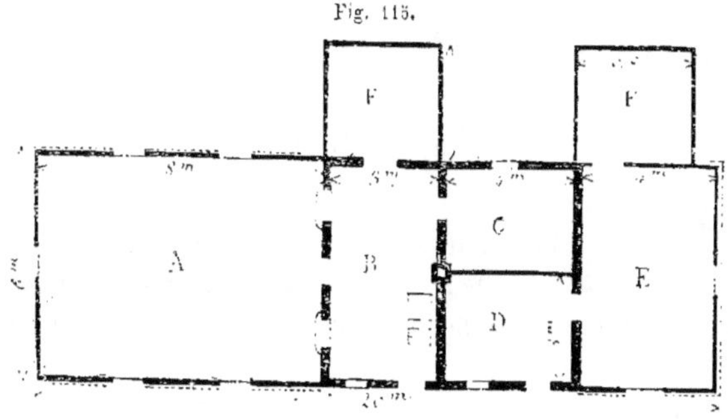

nécessitent un faible surcroît de dépense ; leur toit ressemble à celui des wagons-bagages ; en revanche, les bureaux exigent un peu plus d'élégance ; mais les matériaux et les travaux ne coûtent guère plus cher et le prix du mètre carré reste à peu près le même dans toutes ces constructions.

VI. *Écurie.*

L'écurie doit avoir 9^m,5 de long et 6 mètres de large, en tout 57 mètres carrés, dont 30 mètres carrés pour les chevaux, 27 pour le couchage de 27 valets d'écurie ; le magasin de fourrage doit se mettre au premier et l'on y grimpera en dehors au moyen d'une échelle. Les murs ont des rebords et ne sont revêtus que d'une seule cloison. Il y a dans l'écurie pont, une crèche, une échelle à foin et des rigoles pour emmener l'urine. Le râtelier exige, par mètre carré, autant de bois de construction que le reste des bâtiments. Le toit et le grenier ont aussi besoin d'un nombre pareil de planches ; quant à la cloison, on la fait avec de simples planchettes. Le sol étant une couche d'argile, on n'a pas besoin de le planchéier ; il faut, comparativement, moins de bois aux portes et fenêtres.

Voici donc à quoi se réduit la dépense :

Bois pour la carcasse.	5 529	décimètres cubes.
146 planches de 2 centimètres d'épaisseur pour le revêtement du toit.	3 500	—
Grenier et râtelier. 80 planches de 4 centimètres d'épaisseur.	3 640	—
77 planches de 25 millimètres d'épaisseur pour cloisonnement.	2 025	—
77 planchettes.	924	—
72 morceaux de bois d'une épaisseur de 8/10 de centimètre pour le pont de l'écurie et le râtelier.	2 600	—
Clous et pointes.	6 000	
Échelles à foin.	10	mètres courants.
3 portes et 6 fenêtres.		
Vitres.	200	décimètr. carrés.
Charpentiers.	48	journées.
Manouvriers.	12	journées.
Le bâtiment tout entier coûte.	460	florins (1 150 fr.).

VII. *Puits.*

Il faut trois puits, l'un dans le quartier des ouvriers, le deuxième près de la cantine et le troisième près de l'écurie. Profonds de 5 à 6 mètres, ils coûtent chacun 100 florins, y compris la margelle en pierre de taille, une poulie et des seaux.

Il faut enfin établir des lieux d'aisances, savoir : quatre près du quartier des ouvriers, un près du magasin, un près de la cantine et un près de l'écurie.

Les lieux d'aisances près du quartier des ouvriers, de la cantine et du magasin auront chacun 12^{mq},6, celui près de l'écurie 4^{mq},4, total 80 mètres carrés avec des toitures.

Il faut, par mètre carré :

20 mètres courants de bois à 8/10 de centimètre d'épaisseur, soit 132 décimètres cubes.
16 planchettes, 256 décimètres cubes.
100 clous.
0,6 de journée de charpentier.
0,4 de journée de manœuvrier.

Le tout coûte 6 florins par mètre carré, c'est-à-dire au total 480 florins (1 100 fr.).

Outre ces constructions, il faut niveler tout à l'entour un espace de 1 500 mètres carrés à 0^{m},02, en tout pour 30 florins (75 fr.).

Les échafaudages pour terrassement auront chacun une ouverture de 10 mètres et sept ouvertures de 5 mètres; il leur faut :

En bois équarri de 15/15 centimètre. . . . . .   48 400 décimètres cubes.
—   15/25   —   . . . . . .   14 400   —
—   30/40   —   . . . . . .   9 600   —
Planches fortes de 25 millimètres.   700   —
Crampons et clous. . . . .   200 kilogrammes.

La dépense peut s'élever, en chiffres ronds, à 1 700 florins (4 250 fr.).

Sur les matériaux employés à cet effet, on ne peut reprendre que les poutres extrêmes et les crampons les plus élevés, aux $\frac{2}{3}$ de leur valeur, ce qui fait une économie de 300 florins (755 fr.).

1 350 mètres cubes à déplacer par jour et à transporter par brouettes à une distance moyenne de 15 mètres en ligne horizontale à partir du côté ultérieur du passage, exigent :

54 brouettes, plus une réserve. . . . .   60 brouettes.
Pour la voie ferrée. . . . .   76 wagons.
225 terrassiers, 30 niveleurs et la réserve auront besoin de. . . . . .   500 bêches.
225 terrassiers et réserve. . . . .   250 pioches.
90 chargeurs et réserve. . . . .   120 pelles.
                                                                           24 fouloirs en bois.
28 constructeurs de la voie ferrée. . . . .   12 leviers.
                                                                            8 clefs-vis.
                                                                            8 marteaux.
Planches à pousser en avant, de 8 centimètres d'épaisseur, avec réserve.   200
Lattes à profil de 4 mètres de long sur 2/5 de centimètre d'épaisseur.   2 000
Coins pour démolir les parois les plus hautes.   24

Marteaux à coins.   40
6 000 mètres courants de rails de chemins de fer. . . . .   72 tonnes.
Petits matériaux. . . . .   7,5 tonnes.
Coussinets, avec réserve.   5000
12 baguettes à tracer, 4 rubans de mesurage. 8 lattes de pesage. 4 grosses balances. 4 libelles.
6 perches à mesurer. enfin un instrument pour niveler, avec les lattes afférentes.

Nous venons d'énumérer tout ce qui est nécessaire en fait de matériel et d'instruments ; pour déterminer l'ensemble des frais de construction, il nous reste à spécifier les dépenses qui résultent de la direction et de la surveillance des travaux.

Force nous est ici de faire abstraction d'une direction centrale : nous parlerons donc seulement de ce qui est indispensable pour l'exécution de l'entreprise et, dans tous les calculs qui nous restent à faire. nous aurons en vue les opérations d'une compagnie qui obtient de temps en temps des indemnités pour travaux achevés plutôt que le devis ne l'exige.

Les travaux exigent un ingénieur en chef, cinq surveillants (conducteurs des ponts et chaussées), un garde-magasin, un garde de nuit, un garde de jour et trois ouvriers de planton (de place). L'ingénieur en chef se trouve sur les lieux : il est responsable de la marche des travaux ; tous les autres, tant employés qu'ouvriers, sont tenus de lui obéir. Il dirige l'ensemble du travail, qui doit être effectué avec précision et conformément aux règles de l'art ; il évalue le montant des payements à faire et il est présent quand ces payements ont lieu.

D'après notre distribution du travail et notre répartition des soumissions, il faut toujours qu'un des surveillants se trouve à l'une des fosses d'extraction. Le cinquième sera sur l'emplacement des remblais.

Les quatre premiers contrôlent le travail aux places qui leur sont assignées, veillent à la régularité des travaux comme à la sécurité des travailleurs : ils donnent une marque, pour tout véhicule qui s'éloigne. au garde-frein et, pour tout véhicule qui arrive, au voiturier. Ils doivent, de plus, avoir l'œil à ce que chaque voiture soit bien remplie, et c'est alors seulement que, suivant les conventions, ils remettent la marque.

A la fin de chaque journée, ils doivent se faire restituer les marques, inscrire dans les livrets respectifs le nombre de voyages faits par chaque véhicule et faire inscrire ce même nombre dans les registres des bureaux de l'administration de l'entreprise.

Avant chaque payement, ils ont à extraire des livrets le total des voyages faits par chaque véhicule, à calculer la somme afférente et à soumettre ce calcul à la révision de l'ingénieur dirigeant. Enfin, ils aident l'ingénieur à additionner toutes les dépenses.

Le cinquième surveillant prend soin que les véhicules soient toujours vidés au lieu convenable, que l'aplanissement marche de front avec l'arrivée des matériaux, que la voie soit en bon état, etc. Comme il est posté dans le voisinage de la cinquième fosse d'extraction à tombereaux traînés par des chevaux et que le nombre des ouvriers employés dans cet endroit est faible, il est tenu de surveiller aussi les travaux de déblayement qui s'y effectuent. Enfin, il doit concourir activement à la confection des profils.

Le commis aux listes enregistre tous les jours, dans son livre de comptes, la liste des journaliers d'après les listes qui lui sont remises par l'intendant des travaux et par le garde-magasin. Il note les heures de travail de chaque travailleur, les journées passées à l'infirmerie; enfin il fait les écritures dont le charge, dans son bureau, l'ingénieur dirigeant.

Le garde-magasin conserve dans son dépôt tout le matériel et tous les outils nécessaires; il tient les registres du magasin, surveille les artisans et les travailleurs de place, les premiers surtout en ce qui concerne l'emploi du matériel, et il les inscrit dans son calepin. L'ordre avec lequel ses livres sont tenus doit être tel que l'on y trouve la liste exacte des matériaux entrés ou sortis ainsi que les noms des personnes et les motifs par lesquels ces matériaux ont été utilisés et *vice versâ;* sa tâche est facilitée par le soin que prend l'ingénieur dirigeant d'écrire le nom de la personne qui doit recevoir un objet emmagasiné et le motif pour lequel elle le réclame. De temps à autre, l'ingénieur dirigeant revise les livres et les approvisionnements du garde-magasin.

Inutile de préciser les devoirs des gardes de nuit et de jour; l'essentiel est qu'ils les remplissent ponctuellement; ils sont aussi chargés de conserver l'ordre et la tranquillité ainsi que de donner l'éveil en cas d'incendie dans le quartier des travailleurs.

Les travailleurs de place sont des hommes sûrs, intelligents, employés pour les profils, les relevés de comptes, les emmagasinements, les messages pour commissions, etc. Gardes et travailleurs de place sont logés près de l'emplacement des travaux.

DÉPENSES DE LA CONSTRUCTION DE LA DIGUE

759-764 hectares dont les matériaux furent pris dans les fosses creusées à droite de la voie.

NUMÉROS D'ORDRE.	DÉSIGNATION.	NOMBRE.	PRIX.	SOMME par unité.	SOMME totale.
	A. Dépenses préliminaires.				
	a) Compte des baraques.				
1	Baraques d'ouvriers.	60	46	2 760	
2	Baraque du magasin, avec bureau, charronnage et charpentage.	1	1 000	1 000	
3	Forge et appartenances.	1	400	400	
4	Cantine et magasin de vivres.	1	1 000	1 000	
5	Écurie pour 20 chevaux.	1	460	460	
6	Puits et travaux d'aplanissement, près des baraques.	»	»	330	
7	Lieux d'aisances.	»	»	480	6 430
	b) Compte de l'organisation des bureaux.				
8	7 tables, 12 chaises, 5 armoires, crochets du vestiaire, tableaux noirs, règles, etc. . . .	»	»	250	
9	Livres d'affaires, de notes, de listes, imprimés, etc.	»	»	100	350
	c) Compte des ustensiles et outils.				
10	Wagons.	76	125	9 500	
11	Brouettes.	60	3	180	
12	Bêches.	500	0,60	300	
13	Pelles.	120	0,60	72	
14	Pioches, 250 à 5 kilogr.	1 250	0,30	375	
15	Outils divers pour la surface de la voie. . . .	»	»	50	
16	Coins et marteaux divers.	»	»	64	
17	Outils divers de charpentiers.	»	»	125	
18	Outils pour mesurer.	»	»	300	10 966
	d) Compte du matériel.				
19	Planches à pousser en avant.	100	2	200	
20	Rails et transport.	72	»	8 836	
21	Petits matériaux pour la surface de la voie. .	7,2	»	2 423	
22	Coussinets.	5 000	0,30	1 500	
23	Échafaudages.	»	»	1 700	
24	Lattes à profil.	2 000	0,12	240	
25	Graisse pour wagons et brouettes.	»	»	350	15 249
	B. Dépenses courantes.				
	e) Compte des intérêts et des taxes.				
26	Pour 32 995 florins de dépenses préliminaires à 6 p. 100 par an, pendant 2 ans.	»	»	3 960	
	À reporter.	»	»	3 960	32 995

NUMÉROS D'ORDRE.	DÉSIGNATION.	NOMBRE.	PRIX.	SOMME par unité.	SOMME totale.
	Report.	»	»	3 960	32 995
27	Pour les emprunts à effectuer avant le premier rabais, 8000 florins à 6 p. 100 par an. pendant 2 ans.	»	»	960	
28	Timbre et impôts.	»	»	3 500	
					8 420
	f) Comptes de l'administration.				
29	Pour l'ingénieur dirigeant, un tiers de son traitement, attendu qu'il a une voie encore plus longue à surveiller, une voie d'une valeur double, pour 2 ans, à 1 000 florins. . .	»	»	2 000	
30	Pour 5 surveillants des travaux, pendant 2 ans.	10	720	7 200	
31	Un commis aux constructions, pour 2 ans, à 500 florins.	»	»	1 000	
32	Un garde-magasin avec le tiers de son traitement, comme pour l'ingénieur dirigeant, 2 ans à 400 florins.	»	»	800	
33	Pour 2 gardes et 3 travailleurs de place, 2 ans à un tiers des appointements.	10	120	1 200	
34	Pour dépenses diverses d'éclairage, de nettoyage, mesures de précautions, etc. . . .	»	»	500	
					12 700
	g) Comptes des terrassements.				
35	Pour 518800 mètres cubes de sol à détacher par 0,15 poste.	77 820	1	77 820	
36	Pour charger 518800 mètres cubes à 0,06 poste.	31 128	1	31 128	
37	Pour l'établissement de 6000 mètres carrés pour le plan de la surface de la voie ferrée, à 0,03 poste, ensemble.	180	1	180	
38	Pendant 350 jours, 15 gardes-freins par jour pour le transport de la masse cubique précitée, par voie inclinée, jusqu'à l'endroit des terrassements.	5 250	1	5 250	
39	5 chevaux chaque jour, pendant 350 jours, pour ramener les wagons vides de l'endroit des terrassements à la fosse d'extraction. .	1 750	3	5 250	
40	En moyenne 14 tombereaux traînés par des chevaux pour la construction de la petite digue, pendant 350 jours.	4 900	3	14 700	
41	Pour 34 000 mètres cubes à emporter avec des brouettes, poste 0,14, en tout.	4 760	1	4 760	
42	30 aplanisseurs, pendant 350 jours.	10 500	1	10 500	
43	23 poseurs de rails, pendant 350 jours. . . .	9 716	1	9 716	
					159 304
	À reporter.	»	»	»	213 419

NUMÉROS D'ORDRE.	DÉSIGNATION.	NOMBRE.	PRIX.	SOMME par unité	SOMME totale.
				florins	florins
	Report.	»	»	»	213419
	h) Dépenses pour la conservation des outils et instruments.				
44	1 p. 100 de location des outils à creuser. . .	77820	1 p. 100	778	
45	Divers autres outils.	»	»	150	
45	Matériel roulant.	»	»	6300	7228
	i) Dépenses pour travaux complémentaires.				
47	Dégagement de la place des constructions, régularisation et aplanissement des fosses d'extraction.	»	»	1000	
48	Cas imprévus, opérations diverses, etc., réserve.	165600	5 p. 100	8280	9280
	Total.	»	»	»	229927
	Du total 229 927 florins il faut déduire le revenu des locations et la valeur qu'aura le *fundus instructus* après l'achèvement des travaux.				
	a) Comptes des baraques.				
49	Pour la location des baraques d'ouvriers et de la cantine.	»	»	2500	
50	Produit de la vente du matériel provenant des baraques démolies.	»	»	2200	4700
	b) Comptes de l'organisation des bureaux.				
51	Produit de la vente des papiers et autres choses devenues inutiles.	»	»	100	100
	c) Comptes des outils, ustensiles, etc.				
52	Vente des wagons aux 75/100 du prix d'achat, au lieu de 9 500 florins.	»	»	7125	
53	Vente des brouettes aux 50/100 du prix d'achat.	180	»	90	
54	Vente de bêches et de pelles aux 30/100 du prix d'achat.	372	»	112	
55	Vente de crampons aux 75/100 du prix d'achat.	375	»	281	
56	Pour divers autres outils aux 50/100 du prix d'achat.	239	»	120	
57	Pour instruments de mesurage aux 75/100 du prix d'achat.	300	»	225	7953
	d) Comptes du matériel.				
58	Vente de rails usés, 72 tonnes à 80 florins. .	»	»	5760	
	A reporter.	»	»	5760	12753

NUMÉROS D'ORDRE.	DÉSIGNATION.	NOMBRE.	PRIX.	SOMME par unité.	SOMME totale.
				florins	florins
	Report.	»	»	5 760	12 753
59	Vente à perte de petit matériel, 3,6 tonne à 120 florins.	»	»	432	
60	Vente de coussinets hors d'usage.	5 000	0,10	500	
61	Vente de planches mobiles.	100	1,50	150	6 842
	Total.	»	»	»	19 595
	A déduire des dépenses s'élevant à.	»	»	»	229 927
	Reste.	»	»	»	210 332
	Si l'on y ajoute le cautionnement de l'entrepreneur, savoir.	»	»	»	21 033
	On aura un total définitif de. . . . . comme montant de la dépense qui incombe aux entrepreneurs.	»	»	»	231 365

Cette somme de 231 365 florins ou de $44^{kr},6$ par mètre cube se décompose comme suit :

1° Pour détacher le sol, réparer les instruments, les user jusqu'au bout.	78 879 florins, ou 15,2 kr. par m. c., c.-à-d. 34,1 p. 100			
2° Pour transport, déchargement, réparation des outils et amortissement :				
a) Pour le transport par wagons, y compris le 2° mouvement, qui n'est déterminé que par celui-ci. .	70 040	— 14,8		
b) Pour le transport par tombereaux à traction de chevaux, chargement, etc.	17 378	— 36,6	} 16,9 — — 37,9 p. 100	
3° Aplanissement.	10 500	— 2,0	— — 4,5 p. 100	
4° Administration, lattes à profil, emploi des instruments de mesurage, etc.	13 015	— 25,0	— — 5,6 p. 100	
5° Diverses autres dépenses, impôts, cas imprévus, travaux complémentaires.	20 330	— 3,9	— — 8,8 p. 100	
6° Cautionnement de l'entrepreneur. . .	21 033	— 4,1	— — 9,1 p. 100	
Totaux.	231 365 florins, ou 44,6 kr. par m. c., c.-à-d. 100 p. 100			

Si l'on examine ces résultats de plus près, on verra que les travaux eux-mêmes avec la réparation des instruments et leur emploi jusqu'à ce qu'ils soient mis hors de service coûtent 76,5 p. 100, la régie et les dépenses diverses, cas imprévus, etc. 14,4 p. 100; enfin le cautionnement de l'entrepreneur seulement 9,1 p. 100.

Si toutefois on calcule encore, comme c'est l'usage dans les devis, toutes les dépenses non comprises dans les salaires des ouvriers et les frais d'administration, on obtient, pour le payement du personnel, d'après les supputations faites ci-dessus, 159 304 florins et 42 750 pour frais de régie, c'est-à-dire 26,8 p. 100, et, si l'on veut y joindre le cautionnement et le profit, 45,2 p. 100 pour avoir le compte exact des dépenses.

Ce tant pour 100 concorde avec un ancien adage des entrepreneurs qui dit : « Mauvaise affaire si les salaires des ouvriers ne sont pas au-dessous des 60 p. 100 du prix qu'aura coûté l'entreprise. »

Cependant tous les devis que j'ai eu à examiner portent simplement 10 p. 100 de frais de régie ; si donc l'entrepreneur ne veut pas y perdre, il faut qu'il ne dépasse point 35 p. 100, soit pour les salaires des ouvriers, soit pour les couches de terrain évaluées et payées par mètre cube. Il sera difficile d'obtenir ce résultat pour ce qui concerne les salaires ; quant au terrain, cela dépendra des devis rédigés par l'ingénieur dirigeant.

Examinons par exemple deux autres devis, celui du chemin de fer du Semmering et celui du premier chemin de fer de Transylvanie.

CATÉGORIES.	DESCRIPTION DU TERRAIN.	POSTES par jour et par mètre cube de terrain à extraire.	
		Semmering	Transylvanie.
		Devis.	
1re catégorie.	Il se compose de terre d'alluvion, telle que : humus, argile, sable, argile friable, par conséquent de matériaux que l'on peut remuer avec la bêche et qui n'exigent que partiellement l'aide de la pioche.	0,233	0,145
2e catégorie.	Argile dure et compacte, cailloux, genres divers de terrains qui exigent partout l'emploi de la pioche.	0,320	0,218
3e catégorie.	Tous les terrains marneux, mélangés de conglomérats, terrain solide, cailloux, argile, et tous les autres mélanges de terres compactes que l'on ne peut remuer qu'à l'aide du pic.	0,610	0,201

On voit, par ce qui précède, comment, dans le cours de dix-sept années qui séparent les deux rédactions de devis, en étudiant la vérité avec une attention de plus en plus grande, on s'est approché toujours davantage de la quotité exacte du travail requis pour les entreprises de ce genre.

On n'a conservé, solides comme un monument de granit, que les 10 p. 100 de régie, dont les devis parlent en ces termes :

« Dans les centièmes supplémentaires pour la régie, on a compris « l'indemnité pour les objets requis, l'achat et l'emploi des outils, la « surveillance, les soins donnés aux malades, etc.

Les efforts faits pour découvrir la vérité, en ce qui concerne les forces nécessaires pour la réalisation d'une entreprise, sont louables pour deux raisons : il faut connaître la vérité : 1° pour établir les prix ; 2° pour bien esquisser le plan des travaux ; seulement, en évaluant les prix, il ne faut point stéréotyper les 10 p. 100 de régie au point de tenir à cette évaluation avec une opiniâtreté excessive, ce qui n'arrive que trop souvent.

Nous reviendrons plus tard à cette question, pour élucider davantage, quand nous aurons passé en revue quelques exemples encore de construction des tranchées et de digues dans des terres friables comme dans les sols rocailleux.

Nous n'avons parlé jusqu'ici que de fosses à extraction de dimensions considérables ; nous devons maintenant examiner de plus près la construction des tranchées sur des terrains à étendue restreinte.

Il y a deux manières distinctes de procéder à la construction des tranchées :

1° Le mode ordinaire, que nous serions disposé à nommer le mode continental ;

2° Le mode usité en Angleterre.

Ces deux modes diffèrent en ce que le premier veut que l'on travaille au jour le jour, tandis que le second entend qu'on procède par couche et par galeries.

D'après le premier mode, on n'a guère que deux points d'attaque, c'est-à-dire les deux extrémités, les deux points marqués *o* ; on part de là pour tâcher de se rencontrer, les uns travaillant de gauche à droite, les autres de droite à gauche. Dans le système anglais, on peut multiplier les points d'attaque à volonté, grâce aux galeries réunies entre elles par des conduits. L'avantage du mode anglais consiste à avancer plus vite dans l'accomplissement de la tâche ; nous verrons donc qu'il fournit en outre l'occasion de faire des économies.

S'il s'agit de construire de petites tranchées, ce serait une trop grande dépense que d'établir un chemin de fer, comme nous l'avons déjà dit plusieurs fois et comme nous l'avons prouvé par des chiffres, à moins qu'il ne faille construire plusieurs petites tranchées, rapprochées les unes des autres, dans un court espace de temps, de manière à pouvoir utiliser le chemin de fer successivement pour chacune de ces tranchées. C'est là un cas concret où le calcul fera connaître la décision à prendre.

Quand il faudra simplement déposer quelque part, comme inutiles pour un terrassement de dimensions plus fortes, les matériaux provenant d'une tranchée, l'opération la plus convenable sera de les déposer comme de profil, à l'aide de brouettes, entre certaines limites. On trouvera aisément ces limites dans nos tableaux relatifs au transport par brouettes; ainsi, par exemple, avec la brouette autrichienne, il ne faudra pas opérer le dépôt à plus de 6 mètres de hauteur.

Il peut toutefois se présenter des circonstances où le dépôt des matériaux à côté d'une tranchée est chose tout à fait inadmissible; mais nous ne parlerons de cela que dans le chapitre suivant, où nous nous étendrons sur les travaux faits dans un sol meuble et friable. Quand on emploie les brouettes à transporter les matériaux à côté de la tranchée, on procédera absolument comme nous avons dit qu'il fallait faire relativement aux brouettes et aux fosses à extraction; il en résulte qu'on peut employer simultanément un grand nombre d'ouvriers et activer le travail, tandis qu'il faut beaucoup moins de travailleurs à camions, quand le trajet doit être horizontal. Toutefois le nombre des travailleurs à employer sur une ligne horizontale dépendra principalement de la conformation du terrain.

Les tranchées qui, sur une assez longue étendue, coupent des plateaux horizontaux, à arêtes abruptes relativement aux bas-fonds avoisinants (ces plateaux ne sont pas rares dans les larges vallées arrosées par des rivières), devront, en cas d'urgence, être opérées de préférence à l'aide de brouettes, tandis que des *nez de montagne* entrecoupés, où les profils de longueur ont l'apparence d'un triangle peuvent être déblayés fort avantageusement à l'aide de camions sur des lignes horizontales.

Ainsi, par exemple, en Transylvanie, il fallut creuser une tranchée de 1 500 mètres de longueur sur une profondeur de moyenne de 3 mètres, toute l'opération fut terminée à l'aide de brouettes. Si l'on eût voulu déposer les matériaux extraits dans les bas-fonds parallèles, en suivant une ligne horizontale, il en serait résulté une distance moyenne de 450 mètres qui, avec des brouettes, aurait exigé 0^{oum}.29 de travail par mètre cube. Avec des brouettes, une distance de 55 mètres fut suffisante, avec une montée de 7 ½ p. 100, qui exigea 0^{oum}.288 de travail par mètre cube. Ainsi, pour les 60 000 mètres cubes à extraire, il fallut, avec des brouettes, 120 journées de travail de moins qu'il n'en aurait fallu avec des charrettes. De plus, en attaquant par les deux extrémités, avec une activité moyenne, il aurait fallu à chaque bout 25 charrettes et 50 hommes

de peine, de sorte qu'on n'aurait guère transporté par jour que 300 mètres cubes.

Il faudrait donc, pour creuser cette tranchée, d'après le mode indiqué
ci-dessus, dans les circonstances les plus favorables, neuf mois entiers
de travail, en supposant toutefois que 5 escouades, chacune de 5 camions ou tombereaux, agiraient sur chaque point d'attaque; sur ces
5 escouades, l'une serait toujours en chargement, les autres feraient
leur trajet ou seraient occupées du déchargement.

En théorie, une telle répartition de travail fait très-belle figure; mais
quiconque a déjà dirigé des travaux de terrassement pourra dire combien il se présente d'obstacles plus ou moins graves, lesquels néanmoins
exercent une influence considérable sur l'ensemble des travaux, de sorte
qu'il faut un maintien sévère de l'ordre et un personnel éprouvé pour
réparer le mal autant que possible. C'est notamment les températures
dont les vicissitudes sont dangereuses pour des travaux d'une longueur
si considérable.

Maintenant, si l'on se dit que, dans le cas en question, on peut disposer sans peine de 200 brouettes et terminer la tranchée dans l'espace
de 4 mois, qu'il faut donc 4 mois de surveillance de moins qu'avec les
camions; que, de plus, l'achat des brouettes ne coûtera guère que les $\frac{2}{5}$ du
prix du camion, qu'enfin l'influence des obsatcles est beaucoup moins
intense, on comprendra qu'il y a un avantage énorme dans l'emploi des
brouettes.

L'ensemble de la tranchée reviendrait à 27 600 florins, dont 12 600
seraient employés à payer les salaires; le reste servirait aux autres
dépenses.

Une tranchée de 400 mètres de longueur et de 10 mètres de profondeur au plus, dont la *fig.* 116 indique la longueur et les profils, dut,

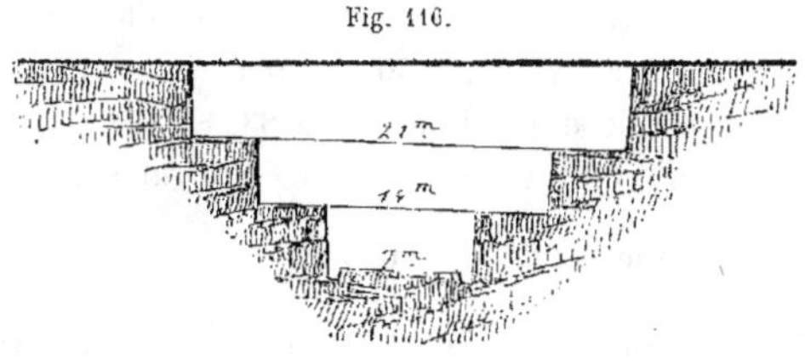

Fig. 116.

paur la plus grande partie, fournir des remblais; elle fut, comme le
montre notre figure, partagée en 3 sections, de chacune desquelles un
chemin descendant conduisit à l'emplacement des remblais. Comme on

donna à cette tranchée des talus de 1 pied, les travaux durent être
menés d'une manière dont la *fig.* 117 donne une idée. Les talus en forme
de gradins facilitèrent la descente des étages supérieurs, comme l'indique la *fig.* 118. On dut pratiquer les talus les plus escarpés que l'on
pût utiliser sans danger pour toute la durée des travaux.

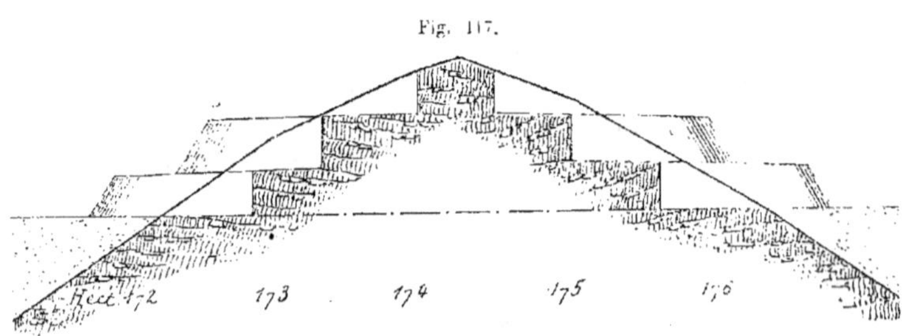

Fig. 117.

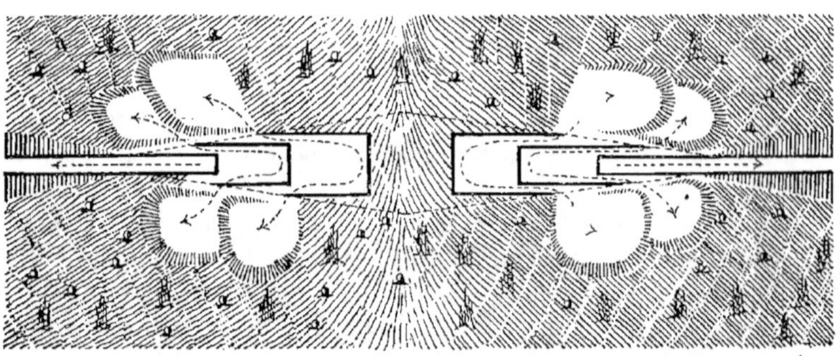

Fig. 118.

Le sol se composait d'un sable ferme et solide, de là l'angle naturel
de talus ψ (*voir* tableau VIII) $54°30'$ ou $\operatorname{tg}\psi = 1,4$. Les essais donnèrent
une hauteur verticale d'incision $h_0 = 2,83$. Si toutefois, par mesure de
sûreté, on ne tient compte que des $\frac{2}{3}$ de cette valeur, c'est-à-dire de 2,12
et si l'on met à 3 mètres de hauteur des gradins h, on obtient $\dfrac{h}{h_0} = 1,42$;
par conséquent, d'après le tableau VII. p. 178, $\operatorname{tg}\varepsilon = 0,167$, c'est-à-dire
que les talus doivent recevoir $\frac{1}{6}$ de revêtement (?).

Comme la tranchée devait avoir 9 mètres de largeur à sa base, on lui
donna, pour la première élaboration. 7 mètres; la largeur du deuxième
étage fut $7 + 2\left(\dfrac{h}{6} + 3\right) = 14$ mètres, et celle de l'étage le plus élevé

$$14 + 2\left(\frac{h}{6} + 3\right) = 21$$ mètres, de sorte qu'il y eut toujours des voies carrossables de 3 mètres de large et qu'à l'étage supérieur, grâce au creusement des gradins, on obtint exactement le talus d'unité futur, les talus provisoires recevant $\frac{1}{6}$ de revêtement (?).

D'après cette division, le deuxième gradin avait 2 fois et le troisième 3 fois la surface du gradin le plus bas et d'abord, pour faire marcher tous les travaux de front, on établit 3 tombereaux près du gradin le plus bas, 6 près du second et 9 près du troisième, nombres qui furent doublés dans la suite aux places de dépôt, le gradin d'en bas fut encore le plus petit et les deux autres plus grands, dans la proportion, afin qu'un remblai ne dépassât point l'autre.

Bien que le remblai dût se faire aux deux côtés de la tranchée, il fallut néanmoins un ordre rigoureux, surtout tant que la distance à parcourir pour le transport fut au-dessous de 70 mètres, pour empêcher les véhicules revenant à vide de se croiser et de s'embarrasser avec les véhicules que l'on était en train de charger ; dès que la distance à parcourir dépassa 70 mètres, le temps du trajet, joint à celui du déchargement, fut plus long que celui du chargement, et l'on pouvait toujours, pendant qu'un train effectuait le trajet, charger et expédier le train destiné au deuxième endroit de déchargement, de sorte que jamais les deux trains ne revenaient simultanément pour être rechargés à nouveau.

Comme à chaque station de chargement il y avait assez d'espace pour y charger simultanément le nombre précité de véhicules, quand la distance fut plus grande et que les véhicules ne coururent plus le risque de se rencontrer, on put employer, comme nous l'avons dit, un nombre double de véhicules.

Il fallut activer les travaux de la tranchée, et chaque véhicule reçut par voyage 5 kreutzers, ce qui fit monter le salaire quotidien d'un travailleur à $1^{fl},20$ et même $1^{fl},30$.

Chaque véhicule transportait $0^{m3}.25$ de terrain compacte ; il fallait en moyenne par le chargement et le transport d'un mètre cube à une distance moyenne de 140 mètres 0,16 de travailleurs, dont 0.06 pour le chargement et 0,1 pour le transport.

On peut procéder d'une manière tout à fait analogue quand on veut faire aboutir la tranchée à une digue contiguë ; seulement, dans ce cas, le nombre des véhicules à employer est restreint plus ou moins par le peu de largeur de la station de déchargement. On peut aussi construire la digue par étages, de telle sorte qu'à chaque étage de la tranchée réponde un étage de la digue ; mais cette opération ne sera avantageuse que lorsque la pente du terrain sera naturellement assez douce pour

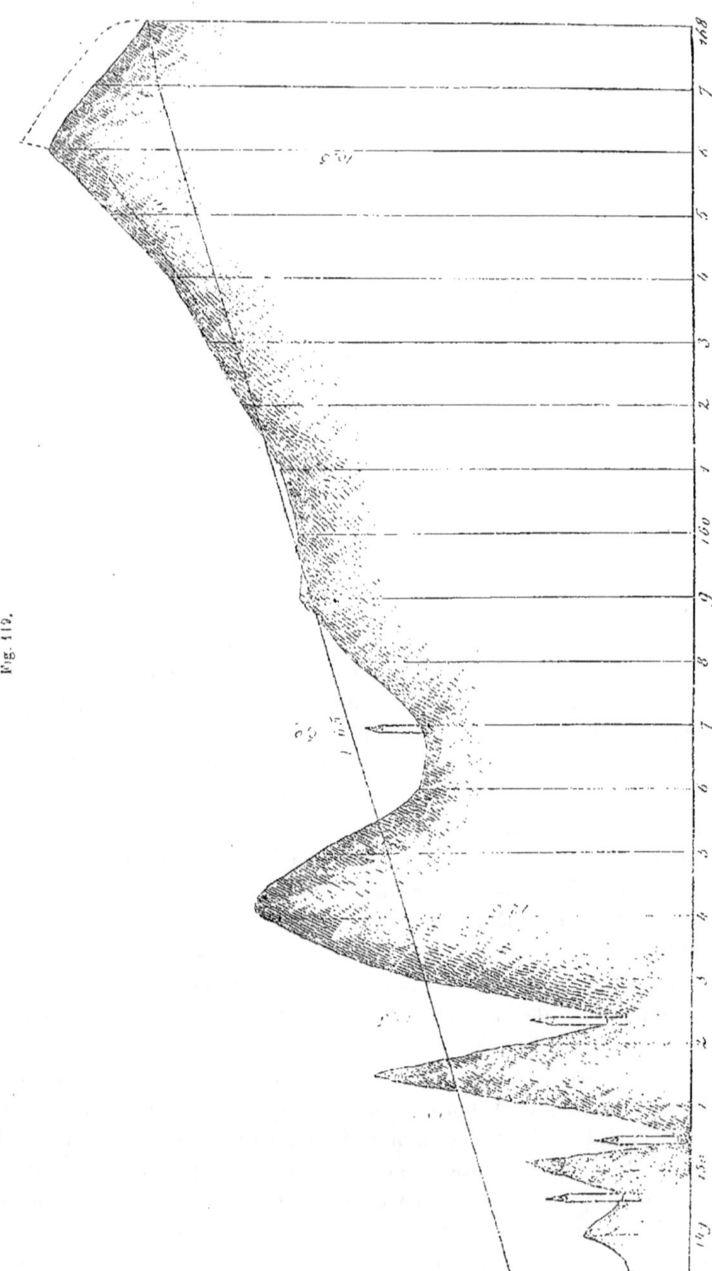

Fig. 112.

que l'aller et le retour du véhicule puissent s'effectuer sans grand effort.

Le remblai prend alors naturellement la forme d'un gradin, qui ne se change en la forme normale d'un talus que lorsque le travail est achevé, ainsi que l'aplanissement.

On ne doit toutefois pas oublier, dans cette division des travaux, de déterminer la hauteur des gradins de remblais, de telle sorte qu'une partie inférieure ne soit pas dépassée par une partie supérieure.

Faut-il préférer l'emploi de wagons sur des rails à celui des tombereaux sur une route ordinaire? C'est là une question à laquelle on trouvera la réponse en étudiant le plan bien conçu et bien calculé des travaux.

Si l'on se décide en faveur des rails et des wagons, un travail préliminaire sera indispensable : on commencera les travaux de la tranchée en démolissant les points 0 à l'aide de brouettes ; on les continuera ensuite soit avec des brouettes, soit avec des tombereaux jusqu'à ce que l'on ait pratiqué une voie de 60 à 100 mètres de longueur; alors seulement on y posera les rails, et l'on se mettra à employer des wagons.

Sur le chemin de fer de Linz à Budweis, il y eut à pratiquer une tranchée, de l'hectomètre 162 à l'hectomètre 168, dans un terrain argileux; la *fig.* 119 en fait connaître le profil longitudinal. L'ensemble de la tranchée formait une masse de 53 600 mètres cubes, dont 34 000 devaient aboutir aux digues précédentes, 8 200 à la digue suivante, et 11 400 être déblayés; ajoutez-y que, sur les 34 000 mètres cubes, 23 500 devaient être croisés par une tranchée précédant celle-ci et allant de l'hectomètre 153 à l'hectomètre 156 et ne pouvaient être utilisées que pour la digue précédant cette dernière tranchée.

Il y avait donc 23 500 mètres cubes devant être transportés, en moyenne, à 1 600 mètres de distance; 11 500 à 170 mètres, 8 000 à 160, et 11 400 n'importe où.

Le plan des travaux ne devint définitif qu'après qu'on eut répondu aux questions suivantes :

1re Question : les 23 500 mètres cubes seront-ils transportés à 1 600 mètres au moyen d'un chemin de fer ou par l'emploi d'un autre mode de transport?

Le transport par camions exigerait 0,98 ouvrier par mètre cube; le transport par tombereaux à traction de cheval, 0,38 cheval par mètre cube (le transport par charrette ordinaire serait impraticable, faute d'espace suffisant pour manœuvrer); enfin le transport par wagons, sur une voie ferrée de $\frac{1}{60}$ de pente, exigerait 0,125 travailleur par mètre cube.

En admettant 1 florin de salaire quotidien par travailleur et 3 florins

par tombereau à traction de cheval, on aurait, avec les frais d'entretien
des véhicules :

Par camion, pour un mètre cube. . . . . 1fl,13 de transport.
Par tombereau. 1 .14   —
Par voie ferrée. 0 .20   —

Toutefois il faut ajouter à l'emploi de la voie ferrée l'amortissement,
les véhicules, les matériaux, l'intérêt du capital emprunté, la conservation du haut de la voie et le prix des remblais.

Un mètre courant de la surface de la voie ferrée coûte, déduction faite
du prix du matériel qui reste acquis, 1fl,07 ; donc 2000 mètres = 2140 florins.

Comme cette opération ne peut s'effectuer qu'après l'achèvement de
la tranchée précédente, il ne reste pour s'en occuper que 5 mois, c'est-
à-dire 110 journées de travail pleines ; il faut donc transporter journellement 215 mètres cubes, à l'aide de 26 wagons à 125 florins et avec
20 p. 100 de détérioration des véhicules et instruments, ainsi que pour
l'amortissement on dépense 650 florins, plus intérêts pour le capital
emprunté 220 florins ; échafaudages de 20 mètres de hauteur, 1100 florins ; conservation du haut de la voie pendant 110 jours, 1620 florins.

total : 5730 florins et $\dfrac{5730}{23500} = 0^{fl},24$ par mètre cube.

L'ensemble des frais du transport par wagon est donc de 0fl,44 par
mètre cube ; c'est donc l'emploi des wagons qui est incontestablement
le plus avantageux pour le transport de cette masse.

2ᵉ Question : les 11500 mètres cubes qui restent à transporter doivent-ils être enlevés à l'aide de wagons ou d'autres véhicules ?

Comme les 11500 mètres cubes peuvent être transportés sur cette voie
ferrée, sans qu'il en résulte un surcroît de dépense pour l'entretien du
haut de la voie ; comme on les transportera à une distance moindre :
comme d'ailleurs l'entretien du haut de la voie ne s'appliquera qu'à une
fraction de la voie ferrée, d'une longueur de 330 mètres, c'est-à-dire le
$\dfrac{1}{6}$ de l'étendue de l'autre fraction ; comme enfin il y aura un échafaudage de moins et que l'amortissement des wagons sera réduit de moitié,
il est évident que cette masse de 11500 mètres cubes devra aussi être
transportée par chemin de fer. D'après ce qui a été dit plus haut, l'amortissement pour cette masse ne sera que de 0,055 par mètre cube, ce qui,
avec le prix 0fl,041 du prix de transport, fera un total de 0,096 ou en
chiffres ronds 10 kreutzers de monnaie autrichienne.

3ᵉ Question : doit-on recourir à une voie ferrée de l'autre côté de la
tranchée ?

Quant à ce qui concerne l'autre côté de la tranchée, comme il s'agit d'une masse de 11 400 mètres cubes à transporter, si on la déposait le long de la digue et enfin sur la digue elle-même à l'aide de wagons, la distance moyenne étant de 160 mètres et la pente de $\frac{1}{60}$, il faudrait (par mètre cube) 0,088 journée de travail, soit $0^{fl},14$, ce qui, sans les frais d'amortissement, constitue déjà une plus forte dépense que le transport par camions le long de la tranchée, lequel (voir le tableau II) n'exige que 0,094 journée de travail ou $0^{fl},11$.

On a donc ici dû renoncer à une voie ferrée d'autant plus que, vu la masse à enlever, on pourrait développer le travail sur une large échelle et employer assez de brouettes et de camions pour terminer l'ouvrage plus vite qu'on n'aurait pu le faire à l'aide de wagons roulant sur des rails.

Finalement, la forte pente de l'appui serait moins favorable à l'utilisation d'un chemin de fer, à moins qu'on n'élevât un échafaudage.

4° Question : les déblais doivent-ils être déposés à l'aide de tombereaux à côté de la digue ou à l'aide de brouettes le long de la tranchée?

Comme il est établi que, dans ce cas, l'emploi des tombereaux est plus avantageux que celui des wagons, qui ne doivent pas servir à la construction de la digue, il faut calculer non-seulement si le déblayement se fera à meilleur marché avec des brouettes ou des tombereaux, mais encore si le temps nécessaire aux travaux sera plus ou moins long suivant le mode de transport finalement adopté.

Si l'on veut recourir aux brouettes, on pourra transporter 5 300 mètres cubes de la couche supérieure à 30 mètres de distance avec une pente moyenne de $\frac{1}{20}$ et maxima de $\frac{1}{10}$ en profil, ce qui, d'après le tableau 1, exige par mètre cube 0,075 de travailleur ou en argent $0^{fl},082$; 6 100 mètres cubes devront être transportés à 60 mètres de distance sur une pente moyenne de $\frac{1}{20}$ ou une pente maxima de $\frac{1}{10}$, exigeant 0,16 ouvrier ou en argent $0^{fl},18$.

Si l'on voulait employer des tombereaux, comme dans l'exemple précédent, il en résulterait une distance moyenne de 120 mètres et, d'après le tableau II, une dépense de 0,094 ouvrier ou $0^{fl},11$ par mètre cube et, par conséquent, sur la masse entière une différence de 314 florins, desquels il faut retrancher, pour le chargement des récipients plus élevés, 148 florins, de sorte que l'économie, produite par l'emploi des tombereaux, se réduit à 166 florins; mais si l'on se rappelle le surcroît de dé

pense causé par l'achat des tombereaux, on verra que les deux modes
de transport sont à peu près équivalents.

Si le travail devient urgent, on peut, pour l'emploi des tombereaux,
faire trois étages, dont le plus bas fournira les matériaux pour la construction de la digue; les deux autres, pour les dépôts de terrains. Dans
ces deux derniers, tant que dureront les travaux, on pourra employer,
en moyenne, 22 tombereaux par jour, ce qui demandera deux mois de
travail, un tombereau enlevant par jour 12 mètres cubes et demi. D'un
autre côté, on pourrait employer par jour 50 brouettes, ce qui permettrait de déterminer le travail en 1 mois $\frac{3}{4}$ pour toute la masse de
11 400 mètres cubes. Mais ce travail ne devint pas urgent, l'autre partie
de la tranchée exigeant d'ailleurs un plus grand laps de temps. Aussi
est-ce uniquement pour simplifier l'opération que l'on s'est décidé à
l'emploi des brouettes.

Si l'on veut pouvoir travailler toujours avec un nombre de wagons
complet, il est nécessaire de travailler la tranchée au moins dans une
étendue égale à celle du train des wagons, de telle sorte que l'on puisse
charger simultanément tous les wagons du train, ce qui indique que l'on
ne pourra pas avancer en plein profil, parce que, dans ce cas, on ne
pourrait employer qu'un nombre de wagons restreint et dépendant de
la largeur de la tranchée. L'opération peut s'effectuer de différentes
manières : ou bien on creuse tout au fond, en pratiquant une étroite
fissure, où l'on charge le dernier wagon du train ; puis on avance et l'on
remplit les autres wagons avec ce que l'on retire de la fissure élargie
jusqu'à l'entier profil ; ou bien on occupe la tranchée dans toute sa
longueur, puis seulement on descend, en travaillant, jusqu'à la nivelette.
Enfin on peut recourir à la construction des trois étages, telle que nous
l'avons décrite pour l'emploi des tombereaux. La première méthode ne
comporte qu'un nombre restreint de wagons, attendu que l'on ne peut
employer dans un train que le nombre de wagons indiqués par le quotient de la division de toute la surface des profils par la plus petite surface des percements de l'avant. Si, par exemple, la profondeur de la
tranchée était de 6 mètres et la largeur de sa base de 8 mètres, et si
l'on voulait percer de l'avant avec une fissure de 2 mètres et $\frac{1}{6}$ de talus,
on ne pourrait mettre que 5 wagons à chaque train, toute la surface des
profils, y compris les fossés, étant de 90 mètres carrés et celle de la
percée d'avant, de 17 mètres carrés. La longueur de la distance aidera
ensuite à déterminer s'il faut un, deux ou trois trains.

Si, au contraire, on attaque la tranchée sur toute sa longueur à la fois,

et si l'on ne descend que peu à peu vers le niveau donné, on a la chance
de pouvoir employer simultanément un bien plus grand nombre de
wagons. Dans ce cas, on commencera à pratiquer une fissure, et l'on
jettera la terre par pelletées à droite ou à gauche ; la base de cette fissure aura une pente telle que les wagons vides pourront la remonter sans
frais de travail particuliers ; mais, autant que possible, la profondeur
cette fissure ne dépassera pas 3 mètres, sans quoi le jet des pelletées de-

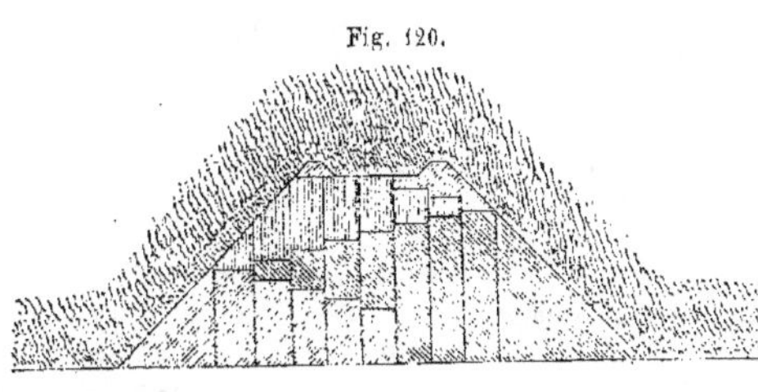

Fig. 120.

viendrait impossible. On
placera ensuite les wa-
gons en nombre suffi-
sant sur cette fissure, et
l'on élargira la fissure à
gauche ou à droite. Cet
élargissement peut être
d'abord de 2 mètres à la
base, suivant la hauteur des wagons, peut être de 50 à 70 centimètres plus
profonde que ne l'était celle de

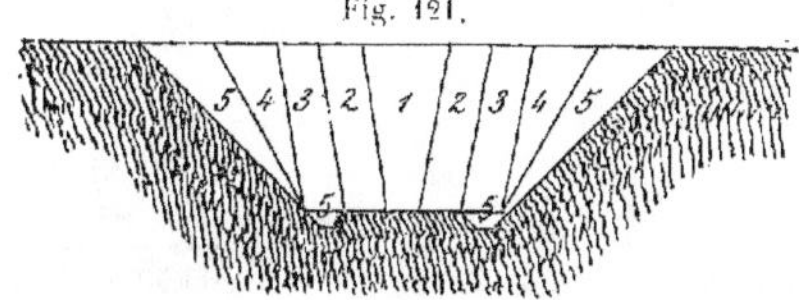

Fig. 121.

la première fissure, ce qui n'ap-
porte pas grand obstacle à l'opération du chargement.

On pose ensuite la voie ferrée
dans l'élargissement que l'on
augmente et que l'on rend de 2 mètres plus profond ; on y pose de nouveau
une voie ferrée, etc. Est-on parvenu de
la sorte jusqu'au talus de la tranchée,
on poursuit, en descendant toujours,
la même opération en sens contraire
jusqu'à ce qu'on arrive au talus de la
tranchée et ainsi de suite en descendant vers la nivelette. Il nous faudra
reparler de la construction des étages ;
nous la laisserons donc de côté en ce
moment pour éviter les répétitions.

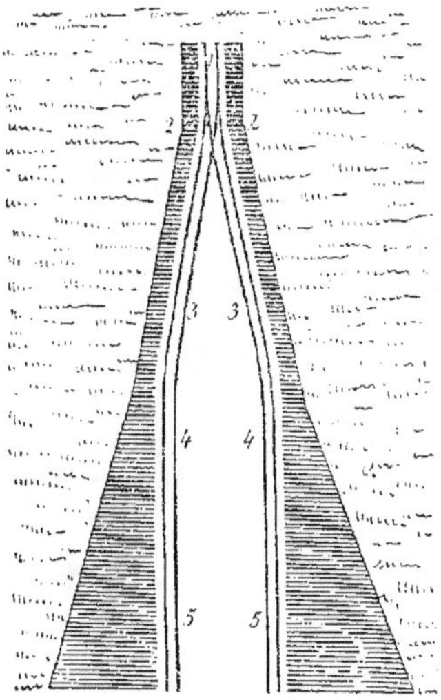

Il résulte de ce que nous avons dit
que le premier procédé, en fait de
travaux, doit être préféré pour des
tranchées courtes et profondes, où
les appuis descendent presqu'en ligne
verticale, tandis que le second procédé est plus avantageux quand il s'agit
de longues tranchées.

Fig. 122.

Les *fig.* 120, 121 et 122 représentent les deux procédés: on y voit que la pose des rails, dans les deux cas, exige à peu près le même travail; car, si dans l'un il faut toujours pousser en avant la *weiche* avec les deux rails, pour le second il faut toujours poser les rails dans l'élargissement.

Dans notre cas, le deuxième procédé fut préféré.

Voici quelles furent les dépenses pour l'entier achèvement de la tranchée, d'après la disposition précitée donnée aux travaux :

	Kreutzers.		Florins.
Détacher 23 500 mètres cubes à 0,15 ouvrier, à 1 florin, 1 p. 100, avec la conservation des instruments et outils, soit.	15.15	=	3 500
Chargement dans des véhicules plus élevés, 0.058 ouvrier.	5,85	=	1 375
Jeter le matériel des talus, c'est-à-dire environ le 1/5 de toute la masse, une fois une moitié, deux fois l'autre moitié, 5 kreutzers par jet, donc, pour toute la masse.	1,50	=	353
Transporter à une distance moyenne de 1 600 mètres.	44,00	=	10 340
Aplanissement, à propos de l'échafaudage.	0,50	=	117
Pour drainer une tranchée remplie d'eau.	0,50	=	117
Amortissement pour les baraques.	1,00	=	235
Surveillance, profils, etc.	3,00	=	705
Timbre et impôts.	1,50	=	352
Dépenses imprévues.	3,50	=	823
Cautionnement des entrepreneurs.	7,00	=	1 646
Ensemble.	83,50	=	19 623
Pour charger 1 600 mètres cubes de terre prise dans la fissure (*pauschale*).			100
11 500 mètres cubes à détacher et à charger, comme ci-dessus, à.	21.00	=	2 415
Transporter à 170 mètres, comme ci-dessus, à.	10.00	=	1 150
Aplanir sans échafaudages, à.	1.50	=	172
Drainer une tranchée pleine d'eau à.	0,50	=	58
Amortissement pour baraques, taxes, dépenses imprévues.	10,00	=	1 150
Total.	43.00	=	5 045
Détacher et charger 8 200 mètres cubes, comme plus haut.	21.00	=	1 722
Transporter à 160 mètres dans des tombereaux.	13.00	=	1 066
Aplanissements.	0,50	=	41
Drainer une tranchée remplie d'eau.	0,50	=	41
Baraques, surveillance et profils, comme plus haut.	4.00	=	328
Taxes, dépenses imprévues et cautionnement.	6.00	=	492
Total.	45.00	=	3 690
Détacher et charger dans des véhicules peu élevés 11 400 mètres cubes à.	19.3	=	2 200
Transporter au lieu de dépôt, en moyenne à.	13.4	=	1 528
Aplanir et drainer une tranchée, comme plus haut.	1,0	=	114
Baraques et surveillance, comme plus haut.	4,0	=	456
Autres dépenses.	6,3	=	718
	44.0	=	5 016
Total.			33 374

Dans ces 33 374 florins sont contenus 4 180 florins, proposés pour les dépenses imprévues et pour le gain éventuel des entrepreneurs. L'argent, mis en réserve pour les cas imprévus, et qui figure dans notre calcul pour une somme de 1 390 florins, est, en temps normal, régulièrement dépassé en plus ou en moins, car ou bien les ouvriers font du tort aux voisins, auxquels on doit une réparation, surtout quand on ne peut découvrir les coupables, ou bien il faut créer un accès vers le lieu des travaux où l'on veut apporter les matériaux et outillages nécessaires, et il faut payer la location du terrain usurpé; ou bien il faut détourner et conserver un chemin qui croise les travaux jusqu'à l'arrangement définitif; ou bien, par mesure de sûreté, on réclame la construction d'une palissade ou treillis, etc. Lors donc que tout se passe sans encombre, il ne reste que les 2 790 florins réservés comme gain éventuel des entrepreneurs.

Mais s'il survient des obstacles sérieux, si, par exemple, l'été est extraordinairement pluvieux, de telle sorte qu'au lieu de travailler 22 jours par mois, les ouvriers ne puissent travailler que 18 ou 20 jours, soient mécontents de leurs salaires, désertent les ateliers, etc., si les travaux chôment par l'effet de cette cause, on se voit plus tard forcé de recourir à des travaux urgents, même par des jours de gelée.

Dans de pareilles circonstances, non-seulement les entrepreneurs ne gagnent rien, mais ils sont même obligés d'y mettre du leur et de perdre une somme égale ou supérieure même à celle qu'ils espéraient gagner.

Faisons comprendre cela par le récit de ce qui arriva à la tranchée que nous avons prise pour exemple.

A la digue, où il fallait transporter les 23 500 mètres cubes précités, on dut pratiquer trois passages, d'un total de 3 000 mètres cubes en maçonnerie; si les travaux avaient pu être menés avec ordre et régularité, 4 mois auraient dû suffire à cette besogne.

La tranchée, qui devait fournir les 23 500 mètres cubes, avait un contenu de 41 000 mètres cubes, dont les $\frac{9}{10}$ devaient servir à la construction de la digue et l'autre dixième au transport de l'autre côté.

Tous les préliminaires avaient été disposés de telle sorte que, dans des circonstances ordinaires, l'acquisition des terrains aurait pu être réalisée vers la mi-juillet et deux passages terminés vers la mi-novembre.

Voici maintenant ce que l'on se proposa de faire :

Deux passages devaient être commencés vers la mi-juillet et terminés au plus tard vers la mi-novembre; on devait en même temps attaquer les 41 000 mètres cubes aux deux points zéro et extraire les matériaux jusque dans la proximité du premier passage (mais sans le faire péricliter par une pression excessive) ; on aurait de la sorte extrait environ 5,000 mètres cubes.

De la mi-novembre à la mi-mars on devait se reposer sur ce point, mais construire ailleurs les échafaudages et la voie ferrée, pour pouvoir recommencer de plus belle dès les premiers jours du printemps.

Les 5 000 mètres cubes enlevés, restaient 36 000 mètres à remuer dès l'ouverture du printemps ; sur ce nombre, 20 000 auraient été extraits jusqu'à la mi-juillet, pour terminer la tranchée en partie et pratiquer une voie ferrée entre les hectomètres 162 et 166. Restaient 16 000 mètres cubes, dont la disparition aurait régularisé les profils et qui devaient être extraits dans la saison suivante, en complétant ainsi la tranchée.

Les 20 000 mètres cubes, qui devaient être extraits du sol dans l'espace de 4 mois ou de 88 jours, exigeaient un transport de 227 mètres cubes par jour à opérer par 10 wagons faisant par jour 20 voyages et transportant 24 mètres cubes. La tranchée devant avoir 200 mètres de longueur, les 20 000 mètres cubes qu'il fallait extraire les premiers exigeaient une surface de profil de 100 mètres carrés. En procédant d'après la première méthode, la fissure où devait rouler le premier wagon réclamait une surface moyenne de 20 mètres carrés. On pouvait ainsi occuper suffisamment deux trains de 5 wagons chacun, et comme, en temps ordinaire, chaque wagon pouvait transporter 240 mètres cubes, le travail devait être déterminé en 83 jours, ce qui donnait une certitude d'environ 6 p. 100, sans compter que, lorsque l'été est favorable, on peut aisément travailler 24 et même 26 jours par mois plutôt que 22 ; d'ailleurs, dans les mois de mai, juin, juillet et août, les ouvriers embrigadés travailleront onze heures plutôt que dix par jour. Durant 4 mois, de la mi-juillet à la mi-novembre, on devait encore emporter 16 000 mètres cubes de la tranchée, plus 18 800 mètres cubes de la tranchée 162-166. Digues et tranchées auraient été alors assez terminées pour que, dans l'hiver, on pût établir la surface définitive du couronnement de l'œuvre. Du 15 mars au 15 avril de la troisième année, on aurait achevé d'emporter 4 600 mètres cubes de la tranchée 162-166, et avec ces matériaux on aurait complété les talus des digues ; de la sorte on aurait encore eu deux semaines pour mettre la dernière main à l'œuvre avant la date fixée pour l'achèvement définitif.

Vu les coefficients considérables de certitude posés lors des premiers calculs et vu la probabilité que, durant de douces périodes de l'hiver, on pourrait se livrer à d'assez grands travaux, on ne devait pas douter d'une réussite complète.

Mais le paysan sur le terrain strict duquel on devait construire les deux passages se montra si intraitable qu'on ne put vaincre sa résistance qu'à l'entrée de l'hiver.

Le faible espace dont on disposait dans les gorges étroites et profondes, où il fallait exécuter les travaux, était indispensable pour les opérations, et même le manque d'espace empêcha d'enlever, avant le commencement de l'hiver, les 5 000 premiers mètres cubes.

Les passages eux-mêmes, loin d'être terminés à la mi-novembre, ne purent être commencés que dans les premiers jours d'avril et terminés à la fin de juillet, de sorte qu'au lieu d'avoir percé la première tranchée dans toute sa longueur à la mi-juillet, les opérations sérieuses ne purent commencer que dans les premiers jours du mois d'août.

D'après cela, même les circonstances étant favorables, on n'aurait pu percer cette tranchée dans toute sa longueur qu'à la fin de novembre ; mais, dès la première moitié de ce mois, survinrent des gelées si intenses que, même avec de grands sacrifices d'argent, cette percée ne put être effectuée qu'en décembre.

Comme une forte amende frappait tout retard au delà du terme prescrit, malgré le froid rigoureux qui régna sans interruption, on attaqua, vers la fin de janvier, les 23 500 mètres cubes de la tranchée 162-4 et on la termina au commencement de juin.

Il fallut employer la mine pour faire sauter le terrain gelé à la profondeur d'un mètre, comme nous l'avons dit page 30, chapitre des mines, pour faire sauter les rochers. Aussi pour détacher et emporter un mètre cube, il fallut dépenser un florin autrichien au lieu de 21 kreutzers, que l'on avait présupposés. Les froids rigoureux ayant duré jusqu'au milieu de mars, on ne put extraire de la sorte que 6 000 mètres cubes, ce qui, comparé au devis primitif, donna une différence de

$$79 \times 6\,000 = 4\,740 \text{ florins,}$$

somme qui équivalait au gain évalué à 2 790 florins pour toute la tranchée et de plus à un déficit de 1 950 florins.

Une perte plus sensible encore fut celle qui résulta des exigences inopportunes des travailleurs ; sentant que leurs concours était indispensable, vu l'urgence des travaux, ils extorquèrent une augmentation de salaire. Dans le chapitre suivant, nous parlerons des autres conséquences que ce travail entraîna.

Il est donc parfaitement logique et plausible, quand on analyse les prix unitaires, après avoir posé à l'avance, aussi consciencieusement que possible, toutes les dépenses certaines, d'ajouter encore 10 à 20 p. 100 pour les risques des entrepreneurs ; ces 10 à 20 p. 100 constituent leur gain ou bénéfice, quand tout va bien ; mais, pour peu qu'il survienne des circonstances quelque peu défavorables, ce gain s'évanouit et le chapitre des dépenses est le plus fort.

Quand il faut creuser des tranchées dans un sol rocailleux, la méthode de procéder, dénotée ci-dessus, pourra être trouvée difficile, ne fût-ce que parce que les talus y sont ordinairement fort escarpés et n'offrent par conséquent pas de place pour l'établissement de voies carrossables : malgré cela, plusieurs raisons veulent que, pour des tranchées plus profondes, on pratique des étages ; si les tranchées s'effectuent au

Fig. 125.

contraire dans un sol friable, au lieu de gradins élevés les uns au-dessus des autres, on élargit la voie nécessaire.

Dans une carrière ou le long d'une paroi de rochers, le travail est bien plus facile que dans l'étroit espace d'une tranchée, et l'on peut exploiter des parois d'une hauteur quelconque avec quantité de travailleurs, sans qu'au bas de ces rochers le transport devienne difficile. Car on peut toujours distribuer les travaux de telle sorte que tandis que sur un point on précipite les masses obtenues par les explosions des mines, masses que l'on jette naturellement au pied des parois, sur un autre point on dégage le pied des parois de tous les rochers qui, de la hauteur, ont roulé à l'entour. Il en est tout autrement à propos d'une tranchée, comparativement si étroite à sa base qu'elle ne tarde pas à être obstruée par les matériaux lancés d'en haut; bien plus, les blocs qui tombent au fond de la tranchée empêchent les ouvriers de travailler, quand ils ne les blessent pas plus ou moins grièvement. Soit *fig.* 123 la coupe longitudinale, et *fig.* 124 la coupe transversale d'une tranchée de 8 mètres d

Fig. 124.

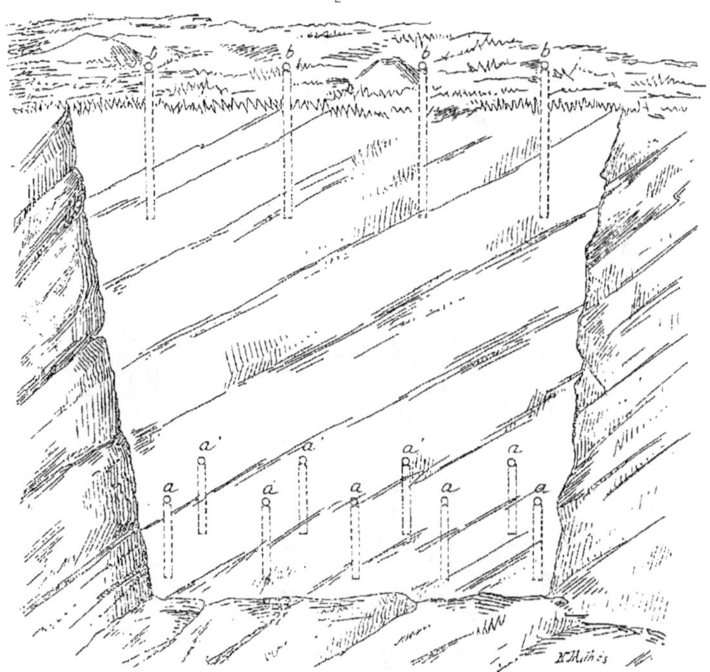

profondeur pratiquée dans le rocher; supposons d'abord, pour décrire une opération rationnellement conduite, que tous les terrains détachés sont éliminés, de sorte que la paroi verticale exploitée soit entièrement dégagée depuis sa base jusqu'au sommet du terrain. On pourrait alors faire sauter le pied en deux sections, par les mines *a*, *a*, *a* et *a'*, *a'*, *a'*; préparer ensuite les trous de mines *b*, *b*, *b* qui, vu leur profondeur, seraient terminés à peu près en même temps que les mines *a'*, *a'*. Après que toutes ces mines auraient sauté, la paroi produit à peu près la forme de la *fig.* 125.

Par les mines c, c, on pourrait éliminer la masse surplombante et, pour amener cette dernière explosion, l'étincelle électrique pourrait être utilisée.

Rappelons en même temps que, pour les mines a, a fortement tendues, l'emploi de l'étincelle électrique ne paraît point convenable, parce que la pratique a démontré que l'on obtient un effet plus considérable quand on fait sauter d'abord la mine du milieu dans laquelle prédomine le caractère de la paroi libre, puis les deux suivantes et enfin les deux qui sont les plus rapprochées du talus.

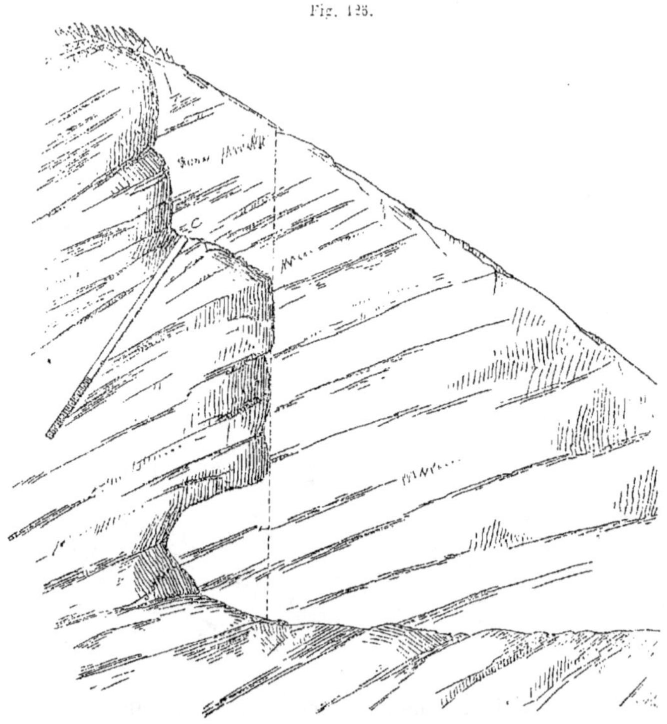
Fig. 125.

Quant aux mines c, c, logées dans un corps qui a plusieurs faces libres, l'explosion simultanée de toutes les mines fait qu'elles se soutiennent les unes les autres et l'on peut avoir presque la certitude que le massif sera modifié dans le sens de la *fig*. 126.

Mais il ne faut pas croire qu'après les détonations, ce corps soit écroulé sur toute la surface de ses profils et que l'on ait devant soi une paroi unie ; sans doute quelques portions de cette masse, surtout dans le voisinage immédiat des mines, auront été projetées au loin ; mais la plus grande partie restera là où elle était auparavant et, pour la détacher, il faudra recourir aux leviers de fer, dont la tâche, au reste, sera facile. La masse de décombres, formée par la partie écroulée, au pied de la nouvelle paroi, sera encore augmentée par la chute des parties que les leviers détacheront.

Il est clair que, pendant ces écroulements successifs, on ne pourra pas travailler sans danger et sans trouble à l'enlèvement de ces matériaux, et que l'on n'y procédera en toute sûreté qu'après l'écroulement dernier

Fig. 126.

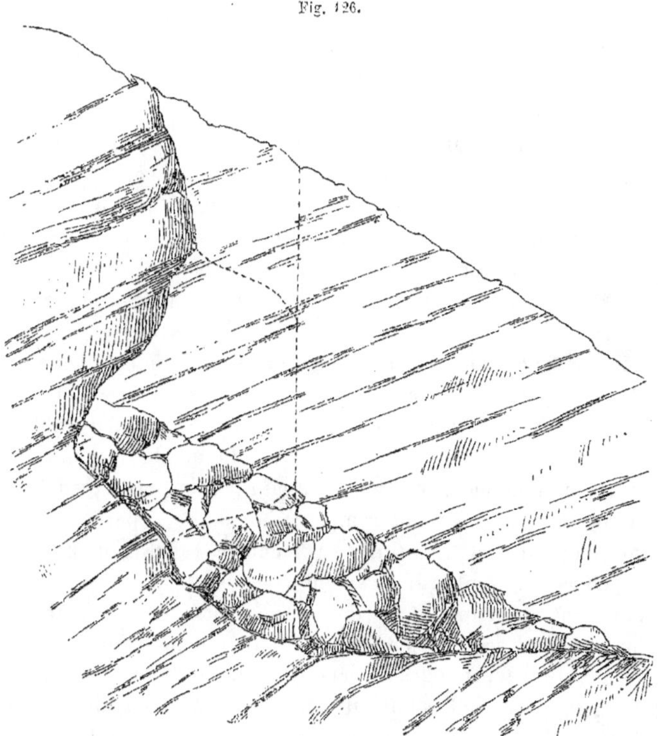

et final, quand on percera plus loin les trous destinés à de nouvelles mines.

Toutefois, tant que ces matériaux n'ont pas été déblayés, l'œil ne peut discerner la forme du bas de la paroi ; on ne peut donc déterminer l'endroit où il faudrait creuser de nouvelles mines s'enfonçant bien au-dessus de cette paroi. De plus, cette importante masse forme par son poids et son étendue une espèce d'obstacle en partie inconnue.

Si donc on veut pratiquer de nouvelles mines, il suffit d'étudier la partie visible de la surface. Dans le cas, rare, il est vrai, où, avant qu'on puisse faire sauter les nouvelles mines, on aurait déblayé les décombres, les nouvelles explosions n'en donnent pas moins naissance à d'autres tas de décombres, et jamais le pied de la paroi ne sera complétement dégagé. Il se formera ainsi peu à peu un gradin ou un talus de 1,1 à 1,2, dont on ne pourrait avoir raison qu'à l'aide de quantité de petites mines.

Quand un gradin s'est formé, il faut organiser une brigade spéciale d'ouvriers, chargée de transporter, après chaque explosion, les matériaux obtenus à la station de chargement; mais, comme à ce gradin les choses se passent de même qu'à la base de la tranchée, c'est-à-dire que les travailleurs ont à se garer des chutes de pierres pendant que l'on fait tomber les portions de roc et de terre désagrégées, et comme le pied de la paroi se recouvre de décombres, il se formera bientôt, dans le voisinage, un gradin et finalement une rampe ou talus. Cependant on continue à projeter des matériaux; la crainte d'être blessés par les rocs, que font rouler les travailleurs d'en haut durant toute la journée par ceux d'en bas; enfin, pour pouvoir faire sauter de nouvelles mines au pied de la paroi, il faut procéder à un déblayement complet; car ensuite, lorsqu'on fait les trous de mines, il faut que le transport des matériaux soit interrompu.

Il importe donc de pratiquer deux étages dans une pareille tranchée et de faire partir de l'étage supérieur une voie carrossable de 1,6 à 2 mètres de largeur, conduisant à la station des remblais. S'il s'agit de déposer simplement les matériaux, on peut établir le point de sortie comme l'indique la *fig.* 118; mais s'il faut la transporter jusqu'à la digue contiguë, il faut établir une rampe commode de départ, que généralement on construit dans la tranchée, même les rebords, quand on creuse des rochers, qui sont ordinairement beaucoup trop escarpés pour qu'on puisse les utiliser dans l'intérêt du transport. Mais pour ne pas trop rétrécir les profils de l'étage inférieur, ce qui ferait renchérir le prix du travail en exagérant la tension des rochers, on n'établit qu'un chemin de sortie, et ce chemin est tout à fait suffisant; car sur un terrain rocailleux on obtient bien moins de matériaux, par jour, que sur un terrain friable; aussi a-t-on besoin de moins de véhicules.

On a aussi essayé de substituer à la rampe un échafaudage, sur lequel on transportait les matériaux de l'étage supérieur, au moyen de brouettes ou de camions, lesquels déversaient directement ces matériaux dans les wagons du chemins de fer, contigu à l'étage inférieur. Mais les frais de ce double mouvement et la prompte détérioration des wagons firent bientôt renoncer à cette méthode.

Quant aux étages, tandis que l'un s'occupe de faire enlever les matériaux, l'autre procède aux travaux de mines, ces deux opérations attenant
l'une avec l'autre. On travaille ainsi le long de parois, presque verticales
de la base au sommet; on utilise de la sorte, autant que possible, la
force explosive des mines et l'on évite la déperdition au dispersion des
matériaux.

Une fois la tranchée ainsi construite, on peut faire sauter d'un coup,
à l'aide d'une étincelle électrique, la voie déjà frayée.

Quand le terrain est un peu plus bas et que la tranchée a environ
5 mètres de profondeur, il n'est pas à propos de construire des étages;
il vaut mieux creuser une fissure de 4 mètres de largeur, puis élargir
la tranchée elle-même. La paroi longitudinale, devenue libre, et n'ayant
plus de tension latérale, exige beaucoup moins de frais pour la désagrégation des matériaux, et permet l'emploi d'un plus grand nombre de
mineurs et de véhicules. Sans doute le travail de la mine est plus dispendieux dans l'étroit espace de la fissure qu'en pleins profils, mais l'expérience a démontré qu'au total le travail s'exécute plus rapidement et à
meilleur marché de cette manière qu'en procédant dans le sens de la
largeur pleine.

Dans un sol pierreux, surtout quand la pierre est mélangée de matières
plus molles et inclinée vers l'horizon, on ne peut pas toujours forer des
trous de mines à une grande profondeur parce que, dès que le foret a
traversé la partie la plus molle et qu'il a rencontré de nouveau la pierre
dure, il se déplace un peu sur le plan incliné de la pierre, en vertu de la
latitude qu'il possède à l'intérieur du trou; il prend de la sorte une autre
direction et finit par l'empêtrer si bien que tout travail de mine devient
impossible sur ce point.

Il arrive ainsi, dans un sol pierreux, que l'on fausse très-souvent la
direction primitive des forages et que l'on fait sauter des mines, qui sont
loin d'avoir en pratique la profondeur qu'en théorie on voulait leur
donner. Pour éviter cet inconvénient et pour ne pas dépenser son argent
en pure perte, il faut donner aux mines incomplètes des mines auxiliaires
qui, de concert avec les autres, fournissent à peu près le résultat désiré.

On sera donc forcé de pratiquer dans un sol pierreux des mines plus
courtes, mais plus nombreuses que dans un sol terreux ordinaire.

En ce qui concerne le nombre d'ouvriers que l'on peut employer à une
tranchée, il dépend naturellement de la grandeur des profils. On peut
calculer que, pour une tranchée à une voie, de 8 à 10 mètres de profondeurs, le maximum des mines à employer est de 16, soit que l'on
construise la tranchée en profil, soit qu'on y pratique des étages. Seulement si, au lieu d'avoir à faire à une paroi verticale, on travaillait à un

talus d'un pied ou d'un pied et demi, on pourrait utiliser un plus grand nombre de mineurs, lesquels, toutefois, ne feraient pas plus de besogne à eux tous qu'un nombre inférieur, en face d'une paroi verticale, les mines courtes exigées par un terrain oblique étant, comme on le sait, bien moins efficaces que les mines longues.

Le nombre des ouvriers à employer dans une tranchée dépendra aussi de la dureté de la pierre; car, ainsi que nous l'avons dit dans le premier chapitre, on ne peut faire sauter la mine aussitôt qu'elle est pratiquée; on ne doit utiliser pour les explosions que certaines heures de la journée. Dans la pierre molle, où le forage s'effectue plus rapidement, la même escouade pourra, dans l'intervalle qui sépare deux heures différentes d'explosions, creuser plusieurs trous d'une profondeur moindre. On n'occupera donc pas, dans ce cas, toutes les mines à forer, en un seul et même temps, sans quoi il pourrait se faire que, ces mines une fois terminées, les ouvriers chômeraient, n'ayant plus d'ouvrage à achever jusqu'au moment de l'explosion.

Le nombre des chargeurs dépendra pareillement de la dureté de la pierre à percer, car moins la pierre est molle, moins on en détache dans le même espace de temps; le temps nécessaire à la préparation d'une mine est aussi plus ou moins long, suivant la dureté plus ou moins grande de la pierre.

Supposons qu'il faille rapidement creuser deux tranchées, chacune de 8 mètres de largeur à la base et de 8 mètres de profondeur, l'une dans un grès de dureté moyenne, l'autre dans un calcaire compacte. Dans la première, deux hommes pourront forer près de 5 mines par jour; dans la deuxième, $2^m,25$. Ainsi dans l'intervalle de 4 heures qui sépare deux explosions (ou séries d'explosions), ils peuvent creuser du premier terrain, 2 mètres; du second, $0^m,9$. Une escouade forera donc, durant ces 4 heures, dans une pierre tendre, deux petits trous de 1 mètre de profondeur, tandis qu'elle n'en creusera guère que 1 dans une pierre plus dure.

Après avoir chargé environ la moitié des mineurs du forage de petites mines, si l'on admet 16 pour le maximum de mineurs qu'on puisse employer pour ce profil, il restera assez de besogne pour occuper constamment 12 mineurs, sur un sol composé de pierre tendre.

Ainsi 12 mineurs produisent par jour 48 mètres cubes de grès et, comme pour 1 mètre cube il faut 0.1 manœuvre, on devra, pour cette sorte de terrain, employer 4,8 manœuvres ou 5 en nombre rond.

Dans le calcaire dur, il faudrait 16 mineurs pour attaquer le travail et produire $\dfrac{16}{0.48} = 33$ mètres cubes, pour le chargement desquels il faudrait $33 \times 0.2 = 6,6$ ou, en nombre rond, 7 manœuvres.

Ainsi, pour travailler dans un grès de dureté moyenne, il faudrait 12 mineurs et 5 manœuvres, total 17 travailleurs, tandis que pour le calcaire dur, il faudrait 16 mineurs et 7 manœuvres, total 23 travailleurs.

Dans le 1ᵉʳ cas, on produirait 48 mètres cubes ; dans le dernier, environ 33 ; dans le 1ᵉʳ cas, il y aurait un progrès quotidien de $0^m,65$; dans le second, de $0^m,44$ seulement. Finissons-en avec l'exemple du calcaire dur. Soit, *fig.* 127, le profil de longueur avec les rampes de descente poin-

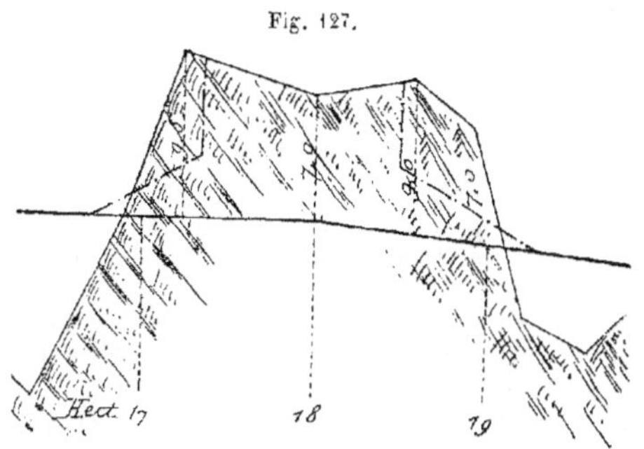

Fig. 127.

tillées ; soient 200 mètres la distance moyenne, à laquelle il faut transporter les matériaux obtenus, nous arriverons de la sorte aux résultats suivants.

Le maximum du nombre des mineurs à employer sur chaque point d'attaque est de 16 hommes, d'après les explications données ci-dessus, et, comme il ne peut y avoir que deux points d'attaque, on ne pourra employer que 32 mineurs qui produiront par jour 66 mètres cubes.

Pour charger 1 mètre cube de ce terrain, il faut 0,2 maneuvre ; pour le transporter à 200 mètres de distance, d'après le tableau VI et en ajoutant 50 p. 100 pour la différence de pesanteur, la montée étant de 1 : 100, $0,069 + 0,034 = 0,103$ et la descente 1 : 100, $0,027 + 0,014 = 0,041$, il faudra à un point d'attaque $(0,2 + 0,103) \times 33 = 10$ et à l'autre $0,241 \times 33 = 8$ journaliers pour charger et transporter.

Il faut de plus, à chaque point de déchargement, un journalier, et pour la conservation de la partie supérieure de l'œuvre 2 journaliers, de sorte que la tranchée entière exige 54 hommes et 4 wagons. On obtiendra ainsi un progrès quotidien de $0^m,44$, ce qui fait que la tranchée, longue de 200 mètres, sera terminée en 227 jours ou 10 mois et demi. Il faudra naturellement, pour pouvoir charger simultanément 2 wagons, établir une voie d'évitement à chaque point d'attaque, de sorte que 2 wagons trouveront place l'un auprès de l'autre dans la tranchée.

Voici le devis des frais :

1 mètre cube est détaché par 0.48 mineur à 1ﬂ.20. . . . .   0ﬂ,576

  —   chargé et transporté à 200 mètres de distance par 0.272 journa-

lier à 0ﬂ,90. . . . .   0 ,245

Entretien de la partie supérieure de l'ouvrage et aplanissement à la station des

remblais. . . . .   0 ,054

Matières explosives :

 Poudre, 0ᵏ,052 à 0ﬂ,80. . . . . 0ﬂ,040

 Dynamite nº 1, 0ᵏ,071 à 2 florins. . . . . 0 ,142

 Étoupilles et capsules. 0 ,018

                       0 ,200 ci 0 ,200

Entretien des outils, $0,576 \times \dfrac{13}{100} + 0,72 \times \dfrac{90 \times 60}{100}$ . . . .   0 ,110

            Total. . . . .   1 .185

Voilà à quelles conditions le travail put être réparti entre les escouades; mais nous sommes encore loin d'avoir épuisé la liste des dépenses que ces travaux entraînent.

Admettons que la tranchée à creuser fasse partie d'une masse d'environ 200 000 mètres cubes, qu'un entrepreneur se charge de remuer, et que les dépenses générales résultant de la construction des baraques, des appointements des ingénieurs et administrateurs, de l'ameublement des bureaux, des véhicules employés pour reconnaître le terrain, etc., s'élèvent, tout calcul fait, pour toute la masse de terrain, à 5 kreutzers par mètre cube, il faudrait ajouter aux 1ﬂ,185 supputés plus haut :

Dépenses générales. 0ﬂ,050

Amortissement des outils pour creuser et briser le sol. . . . . 0 ,019

Amortissement du petit matériel de la partie supérieure de l'ouvrage. . . . 0 ,018

Intérêts et taxes à payer. . . . . . . • . . . . 0 ,020

Dépenses diverses pour chemins, indemnités aux propriétaires limitrophes, pour les matières lancées par les explosions sur les terres avoisinantes. 0 ,013

Transport des wagons et de tous les instruments de travail, du magasin à la station de travail et première pose de la partie supérieure de l'ouvrage. . . . . 0 ,011

Contrôle des travaux, c'est-à-dire traitement des surveillants, rédacteurs de liste, profileurs, matériel des profils. . . . . 0 ,035

Risques de l'entrepreneur, 10 p. 100 de ses frais propres. . . . . 0 ,119

          Total. . . . . 0 ,285 ci 0 ,285

Si le maître des travaux ne met pas de wagons à la disposition de l'entrepreneur, et que ce dernier soit forcé de se les procurer à ses propres frais, il faut ajouter une somme notable pour les dépenses d'amortissement et de fret, dépense qui variera suivant les prix d'achat et le montant du fret. Admettons que, toutes circonstances d'ailleurs favorables, cette dépense s'élève, pour la tranchée en question, par mètre cube, à. . . . . 0 ,055

La dépense totale serait de. . . . . 1 .525

Si l'on applique toutefois le système aujourd'hui prédominant des entreprises générales, qui naturellement font ensuite la répartition entre les sous-entrepreneurs, il faudra aussi tenir compte de l'administration des entreprises générales ainsi que de leurs risques, et l'on aurait les résultats suivants :

         A reporter. 1ﬂ,525

| | *Report*. . . . . | 1ᶠ,525 |

Direction centrale de l'entreprise générale, c'est-à-dire appointements, frais de route,
location, etc.; répartition mensuelle pour cette portion de l'entreprise. **150 flor.**
Demi-appointements d'un ingénieur de section. . . . . **150 —**
Deux aides-ingénieurs à 100 florins chacun. . . . . **200 —**
Demi-appointements d'un employé de l'administration. . . . . **30 —**
— d'un employé des bureaux. . . . . **20 —**
— d'un dessinateur. . . . . **30 —**
Pour l'entretien des voitures de service. . . . . **50 —**
La moitié des locations, ports de lettres, fournitures de bureaux, etc. . **30 —**

Total par mois. . . . . **660 flor.**

Avec les travaux préliminaires et les calculs définitifs, 15 mois font 9 900 florins,
puis pour 200 000 mètres cubes, par mètre cube. **0ᶠ,050**
De plus, pour timbre, taxes, intérêts, comme ci-dessus. . . . . **0 ,025**
Risques de l'entrepreneur général, en minimum, égaux à ceux du sous-entrepreneur. . . . . **0 ,120**

Total. . . . . **0 ,195** ci **0 ,195**

Il faudrait donc que l'entrepreneur général reçût, par mètre cube, pour ne pas y
perdre, au moins. . . . . **1 ,720**

Il faut de plus que le maître de l'entreprise entretienne, pour la surveillance scientifique des travaux, le projet et la comptabilité, une administration au moins égale à celle de l'entrepreneur général.

Si l'on déduisait de 1ᶠ,720 les prix des matières explosibles, évalués à
20 kreutzers, et du reste 1 520, la onzième partie comme dépense normale
pour l'administration et les choses dont elle a besoin, on obtiendrait 1ᶠ,280
comme somme absolue, et nécessaire pour salaires, désagrégation et
transports, ce qui constituerait une augmentation de 40 p. 100 comparativement aux dépenses que nous avons évaluées à 0ᶠ,675. Nous avons
supposé que pour détacher un mètre il fallait 0,48 journalier; on devrait

donc, au lieu de cela, calculer $0{,}48 + \dfrac{0{,}48 \times 40}{100} = 0{,}67$ journalier; nous

trouvons effectivement dans des analyses plus anciennes 4 journaliers
et demi par toise cube, c'est-à-dire 0,66 journalier par mètre cube,
comme nécessaire pour désagréger un sol de 5ᵉ catégorie. Ainsi sont
exprimées en formule les diverses dépenses incontestables en journaliers.

Nous avons occupé une tranchée en calcaire nummulitique solide, d'un
profil semblable à celui de la *fig.* 127, tout à fait d'après le mode exposé ci-dessus, et nous avons payé les travailleurs à raison de 1ᶠ,15 mo-
naie autrichienne, par mètre cube; sur ce prix les entrepreneurs avaient
à détacher, charger et transporter les matériaux par wagons, à payer les
matières explosibles et à tenir l'outillage en bon état; à notre charge
était restée seulement la conservation de la partie supérieure de l'ouvrage;
en d'autres termes, nous leurs adjoignîmes une escouade volante, qui

voyagea de tranchée en tranchée, de cas en cas, suivant les besoins. Les excellents mineurs italiens gagnèrent ainsi, durant l'été (11 heures environ de vrai travail), en moyenne $1^{fl},30$ ($3^{fr},25$) par jour et les manœuvres environ 90 kreutzers ($2^{fr},25$).

Lorsque toutefois, par l'effet des circonstances politiques, nos mineurs italiens, si expérimentés et si vigoureux, durent abandonner les travaux, et que nous fûmes réduits à employer des journaliers indigènes peu exercés, inaccoutumés à un rude labeur et à l'obéissance, les frais s'élevèrent de $1^{fl},15$ à 2 florins par mètre cube, bien que le mineur ne reçût que 1 florin et le manœuvre 70 kreutzers par jour. Le coût des substances explosive s'éleva de 20 à 35 kreutzers par mètre cube et, au lieu de 72 mètres cubes par jour, on n'en obtint plus que 41. Il fallut donc, pour détacher les terres, 1,09 mineur par mètre cube et pour les charger et transporter 0,49 journalier.

Un petit nombre de travailleurs accepta un engagement et gagna en moyenne, tant mineur que manœuvre, 70 kreutzers par jour, en dépensant près de 25 kreutzers par mètre cube pour les matières explosives et obtenant, aux deux points d'attaque, de 45 à 47 mètres cubes. Mais ces hommes, trouvant leur salaire insuffisant, ne tardèrent pas à disparaître.

Mais comme les dépenses du contrôle, de l'administration et de la surveillance ne pouvaient être diminuées par la baisse des résultats obtenus, mais furent au contraire augmentés par la hausse inévitable des salaires ; comme la proportion $17 : x = 41 : 72$ devint insuffisante, les dépenses générales s'élevèrent à 30 kreutzers par mètre cube et le total des frais à $2^{fl},30$ au lieu de $1^{fl},47$ par mètre cube (c'est-à-dire $1^{fr},35$ sans compter les risques), prévus par les devis. En résumé les frais de ce travail furent de 56 p. 100 plus élevés qu'ils n'auraient dû l'être, dans des circonstances normales et avec 10 p. 100 de risques.

Cet exemple mérite d'être opposé à celui de la construction des retranchements de Dresde, en juillet 1866. Ici, avec de bons ouvriers, même dans les circonstances les plus défavorables, le prix du poste n'aurait dû revenir qu'à 35 ou 40 neugroschens au plus ; mais la conservation de l'outillage coûta à elle seule 4 thalers (15 fr.) et les prolétaires berlinois, employés à ce travail, s'en retournèrent chez eux aussi pauvres qu'ils étaient venus, les travaux une fois terminés. (Voir Heus. *Terrassement*, 2e édition, pages 204 et 205.)

Donnons place encore à l'exemple d'une tranchée creusée à l'aide d'une locomotive et en utilisant les données fournies par l'expérience.

Lors de la construction du chemin de fer de Linz à Budweis, on transporta, à l'aide d'une locomotive, le matériel de la tranchée faite à l'hectomètre 114/8 pour les talus qui restaient à faire (on les éleva d'un demi-pied, tels qu'on les construisait, en vue de la percée, à un pied, tels qu'ils devraient être à l'état normal) sur le taux définitif des travaux, déjà muni de ses substructions jusqu'aux remblais d'une deuxième voie. hectomètre 73/5, près du pont du Danube, c'est-à-dire à une distance de 4200 mètres. Mais on emploie simultanément la locomotive pour le transport et le placement des coussinets, de sorte qu'elle avait deux trains à servir, l'un que l'on chargeait de matériaux pris à la tranchée près de l'hectomètre 116, l'autre que l'on remplissait de schotter, près de la fosse à schotter, près de l'hectomètre 79. Quand un train était chargé à la tranchée de l'hectomètre 114/8, il était conduit, à l'aide d'une locomotive, à la digue de l'hectomètre 73/5 ; là on le vidait . Les wagons vides étaient poussés au lieu où l'on enlevait le schotter, hectomètre 79, et le train de schotter, que, dans l'intervalle, on venait de charger là, était emmené pour répandre le schotter sur le point de l'hectomètre 79,116 ; puis, après l'avoir vidé, on le poussait jusqu'à la tranchée 114/8 pour le charger de matériaux pris à la tranchée.

On transporta de la sorte, en moyenne, 15 trains à 54 mètres cubes par jour, c'est-à-dire un total de 810 mètres cubes. On peut voir aux *fig.* 74-78 les locomotives et wagons employés à cet effet. On dépensait par jour pour la locomotive et son entretien ainsi que les wagons, mais sans tenir compte de l'amortissement, 43 florins autrichiens ; la cote d'amortissement était de $15^{fl},50$, total $58^{fl},50$, c'est-à-dire 7,2 kreutzers par mètre cube. Malgré ces chiffres extraordinairement faibles, le mètre cube d'une tranchée ainsi creusée n'en revenait pas moins à 50 kreutzers autrichiens, ainsi décomposés :

	Kreutzers.
Pour détacher le terrain.	15,0
Pour renverser deux fois.	11,6
Pour transporter à la Lowry.	5,8
Pour décharger.	3,0
Pour jeter par delà la banquette de la digue, sur laquelle les wagons vidaient les déblais.	4,3
Pour le transport.	7,2
Pour l'entretien de la partie supérieure de l'œuvre.	2,1
Pour surveillance au lieu où l'on obtenait les matériaux et à celui où on les employait.	0,5
Pour objets nécessaires.	0,5

On ne doit nullement regarder comme définitifs pour d'autres cas les chiffres indiqués plus haut et relatifs au transport des matériaux ; ainsi sont exceptés les cas où le service doit s'effectuer sur des voies provisoires ; car d'abord il arrivera rarement que des trains chargés simultanément puissent aller l'un dans un sens, l'autre dans un autre ; ensuite on ne pourra employer que des machines faibles et cependant encore assez coûteuses comparativement aux avantages que procurent les autres, sur des voies de service pratiquées alors que les substructions sont encore peu solides et que le profil des rails est encore faible.

Si nous évaluons les frais quotidiens d'un convoi d'après nos calculs indiqués plus haut, mais sans l'article inclus relatif à la conservation de la partie supérieure de l'ouvrage, à 41^{fl},72 et si nous calculons, d'après le tableau VI pour 4 200 mètres de distance, le coût du transport par mètre cube, nous obtenons 18,22 kreutzers, c'est-à-dire près de 2 fois et demie autant que le montant précité. Le mètre cube d'un sol argileux avec 15 quintaux donne par quintal 0,405 kreutzer, ou par quintal et mille géographique 4 200 : 7 600 = 0,405 : x, c'est-à-dire 0,733 kreutzer, ce qui s'accorde presque parfaitement avec les données pratiques de Rziha. (Voir la *Construction des tranchées en Angleterre*, page 6.) Mais ce n'est point accidentellement pour cette distance, c'est en général pour tous les détails que les résultats de notre tableau VI concordent avec les données fournies à Rziha par l'expérience; ainsi, par exemple, nous obtenons pour une distance de 700 mètres, d'après notre tableau, 0,00185 × 41,42 = 7,66 kreutzers, par mille géographique et par quintal 1,9 kreutzer, tandis que Rziha indique pour cette distance 2 kreutzers par mille et par quintal. De même, nous obtenons pour 2 000 mètres, d'après notre tableau, 1,0 kreutzer tandis que Rziha donne 1,1 kreutzer, ce qui milite en faveur de l'exactitude de nos tableaux, car nous obtenons toujours régulièrement des chiffres imperceptiblement inférieurs à ceux de Rziha ce qui dépend naturellement de la disposition du T.

D'autre part, on ne doit pas s'étonner si les résultats de notre tableau VI ne concordent pas avec certaines autres expériences pratiques, même quand on emploie les T correspondant au cas donné, parce qu'ils ne sont calculés que pour une locomotive d'une utilité déterminée; parce qu'en outre, l'alignement et l'état de la partie supérieure de constructions de la voie de service exercent une influence extraordinaire sur l'ensemble des résultats et que, dans notre tableau, nous n'avons posé, en moyenne, que 55 p. 100 des résultats que l'on peut obtenir, en ligne droite, sur la partie supérieure parfaitement construite, à l'aide de la locomotive en question; ainsi cette évaluation centésimale ne peut, en moyenne, s'appliquer à tous les cas. Notre exemple précédent en forme la preuve la plus éclatante.

Le calcul des tableaux en question pour les locomotives I à VI de notre catalogue est cependant, d'après les indications et la formule qui y sont données, une simple affaire mécanique et, en cas de besoin, on peut l'effectuer en très-peu de temps. Ainsi, dans le devis, on choisira une machine ou, si l'on en possède déjà une, on calculera, d'après ce qu'elle peut faire, en tenant compte autant que possible, de l'entretien du rails et de la voie, les frais de transport par mètre cube. Si l'on est libre de choisir la locomotive, on devra se dire que des machines grandes et pesantes coûtent assurément moins cher, sur un dessus de voie bien entretenu, que des machines plus petites, mais exigent en revanche des rails beaucoup plus lourds, partant beaucoup plus dispendieux, en ce qui concerne la construction et l'entretien des rails ; en tout cas, si les substructions sont peu solides, on manie difficilement de grandes machines. On fera donc bien de calculer, pour ce mode de transport, comme nous l'avons fait, dans d'autres exemples, pour le transport par wagons ; on admettra que le coût de la pose des rails augmente ou diminue en proportion de leur poids.

Dans l'exemple ci-dessus, on n'a pu prévoir la dépense d'une pose de rails et d'amortissement parce que l'on employait, comme nous l'avons dit, pour le transport, des rails définitifs. Avant de finir ce chapitre, nous consacrerons encore qulques mots (voir le *Journal de l'association des ingénieurs et architectes autrichiens*, XXVI⁰ année, pages 1-7) à un exemple de creusement de tranchée avec enlèvement des matériaux par une voie à câble : il s'agit de la tranchée qui devait conduire au tunnel du mont Zizka près Prague, tranchée projetée et brillamment exécutée par M. François Rziha, alors ingénieur en chef de l'inspection impériale-royale des chemins de fer de l'État.

La gare du chemin de fer de Turnau, réunie à la gare du chemin de fer François-Joseph, est placée dans la direction de l'axe principal de la vallée de Lieben ; or le commencement du chemnn de fer de Turnau aboutit droit au mont Zizka, qui forme la paroi méridionale de la vallée de Lieben, qu'il sépare de la vallée Zizkov. Dans la vallée de Lieben est le faubourg Karolinenthal et le chef-lieu Lieben ; dans la vallée de Zizkov est le faubourg de Zizkov. Or le chemin de fer de Turnau avait à opter entre : pénétrer de prime abord et sans obstacle dans la vallée de Lieben, en longeant l'abrupte versant nord du mont Zizka, ou longer le versant sud de ce mont ainsi que le faubourg Zizkov et percer d'un tunnel le mont Zizka, opération à laquelle se joignait la construction d'une pente considérable.

Bien qu'il résultât de l'étude attentive de deux lignes que la première coûterait moins que la deuxième, la direction du chemin de fer de Turnau ne s'en décida pas moins en faveur de cette dernière, pour les raisons suivantes : le tracé de la première ligue côtoyant le versant nord abrupte du mont Zizka, devait dominer de très-près le chemin de fer de l'État, déjà terminé ; de plus, ce versant se composait d'un terrain tout disposé à glisser, et ces deux circonstances pouvaient entraîner

Fig. 128.

Val de Lieben
Plateau du mont
Žižka
A
B
Chemin de fer de Prague
Forge
Puits
Lieber
Vallée de Žižkov
Route de Prague
Maisons du faubourg de Žižkov

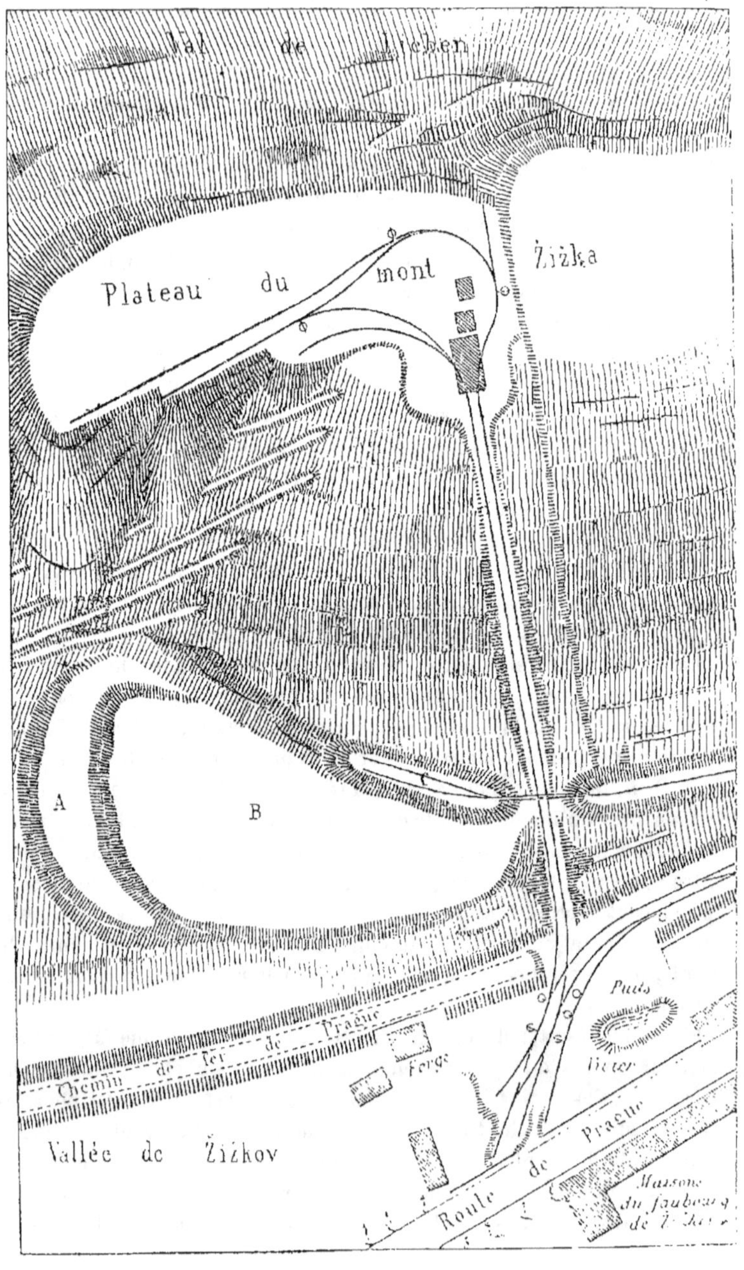

des dépenses qu'*à priori* il était complétement impossible de préciser.

Or, comme la vallée de Zizkov est remplie par les maisons du faubourg de Zizkov, on dut, notamment avant le tunnel, creuser la voie profondément dans le versant sud du mont Zizka, et la tranchée à creuser était calculée devoir fournir 112 000 mètres cubes de déblais. La configuration de la montagne et sa structure géologique ne permettaient pas de déposer les matériaux le long et tout près de la tranchée ni dans l'intérieur du faubourg,

L'unique place qu'aurait offerte la digue d'environ 2 400 mètres, située derrière le tunnel et traversant la vallée de Lieben, pour le transport des matériaux sur une voie de niveau, ne pouvait être utilisée par la raison que tous les matériaux auraient dû être transportés à travers le tunnel; mais ce tunnel, il aurait fallu le percer avant de s'en servir pour la tranchée et l'on ne pouvait attendre; d'ailleurs cet emplacement était destiné à recevoir le matériel de la gare.

La gare est en effet dans le terrain creusé et l'on n'en pouvait nulle autre part déposer le matériel; il était donc nécessaire de hâter, autant que possible, la construction du tunnel, ainsi que de la tranchée et du chemin qui conduisait au tunnel.

Par ces motifs et vu que les déblais retirés de la tranchée appartenaient en majeure partie à des terres diluviales, et par conséquent ne pouvaient guère recevoir de destination fixée à l'avance, on se décida à soulever les masses, retirées de cette tranchée, sur le plateau du mont Zizka, *fig.* 128, et à se débarrasser ainsi de ces masses sans prolonger le temps des coustructions.

Pour soulever ces masses à une hauteur de 34 mètres au-dessus de la base de la tranchée, il fallut recourir exclusivement à l'emploi de la vapeur.

M. Rziha, chargé de diriger l'ensemble des travaux, se décida donc à créer un plan oblique à deux paires de rails, ce qui permettait de faire monter les wagons pleins et descendre les wagons vides. Il établit la machine aux extrémités supérieures des rails, bien que l'ascension fût hérissée de difficultés et qu'on ne trouvât pas d'eau sur le plateau pour alimenter la chaudière; les considérations de sécurité l'emportèrent. Le plan oblique dut recevoir le profil *fig.* 129, d'où l'on voit que la montée moyenne était de 32 p. 100 et la montée maxima de 34,4 p. 100. La gare de rangement dut, comme on le voit *fig* 128, être traitée comme tête de station, à cause du vivier et des maisons voisines.

Pour atteindre le but désiré, il fallait s'y prendre de manière qu'on pût faire monter 4 wagons chargés à la fois avec une vitesse d'environ 16 décimètres par seconde, ce qui, le poids moyen étant de 55 quin-

taux, conduit au total de 220, de 230, si l'on tient compte des câbles et
du frottement, c'est-à-dire d'une force de 87 chevaux.

Comme on n'eût rien gagné, vu l'énorme travail à exécuter, en se

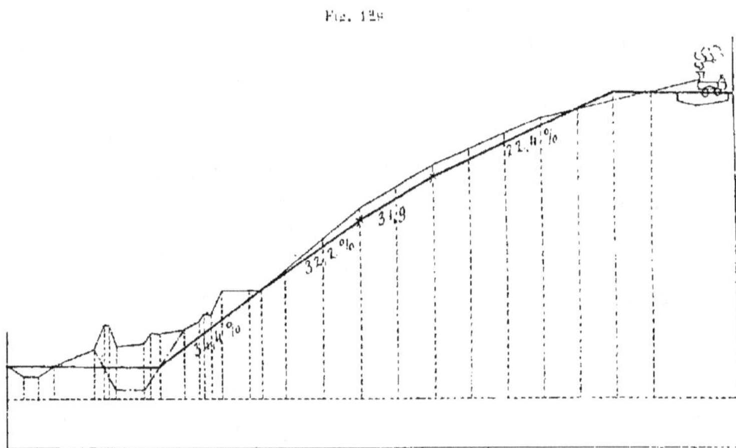

Fig. 129.

procurant une nouvelle machine à vapeur fixe, sans compter qu'il eût
fallu perdre du temps jusqu'à ce qu'elle fût entièrement confectionnée,
on se décida à faire emplette d'une vieille locomotive, jadis employée
pour les trains de marchandises, et à l'employer comme force motrice
pour le chemin de fer à câbles dont il est question ici.

Autour des roues de cette locomotive on disposa des couronnes
dentelées et, grâce à un appareil placé en avant, on diminua la rapidité
au point que les tambours des câbles ne firent plus que 5 à 7 révolutions
par seconde.

La machine ainsi préparée fut placée sur un solide cadre de bois au-
dessus d'une fossé, qui servait tout à la fois de magasin et de dépôt de
cendres.

La sécurité du mécanisme dépendait, en majeure partie, de la solidité
des câbles : il fallut donc employer des câbles de 75 millimètres ou
d'un diamètre de 31 millimètres pour triompher d'une force de traction de 3 738 kilogrammes, pour une charge de 2 500 kilogrammes
de matériaux par centimètre carré, le tout avec une sûreté quintuple ;
mais, pour parer à toutes les éventualités, on usa d'un câble de
33 millimètres de diamètre, qui fut complétement satifaisant, car,
malgré la longueur du travail, malgré les chocs et les gelées, jamais
le câble ne se rompit. Pour fabriquer ce câble, on prit de gros fils mé-

talliques, l'expérience ayant appris que les fils minces ne se brisent que
trop vite. Pour empêcher autant que possible les déchirures, le câble fut
enroulé sur des rouleaux éloignés les uns des autres de 632 centimètres, de sorte qu'il était partout tenu à distance du terrain.

Bien que, dans la pratique des terrassements, le diamère des tambours
à câbles soit ordinairement de 90 à 120 fois plus grand que le diamètre
du câble, ce qui ne soulève aucune objection, vu le caractère provisoire
de tout le travail, il ne donna, en effet, lieu à aucun inconvénient.

Pour alimenter la machine, on prit de l'eau dans un puits creusé au
niveau de la gare, au moyen d'une pompe à vapeur Decker qui,
par des tuyaux à gaz d'une épaisseur de 31 millimètres, fit monter
l'eau jusqu'au sommet de la montagne pour la verser dans un bassin
à fond imperméable. La vapeur nécessaire au fonctionnement de cette
pompe lui était amenée durant la pause de midi et après le travail de
la journée, hors de la chaudière de la machine motrice par des tuyaux
à gaz d'une largeur de 37 millimètres. Ce câble de tuyaux avait été
replié en forme de cor de chasse, pour éviter une courbure latérale
qu'aurait pu produire la chaleur. Cette pompe envoyait sans obstacles,
durant les heures de repos, les 6 ou 7 mètres cubes d'eau nécessaires,
tous les jours, au fonctionnement de la machine, et cela à une hauteur
de 53 mètres.

Les préparatifs pour la confection du câble durèrent 3 mois, temps
qui fut aussi employé à préparer le creusement de la tanchée de devant,
autant que la chose était possible et réalisable; la partie supérieure de
cette tranchée fut déblayée au moyen des systèmes de transport ordinaire (camions, tombereaux et wagons); les matériaux furent déposés
aux places A, B et C (*fig.* 128) et, tout le long de la tranchée, on creusa
une étroite fisure, à l'aide de laquelle on se procura les longs emplacements de chargement nécessaires pour la marche, à outrance, des
travaux.

Voici comment fonctionna ensuite le chemin de fer à câble : les
wagons étaient chargés, en longue série, près de la tranchée et placés
successivement sur une voie de réserve. De cette voie, on poussait alternativement (suivant que le transport s'effectuait en amont ou en aval)
vers la voie droite ou gauche du plan oblique, toujours 4 wagons chargés;
on dirigeait les 4 wagons vides correspondants, redescendus de la montagne, sur la voie de réserve qui leur était destinée; de là, pour les
recharger, on les ramenait à la tranchée. A la gare de rangement, 4 ouvriers étaient employés à suspendre les wagons pleins à la voie montante
et à détacher les wagons vides de la voie descendante.

L'arrivée et le départ des wagons, en ce qui concernait le plan oblique. s'effectuaient, en haut et en bas, au moyen de chevaux.

L'ensemble du travail marchait avec une régularité militaire, et comme le chargement des véhicules, leur mise en ordre, leur ascension, leur déchargement étaient effectués par autant d'escouades distinctes, pour chaque véhicule, en vertu d'une soumission, une escouade poussait littéralement sa voisine immédiate, si bien que, dans l'espace de 210 jours de travail réel, on transporta sur le haut de la montagne, par la double voie à câble, une masse de 67 586 mètres cubes soit d'humus, soit de terre rocheuse.

Au fort des travaux, c'est-à-dire durant les mois de juin, juillet, août, septembre et octobre 1871, c'est-à-dire pendant 120 journées effectives de travail, on monta en tout près de 48 000 mètres cubes, c'est-à-dire par jour environ 400 mètres cubes de terre végétale, ce qui exigeait par jour 100 trains de véhicules.

Les frais de ce transport furent de 56 kreutzers autrichiens par mètre cube, dont 33 kreutzers pour l'amortissement des machines, de l'outillage et des travaux préliminaires et 23 kreutzers pour le transport proprement dit.

CHAPITRE XII.

MANIÈRE DONT LES ANGLAIS CREUSENT LES TRANCHÉES.

Comme nous l'avons déjà dit, la manière anglaise de creuser les tranchées se distingue de la manière ordinaire en ce que le véritable travail du creusement est précédé du percement d'une galerie et, d'après le nombre des points d'attaque désirés, du sondage de plusieurs couloirs.

Deux raisons militent, dans de certaines conditions, en faveur de l'emploi de cette méthode : l'économie de temps et l'économie d'argent; mais, répétons-le ce n'est que sous l'empire de certaines conditions que l'on recourt à la première de ces économies, ou à la deuxième, ou à toutes les deux réunies.

Il faut donc examiner avec soin si les conditions existent, lesquelles, dans un certain cas, font accorder la préférence au système anglais.

Dans une brochure intitulée *le Mode anglais de creuser les tranchées*, par François Rziha, ingénieur en chef (Berlin, chez Ernest et Kohn), cette méthode est décrite en détail et l'auteur démontre les avantages pécuniaires quelle offre aux entrepreneurs. Si nous ne nous contentons pas de renvoyer à cet écrit, c'est pour les deux raisons que voici :

1° Nous voulons que nos lecteurs connaissent non-seulement nos opinions et les résultats de notre expérience, mais encore ce qu'ont publié des hommes compétents dans la matière.

2° Quelque haute estime que nous professions pour M. Rziha, nous ne sommes pas tout à fait de son avis sur quelques points, et nous croyons devoir émettre nos appréciations parallèlement aux siennes.

Mais, d'abord, disons un mot de la manière dont les Anglais procèdent.

Soit une tranchée à pratiquer (*fig.* 130) : on sonde autant de galeries que l'on veut avoir de points d'attaques en dehors des deux points-zéros. On les relie au moyen d'une galerie faite à la nivelette définitive, aussi

bien entre elles qu'avec les deux points exrêmes, pour faciliter l'enlèvement des matériaux et l'écoulement des eaux. Les galeries sont ensuite

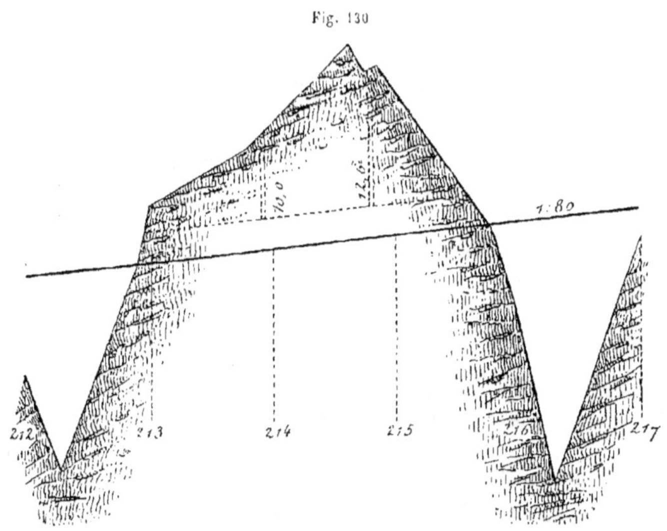

Fig. 130

(*fig.* 131) élargies en forme d'entonnoir. Les matériaux ainsi produits
sont déversés en aval, chargés sur des véhicules et transportés à leur
destination.

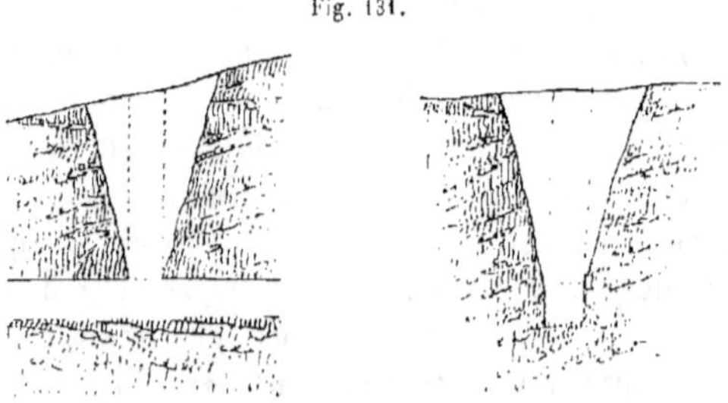

Fig. 131.

En opérant de la sorte, on obtient pour chaque galerie deux points
que l'on peut travailler comme toute autre percée à l'air libre de la manière indiquée plus haut, *fig.* 121 et 122, mais dont le déblayement
n'a lieu, pendant un certain temps, que sous terre, c'est-à-dire au
moyen de la galerie.

On voit par là que les galeries et couloirs une fois terminés, on peut

obtenir des résultats qui dépassent de beaucoup les résultats ordinaires ; de plus, quand les matériaux sont légers, si l'organisation est
bien faite, on peut faire rouler à portée des véhicules une partie considérable des matériaux que fournit la tranchée, au fur et à mesure des
travaux, sans plus de frais de chargement ; enfin, si l'on peut entièrement percer la galerie, on peut faire écouler les eaux de pluie, de
source, et de suintage, et cet écoulement favorise considérablement les
travaux nécessités par la tranchée.

Il y aurait ici à discuter deux points principaux pour comparer le système anglais au système ordinaire :

(*a*) Les couloirs et galeries peuvent se faire si rapidement qu'ils devan-
cent les travaux ordinaires de tranchées et permettent d'utiliser les
nombreux points d'attaque ainsi obtenus pour le prompt achèvement
des travaux ;

(*b*) Le coût de ces couloirs et galeries ne dépasse pas assez celui des
tranchées ordinaires pour que l'on n'adopte pas de préférence cette
méthode dans des cas extraordinaires, même après que la 2ᵉ question a
reçu une réponse satisfaisante.

A la première question il faut, sans hésitation, répondre d'une manière
affirmative, car le choix du nombre des galeries n'étant pas limité, on
peut toujours s'y prendre de telle sorte que la percée préliminaire, partant des deux points zéro, au moment où l'on peut commencer à élargir
les galeries, soit avancée seulement au point que, tous le points d'attaque
préparés étant convenablement garnis, toute la tranchée puisse être
traversée en une seule journée.

La réponse à la deuxième question est bien plus difficile, et nous
sommes d'avis que sur ce point il est impossible d'obtenir une solution
générale, bien que, dans la brochure précitée, M. Rzika ait tenté de la
résoudre de la manière suivante :

L'auteur calcule d'abord les masses de matériaux hétérogènes produites sur des talus différents, mises au jour et transportées sur des
voies ferrées simples ou doubles ; il en fait un résumé en forme de tableau, puis il calcule les dépenses par mètre cube, évaluées en kreutzers autrichiens, qui résultent du travail divisé comme suit :

(*a*) Économies par le dégringolement du sol ;

(*b*) Par le drainage ;

(*c*) Pour le transport ;

(*d*) Pour les pentes ;

(*e*) Pour les rails et évitements.

Après avoir calculé de la sorte l'ensemble des économies pour les différentes espèces de matériaux et profondeurs de tranchées, sur voie

double ou simple, sur une longueur de tranchées de 100 mètres, il passe à la construction des galeries et couloirs, qui amènent un surcroît de dépenses ; il les énumère en détail, pour les différentes espèces de matériaux, ainsi que les charpentes nécessaires, etc. Il les range de nouveau en tableau, les calcule pour une longueur de tranchées de 100 mètres, les décompte des économies antérieures, et arrive ainsi au tableau des économies définitives.

M. Rziha dit, à propos de a : « On pourra reconnaître que la méthode anglaise fait économiser au moins le premier jet du sol, et cela d'autant plus que la tranchée des voies n'ayant pas lieu, il est plus rare d'être obligé de soulever pour charger ; cela même disparaît entièrement pour la plus grande partie des masses, car on peut s'y prendre de telle sorte que les matériaux roulent directement dans les wagons. »

M. Rziha désigne par 3, 4, 6, 7, 8, 9 kreutzers autrichiens par mètre cube les économies que l'on peut obtenir ainsi, suivant les six espèces différentes de terrains.

Déjà, sur ce point, nous ne pouvons admettre, sans opposition, les données de M. Rziha.

Sans doute, la partie de la tranchée, dont les matériaux peuvent rouler immédiatement jusque dans les véhicules, offre l'avantage d'un chargement spontané et gratuit, au-dessus de la galerie, jusqu'à un certain talus, par-dessus lequel les matériaux roulent en vertu de leur seule pesanteur ; mais rien ne prouve que le système anglais vaille mieux que l'autre, pour le reste de la tranchée, à creuser d'après le mode que nous avons indiqué plus haut, *fig.* 121 et 122.

Quant aux terrains rocheux, il ne faut pas songer à faire rouler les matériaux d'eux-mêmes dans les véhicules, car ceux-ci courraient grand risque d'être mis en pièces.

Par contre, si l'on compare le système anglais avec celui que nous avons décrit *fig.* 120, on trouvera que, dans ce dernier, il faut beaucoup moins de surjets que dans le premier, parce qu'en poussant les rails, le lieu du chargement est toujours tellement rapproché du lieu de production qu'un remaniement des matériaux n'est nécessaire qu'au talus de la tranchée, tandis qu'il est inutile au centre et presque nul à l'autre talus.

En revanche, il est vrai que, d'après la dernière méthode, il faut, pour donner de la profondeur aux rails, soulever jusque dans les véhicules une assez grande partie de la tranchée, ce qui augmente incontestablement la dépense.

En ce qui concerne les sommes allouées pour le jet d'un mètre cube, elles proviennent sans doute de la riche expérience de l'auteur, et, bien que nous ne connaissions pas en détail les salaires fixés pour cette opération, nous ne pouvons que constater, d'après notre expérience, que ces prix sont fixés très-bas, ce qui, de l'avis même de Rziha, ne tourne pas à l'avantage de la méthode anglaise.

Cependant nous-même ne voudrions pas appliquer ces salaires peu élevés, d'une manière absolue, à toutes les masses des tranchées, car nous croyons l'avoir démontré suffisamment plus haut, on peut faire des économies dans le chargement des trois premières catégories de terre, notamment, mais il n'y a pas de raison pour admettre en général une économie pour le surjet opéré une fois pour toutes.

A b, M. Rziha fait la réflexion suivante : « L'expérience nous apprend que les frais de terrassement augmentent d'une façon notable quand la montagne recèle des dépôts d'eau et quand la pluie amollit le sol de la tranchée. Ces frais sont considérables, surtout pour un terrain meuble, argileux et glaiseux. »

Il indique le coût du drainage d'après les six différentes catégories de terrains, d'après les observations spéciales faites sur les chemins de fer du Brunswick, en donnant par mètre cube 6,6 kreutzers autrichiens, 8,2 puis 5,0 et 3,2 et 2,6 et 1,8 ; cependant il admet que la méthode anglaise ne permet d'utiliser que les $\frac{3}{8}$ de ces prix, en évaluant sur l'ensemble de la masse de la tranchée.

Ce point pourrait bien être celui qui prêterait le moins à une discussion générale, car certainement tout ingénieur pratique a dû rencontrer, à plusieurs reprises, des tranchées profondément creusées dans du gravier, du sable ou du roc, sans trouver de dépôts internes d'eau et sans qu'il fallût creuser des rigoles spéciales pour faire écouler l'eau de pluie ; en revanche, il peut arriver que le drainage s'effectue de lui-même dans le creusement d'une galerie, ce qui procure des économies bien supérieures aux prix indiqués plus haut ; car non-seulement les travaux sont ainsi facilités, mais on peut prévenir la formation de mares intérieures. Ainsi les avantages qu'on peut obtenir en ce cas sont très-variables, quelquefois nuls, d'autres fois considérables ; mais il nous paraît absolument impossible d'énoncer un chiffre normal.

Quant à c, voici ce que dit la brochure Rziha : « Lorsqu'on n'a qu'une paire de rails à la base de la tranchée et que la tranchée est ouverte dans toute sa longueur, des trains entiers peuvent être chargés et expédiés à la fois ; lorsqu'on possède ainsi des rails bien consolidés et que l'on peut enfin transporter presque toutes les masses sur des voies provisoires, on voit que la méthode anglaise procure de grandes économies pour le transport. »

En calculant ces économies, M. Rziha admet une distance de 1 000 mètres et seulement $\frac{1}{20}$ des frais de transport ordinaires, par conséquent, pour les six catégories de terrain 0,3 kreutzer autrichien, 0,4 ; 0,42 ; 0,45 ; 0,48 ; 0,51.

Sous ce point de vue, nous sommes parfaitement d'accord avec M. Rziha ; nous regarderions même son $\frac{1}{20}$ des frais de transport comme un chiffre exagéré, si nous ne pensions pas que M. Rziha a tenu compte de ce qu'une partie notable des matériaux de la tranchée se trouve encore sous terre et exige par conséquent beaucoup de travaux pour être emportée, ce qui diminue les économies que l'on croyait avoir faites. A part cela, il n'y a pas lieu de contester les assertions de M. Rziha.

Les économies ainsi obtenues sont énumérées dans un tableau que nous reproduisons fidèlement plus bas, et qui est basé sur des chiffres, calculés d'après l'expérience de M. Rziha : Dans une pente de $\frac{1}{80}$ à $\frac{1}{100}$ par mètre, alors qu'il faut faire descendre les matériaux pour les transporter, il faut payer aux travailleurs pour le transport, 0,0048 kreutzer par quintal de plus que sur une voie horizontale.

Ici encore nos appréciations concordent avec celles de Rziha, pour le travail par postes et par étages, et la comparaison s'établit très-bien entre les deux méthodes précitées ; seulement nous croyons qu'on aurait tort d'admettre que toute la masse cubique de la tranchée doive s'affaisser sur toute la profondeur de la tranchée, comme on l'admet dans le tableau dont il a été question plus haut ; car on ne peut prendre pour la masse entière, comme profondeur moyenne de dépression, la hauteur où le centre de gravité de la masse repose sur le niveau définitif.

On paraît avoir tenu compte, dans le tableau, de la dépression des matériaux qui a encore lieu dans le corps de la digue, comme c'est très-souvent le cas dans la construction ; mais nous croyons qu'on a tort de tenir compte de cette circonstance, parce qu'il n'est aucunement nécessaire de se passer d'échafaudages à déblais ou à remblais dans ces deux systèmes. Dans le percement des galeries, l'emploi d'échafaudages n'est pas non plus d'une nécessité absolue. On choisira donc, dans les cas, le mode de travail qui sera le mieux en rapport avec les circonstances locales.

A propos de f, « une puissante source d'économies, dans le percement des galeries, dit Rziha, consiste dans la diminution des rails et des évitements. Voici nos calculs à ce propos :

« 1° La transposition des rails ;

« 2° La construction des rails supplémentaires et des évitements ;

« 3° Les pertes de rails et de coussinets ;

« 4° La détérioration et les intérêts à payer pour la pose des rails et la disparition des évitements ;

« 5° Les frais de transport des matériaux pour les rails supplémentaires. »

Suit un tableau que nous reproduisons.

Ajoutons à ce propos qu'en présupposant la construction des étages, nous sommes pleinement d'accord avec M. Rziha ; mais nous devons le contredire énergiquement pour ce qui concerne les travaux de couches et de rösche, l'emploi de rails supplémentaires ainsi que d'évitements supplémentaires ; car, pour éviter les wagons qui reviennent vides et pour faire place à ceux qui partent chargés, il faut des voies parallèles, tout aussi nécessaires pour le percement des galeries que pour les autres travaux, tandis que ces voies parallèles ne sont nécessaires ni pour la construction des rösche ni pour celles des couches.

Nous indiquerons plus loin la manière dont M. Rziha expose, d'après les cinq calculs de détail précités, l'ensemble des économies qu'il croit pouvoir faire et le tableau rédigé d'après ces données.

Les calculs des pertes, c'est-à-dire des dépenses imprévues du travail des galeries, sont faites avec la netteté et la précision qui caractérisent cet auteur, et les résultats donnent des chiffres que certainement tout homme du métier regardera comme parfaitement rassurants.

Nous ne voulons pas qu'on se méprenne sur nos intentions, quand nous déclarons que nos résultats ne concordent pas avec ceux de M. Rziha ; nous ne prétendons nullement contester l'exactitude de ses calculs, nous croyons au contraire qu'ils répondent parfaitement à certains cas ; mais nous avons dû faire remarquer qu'ils ne répondent pas à tous les cas. Nous n'affirmons pas non plus que l'utilité des profondeurs de tranchée et des qualités de terrains indiquées dans le tableau IX de la brochure de M. Rziha soit toujours certaine : nous voulons seulement dire que, pour chaque cas, il faut faire un calcul spécial.

Voici les tableaux de M. Rziha, destinés à éclaircir ce qui a déjà été dit et ce qui sera dit ultérieurement :

TABLEAU A.

SÉPARATION DES MASSES DE TRANCHÉES SOUTERRAINES ET DE CELLES QUI DOIVENT ÊTRE
EXPLOITÉES A CIEL OUVERT, POUR 100 MÈTRES DE LONGUEUR DE VOIE.

PROFONDEUR de la tranchée évaluée en mètres.	MASSES A EXPLOITER sous terre, en mètres cubes.	MASSE CUBIQUE A EXPLOITER A L'AIR LIBRE, EN MÈTRES CUBES.											
		Iʳᵉ CATÉGORIE. Rollig (roulants),		IIᵉ CATÉGORIE. Douce,		IIIᵉ CATÉGORIE. Terre brisée,		IVᵉ CATÉGORIE. Terre à mines faciles,		Vᵉ CATÉGORIE. Terre à mines difficiles,		VIᵉ CATÉGORIE. Terre à mines très-difficiles.	
		à une paire de rails.	à deux paires de rails.	à une paire de rails.	à deux paires de rails.	à une paire de rails.	à deux paires de rails.	à une paire de rails.	à deux paires de rails.	à une paire de rails.	à deux paires de rails.	à une paire de rails.	à deux paires de rails.
8	540	17180	20204	17180	20204	13948	16972	12332	15356	10716	13740	9100	12124
10	550	24490	28214	24490	28214	19458	23182	16942	20666	13426	18150	11910	15634
12	560	33000	37424	33000	37424	25768	30192	22152	26576	18336	22960	14920	19344
14	570	42710	47834	42710	47834	32878	38002	27962	33086	23046	28170	18130	23254
16	580	53620	59444	53620	59444	40788	46612	34372	40196	27956	33780	21540	27364
18	590	65730	72254	65730	72254	49498	56022	41382	47905	33266	39790	25150	31674
20	600	79030	86264	79040	86264	59008	66232	48992	56716	38976	46200	28060	36184

TABLEAU B.

RÉSUMÉ DES ÉCONOMIES EFFECTUÉES ARTICLES *a*, *b* ET *c*, DANS LES TRANCHÉES
PAR MÈTRE CUBE, ÉCONOMIES ÉVALUÉES EN KREUTZERS AUTRICHIENS.

ÉCONOMIES.	CATÉGORIES.					
	I.	II.	III.	IV.	V.	VI.
(*a*) En se dispensant d'effectuer un jet, par mètre cube.	3,00	4,00	6,00	7,00	8,00	9,00
(*b*) Par drainage.	2,50	3,10	1,90	1,20	1,00	0,70
(*c*) Sur le salaire ordinaire des voituriers, chargeurs et déchargeurs.	0,30	0,40	0,42	0,45	0,48	0,51
Totaux.	5,80	7,50	8,32	8,65	9,48	10,21

TABLEAU C.

ÉCONOMIES EN ADDITIONS DE PENTE, PAR MÈTRE CUBE, EN KREUTZERS AUTRICHIENS.

PROFONDEUR de la tranchée évaluée en mètres.	CATÉGORIES.					
	I.	II.	III.	IV.	V.	VI.
1	0,15	0,22	0,23	0,25	0,26	0,27
8	1,20	1,76	1,84	2,00	2,08	2,16
10	1,50	2,20	2,30	2,50	2,60	2,70
12	1,80	2,64	2,76	3,00	3,12	3,24
14	2,10	3,08	3,22	3,50	3,64	3,78
16	2,40	3,52	3,68	4,00	4,16	4,32
18	2,70	3,96	4,14	4,50	4,68	4,86
20	3,00	4,40	4,60	5,00	5,20	5,40

TABLEAU D.

RÉCAPITULATION DES ÉCONOMIES FAITES PAR LA SUPPRESSION DES RAILS SUPPLÉMENTAIRES, ÉVALUÉES EN FLORINS AUTRICHIENS PAR 100 MÈTRES DE TRANCHÉES.

Profondeur des tranchées en mètres.	Nombre des rails à poser.	Il faut, pour le travail, comme voie de 100 mètres de longueur :	La longueur des rails à poser est donc de :	Si, pour poser et déplacer les rails, on dépense par mètre 14 kreutzers, pour l'entretien des rails 6 kreutzers, les frais de déplacement des rails s'élèvent, en monnaie autrichienne, à :	Par 100 mètres de longueur de tranchée, il faut, en fait de rails :	Pour pose et déplacement du rails, à raison de 20 florins pièce.	Prix de la pose et du déplacement des veiclem en florins autrichiens.	40 florins pour détérioration par veiciae.	L'exploitation ordinaire exige, en mètres de rails additionnels :	Par mètre de rails additionnels, le déplacement coûte 20 kreutzors, les coussinets et clous 16 kr., en tout 36 kr. par mètre, par conséquent, pour les rails additionnels, en monnaie autrichienne :	Intérêts annuels des rails additionnels.	Si 100 mètres de rails additionnels coûtent, par an, 25 florins, la perte en intérêts s'élève à	Frais de transport des matériaux pour les rails additionnels, à raison de 10 florins autrichiens par 100 mètres.	Totaux des dépenses additionnelles pour pose de rails formant une ligne plus longue.
8	4	2	800	160,00	0,2	0,8	16,00	32,00	200	72,00	1,0	50,00	20,00	350,00
10	5	2	1000	200,00	0,2	1,0	20,00	40,00	200	72,00	1,0	50,00	20,00	402,00
12	6	3	1800	360,00	0,3	1,8	36,00	72,00	300	108,00	1,5	112,50	30,00	718,50
14	7	3	2100	420,00	0,4	2,8	56,00	112,00	300	108,00	2,0	150,00	30,00	876,00
16	8	4	3200	640,00	0,4	3,2	64,00	128,00	400	144,00	2,0	200,00	40,00	1216,00
18	9	4	3600	720,00	0,5	4,5	90,00	180,00	400	144,00	3,0	300,00	40,00	1474,00
20	10	4	4000	800,00	0,5	5,0	100,00	200,00	400	144,00	3,0	300,00	40,00	1584,00

TABLEAU E.

FRAIS SUPPLÉMENTAIRES, EN FLORINS AUTRICHIENS, PAR MÈTRE CUBE DE MATÉRIAUX
DE MASSE ET DE GALERIES.

FAUX FRAIS.	CATÉGORIES.					
	I.	II.	III.	IV.	V.	VI.
Talus.	4,02	3,10	2,19	1,39	0,89	—
Différence pour l'obtention de matériaux. .	0,25	0,50	1,67	3,11	4,80	9,60
Différence pour le transport.	0,15	0,21	0,22	0,24	0,25	0,27
Totaux	4,42	3,81	4,08	4,74	5,94	9,87

TABLEAU G.

RÉCAPITULATION DES PERTES ÉPROUVÉES PAR L'EFFET DU SYSTÈME ANGLAIS
APPLIQUÉ A DES TRANCHÉES DE 100 MÈTRES DE LONG, PERTES ÉVALUÉES EN FLORINS
ET EN KREUTZERS.

PROFONDEURS de la tranchée, évaluées en mètres.	CATÉGORIES.					
	I.	II.	III.	IV.	V.	VI.
8	2386,80	2057,40	2203,20	2559,60	3204,60	5329,80
10	2431,00	2095,50	2244,00	2607,00	3267,00	5428,50
12	2475,20	2133,60	2284,80	2654,40	3326,40	5527,20
14	2519,40	2171,70	2325,60	2701,80	3385,40	5625,90
16	2563,60	2209,80	2366,40	2749,20	3445,20	5724,60
18	2607,80	2247,90	2407,20	2796,60	3504,60	5823,30
20	2652,00	2286,00	2448,00	2844,00	3564,00	5922,00

TABLEAU F.

RÉCAPITULATION DES BÉNÉFICES QUE PROCURE L'EMPLOI DU SYSTÈME ANGLAIS POUR LES TRANCHÉES DE 100 MÈTRES DE LONGUEUR,

BÉNÉFICES ÉVALUÉS EN MONNAIE AUTRICHIENNE.

PROFON-DEURS des tranchées, évaluées en mètres.	VOIE SIMPLE, A 2 RAILS. CATÉGORIES.						VOIE DOUBLE, A 4 RAILS. CATÉGORIES.					
	I.	II.	III.	IV.	V.	VI.	I.	II.	III.	IV.	V.	VI.
8,0	1552,60	1940,87	1767,12	1663,36	1588,77	1475,67	1764,78	2220,89	2074,35	1985,41	1938,34	1849,74
10,0	2189,77	2777,53	2468,44	2291,03	2023,86	1939,58	2461,62	3138,76	2863,93	2706,26	2594,52	2422,35
12,0	3226,50	4064,70	3573,59	3299,21	3054,04	2725,24	3562,72	4513,29	4063,77	3814,60	3611,46	3320,27
14,0	4250,09	5394,72	4670,12	4273,38	4899,63	3412,39	4654,89	5936,84	5261,43	4895,95	4571,90	4129,23
16,0	5612,84	7124,92	6110,56	5564,06	5029,20	4345,76	6090,41	7766,73	6809,54	6300,79	5823,59	5191,99
18,0	7061,05	9006,66	7641,45	6915,73	6184,46	5261,10	7615,59	9754,31	8454,34	7773,64	7108,26	6247,27
20,0	8539,52	10673,60	9207,83	8271,44	7305,68	6104,66	9175,53	11504,36	10141,47	9257,48	8366,16	7232,32

TABLEAU H.

LE SYSTÈME ANGLAIS, COMPARÉ AU SYSTÈME ORDINAIRE, DONNE, POUR DES TRANCHÉES D'UNE LONGUEUR DE 100 MÈTRES, LES AVANTAGES INDIQUÉS

DANS LES COLONNES SUIVANTES :

PROFON-DEURS de tranchées, évaluées en mètres.	VOIE SIMPLE, A 2 RAILS. CATÉGORIES.						VOIE DOUBLE, A 4 RAILS. CATÉGORIES.					
	I.	II.	III.	IV.	V.	VI.	I.	II.	III.	IV.	V.	VI.
8	»	»	»	»	»	»	»	163,49	»	»	»	»
10	»	682,03	224,44	»	»	»	30,62	1043,26	619,93	99,26	»	»
12	751,30	1931,10	1288,76	644,81	»	»	1087,52	2379,69	1778,97	1160,20	285,06	»
14	1730,69	3223,02	2344,52	1571,88	513,83	»	2135,49	3765,14	2935,88	2194,15	1686,10	»
16	3049,24	4915,12	3744,16	2814,86	1584,00	»	3526,81	5556,93	4443,04	3551,59	2378,39	»
18	4453,28	6758,76	5234,25	4119,13	2679,86	»	5007,79	7506,41	6047,14	4977,04	3603,66	423,79
20	5887,52	8387,60	6759,83	5427,41	3741,68	182,66	6523,23	9218,36	7693,17	6413,48	4802,16	1310,32

Ce tableau H ne laisserait rien à désirer en fait de clarté et serait un trésor précieux, s'il était concluant sur tous les points : malheureusement, comme nous l'avons déjà fait observer, il n'en est pas ainsi. Mais, si l'on se décide à ne pas le regarder comme infaillible, si l'on ne se contente pas de dire : J'ai à creuser une tranchée de telle et telle profondeur dans un terrain de telle ou telle catégorie et j'économise, en pratiquant la méthode anglaise, en vertu du tableau H, au moins tant et tant de milliers de florins; si au contraire, pour chaque cas donné, on pèse convenablement le pour et le contre, la brochure Rziha sera un guide utile dans l'exécution de ce travail.

Mais il ne faut pas étudier cette brochure uniquement pour voir s'il faut, ou non, employer la méthode anglaise, mais pour la conception d'un devis, pour savoir le plus ou moins de dépenses qu'entraîne l'adoption de tel ou tel système; alors on y trouvera d'utiles conseils et, si l'entrepreneur en tient compte, il évitera plus d'une bévue qui pourrait être préjudiciable à ses intérêts.

A ceux qui se demanderaient si, dans un cas donné, il faut suivre la méthode anglaise ou s'en abstenir, nous dirions :

Sachez avant tout à quelle époque vous voulez avoir terminé votre entreprise; voyez si, dans des circonstances normales, vous pourriez être sûr de l'avoir achevée en vous conformant à une des méthodes ordinairement suivies; or, d'après les exemples que je vous ai donnés, ce calcul est facile. Si, d'après ce calcul, vous n'obtenez pas la certitude de réussir avec une de ces méthodes, pesez les conséquences d'un retard et évaluez-les pécuniairement. Cela fait, cherchez à savoir combien il vous faudrait adopter de plans d'attaque pour être assuré que la tranchée sera terminée à la date exigée, abstraction faite du temps nécessaire pour la construction des galeries et l'exploitation des couches afférentes; et, d'après les résultats constatés par le tableau E, calculez le coût des travaux souterrains. Si ce coût n'équivaut qu'à la moitié de l'amende encourue pour le retard, n'hésitez pas à préférer la méthode anglaise et renoncez aux autres.

Mais si le premier calcul vous prouve que, même avec les méthodes ordinaires, sauf les obstacles imprévus, vous aurez fini à temps, faites un nouvel examen des méthodes, pour savoir laquelle vous devrez préférer.

L'exemple suivant éclaicira ce qui vient d'être dit :

Soit une tranchée (*fig.* 130) de 58000 mètres cubes à creuser dans un sable très-ferme, en dix-huit mois au plus tard; soit le résultat des sondages qu'il n'est pas probable que l'on rencontrera des sources d'eaux à l'intérieur et que les pluies n'y ont pas laissé de dépôts, mais se sont écoulées rapidement à travers le sable; soit démontré, en outre, que, sur toute la masse des 58 000 mètres cubes, il y aura 30 000 mètres cubes à transporter à l'hectomètre 217, c'est-à-dire à une distance d'environ 170 mètres, 20 000 mètres cubes à l'hectomètre 211 c'est-à-dire à une distance moyenne de 140 mètres et 8 000 mètres cubes aux digues destinées à préserver de la neige sur les deux rebords de la tranchée: soit enfin fixé une amende de 1 000 florins autrichiens pour chaque jour de retard, nous aurons à faire les calculs suivants.

Comme il faut un mois et demi pour arranger l'emplacement des travaux et faire d'autres travaux préliminaires, un mois pour les travaux de nettoyage, il ne restera plus que 15 mois et demi sur les 18, desquels, le traité ayant été signé le 1er septembre, il faut défalquer 8 mois d'hiver, de sorte qu'il ne restera plus que 7 mois et demi, de 20 jours de travail chacun plutôt que de 22, soit 150 jours effectifs de travail. Il faudra donc transporter par jour $\frac{150}{58\,000} = 390$ ou, en chiffres ronds, 400 mètres cubes.

Si, pour établir les digues destinées à protéger contre la neige, on relève une fissure au point que sa base prenne, dans la *fig.* 132, la ligne indiquée de $\frac{1}{24}$ de pente, et si l'on transporte la couche supérieure avec des brouettes, dans le profil, la partie inférieure avec une pente moyenne de $\frac{1}{20}$ (comme c'est indiqué par des lignes pointillées), en aval, à 60 mètres de distance, pareillement avec des brouettes, on pourra avec l'emploi de 65 brouettes et d'un nombre proportionnel de chargeurs et de mineurs, environ 190 ouvriers au total, transporter tous les jours la masse exigée et l'on obtiendra, au bout de 3 semaines, un point d'attaque praticable pour l'emploi de wagons en nombre illimité, pour toute la longueur de la tranchée, et de ce point d'attaque on pourra procéder sans difficulté au déblayement et au transport des couches (*fig.* 120).

Quant à la fissure, pour la grande pente de $\frac{1}{24}$, on emploiera des wagons, premièrement d'après les *fig.* 69 et 70, et on les fera pousser par des hommes.

D'après le tableau IV *a*, la distance moyenne de transport, celle de 160 mètres, exigera, sur la pente précitée, environ 0,10 de journalier par mètre cube, et comme le chargement d'un mètre cube de troisième catégorie exige 0,1 journalier, on calcule 2 ouvriers par wagon (pour charger et transporter eux-mêmes), en tout, par mètre cube de couche à wagons 0,1: donc pour 400 mètres cubes, il faudra 40 wagons, dont

24 (*sic*) seront placés d'un côté et 18 (*sic*), de l'autre. Si, de chaque côté, on établit un évitement, bien disposé, de telle sorte qu'il y ait toujours la moitié des wagons occupés à être chargés et l'autre sur la voie, l'exploitation fonctionnera très-régulièrement et exigera tout au plus 160 travailleurs.

On peut donc admettre, avec une assez grande certitude, que, sans efforts excessifs et même sans recourir à la méthode anglaise, la tranchée sera terminée à l'époque fixée.

Après avoir prouvé que l'emploi de la méthode anglaise n'est point d'une nécessité absolue pour l'achèvement des travaux au temps fixé, et que l'on peut arriver aux même résultat en recourant à l'emploi d'une méthode différente, on pourra conparer les deux méthodes au point de vue des dépenses, et cet examen final permettra de se décider en faveur de la méthode qui sera jugée la plus avantageuse.

Si l'on veut procéder au transport de grandes masses, il faut, quelle que soit la méthode adoptée, prendre des mesures pour que les matériaux chargés puissent être déchargés en même temps: or cela n'est possible que si tous les wagons se vident latéralement et si l'on établit un emplacement assez grand pour les recevoir tous.

Cet emplacement ne peut, dans notre cas, vu la pente abrute, presque verticale des appuis, s'obtenir que par un échafaudage. Or comme on doit, en tout cas, construire un échafaudage, on n'a pas besoin de le faire entrer en ligne de compte.

Voici les frais qu'entraîne le creusement d'une tranchée, sans compter le coût de l'échafaudage et des baraques, qui ne varie jamais.

NUMÉROS d'ordre.	QUANTITÉS.	NATURE DE L'OUVRAGE.	TRAVAIL EXÉCUTÉ		PRIX.	MONTANT DES DÉPENSES	
			par unité.	total.		par article	total.
		I. *Frais de la construction des galeries.*					
1	1610	Mètres cubes de galeries et de déblais, par mètre cube.	»	»	florins 4,08	6559	
2	56390	Mètres cubes de terrain de 3ᵉ classe, à détacher, salaire quotidien plus 1 p. 100 d'entretien de l'outillage.	0,1	5639	1,01	5695	
3	8000	Mètres cubes, chargés sur de bas véhicules.	0,077	616	1,01	622	
4	8000	Mètres cubes à transporter à 40 mètres, sur une pente moyenne de 1/20, à l'aide de brouettes (tableau I).	0,112	896	1,10	986	
5	36890	Mètres cubes, chargés sur de hauts véhicules. (Les matériaux extraits de la fissure au-dessus de la galerie, à talus d'un demi-pied, roulent, au moment de l'extraction, directement dans les véhicules.).	0,10	3689	1,01	3726	
6	19200	Mètres cubes par wagon pente de 1/100, à transporter à 140 mètres de distance (tableau IV *b*).	0,022	422	1,60	675	
7	29190	Mètres cubes, par wagons, pente de 1/100, à 170 mètres (tableau IV *b*).	0,063	1839	1,60	2942	
8	20000	Mètres cubes à surjeter deux fois, pour chargement, du lieu d'extraction, pour conserver les rails une fois consolidés et éviter les déplacements et les frais supérieurs d'entretien.	0,10	2000	1,01	2020	
9	700	Mètres courants de rails bien consolidés, entretenus pendant 150 jours.	»	300	1,01	403	
10	700	Mètres courants de rails à poser avec 4 évitements (*Weichen*).	»	»	»	220	
11	2	Intendants des travaux pour un an et demi. .	»	»	»	1800	
12		Amortissement des outils et des véhicules, non compris le chemin de fer.	»	»	»	400	
13		Amortissement du chemin de fer et des wagons.	»	»	»	3100	
		Totaux.	»	»	»	»	29148
		II. *Frais de l'exploitation des couches de terrain.*					
1	58000	Mètres cubes de terrain de 3ᵉ classe, salaire quotidien et 1 p. 100 pour entretien de l'outillage.	0,1	5800	1,01	5858	
2	8000	Mètres cubes, à transporter sur brouettes. .	0,077	616	1,01	622	
		A reporter.	»	»	»	6480	29148

NUMÉROS d'ordre.	QUANTITÉS.	NATURE DE L'OUVRAGE.	TRAVAIL EXÉCUTÉ		PRIX.	MONTANT DES DÉPENSES	
			par unité.	total.		par article	total.
					florins		
		Report.	»	»	»	6480	29148
3	2000	Mètres cubes, sur brouettes, à 20 mètres, pente de 1/20.	0,067	134	1,10	147	
4	6000	Mètres cubes, sur brouettes, à 60 mètres de distance, pente de 1/20.	0,162	972	1,10	1069	
5	50000	Mètres cubes chargés sur de hauts véhicules.	0,10	5000	1,01	5050	
6	30000	Mètres cubes, sur wagons, à 170 mètres, pente de 1/30. (tableau IV a.).	0,074	2220	1,60	3550	
7	20000	Mètres cubes, avec wagons, 140 mètres de distance, pente de 1/30. (tableau IV a.). .	0,069	1380	1,60	2208	
8	700	Mètres courants de rails et deux évitements (*Weichen*) à poser.	»	»	»	220	
9	700	Mètres courants de rails et deux évitements à entretenir pendant 150 jours.	»	1050	1,01	1061	
10	4200	Mètres courants de rails à transposer, par mètre courant.	»	»	0,12	502	
11	50000	Mètres, drainage système Rziha.	»	»	0,019	950	
12	»	2 intendants des travaux, comme ci-dessus. .	»	»	»	1800	
13	»	Amortissement pour outillage et véhicules, comme ci-dessus.	»	»	»	400	
14	»	Amortissement pour railway.	»	»	»	3100	
15	18000	Mètres cubes à surjeter une fois, savoir : 6000 mètres cubes à surjeter une fois, et 6000 mètres cubes à surjeter deux fois. . .	0,05	900	1,01	909	27446
		Ainsi, différence au profit de l'exploitation par couches.	»	»	»	»	1702

Ce calcul prouve que la construction des galeries coûte plus cher que les autres modes d'exploitation ; nous sommes donc dispensé de tout calcul extérieur. Si le résultat eût été différent, nous aurions été forcé, pour marcher à pas sûrs, de comparer entre eux les autres modes d'exploitation, ce qu'il faudra faire du reste pour le programme définitif de l'entreprise.

Ainsi, dans cet exemple, la construction de galeries constitue une perte pécuniaire, bien que, d'après le tableau de **M.** Rziha, il eût dû en résulter une économie de 2 377 florins.

Il en est donc de ce tableau comme de beaucoup d'autres : il n'est applicable qu'à de certaines conditions et il a besoin d'être rectifié suivant les cas. Nous sommes convaincu, en outre, que M. Rziha l'entendait bien ainsi et qu'il ne prétendait pas établir une règle générale sans aucune exception. Considéré à ce point de vue, ce tableau est très-utile, car il indique les limites des calculs comparatifs à faire.

Maintenant nous considérerons l'influence que l'emploi de la méthode anglaise aurait eue sur les résultats pécuniaires des travaux indiqués dans les pages 245-255.

Si, dans la tranchée de l'hectomètre 151/4, on eût commencé, dès l'hiver de la première année, sachant déjà que la construction des pas-

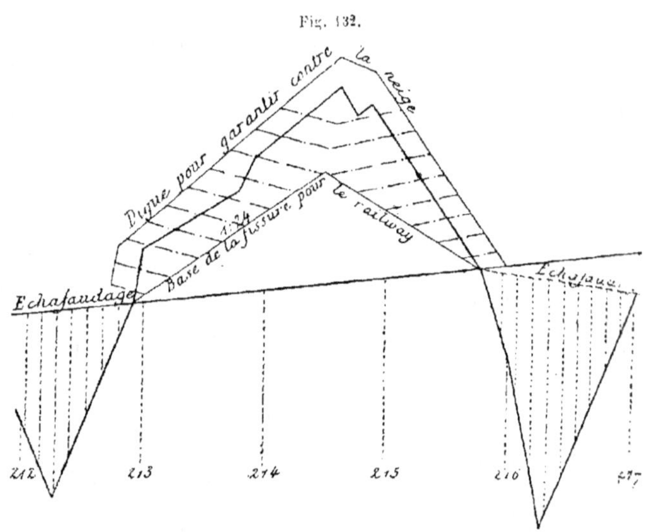

Fig. 132.

sages serait tellement retardée par un achat trop difficile, une galerie et deux couloirs, ces travaux auraient pu être aisément terminés, en élargissant les couloirs jusqu'à une place commode de manipulation, avec les objets de constructions, et l'on eût eu six points d'attaque au lieu d'un seul.

Si l'on s'était dit ensuite que, jusqu'à l'ouverture de toute la fissure au-dessus de la galerie, on n'aurait pu transporter de matériaux qu'à l'aide de 22 véhicules, c'est-à-dire au point zéro, près de l'hectomètre 151 et 4, près de chaque couloir et à l'autre extrémité de la galerie, cette force de travail aurait néanmoins suffi à déblayer la fissure en question, à raison d'environ 9500 mètres cubes en 20 jours ou un mois. Cette fissure entièrement percée, on aurait pu travailler avec un nombre quelconque de wagons. De la sorte, il eût été possible de hâter à volonté l'achèvement de ce travail. Si l'on s'était borné à employer 30 wagons pour la tranchée ainsi organisée, on avait pu, dans 20 autres journées de travail, transporter 12500 mètres cubes. De la sorte, en ne comptant que 20 journées de travail par mois, on aurait achevé, dans les deux mois d'août et de septembre, les passages étant terminés à la fin de juillet, de transporter hors de la tranchée 25 000 mètres cubes, dont l'éloignement eût été indispensable pour l'enlèvement des matériaux de la tranchée 162/6 par cette tranchée. Depuis la fin de septembre jusqu'au commencement de l'hiver, on aurait pu, d'après nos calculs antérieurs, emporter de la tranchée de l'hectomètre 162/6 environ 10 000 mètres cubes et il en serait resté 13 500 pour les mois de printemps.

Mais, comme nous l'avons dit plus haut, en employant à l'hectomètre 162/6 les wagons devenus disponibles à l'hectomètre 151/4. de la mi-mars à la mi-juin, on transporta 17 500 mètres cubes, de sorte qu'en faisant les mêmes efforts pendant 51 jours. c'est-à-dire vers le 20 mai ou même vers le 20 avril, l'œuvre aurait pu être complétement terminée, si, pour éviter l'amende, on avait voulu subir le coûteux travail des journées d'hiver.

Le travail des galeries aurait coûté, en nombre rond, un surplus de 3 700 florins ; en évitant le travail d'hiver, on aurait épargné 4 740 florins ; en le faisant, on évitait l'amende.

Si donc on fait entièrement abstraction de l'amende, au lieu de perdre 1 950 florins, on en aurait gagné 1 040.

Toutefois si l'on se reporte à l'amende qui était de 1 000 florins autrichiens par jour de retard, à partir de la fin d'avril, on aurait, en employant la méthode anglaise, et même en travaillant pendant les mois d'hiver, économisé environ 34 000 florins (85 000 fr.).

Si l'on demande pourquoi, dans de telles circonstances, on ne fit pas usage du système anglais, la réponse n'est pas difficile :

1° L'achat des terrains imcombait au propriétaire des travaux et l'on ne pouvait pas supposer que, par négligence, il commettrait une faute qui lui coûterait si cher.

2° Les terrains avaient été remis par contrat à un sous-entrepreneur et l'on n'avait pas le droit de le forcer, dix huit mois avant le terme fixé pour l'achèvement des travaux, à un genre de travail qui, d'après ses prévisions, devait le constituer en perte.

Mais on voit, par l'exemple ci-dessus, quels avantages énormes peut procurer la méthode anglaise, quand il est question de travaux urgents.

CHAPITRE XIII.

TRAVAUX D'ENDIGUEMENT.

Bien que, dès le chapitre XI, l'enchaînement des idées nous ait amené à dire un mot sur les endiguements, nous avons à ajouter maints détails, à ce propos, dont il n'a pu être question alors, parce que ce sujet n'est pas inséparablement lié avec celui des creusements et excavations et que la clarté de notre exposé eût souffert de cet amalgame.

A l'occasion des travaux de creusement, nous avons partagé l'emploi des matériaux en deux espèces de déblais, savoir les dépôts ou rejets et les digues. Voici, en résumé, la différence qui existe entre les dépôts et les digues : la digue (*chaussée*) est une œuvre spéciale, et c'est uniquement par économie que l'on extrait d'une tranchée ou d'un déblayement quelconque les matériaux nécessaires à la construction d'une digue. Quand on ne peut pas utiliser les déblais d'une tranchée, on est forcé, comme nous l'avons déjà dit, de creuser une fosse (*chambre d'emprunt*) tout exprès. Or, de même que cette fosse, le dépôt ne constitue pas une véritable œuvre d'art; ce n'est, comme la fosse, qu'un moyen d'arriver au but.

Il résulte de là que la digue doit être construite de telle sorte qu'elle reçoive, aussi peu modifiée que possible, la forme la plus appropriée à son but.

Si l'on se contente de jeter de la terre sur de la terre, il se forme des interstices qui peu à peu modifient plus ou moins la forme primitive du dépôt. Le point essentiel sera donc, lors de la construction d'une digue, d'éviter, autant que possible, toute modification apportée à la structure et à l'apparence extérieure de cette digue.

Lorsque, par suite de déblais considérables, la partie inférieure de la digue est fortement comprimée, ne fût-ce que par le poids de la masse supérieure, cette dernière, provenant d'un simple jet sans tassement, n'en restera pas moins dans un état très-différent de l'état naturel, dont elle ne se rapprochera que peu à peu, soit par l'effet de la pesanteur, soit par celui des averses; ainsi se modifiera finalement la configuration de la digue.

Cette formation inégale produira des fissures et des crevasses, dans lesquelles pénétreront ensuite l'eau des pluies et celle qui résulte de la fonte des neiges. Or, si les déblais se composent de matériaux sensibles à l'action de l'eau, l'intérieur de la digue pourra s'amollir et la solidité de l'ensemble se trouvera compromise.

Un autre inconvénient peut modifier les formes d'une digue et entraîner des dépenses considérables dans les constructions de routes ordinaires et de chemins de fer. Ainsi le niveau du plan sur lequel est construit le chemin ou la voie ferrée, s'altère irrégulièrement et réclame des remblais complémentaires et dispendieux, ce qui est grave surtout, en fait de chemins de fer, parce que les crevasses se manifestent d'ordinaire subitement après de fortes averses, ce qui menace la solidité de l'œuvre entière.

Nous avons dit, en parlant des profils, qu'à cause des affaissements inévitables qui se produisent dans les digues, il fallait donner à celle-ci une hauteur plus qu'anormale; nous avons aussi mentionné les règles qui président à ces constructions; mais quoiqu'il soit aisé d'élargir les profils, il n'en est pas de même quand il s'agit d'augmenter l'élévation des terrassements.

Que l'on se figure des digues étroites, mais hautes, situées entre des tranchées dont le niveau est fixe, et l'on verra quelles pentes on obtiendra, si l'on veut augmenter encore la hauteur de la digue. Cet inconvénient est moindre pour les digues fort prolongées; là encore, cependant, on ne gagne guère à exhausser la surface de la voie; car les tassements ne s'effectuant pas d'une manière régulière, mais se manifestant toujours partiellement sous forme de trous et de poches qui exigent de nouveaux remblais, il faut aussi un supplément de matériaux qui ne diffère pas beaucoup de la masse qui eût été nécessaire, dans le principe, pour la construction d'une digue suffisamment haute et suffisamment large.

Pour éviter tous ces inconvénients dans la construction des digues, on a employé divers expédients, tels que le drainage, le piétinement des matériaux de certaines couches, la pression sur les matériaux à l'aide des véhicules, etc., et finalement, là où une compression artificielle serait nécessaire en premier ordre, savoir dans les digues les plus élevées, on n'a pris aucune mesure.

Quant à conduire artificiellement de l'eau sur les remblais, c'est là un remède si équivoque, si problématique, qu'on n'y a recours que très-rarement. Complétement inefficace sur les terrains sablonneux et friables, il est même dangereux sur les terres argileuses et glaiseuses et il peut aisément, dans ces dernières, produire des effets plus désastreux que ceux que l'on voulait éviter. Sur le terrain d'argile pure, qui se dissout moins facilement dans l'eau, ce moyen peut, en rendant certaines mottes glissantes, les amalgamer mieux avec leurs voisines, mais seulement dans le cas où ces mottes ont été préalablement morcelées avec soin. Le remède précité pourrait donc fort bien n'avoir qu'une valeur historique plutôt que critique.

Le deuxième mode de condensation artificielle, savoir le piétinement, ne peut être utile que par des couches très-minces; car il est démontré qu'avec des fouloirs ordinaires, pesant de 7 à 8 kilogrammes, on ne comprime guère qu'une couche d'environ 5 centimètres d'épaisseur, ce foulement étant parfaitement infructueux pour les couches inférieures. Plus le fouloir employé sera lourd, plus l'ouvrier chargé de le manier sera vigoureux, plus profonde sera l'action de ce remède. Un instrument semblable, du poids de 25 à 30 kilogrammes, manié par deux hommes vigoureux, pourrait étendre son action à 20 ou 25 centimètres de profondeur; seulement il faudrait que le travail fût réel et non pas apparent, comme il n'arrive que trop souvent, quand survient l'inspecteur des travaux; on voit alors accourir quelques ouvriers, chargés d'activer ce travail, pour disparaître après le départ de l'inspecteur. On n'a pas trop le droit de s'en fâcher, car tout chef d'escouade, quelque peu expert, connaît très-bien l'inefficacité de ce mode de condensation. Même une brouette vide, du poids d'environ 100 kilogrammes, qui exerce sa pression sur une surface de tout au plus 3 centimètres carrés, produit sur le centimètre carré une pression décuple de celle qui résulte d'un fouloir pesant 8 kilogrammes; les camions et les tombereaux sont naturellement encore plus efficaces. Ainsi, même pour remplacer la pression des brouettes vides, il faudrait des fouloirs ayant une action décuple; encore faudrait-il tenir compte de la portion de terre qui adhère au fouloir et dont l'épaisseur diminue d'autant celle de la couche à condenser.

On a donc préféré, à l'emploi des fouloirs, le passage des véhicules revenant vides, de la station des remblais, et, de la sorte, on a obtenu, comme nous aurons plus tard encore l'occasion de le prouver, des résultats très-satisfaisants.

Mais, comme nous l'avons amplement indiqué au chapitre XI, il n'est pas toujours possible de faire passer, sur la digue en construction, les véhicules vides revenant de la station des remblais; en effet, sur les rails il ne s'exerce de véritable pression que là où sont placés les coussinets;

de plus, quand les appuis sont escarpés, les remblais, à cause de la pente qu'il faut faire suivre aux wagons, ne peuvent s'effectuer en couches assez minces pour que le poids des véhicules suffise à donner une pression suffisante. Si l'on voulait atteindre ce but, il faudrait masser toute la masse des remblais, depuis le bas jusqu'en haut, l'élargir à l'aide de brouettes et la condenser au moyen de tombereaux.

Dans des cas particuliers, lorsque, par exemple, il faut combler des conduits arrivant jusqu'à la nivelette, là où des affaissements considérables seraient dangereux, à cause du niveau fixe sur le pont; là où par conséquent ont doit désirer pour la digue une solidité aussi compacte que possible, on emploie souvent ce remède; cependant, en général, quand il s'agit de digues courantes, on n'en fait point usage.

Il y a trois motifs pour éviter ce double mouvement : d'abord il est très-dispendieux ; puis, pour le remaniement, il faudrait dépenser au moins ce que coûte l'extraction du terrain de première classe ; enfin pour le chargement et le transport, il faudrait subir les prix que comporterait la nature des matériaux.

Il faudrait, par exemple, pour une digue de 60 000 mètres cubes, composée de matériaux de troisième catégorie : par mètre cube de première catégorie 0,1 journée, pour chargement d'un mètre cube de troisième catégorie 0,077 journalier, et pour le transport à 20 mètres de distance 0,067 journée, total 0,244 journée par mètre cube, par conséquent pour 60 000 mètres cubes 14 640 journées, ce qui ferait 15 811 florins en comptant 90 kreutzers par journée de travail et 20 p. 100 de frais d'administration, somme avec laquelle on peut faire passablement de besogne en fait de relèvement et d'adjonction de terre friable Deuxièmement, pour les hautes digues qui, à vrai dire, ont besoin d'être ainsi remaniées et retransportées, il faut ordinairement beaucoup de journées ; par exemple, pour une production quotidienne de 300 mètres cubes, 20 brouettes et 53 mineurs ou chargeurs occupés au pied de la digue ; encore l'espace fera-t-il le plus souvent défaut.

Enfin il ne suffit pas de frapper la terre du pied pour en faire sortir des travailleurs, et parfois il est assez difficile de réunir la quantité de travailleurs suffisante pour achever un travail dans le délai fixé ; aussi est-il quelquefois purement impossible de s'en procurer un surplus de 30 à 40 p. 100.

Si l'on travaille à la digue, du haut d'un échafaudage, l'impulsion produite par la masse tombant, d'une hauteur plus ou moins grande, hors des véhicules sur la terre déjà diversée, comprime cette terre à un point que le noyau de la digue, à l'exception de la surface du sommet, acquiert une solidité considérable.

On n'irait donc que de mal en pis si l'on voulait remanier et retransporter ce noyau, seule la partie de la digue qui forme le talus se compose de terre friable; mais on peut, en grande partie, obvier aux fâcheuses conséquences des affaissements de cette partie, en consolidant la base, comme nous l'avons dit à propos des profils.

Il est superflu d'expliquer pourquoi chacune des trois méthodes de condensation serait inutile avec un terrain couvert de gravier ou entièrement rocheux, attendu que les hommes les moins compétents voient très-bien que l'on ne gagnerait rien à fouler un sol pareil ou à faire passer des véhicules par-dessus.

Jadis on tenait beaucoup à donner une forte densité aux digues; ainsi nous lisons entre autres conditions imposées aux entrepreneurs de la ligne du Sommering :

« § 4. La construction des digues à talus libres, aussi bien que derrière des murs d'appui, devra toujours s'effectuer par couches horizontales.

« Ces couches couvriront toujours la longueur entière de la digue et les véhicules y passeront; elles n'auront jamais plus de 9 pouces de hauteur: si elles se composent de terre ordinaire ou d'un terrain mixte, il faudra les consolider par des fouloirs; pour chaque cas, il faudra spécifier l'emplacement où l'on transportera les matériaux.

« § 5. Quand le transport s'effectura par brouettes ou par camions à deux roues, ces véhicules passeront par-dessus les couches aplanies dans toutes les directions et sans pose préalable de planches. De même les voitures, attelées de chevaux, de bœufs etc. (chargées et vides, si c'est possible), devront rouler en tous sens sur les digues ou portions de digues sur lesquels elles déverseront leur contenu; elles ne devront pas, le long de ces digues ou portions de digues, rouler sur le terrain naturel.

« Les véhicules formant série ne suivront pas une seule et même voie: il n'y aura même pas de voie visible : les aplanisseurs devront faire disparaître immédiatement toutes les inégalités qui naîtront sur le couronnement de la ligne. »

La société privée, impériale et royale, de la ligne du Midi, rédigea, environ dix ans plus tard, un cahier des conditions ainsi conçu :

« § 5. L'entrepreneur aura généralement la faculté de construire les endiguements, d'un coup, sur toute leur hauteur ou par couches successives. Il sera de règle que les remblais ne seront pas comprimés.

« Autant que les circonstances le permettront, le noyau des digues devra être formé de matériaux solides, lourds et ne s'affaissant point; leurs revêtements se composeront de terre arable qui en permettra et facilitera le gazonnement.

« Des masses argileuses, qui peuvent donner naissance à des boursoufflures dans l'intérieur ou à des glissades de digues, doivent, quand on ne peut pas éviter de les employer, être mises dans le noyau des digues, foulées par couches et couvertes en haut comme aux talus, aussi loin que l'on peut placer de bons matériaux, résistants et favorables à un reboisement.

« Des masses fortement gelées doivent être brisées avant de figurer dans les remblais, afin qu'en dégelant elles n'occasionnent pas de mouvement dans les digues; il faut aussi se borner à les placer comme revêtement extérieur. Quand on construit des digues d'une hauteur plus qu'ordinaire, il faut, pour obvier à des affaissements éventuels, les élever au-dessus du niveau définitif de la voie ferrée, et augmenter la largeur anormale de leur couronnement.

« Pour les remblais de travaux d'art, on doit, tout près des contre-couches jusqu'à une distance convenable, employer, de préférence, des matériaux pierreux, en général fermes et résistants, dont il faut faire provision à cet effet. Quand on ne peut pas se procurer de semblables matériaux, on portera aux contre-couches de la terre formant des couches d'un pied d'élévation et l'on foulera bien le tout. »

Dès la première thèse de chacune des conditions précédentes, on trouve des contradictions; car si, dans la première condition, les remblais couche par couche sont déclarés indispensables, il est dit, dans les dernières conditions : Ces remblais ne sont plus exigés que d'une manière exceptionnelle, notamment quand il s'agit d'un sol argileux.

L'emploi de plus en plus fréquent des voies ferrées et des wagons a fait rejeter, dans ces derniers temps, ce système déjà si restreint des remblais par couches, de sorte qu'on ne l'a guère conservé que pour garnir des murs de matériaux argileux ou glaiseux.

Nous avons parlé plus haut de ce mode de condensation artistique des remblais pour digues et nous ne citerons plus qu'un exemple, où des résultats palpables ont été obtenus à l'aide de cette méthode, lors de la construction du premier chemin de fer de Transylvanie.

Il fallait construire les deux digues adjacentes à l'aide d'une tranchée creusée (*fig.* 133) dans un sol argileux; mais, comme la masse cubique à extraire était insuffisante pour l'achèvement des deux digues, on ouvrit un fossé à matériaux dans la masse (hectomètres 1708/11) et l'on y prit les matériaux nécessaires pour élever, à l'aide de brouettes, en couches superposées dans l'axe du chemin de fer, une digue d'environ 4 mètres de largeur sur 3 mètres de hauteur.

En même temps que l'on exploitait ce fossé, on attaqua la tranchée, au moyen de brouettes au point zéro, puis au moyen de tombereaux, dans la construction en étages, et l'on employa les matériaux ainsi obtenus à l'établissement d'une rampe de départ sur la digue précitée.

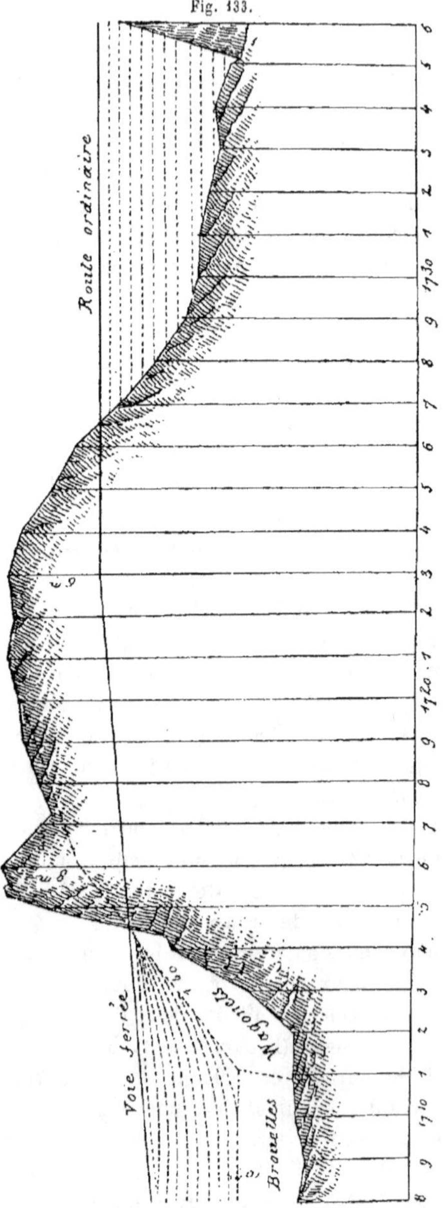

Fig. 133.

Cette rampe terminée, on fit une voie ferrée qui commençait à l'étage supérieur de la tranchée et aboutissait à la digue construite au moyen du fossé à matériaux, s'étendant ainsi de l'hectomètre 1708 à l'hectomètre 1720 ; dans les trois derniers hectomètres, elle occupait une fissure d'environ 1 mètre de profondeur. Là commença la pose des couches, toujours en aval dans la tranchée en amont le long de la digue.

On se servit exclusivement de véhicules à quatre roues et les remblais pour la digue furent posés en couches presque horizontales de 50 à 60 centimètres de hauteur, en couche sur couche, fut soigneusement foulée dans toutes les directions par les véhicules.

Voici quel fut le résultat :

La digue, de l'hectomètre 1708 à 1714 dut, dans l'espace de deux ans après son achèvement, être exhaussée plusieurs fois, en tout d'environ 18 décimètres et subit encore, plus tard, différents nivellements. Pendant ce temps la digue, hectomètres 1727-1735, conserva bien son niveau et n'eut besoin que de faibles réparations à cet effet, bien que de lourds convois remorqués par des locomotives l'eussent utilisée du mois d'août 1868 au mois de mars 1869.

S'il faut construire la digue avec des matériaux, pris dans des fossés, creusés tout exprès, non-seulement on n'hésite pas à effectuer les remblais par couches superposées, mais encore on fait tourner cette opération au profit de l'ensemble des travaux, comme l'indiquent les *fig.* 103-107 et le texte explicatif pages 186-190. Mais dès qu'on en vient à utiliser wagons et voies ferrées, cette méthode perd sa valeur par un double mouvement des matériaux, exige des frais suplémentaires tels qu'on se l'interdit dans la plupart des cas.

Si cependant il faut construire des digues à l'aide de tranchées et si en outre les appuis nécessaires sont occupés, on ne peut superposer les couches, quels que soient les véhicules employés, qu'en se résignant à un double mouvement des matériaux.

Que les couches de la digue soient disposées horizontalement ou non, le cas précité exige toujours que les véhicules, chargés à la tranchée, soient vidés à la hauteur des nivelettes; toutefois le procédé à suivre dans ce cas peut être de doubler ou bien les remblais de tête ou bien les remblais latéraux.

On appelle remblais de tête (Kopfschüttung) ceux où les véhicules sont toujours vidés sur l'avant et où la digue est construite de prime abord dans toute sa hauteur (*fig.* 134); on comprend que, d'après ce procédé, on ne puisse vider à la fois qu'un très-petit nombre de véhicules, ce qui retarde considérablement la marche des travaux; il ne faut donc y recourir que là où l'on n'exige pas de grands résultats quotidiens, là où, par exemple, on ne peut employer que deux wagons sur chaque point d'attaque.

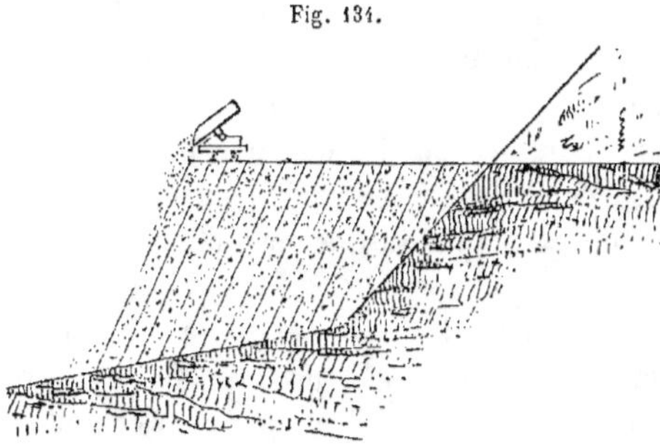

Fig. 134.

Mais si l'on exige de plus grands résultats par jour, au point de faire circuler de longs convois de wagons, alors le remblais de tête n'est plus de saison et l'on doit se faire de la place pour que tous les wagons du convoi puissent être vidés à la fois (ce qui évidemment n'est possible que sur les côtés); on construit à cet effet des échafaudages tels que tous les wagons d'un convoi puissent y trouver place.

Ici encore se rencontrent deux procédés différents : 1° les échafaudages mobiles, que l'on fait avancer au fur et à mesure qu'avance la construction de la digue et qui par conséquent ne sont jamais recouverts de terre ; 2° les échafaudages fixes, que l'on établit ordinairement sur toute la longueur de la digue et qui y restent incorporés à l'exception des têtes de poutres supérieures et des poutres extrêmes.

Sans doute le premier de ces procédés (*fig.* 135) n'est praticable que lorsqu'on emploie un petit nombre de wagons ; pour agir en toute liberté et, par conséquent, pour déployer la plus grande somme de force, on a recours aux échafaudages fixes ; mais il importe de faire entrer en ligne de compte la valeur de l'échafaudage enfoui sous terre et il peut se faire, dans beaucoup de cas, que l'emploi du premier procédé soit moins coûteux, surtout quand l'imminence du terme ne rend pas indispensable l'emploi de toutes les forces possibles.

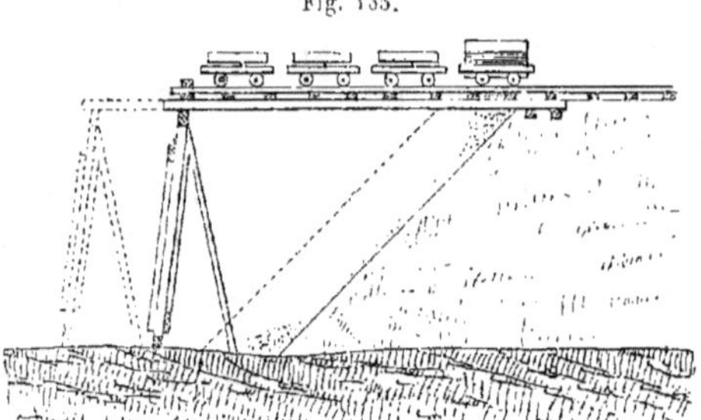

Fig. 135.

Le travail avec les échafaudages mobile n'est en réalité qu'un remblai de tête ; car on vide toujours les wagons à l'extrémité de la digue et l'on ne pousse sur l'échafaudage que les wagons vides ; mais de la sorte, on peut vider en très-peu de temps un train de 4 à 5 wagons (c'est-à-dire autant qu'on peut en ranger sur l'échafaudage), ce qui serait impossible autrement, parce qu'un wagon vide doit d'abord être ramené à l'évitement le plus rapproché et être placé là sur d'autres rails, avant que le wagon suivant puisse être poussé jusqu'à la station de déchargement.

Quant à la construction des échafaudages fixes, elle dépend tellement de la hauteur de la digue, de circonstances locales et enfin des moyens de transport eux-mêmes, qu'on est forcé de la modifier pour chaque cas.

Outre les constructions des digues précitées, il existe une autre cause pouvant modifier la forme primitive de ces digues, c'est l'inclinaison du terrain sur lequel la digue est construite : en effet, si le terrain a, dans le sens de la coupe transversale de le digue, une inclinaison telle que sa tangente soit supérieure au coefficient de frottement, il faut que l'ensemble de la digue se meuve dans le sens de la chute du terrain : on changera donc, non-seulement sa forme, mais encore sa disposition topographique.

Ainsi, en théorie, quand la surface du terrain est à l'état de désagrégation, on devrait procéder spontanément et sans autres préparatifs, à des remblais sur un terrain penché, jusqu'à l'angle naturel du talus.

Toutefois comme cet angle (voir tableau VIII) est si aigu qu'on n'en trouve que rarement de plus aigus encore, le simple creusement de la surface du sol devrait suffire pour éviter tout écart latéral des digues dû à cette cause. C'est aussi ce qui arrivera dans certains cas; mais, comme le simple creusement de la surface ne produit qu'une couche friable d'une certaine puissance, sous laquelle se rencontre la couche naturelle du sol consolidé depuis un temps immémorial, couche qui rentre en activité avec le coefficient de frottement moindre qui correspond à cette masse, la même tendance vers lécart latéral se produira, ou peu s'en faut, après comme avant le creusement superficiel.

Il faut donc, dans des profils inclinés, chercher à augmenter artificiellement le frottement du terrain naturel, ce que l'on peut effectuer, quand la pente est moins rapide, en ouvrant la surface du terrain à l'aide de la pioche ou de la charrue, comme nous l'avons dit plus haut; ou, quand les pentes sont plus rapides, en creusant des marches en gradins.

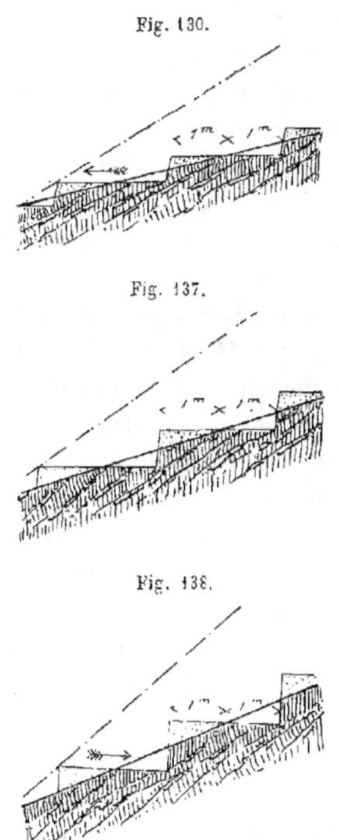

Fig. 136.

Fig. 137.

Fig. 138.

En ce qui concerne la forme de ces escaliers, on les recommande de différentes manières avec une surface soit horizontale, soit inclinée au dehors comme au dedans (*fig.* 136, 137 et 138). Bien des ingénieurs, toutefois, recommandent si instamment la dernière forme, que les gradins sont construits dans le sens longitudinal et incliné et munis, de distance en distance, de rigoles d'écoulement (*fig.* 139), et l'on cherche le motif de cette dispotition dans les circonstances que l'eau de pluie ou de fonte des neiges pénétrant dans la digue n'est pas forcée de chercher son écoulement par-dessus la surface des gradins, et d'y diminuer ainsi la résistance au frottement, mais suit forcément la direction qui lui est imposée, tend à se rapprocher de la rigole et se trouve drainée de la sorte.

Nous somme toutefois d'avis que ce mode de drainage n'a qu'une valeur problématique, si les gradins et les rigoles ne sont pas recouverts de matériaux très-favorables à l'écoulement des eaux, par exemple de pierres ou de gravier; nous croyons même que les remblais de la partie où l'on a pratiqué les gradins peuvent s'imbiber d'eau, si l'on n'empêche point, par d'autres

Fig. 139.

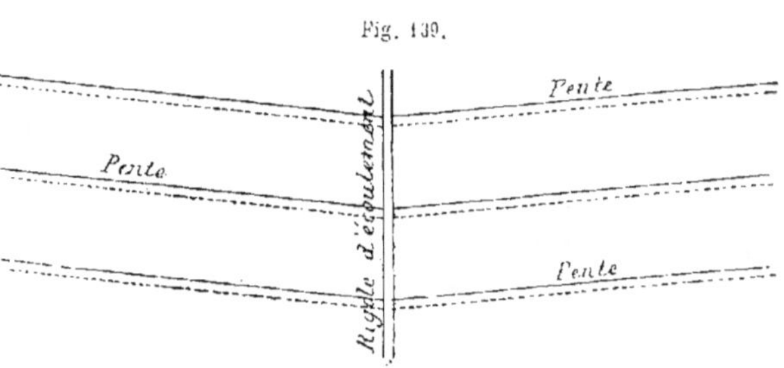

expédients, l'affluence de l'eau qui descend par-dessus l'appui de se glisser sous la base de la digue, de telle sorte qu'on ne laisse arriver aux gradins que la somme d'humidité provenant de l'eau qui tombe directement sur le corps de la digue, en pénétrant à travers les remblais. Dans ce dernier cas, l'effet produit sur un fond horizontal, garni de gradins, sera le même que sur un fond purement horizontal; par conséquent des gradins horizontaux suffiront amplement.

La solidité de la base, sur laquelle on veut établir une digue, exerce une influence considérable sur la stabilité de l'ensemble du travail.

Moins il y a de cohésion dans le terrain, plus il ressemblera à un liquide, et l'on comprendra très-bien qu'un terrain surchargé, de peu de cohésion, s'affaissera non-seulement dans le sens vertical, mais encore dans le sens horizontal, latéral ou transversal.

Les modifications de la forme de la digue, produites par une différence dans la nature de la base, donnent lieu à des fissures et à des crevasses, que l'œil ne découvre pas immédiatement, parce qu'elles sont cachées par les matériaux friables de la surface; mais les eaux de pluie traversent aisément ces matériaux humectant de plus en plus le terrain antérieurement détrempé, y forment des dépôts, l'amollissent de plus en plus, et deviennent ainsi cause d'autres déformations plus ou moins fâcheuses. En exhaussant la digue, on exerce une pression encore plus grande sur les terres qui la composent; les mêmes inconvénients se présentent de nouveau et l'on ne peut songer à s'arrêter dans cette voie que lorsque les nouveaux remblais se sont affaissés jusqu'à ce qu'ils aient rencontré un terrain solide ou jusqu'à ce que l'on ait ôté à la digue, par des moyens artificiels, la faculté de se désagréger et de s'élargir ou jusqu'à ce qu'on ait obtenu de toutes les parties de la digue une force de cohésion telle que toute appréhension ultérieure soit dissipée.

Mais quand, par l'effet des causes que nous venons de spécifier, l'intérieur de la digue est amolli jusqu'à une profondeur qu'il est impossible de déterminer et quand il est presque impossible le préciser la déformation qui s'est opérée à l'intérieur, à cause de la masse de terrain qui la recouvre; quand, par suite, on ne peut atteindre cette déformation qu'à travers les plus grandes difficultés, ce sera une entreprise aussi ardue que dispendieuse de consolider la masse entière de la digue, tous les remblais étant terminés, au moyen d'expédients artificiels qui empêchent la désagrégation et l'élargissement spontané de la digue.

On voit par là que, pour les terrassements comme pour la construction des édifices et des ponts, il faut commencer par étudier le degré de solidité de la base et, si l'on trouve que cette base n'est pas suffisamment solide, il faut ou bien en éliminer la portion molle et faible ou donner à la base, par des moyens artificiels, la solidité qui lui fait défaut.

Les expédients, auxquels on a recours pour rendre aussi solides que possible des terrassements opérés sur une base qui n'offre pas toutes les garanties désirables de solidité, diffèrent suivant la nature du terrain; nous nous proposons d'en parler dans le chapitre suivant, où cette question sera mieux à sa place qu'elle ne peut l'être dans le chapitre de la construction des digues, attendu que nous parlerons alors des liens qui rattachent cette question à d'autres travaux de consolidation.

QUATRIÈME SECTION.

TRAVAUX POUR LA CONSOLIDATION DES TERRASSEMENTS ET POUR LES PRÉSERVER DE TOUTE DÉTÉRIORATION CAUSÉE PAR L'INFLUENCE DES ÉLÉMENTS.

CHAPITRE XIV.

INFLUENCE DE L'ATMOSPHÈRE ET DES EAUX SUPPÉRIEURES OU INFÉRIEURES SUR LES TERRASSEMENTS.

La sécheresse, le froid, l'action chimique de l'atmosphère, l'influence mécanique des averses qui tombent sur la surface extérieure d'un terrassement, les cours d'eau, les attaques de l'eau des rivières contre leurs rives détruisent tellement la cohésion d'un terrassement que les terres se désagrégent jusqu'à une certaine profondeur au-dessous de la surface et, quand la pente du talus est plus rapide que l'angle d'équilibre, elles glissent par-dessus ou se précipitent en bas. Cet inconvénient se manifestera sur une masse non protégée contre les influences funestes jusqu'à ce que la surface extérieure atteigne l'angle naturel du talus ou même le dépasse et jusqu'à ce que la résistance du frottement ait empêché la terre privée de cohésion de tomber ou de s'affaisser davantage. Toutefois cet affaissement des parties désagrégées d'un terrassement se manifeste, comme nous avons déjà eu l'occasion de le dire, sur des chemins de fer, par suite de l'ébranlement causé par le passage des trains, même sous un angle plus faible que l'angle d'équilibre.

Mais si l'on garantit le terrassement en question par un revêtement extérieur suffisant pour le préserver des influences susdites, on évite les fâcheux effets que nous venons de signaler et l'on peut compter sur la longue durée de l'œuvre, à moins qu'il ne surgisse des influences imprévues et d'une nature toute différente.

Quant au moyens d'obtenir un revêtement propre à résister aux influences décrites ci-dessus, nous en parlerons dans le chapitre suivant.

Cependant il en est tout autrement quand le sol sur, avec ou dans lequel doivent s'effectuer des terrassements est saturé d'eau; dans ce cas, le mal est interne et, comme peuvent le faire des sources latentes, il manifeste du dedans au dehors sa funeste influence; si l'on veut empêcher ou diminuer ces inconvénients, il est impossible d'y remédier par des mesures extérieures. Il faut attaquer le mal dans ses racines, ce qui rend l'opération difficile et la réussite souvent problématique.

Si les terrains ainsi remplis ou saturés d'eau se composent de gravier ou de gros sable, ce qui est souvent le cas et sur une vaste échelle dans de larges vallées arrosées par des fleuves, cette circonstance n'est pas préjudiciable aux terrassements que l'on veut élever sur ce terrain, pourvu que le sol y soit ferme ou que cette couche de gravier ou de sable soit assez forte pour ne pas transmettre à une base inconsistante l'effet de la pression qu'elle recevra des terrassements établis sur elle. On admet qu'une couche de sable dépassant en hauteur, de 1 mètre et demi, la moitié de la hauteur des remblais, présente une garantie suffisante comme fondement d'une digue de chemin de fer, quand même se trouverait au-dessous d'elle un terrain marécageux.

Mais si la couche consiste en un sablon fin de dune qui, saturé d'eau, forme une espèce de bouillie ou de sable mouvant, elle est incapable de supporter le poids des terrassements que l'on voudrait construire sur elle et elle s'affaisera jusqu'à la rencontre d'un terrain ferme et solide. Si la nature de la couche est visible ou simplement cachée par une végétation peu touffue, on saura la vérité dès les premiers sondages ou travaux de surface et l'on fera bien de se tenir sur ses gardes; mais souvent ses couches sont recouvertes d'épaisses masses d'argile ou de terre glaise et, si l'on n'a pas soin préalablement de pratiquer des sondages profonds, on ne reconnaît la véritable nature du terrain qu'au milieu ou vers la fin des travaux et l'on se trouve alors exposé à des dépenses considérables; parfois même le mal est sans remède.

Nous aurons l'occasion de raconter en détail un cas semblable, qui se présenta lors de la construction du premier chemin de fer de Transylvanie.

Il en est de même des terrains d'une autre nature, tels que les tourbières et autres marais; ainsi, dans ce qu'on appelle le *Sai Rét*, dans la basse Hongrie, on trouve des îles flottantes, utilisées comme pâturages et ou l'on fore des puits, en se contentant de percer avec une barre de

fer la mince couche de terre nageant sur une puisante couche de roseaux.

Le gravier et le gros sable, même saturés d'eau, peuvent fournir
d'excellents matériaux pour des remblais, parce que l'eau qu'ils renferment s'écoule dès le transport ou lors du déchargement; mais il n'en
est pas de même du sable mouvant ni des matériaux extraits des tourbières ou des marécages qui retiennent l'eau bien plus longtemps et
formeraient au milieu des remblais un dépôt de bouillie, ce qui rendrait
la digue plutôt liquide que solide et par conséquent incapable de supporter la pression d'un terrassement quelconque.

Mais, si l'on rencontre un pareil terrain saturé d'eau sur la croupe
d'une montagne ou sur des versants, cela prouvera que, sur un terrain
imperméable tel que l'argile, la terre glaise, etc., se trouve une couche
de terre qui reçoit aisément l'eau, mais n'est pas assez perméable pour
la laisser passer jusqu'à la couche imperméable, de manière à la faire
paraître quelque part comme source. Cette couche s'imbibe, comme
une éponge, de toutes les eaux de pluie et s'en débarrasse, en partie
par le suintement et l'évaporation, à la surface extérieure de l'appui:
l'autre partie de ces eaux descend par son propre poids ou par des veines
jusqu'à la couche de terre imperméable. On comprend qu'un gravier
ou un tertain sablonneux ne peuvent pas donner naissance à ces phénomènes, bien que parfois une couche de gravier ou de sable, placés,
en forme de coin, entre deux couches imperméables, puisse former un
véritable réservoir d'eau qui cessera d'exister à partir du moment où
la couche imperméable sera percée.

Les matériaux, qui se prêtent le plus facilement à cette réception de
l'eau, sont l'argile et la terre glaise traversées par des filons ou par des
veines de sable, qui conduisent les eaux jusqu'au centre de la couche
imperméable; ainsi se forment des dépôts d'eau, non-seulement en
aval, mais encore en amont, par l'effet de la pression hydrostatique.

Suivant la durée des pluies ou de la sécheresse, la condition de ces
terrains sera modifiée.

Après une longue sécheresse, ils seront secs ou du moins très-peu
humides jusqu'à une grande profondeur: après de longues pluies, au
contraire, on les trouvera saturés d'eau à une faible distance de la surface du sol.

Dans cet état, ces terrains possèdent souvent cette remarquable propriété: ils cèdent sous le poids, qui les accable, comme un coussin
rempli d'air, de sorte que le pied y entre à 15 ou 20 centimètres de profondeur, sans se salir le moins du monde. Le terrain est élastique et
reprend sa première forme, quand la pression a cessé. Une partie de ce

terrain, secoué sur la paume de la main pendant quelque temps, commence à transsuder de l'eau claire à sa surface et finit par se transformer en une espèce de bouillie.

Il est évident qu'un terrassement basé sur de pareils matériaux, par l'effet d'un déchargement ou d'une tranchée, n'aurait aucune solidité, et toute digue ainsi construite s'affaiserait ou se délayerait; cependant on peut construire des digues ou creuser des tranchées dans cette espèce de terrain avec des garanties réelles de solidité, pourvu que l'on commence par éliminer l'eau, cause du mal, et que l'on prenne des précautions suffisantes contre la possibilité de nouvelles infiltrations.

Quand les sondages ou forages ont lieu, par bonheur, après de longues pluies, on peut souvent être averti du danger que l'on court et continuer à sonder et à forer. Mais si les sondages ou forages ont lieu après une longue sécheresse, ou bien si les couches imbibées d'eau sont situées à une grande profondeur, on peut aisément être trompé et se figurer que l'on a affaire à un terrain parfaitement sec; de la sorte, il surviendra dans la suite, durant ou après l'achèvement des travaux, des mouvements de terrain qui feront perdre beaucoup de temps et d'argent et interrompront même, plus ou moins longtemps, l'exploitation du chemin de fer qu'on aura cru achevé.

Pour expliquer ce que nous venons de dire, la *fig.* 140 représente la

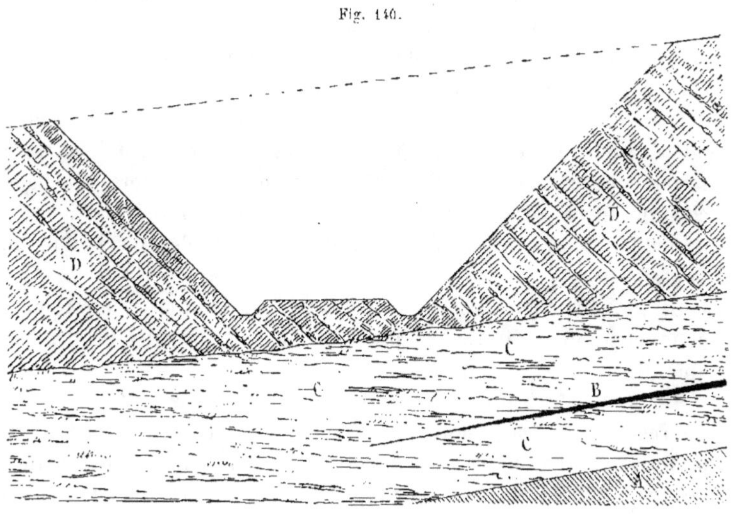

Fig. 140.

coupe transversale d'un appui, où les sondages, opérés jusqu'à 1 mètre de profondeur au-dessous de la base de la tranchée, n'ont fait trouver que de l'argile sèche ou légèrement mouillée. A environ 8 mètres au-dessous de la base de la tranchée, se trouve la couche imperméable A et au-dessus, en forme de coin, en contre-bas de la tranchée, une veine de sable très-mince B.

Le terrain C, saturé d'eau, remonte jusqu'à une très-faible distance de la base de la tranchée. Dès que l'on creuse la tranchée, la couche solide de terre D, posée au-dessus du terrain amolli, perd sa tension pareillement à une voûte dont on a enlevé la clef; elle pèse de tout son poids sur ce terrain; l'eau qui y est renfermée percera dès lors, par suite de cette pression et de la pression hydrostatique, la mince couche d'argile, qui n'offre plus que peu de résistance, et cette masse liquifiée, cédant à cette puissante pression, s'élèvera dans la tranchée. Quant à la masse qui exerce la pression, elle descendra verticalement pour remplacer la masse liquéfiée; mais, en s'affaisant ainsi, elle se désagrégera en partie, perdra sa force de cohésion et, suivant la résistance, elle pénétrera de plus en plus dans la tranchée, en se rapprochant de l'axe de cette même tranchée. Par les fissures ainsi produites dans l'appui, les eaux de pluie, qui auparavant s'écoulaient par la surface, pénétreront dans l'intérieur et augmenteront le mal.

Ces surfaces de séparation des masses s'affaissant, il se produira, en vertu du frottement, par le simple effet de l'humidité du sol, des endroits polis comme des miroirs, endroits qui, lorsqu'on les rencontre, ne sont que trop souvent regardés comme les causes des glissements de terrain, alors que ces glissements ne sont que des effets et qu'il faut chercher ailleurs la véritable cause du mal.

Il va de soi que, si les travaux sont poussés durant une sécheresse, où la couche B ne contient peut-être pas d'eau du tout, ces travaux seront achevés sans obstacles, tandis que plus tard, alors que déjà le chemin de fer sera en activité, à la suite de deux ou plusieurs années d'humidité consécutives, on voit survenir le désastre indiqué plus haut.

La *fig.* 141 montre l'état de cet appui après que le mouvement a commencé; nous traiterons plus bas un cas spécial d'un semblable amollissement de terrain.

Si l'on construit une digue sur un terrain de ce genre, la croûte solide qui recouvre la masse flottante s'effondre dès qu'elle ne peut plus supporter la charge qu'on lui a imposée; la portion de la masse flottante, qui est refoulée par la croûte qui s'affaisse, s'échappe dans un sens horizontal, brise à son tour la croûte solide, la soulève ou la rejette à droite ou à gauche et se manifeste enfin au grand jour. Quand la pression de l'eau est plus forte, elle sature les couches inférieures de la

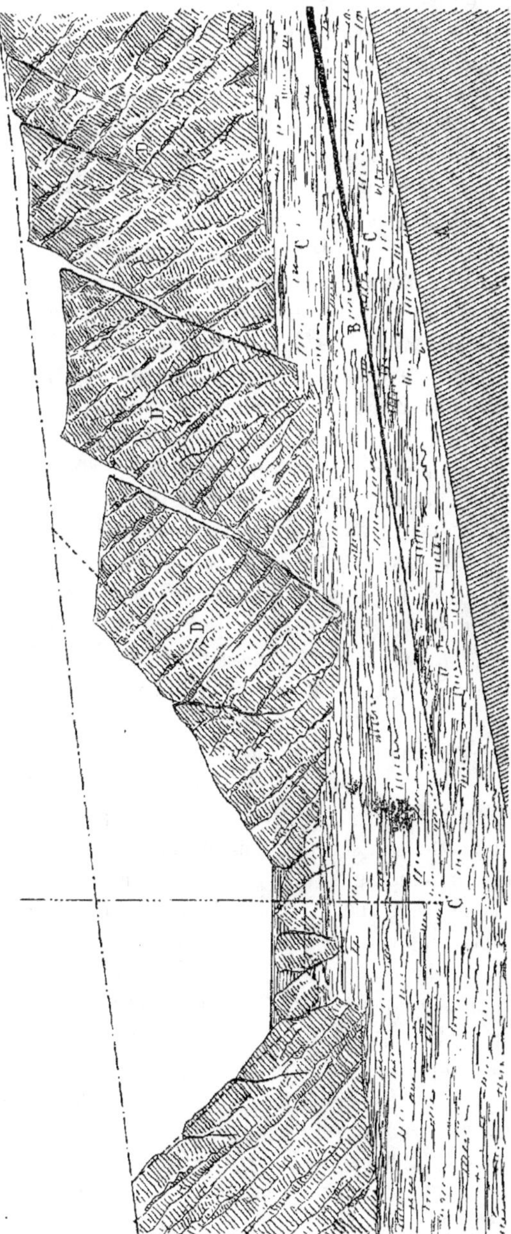

Fig. 141.

digue, quand les remblais se composent de matériaux susceptibles de se délayer dans l'eau ; ces couches sont pareillement converties en une espèce de bouillie et poussées à se jeter sur les parois latérales.

Mais comme la croûte solide possède aussi une certaine élasticité, la rupture ne sera pas toujours instantanée ; elle sera précédée d'un affaissement concave sous la digue et d'une ascension en forme de voûte faite par la portion non chargée, ce dont on s'aperçoit à la digue, d'abord par une assez forte dépression, peut-être même par une déviation externe des remblais ; mais dans les terres avoisinantes, faute de points d'arrêt suffisants, on ne s'aperçoit ordinairement de rien. Si cette modification se manifeste dans le cours des travaux, on ne s'apercevra pas bien de la dépression des remblais, et l'on ne se doutera du mouvement que lorsque les terrains avoisinants s'entr'ouvriront et se gerceront, lorsque les arbres commenceront à s'incliner et que l'on remarquera d'autres symptômes.

Sans doute un mouvement peut se produire dans un semblable terrain, sans que l'équilibre de la masse soit dérangé ; c'est quand l'amollissement du sol prend des proportions telles que la croûte solide qui le recouvre ne possède plus assez de force soit au pied du contre-fort, soit au-dessus de la couche imperméable, pour résister à la pression et se rompt d'elle-même.

On reconnaît où de pareils glissements ont eu lieu soit à la forme ondulatoire des contre-forts, soit à l'inclinaison des arbres et des contre-forts, qui ont déjà été mis en mouvement de la sorte : ils sont d'autant plus dangereux que la position des couches y a été plus troublée ; il en résulte qu'il serait téméraire de juger, d'après les couches découvertes, de leur condition dans l'intérieur du terrain disposé à glisser.

Bien que l'effet soit souvent le même en apparence, la cause n'en est pas moins différente quand une couche de gravier, fortement mélangée d'argile ou de terre glaise, est saturée d'eau. Si les interstices, dans le gravier, sont remplis d'une matière qui peut se délayer, cette matière se dissout quand l'eau survient en abondance et s'écoule successivement avec l'eau qui sort par la surface : de la sorte se produisent de très-petites cavités, et chaque morceau de gravier se recouvre d'un enduit glissant qui diminue extrêmement le frottement : ainsi doit résulter, quand, par une tranchée, cette masse perd son point d'appui naturel, un mouvement qui affaisse souvent de grandes portions d'une montagne.

Si la matière, dans les interstices des morceaux de gravier, est d'argile, elle ne se délaye pas, il est vrai, aussi facilement que la terre glaise, mais saturée d'eau elle se frayera passage, amollira tout ce qu'elle rencontrera et diminuera ainsi le frottement : si, par suite, il se produit un mouvement quelconque, l'affluence des eaux de pluie pénétrant à travers ces fissures, deviendra de plus en plus irrésistible, la résistance au frottement diminuera, et la force du poids entraînera la masse en aval. Il est évident que, par l'effet de ces influences, même sans constructions préalables, sans que l'équilibre soit par conséquent troublé artificiellement, un éboulement considérable pourra avoir lieu.

Le Leopoldsberg (mont Léopold) près de Vienne pourra servir d'exemple, en fait d'occurrences semblables.

Si l'on rencontre des sources dans un terrain, c'est-à-dire des couches perméables superposées à des couches imperméables, cet incident peut être complétement inoffensif comme, d'un autre côté, il peut donner naissance aux mouvements les plus grandioses.

Mais les cas où la rencontre des sources est dangereuse pour les travaux de terrassement sont si nombreux qu'il faut user de la plus grande circonspection pour peu que l'on présume l'existence de sources dans le terrain à exploiter.

Si, par exemple, la couche imperméable ou presque imperméable, superposée à la couche perméable, à la couche des sources, est de nature à être non-seulement comprimée par le poids des terrassements, mais encore plongée dans la source au point d'en entraver l'écoulement, l'eau de la source se rejettera entre la paroi de la montagne, l'amollira complétement, la trouera et amènera l'éboulement de la partie supérieure du contre-fort. En outre, la masse, comprise entre la source et la digue, sera saturée d'eau par la pression hydrostatique et convertie en une espèce de bouillie; dès lors le poids de la digue déprimera le côté qui lui offrira le moins de résistance, c'est-à-dire ordinairement le côté qui se dirige en aval. On voit que l'on retrouve ainsi les difficultés produites par une couche cunéiforme de sable.

Si de plus la couche imperméable se compose d'argile ou de terre glaise, l'action de l'eau qu'elle aura subie aura produit déjà une surface plus ou moins polie, sur laquelle la masse de terrain fendillée et diluée, qui présentera d'ailleurs une résistance de frottement presque nulle, glissera d'autant plus facilement que la couche d'argile, sur laquelle on déversera l'eau de source, doit pencher du côté de l'horizon, et que la croûte qui penche en aval sera fendue et incapable de résister; dès lors, digues, contre-forts, et tout ce qu'il trouvera par-dessus, iront faire une promenade vers les bas-fonds.

Si, au contraire, en creusant la tranchée, on rencontre l'eau de source, la couche qui renferme cette source sera coupée ou bien au-dessus ou dans le milieu de la base de la tranchée, ou bien elle s'étendra au-dessous de cette base; dans ce dernier cas, il importe de savoir si elle est

placée assez profondément au-dessous de cette base pour que la masse
de terre comprise entre la source et la base de la tranchée puisse offrir
une résistance suffisante, de manière à arrêter la tendance de la masse
supérieure qui sera portée à glisser en aval. Nous supposons en effet que
la masse imperméable soit de l'argile ou de la terre glaise sur le côté
incliné de laquelle l'eau aura déterminé une surface polie, auquel cas
un glissement spontané ne serait empêché que par d'autres dispositions
de terrain. (Voir les *fig.* 142 et 143.)

Fig. 142.

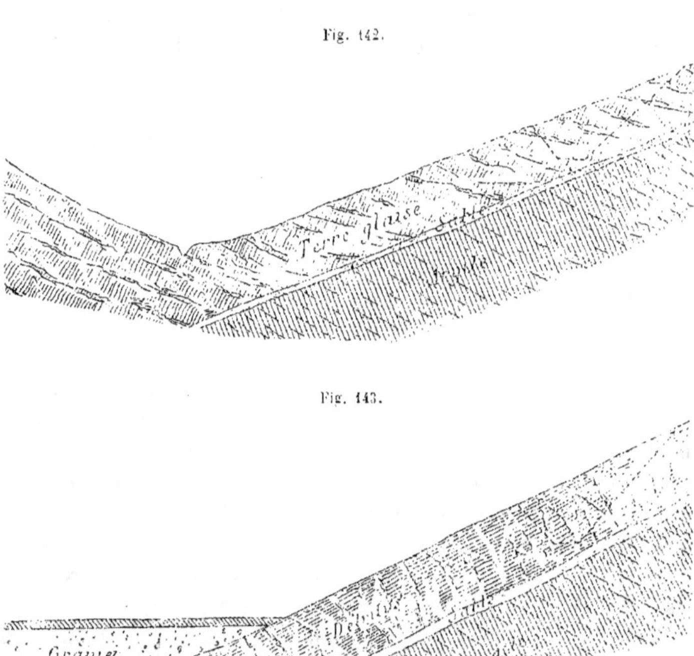

Fig. 143.

Si la couche qui renferme la source n'est pas placée bien au-dessous
de la base de la tranchée, la force de pression déployée par la partie
supérieure de la masse entamée par les mineurs sera plus grande que la
résistance qu'elle rencontrera de la part de la couche comprise entre
la source et la base de la tranchée; dans ce cas, cette couche sera
brisée et refoulée, la base de la tranchée se relèvera: en même temps,
la masse supérieure du terrain se mettra en mouvement et comblera,
soit en partie, soit complétement, la partie de la tranchée déjà creusée.

Mais si l'eau repose sur ou sous la base de la tranchée, le frottement seul empêchera le glissement de terrain, et dès que ce frottement aura disparu, la masse supérieure devra se mettre en mouvement.

Il y aura moins de dangers à craindre quand la masse imperméable se composera de rochers, attendu que leur surface ne sera pas aisément polie par l'eau, comme le sont les surfaces d'argile; la résistance du frottement sera donc toujours plus grande; il faudra donc que l'angle de chute soit bien plus rapide pour déterminer le glissement de la masse supérieure.

Mais très-dangereuses sont les couches d'argile qui, bien que n'offrant pas des vestiges d'infiltration, laissent pourtant pénétrer l'eau par des fissures et des crevasses infiniment nombreuses, et sans la faire couler sur des points où l'on pourrait la discerner aisément, la transsudent partout et la tamisent aux endroits où ces couches sont mises à nu. De pareilles couches d'argile se manifestèrent sur une vaste étendue de terrain et en masses très-compactes, provenant en partie des terrains primitifs, en partie d'un sable de quartz pur, lors de la construction de la ligne de Linz à Budweis. Jusqu'à des profondeurs diversement éloignées de la surface, ces couches étaient exemptes de tout mélange de calcaire, de sorte que, traitées par les acides, elles ne manifestaient pas la moindre effervescence; mais on trouva, dans l'intérieur de ces couches d'argile, généralement exemptes de chaux, de grands rognons dont le noyau consistait en boules cristallisées de spath calcaire, de 10 à 30 centimètres de diamètre, et dont l'enveloppe se composait d'une argile marneuse, laquelle avait la forme et l'apparence de coquillages gigantesques de 5 à 15 décimètres de longueur. A une plus grande profondeur, l'argile était . calcaire et imperméable; on comprend donc que l'eau rassemblée dans les couches ne peut s'insinuer jusqu'au sable inférieur; dans quelques endroits, cette argile se transformait en marne calcaire.

Dans les rivières qui arrosent les vallées de ce genre, on trouve des substances ovales dont l'intérieur se compose d'argile, et dont le revêtement extérieur est du carbonate de chaux de l'épaisseur de 1 à 4 millimètres.

Il paraît donc que jadis toute la masse d'argile était fortement imprégnée de chaux; mais ses couches supérieures avaient perdu leurs éléments calcaires par l'effet des eaux de pluie et sous l'empire d'autres influences; toutefois, la chaux dissoute dans l'eau et condensée intérieurement en grandes quantités, se cristallisat en spath calcaire; celle qui fut entraînée au fond des rivières recouvrit de la couche précitée les grumeaux d'argile qu'elle y rencontra.

Ces couches d'argile exsudant de l'eau de toutes parts, comme nous l'avons dit plus haut, formèrent, sous le poids des hautes digues, et lors du creusement des tranchées, plusieurs faces de glissement non existantes auparavant, sur lesquelles le terrain se mit en mouvement dans un espace plus ou moins considérable.

Tout travail de consolidation effectué dans l'argile exempte de chaux, plus ou moins perméable, mais semblable sous tous les points de vue à l'argile inperméable, resta infructueux, et l'on ne put compter sur la solidité que des travaux poussés jusqu'à la couche calcaire.

Comme nous l'exposerons plus tard, on n'acquit la connaissance de tous ces faits que peu à peu, grâce aux études provoquées par les glissements qu'il fut impossible de prévenir.

Même pour les terrains d'une solidité inébranlable en apparence, les rochers peuvent glisser, quand les couches sont presque verticales, surtout quand les couches rocheuses sont entremêlées de couches argileuses, comme cela arrive souvent là où s'est formée de la craie, notamment dans le calcaire tertiaire superposé à cette craie. Si en effet ces dernières couches donnent accès à de l'eau, leur surface devient glissante, et la masse rocheuse, privée de son point d'appui par les travaux de tranchées, glisse et s'éboule.

Quant aux rochers, dont les couches ne sont pas entremêlées d'argile, on peut les couper sur des angles très-aigus, sans que l'on ait de glissement à redouter.

CHAPITRE XV.

CONSOLIDATION DES TALUS CONTRE LES INFLUENCES FUNESTES DE L'ATMOSPHÈRE
ET DES AVERSES.

La protection la plus simple contre l'humidité, le froid, etc., est un gazonnement bien enraciné; plus les racines sont profondes, plus la protection est énergique.

Il résulte de là que des talus trop rapides ne peuvent être suffisamment protégés par le gazonnement, attendu que, comme on le sait, sur une face inclinée, on ne peut faire arrêter et prospérer plus de plantes que sur une surface horizontale ayant la même projection que l'autre.

Ainsi, par exemple, sur un talus ayant un angle de 45 degrés, il y aura 30 p. 100 d'espace de plus que sur une surface horizontale; et ces 30 p. 100 d'espaces dénudés offrent plus de prise aux influences intérieures, telles que la gelée et la pluie, au grand préjudice du talus.

Sans doute, on ne peut pas dire que ces 30 p. 100 constituent des places vides et entièrement sans défense, vu que les racines s'entremêlent fortement sous terre; mais il n'en est pas moins vrai qu'un talus d'un pied est d'un tiers moins défendu par l'entrelacement des racines.

L'expérience nous apprend aussi qu'il ne faut pas dépasser un talus d'un pied si l'on ne veut pas que le gazonnement soit trop endommagé.

Il y a deux manières de procéder au gazonnement :

(*a*) L'ensemencement,

(*b*) La plantation de mottes de gazon dûment pourvues de racines entre-mêlées.

(*a*) **Ensemencement.**

C'est seulement quand on creuse à une très-petite profondeur que le talus à ensemencer trouvera un terrain favorable à la germination et à la croissance des graminées que l'on aura semées; mais, le plus souvent, on fera bien de garnir le talus découpé d'une couche d'humus que l'on ensemencera avec soin.

Suivant la nature du terrain, cette couche devra être plus ou moins puissante; ainsi, par exemple, le limon, la marne, l'argile et la terre glaise favoriseront déjà à tel point la végétation, qu'il suffira de saupoudrer le terrain d'une faible quantité d'humus pour faciliter l'enracinement des jeunes plantes; quand les racines seront plus vigoureuses et plus profondes, elles trouveront suffisamment de nourriture dans le sol entr'ouvert par les influences atmosphériques.

L'argile pure exige une couche plus forte de terre végétale, une couche épaisse de 10 à 15 centimètres; pour un sol de quartz et de graviers purs, qui laisse facilement passer l'eau, il faut une couche encore plus épaisse, une couche de 15 à 30 centimètres, sans quoi une sécheresse persistante brûlera le gazon de ce terrain.

Il se peut toutefois que ces deux dernières espèces de terrains n'aient pas besoin d'un revêtement de gazon, si l'on n'a pas à craindre que les averses détériorent la surface des talus, ou si le sable n'est pas assez fin pour pouvoir être emporté par le vent. Lorsque le cas contraire à ce dernier se présente, il faut procéder au gazonnement aussi vite que possible.

Sur le terrain de sable mouvant de la section de Debreczin à Nyiregyhaza, de la ligne de la Theiss, où des digues peu élevées alternent avec des tranchées peu profondes, il est arrivé qu'après un vent soufflant assez longtemps et assez fort, les tranchées étaient en grande partie comblées et les digues déblayées; on se trouva ainsi réduit à faire apporter d'assez loin, et à grand prix, durant les travaux, de la terre végétale pour en revêtir digues et tranchées, conformément à la marche et aux progrès des travaux.

Toutefois même un sol limoneux ou marneux ne peut être avec avantage revêtu d'une couche végétale qu'après que le talus a été labouré avec des râteaux de fer, sans quoi cette terre glisserait sur la pente polie du talus; d'un autre côté, les averses désagrégent plus facilement le sol ainsi préparé et le rendent plus vite fécond.

Quand les tranchées se font dans de l'argile pure, le talus est rendu si glissant par l'eau de pluie qui traverse l'humus, mais qui ne peut pénétrer dans l'argile, qu'on peut avoir la presque certitude d'un glissement de toute la couche de revêtement, si l'on ne creuse pas dans le talus une espèce d'escalier auquel la terre végétale puisse se rattacher (*fig.* 144).

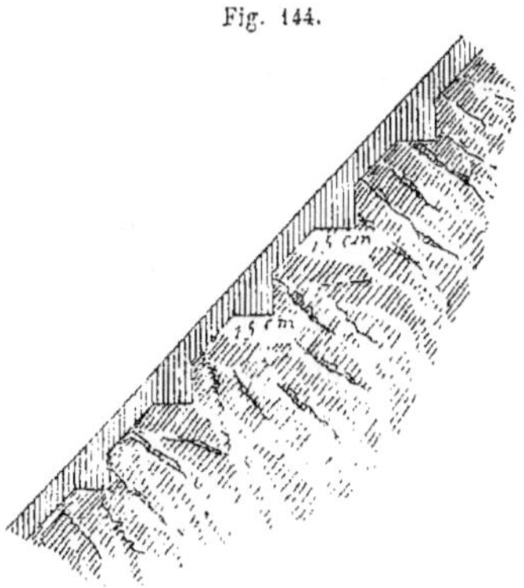

Fig. 144.

Pour des remblais, cette espèce d'incision n'est pas nécessaire, car les talus étant presque toujours construits simultanément avec la digue, au moyen de couches de 20 à 30 centimètres de hauteur, et la terre végétale y étant apportée en quantité suffisante, il résulte de cette manière de procéder que les escaliers se construisent d'eux-mêmes.

Jadis on avait coutume, pour faire les choses aussi bien que possible, de battre les talus des digues avec une planche longue d'environ 18 décimètres et large d'environ 25 centimètres, munie d'une tige d'environ 80 centimètres de long. C'est ce que les terrassiers autrichiens appelaient Macker. On créait ainsi sur le talus une croûte polie, de 1 à 2 centimètres d'épaisseur, presque impénétrable à l'air et à l'eau, laquelle, tant qu'elle durait, emmenait rapidement l'eau de pluie et empêchait la germination des herbes semées, par sa dureté et par l'élimination de l'air et de l'humidité; mais cette couche ne tenait pas longtemps; la chaleur du soleil la faisait gercer, après quoi le revêtement glissait jusqu'au pied du talus.

Si l'on voulait ne procéder à l'ensemencement qu'après l'achèvement du talus, à la première pluie persistante, il fallait gratter avec des râteaux de fer cette croûte si péniblement établie, par conséquent défaire ce qu'on avait fait, pour empêcher la semence d'être enlevée.

L'humus ou la terre végétale, nécessaire au revêtement des talus, se trouve ordinairement comme couches supérieures des surfaces sur lesquelles on veut élever des terrassements, même en quantité suffisante, de sorte que, très-souvent, on peut se contenter d'enlever la terre végétale qui recouvre les tranchées et les fossés, et de la mettre en réserve pour en garantir ensuite tous les talus des digues et des tranchées. Mais si cette provision ne suffit pas, on enlève, avant de remblayer les digues, la terre végétale de la surface que ces digues doivent recouvrir et on la garde pour en revêtir les talus.

Dans tous les devis de terrassements on exige cette première opération d'une manière absolue, pour éliminer, dit-on, hors des digues, la terre végétale, qui leur est plus nuisible qu'utile. Nous sommes d'avis que cette précaution est inutile, attendu que la faible dépression que cette couche devra éprouver, dès l'opération des remblais, n'est rien en comparaison des dépressions inévitables par l'effet des jets de matériaux effectués pour construire une digue.

L'espèce de graminée à choisir pour le revêtement et l'ensemencement des talus dépend de la nature du sol, de son degré ordinaire d'humidité, du côté cardinal auquel le talus fait face et des influences climatériques en général ; on fera donc bien de prendre un assortiment des graminées les plus vivaces. A cet effet, nous proposons les plantes suivantes :

Avoine.	25 p. 100.
Herbe de Timothée.	21
Ray-grass.	21
Trèfle jaune.	11
Trèfle blanc.	11
Luzerne.	11
	100

8 hectogrammes suffisent par are.

Nous proposons l'avoine, uniquement parce qu'elle pousse vite et que, malgré ses racines peu profondes, elle peut favoriser le développement des autres graminées, plus lentes à croître, en les couvrant de l'ombrage de ses tiges plus élancées.

Il faut que l'ensemencement se fasse par un temps humide, parce qu'alors la semence adhère mieux au sol et grandit plus vite ; il faut avoir soin de semer chaque espèce à part, de peur que les semences les plus légères ne soient évincées par les plus lourdes, si l'on mêlait les races.

(*b*) Gazonnement.

S'il faut se hâter de consolider les talus ou si le terrassement se fait au milieu de prairies, on emploie pour le revêtement les mottes de gazon que l'on vient de déraciner ; ces mottes ont ordinairement de 10 à 20 centimètres d'épaisseur.

Pour extraire d'un pré les mottes de gazon, on se sert de couteaux *ad hoc* (*fig.* 145), assujettis à un manche au moyen d'un large anneau ; à ces couteaux sont attachés des cordes par lesquelles une moitié des ouvriers attire à elle les mottes coupées par l'autre moitié des ouvriers ; pour transporter les mottes, on les étend sur une planche.

A cet effet, au moyen de lignes horizontales et verticales, distantes les unes des autres de 30 à 40 centimètres, on découpe la portion de prairies que l'on se propose de dénuder.

Fig. 145.

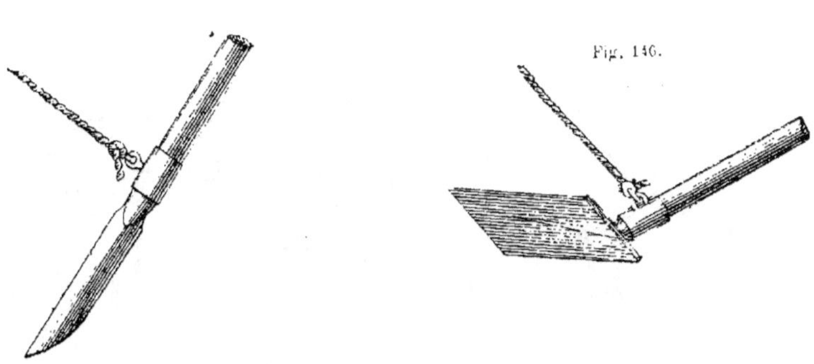

On se sert d'une bêche (*fig.* 146) pour détacher les mottes ; deux ouvriers travaillent à chacune de ces bêches et retournent chaque motte aussitôt qu'elle a été excidée.

Nos *Deichgraeber* ou terrassiers s'occupant uniquement de la construction des talus, ne se servent pas de ces instruments ; la bêche ordinaire des terrassiers (*fig.* 147) leur suffit pour extraire lestement et artistement les mottes de gazon.

Fig. 147.

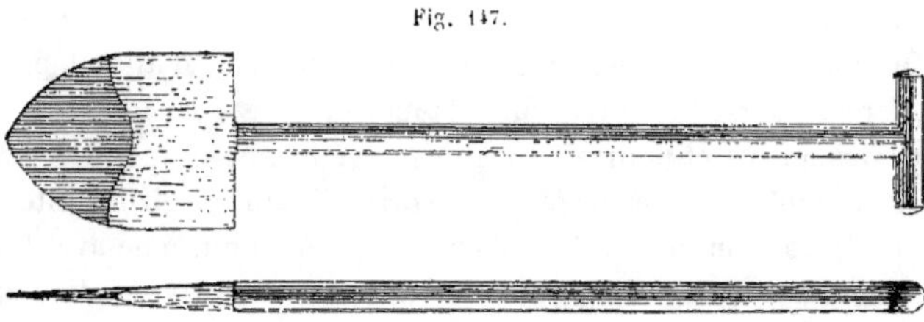

Il faut empêcher les mottes extraites d'être desséchées par le vent ou par les rayons du soleil ; on les entasse donc par monceaux d'un mètre d'élévation, alternativement herbe contre terre, terre contre herbe ; la motte la plus élevée devra reposer sur sa base terreuse.

Quand une sécheresse sera persistante, on fera bien d'arroser de temps en temps ces mottes de gazon.

Le gazonnement peut se pratiquer de deux manières différentes : avec des mottes plates ou avec des mottes à tête.

Si l'on revêt un talus de mottes plates, on pose le côté des racines sur le sol, la tête en haut ; seulement, avant de poser la motte, on égalise les racines avec la bêche ou avec un grand couteau ; si, lors de la pose, on trouve des lacunes entre le gazon et le talus, on comble ces lacunes avec de la bonne terre végétale au moyen d'un morceau de bois, qui est gé-

Fig. 148.

Fig. 149.

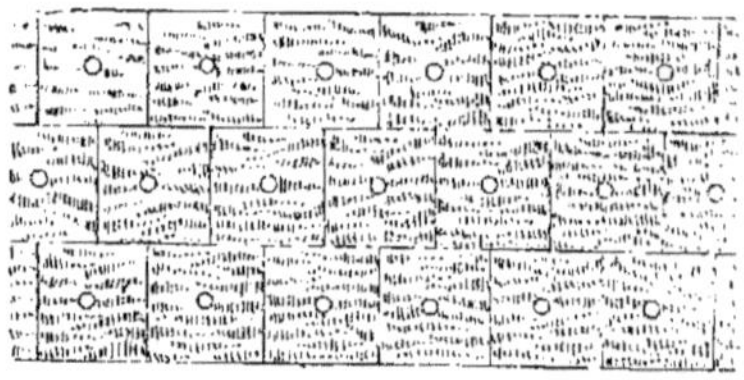

néralement le manche d'un marteau de bois (*fig.* 148), puis on frappe vigoureusement avec ce marteau.

Ordinairement on consolide ces mottes de gazon avec de petits cylindres en bois, de 30 centimètres de long sur 2 à 3 centimètres de diamètre, enfoncés au milieu de chaque motte et la traversant jusqu'au talus.

On fait adhérer hermétiquement les mottes de terre les unes aux autres en égalisant leur surface et en frappant avec le marteau de bois.

La *fig.* 149 montre comment on doit relier les mottes de gazon les unes aux autres.

On doit recommander l'insertion des cylindres, d'autant plus qu'une sécheresse persistante racornit les mottes de gazon, les sépare ainsi les unes des autres et pourrait entraîner le glissement de toutes les autres.

Si les mottes se séparent de la sorte, il faut garnir les interstices de terre végétale ou de fractions de mottes, que l'on frappe avec force pour les bien faire entrer dans les interstices, car la prolongation de la sécheresse pourrait faire appréhender la dessiccation du gazon.

Très-souvent les mottes de gazon plates ne sont pas appliquées sur toute la surface du sol, mais seulement en partie, à l'aide de bandes obliques (*fig.* 150). La surface des losanges ainsi formés est remplie d'humus jusqu'au niveau des bandes de gazon.

Dans ce mode de gazonnement, les mottes sont toujours posées dans le sens horizontal et empaquetées les unes sur les autres, suivant la configuration du talus (d'où le nom de *mottes d'empaquetage* employé dans beaucoup de localités) ; on a toujours soin de les superposer avec une symétrie parfaite. On ne découpe pas les escaliers ainsi formés :

les sommets d'angles trop aigus tomberont d'eux-mêmes, après quoi on

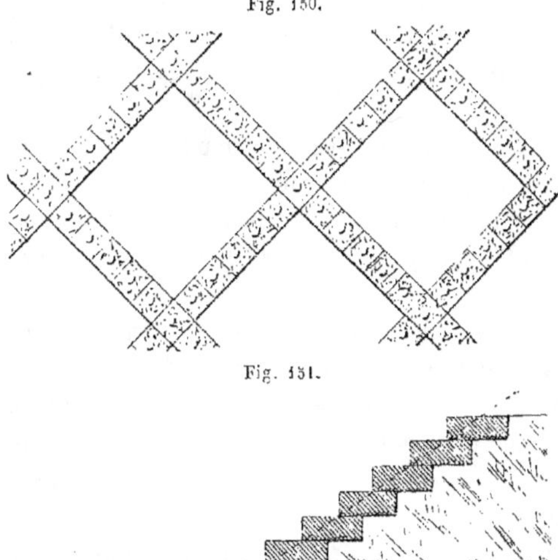

Fig. 150.

revêtira les lacunes de bonne terre végétale. (Voir la *fig.* 151.)

Si l'on revêt de mottes de gazon à tête les digues qui traversent des prairies, et si l'on n'élimine pas tout le gazon qui est recouvert par la digue, ce que l'on recommande souvent de faire, il faut couper et renverser au moins une bande de gazon de la prairie, pour éviter que les deux surfaces polies de gazon glissent l'une sur l'autre, ce qui défigurerait le talus.

Souvent, au lieu des mottes disposées en losange, on recourt à des clôtures entrelacées et façonnées de la même manière ; on en comble les lacunes avec des quantités d'humus suffisantes ; si ces treillis sont confectionnés avec de l'osier, durant l'hiver ou au commencement du printemps, on peut, vu l'humidité du terrain, espérer une végétation vigoureuse, et l'on obtient ainsi, en ayant soin de rogner les tiges trop élancées, des racines profondes et touffues.

En confectionnant ces clôtures à claies, il faut avoir soin de faire

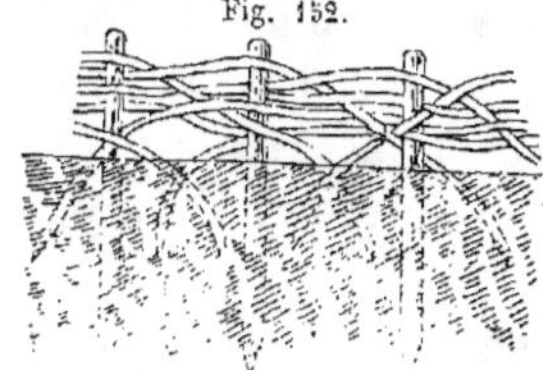

Fig. 152.

entrer en terre les extrémités des branches d'osier repliées autour des pieux, enfoncés de 50 à 60 centimètres environ, afin que ces branches germent, elles aussi, et consolident le talus par le croisement de leurs racines (*fig.* 152).

Au pied des digues aussi, quand elles sont exposées aux effets de l'eau courante ou des inondations, on emploie très-souvent avec succès des claies semblables.

On garantit encore les talus en les pavant dans différents cas :

(*a*) Dans les fossés de tranchées, lorsque ces fossés sont destinés à emmener d'autres eaux que celles de pluie, les pavés permettant de nettoyer plus facilement les fossés que des revêtements de verdure, et l'eau à cours permanent étant défavorable au gazonnement, les surfaces toujours inondées ne produisant guère, en fait de végétation, que des plantes aquatiques ;

(*b*) Sur les talus de tranchées, dont les matériaux ont une pente si rapide qu'un gazonnement n'y réussirait guère, mais ne sont pas assez solides pour braver toutes les intempéries, ou bien sur les talus qui ont besoin d'un revêtement plus lourd pour réparer l'équilibre dérangé par les fouilles ;

(*c*) Sur les talus des digues formées de roches, où d'ordinaire on peut se procurer des pierres bien plus facilement que de la terre végétale, qu'il faudrait superposer épaisse et compacte, pour conserver une humidité suffisante au milieu de matériaux très-perméables et entretenir la végétation ; or, la terre végétale n'adhère pas beaucoup aux talus rapides de ces digues rocheuses.

On a bien imaginé, dans ces derniers temps, au lieu de pavés, ce qu'on appelle des déroulements pour consolider les talus ; ces déroulements consistent dans l'application, faite à la main, de pierres isolées et distinctes à la surface des talus. Cette opération est plus facile et moins coûteuse, mais elle n'est utile qu'à propos de digues très-basses. Quand il faut absolument construire de hautes digues, les talus sont défigurés et les pierres isolées s'en détachent les unes après les autres, pour rouler jusqu'au pied de ces talus.

L'entrepreneur, sachant très-bien que cet insuccès est ensuite attribué à la mauvaise nature de ses travaux et qu'il est astreint à réparer le mal, sans indemnité pécuniaire, aime mieux, quand il s'agit de hautes digues, commencer par les revêtir d'un bon pavé, bien qu'on lui répète à plusieurs reprises que ce travail, qui ne lui est pas ordonné, ne lui sera pas payé. Il faut donc suivre les voies usuelles les moins coûteuses.

(*d*) Quant aux talus de digues exposés aux inondations ou aux érosions des cours d'eau, il importe de les paver jusqu'à la hauteur où ces inconvénients ne sont plus à redouter : ainsi, pour les rivières, jusqu'au niveau des plus fortes inondations, et pour les eaux stagnantes, jusqu'à la hauteur que ces mêmes eaux ne dépassent jamais.

La solidité du pavé dépend de la résistance à opposer aux inconvénients précités : ainsi, pour le pavé (*a*), une épaisseur de 15 à 25 centimètres sera suffisante ; il en est de même pour les digues de 1 pied et demi ; quant à des digues plus escarpées, il faudra les paver d'autant plus solidement qu'elles seront plus élevées : ainsi, des pierres de 50 à 70 centimètres de longueur, et non plus seulement de 30 centimètres, seront nécessaires pour des talus d'un pied, ayant plus de 10 mètres d'élévation.

On peut en dire autant des pavés destinés à résister à l'action des cours d'eau ; pour certains ruisseaux, 15 à 25 centimètres suffisent généralement ; mais pour de grands cours d'eau qui charrient des glaçons en hiver, il faudra des pierres de 80 à 100 centimètres. La violence des vagues devra pareillement déterminer le degré de solidité du pavé ; ainsi, pour les travaux du port de Fiume, on emploie à la consolidation de la jetée des blocs de pierre pesant plus de 4 tonnes, tandis que sur les terres exposées aux débordements de la Theiss, on peut se contenter d'un revêtement de gazons plats sur une pente de $\frac{1}{3}$ jusqu'à $\frac{1}{5}$.

Naturellement, on ne pave que la partie de terrain située au-dessous du

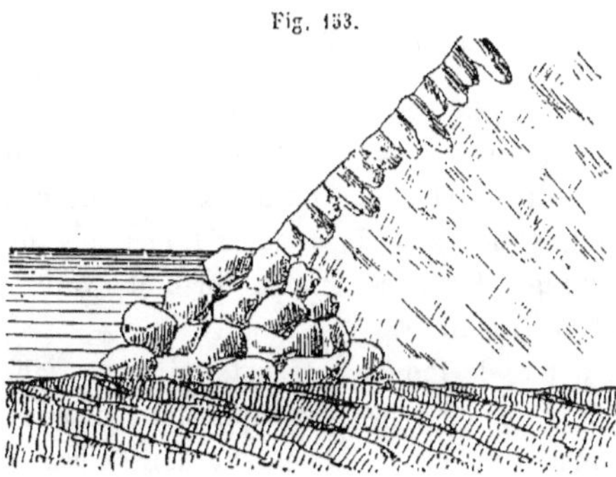

Fig. 153.

minimum de hauteur du niveau de l'eau ; la partie inférieure du terrassement doit recevoir un blocage qui dépasse, au minimum, de 30 à 50 centimètres le profil normal (*fig.* 153).

Dans un terrain rocheux, on rencontre souvent des cavités et des *veines pourries ;* les premières peuvent causer l'éboulement de la couche de terrain superposée et séparée par la construction des galeries ; les dernières peuvent, en se désagrégeant et en tombant, provoquer la formation de cavités dont on éprouvera tôt ou tard les fâcheuses conséquences ; dans les deux cas, il faudra recourir à des travaux de maçonnerie pour prévenir des éboulements éventuels.

CHAPITRE XVI.

FONDATIONS.

Dans les chapitres XIII et XIV, nous avons exposé les causes qui peuvent défigurer la masse d'une digue, et même en amener l'entière destruction ; nous avons dit aussi que, pour la construction d'une digue comme pour tout autre ouvrage de terrassement, on doit avant tout songer à établir de solides fondements.

Malheureusement, on n'a pas de moyens de déterminer la solidité d'une masse de terrain ; il faut, sur ce point, s'en rapporter à la pratique pure. L'unique moyen de constater approximativement, dans la pratique, la solidité d'un terrain, est de multiplier consciencieusement les sondages ; encore cette méthode elle-même ne donne-t-elle pas toujours des résultats positifs et assurés. Il en résulte que souvent l'ingénieur est surpris par des incidents tout à fait inattendus, par des incidents que les resultats des sondages les plus minutieux ne lui ont pas permis de prévoir. Rappelons ici ce que nous avons dit des couches perméables et cunéiformes ; rappelons en outre le viaduc de Plankenstein, sur la ligne impériale, royale et privée *du Midi*, lors de la construction de laquelle il advint que les pilotis, dressés à environ 3 mètres au-dessous de la base des fondations, furent posés sur une couche qui n'avait qu'une densité d'environ 0^m,50, et sous laquelle se trouvait au contraire une couche molle et inconsistante de plus de 1 mètre d'épaisseur.

Quand les couches solides alternent ainsi avec celles qui ne le sont pas, il en résulte très-souvent d'amères déceptions, surtout quand une couche supérieure et inconstante se compose de sable mouvant ou d'une fange liquide, où les trous de forage se referment dès qu'on retire le foret, et où, par conséquent, les forages ne pourront s'effectuer avec succès qu'en employant des tuyaux de forage atteignant ou même traversant la couche solide la plus rapprochée de celle qui ne l'est pas ; malheureusement, cette précaution n'est guère possible dans les travaux préliminaires, attendu qu'on n'a d'ordinaire ni le temps ni les appareils plus ou moins compliqués nécessaires pour des forages parfaits et irréprochables. Il faut donc recourir à des pilotis d'essai, qui, parfois, bien que la couche où ils sont enfoncés ne possède pas la solidité requise, y sont posés avec tant d'habileté que, durant plusieurs saisons de chaleurs consécutives, ils ne fléchissent que de quelques millimètres par saison, et autorisent ainsi à présupposer des fondations d'une parfaite solidité, comme ce fut le cas pour le viaduc précité de Plankenstein.

Si, par l'effet de la charge à supporter, les fondements s'affaissent, on voit survenir les fâcheuses conséquences que nous avons décrites dans les chapitres XIII et XIV. Le cas est beaucoup plus simple, quand il s'agit de matériaux non solides mis à nu, comme, par exemple, de terrains marécageux ; alors du moins on sait ce qu'il faut faire, bien qu'ici encore les nuances de consistance des différents terrains marécageux, dont les extrémités sont fort éloignées les unes des autres, réclament les procédés les plus divers.

Quelque grande que soit la profondeur de plus d'un marais, ils n'en ont pas moins en définitive un fond solide ; il ne s'agit donc que de jeter les remblais jusqu'à ce fond, et de les composer d'éléments que l'eau ne saurait délayer pour obtenir un terrassement dont la solidité soit des plus satisfaisantes.

Quand des marais peu profonds sont recouverts d'une couche un peu plus consistante, présentant parfois d'épaisses cicatrices, et quand la masse placée entre cette couche et le fond solide a l'apparence d'une bouillie, on parvient ordinairement très-bien à enfoncer peu à peu jusqu'à la base solide, à l'aide de remblais jetés par couches uniformes sur toute l'étendue du marais, le corps de la digue avec la croûte cicatrisée, de manière à lui donner des fondements solides ; seulement, il faut avoir la précaution de commencer par couper cette croûte par des canaux parallèles à droite et à gauche, afin qu'elle ne se rompe pas sous la pression d'une charge progressive de la partie la plus lourde, c'est-à-dire du contre-noyau de la digue ; en effet, par la fissure ainsi produite, une partie des remblais pénétrerait dans la masse de la bouillie, se mêlerait avec elle et lui ferait perdre sa solidité.

Si, au contraire, entre la croûte et le fond solide il n'y a, au lieu de la bouillie, que de l'eau claire, il se produira, sous une certaine charge, un affaissement subit des remblais, soit qu'on les ait jetés uniformément sur toute la surface, soit qu'on les ait déposés partiellement en forme de remblais de tête (Kopfschütung) ; dans ce cas, il faudra préférer les remblais de tête aux remblais par couche, et cela pour plus grande sûreté de l'entreprise.

Mais comme, par l'effet de sa forme trapézoïdale, la digue est plus lourde à son centre qu'à ses talus, elle s'affaissera au centre plus tôt et plus considérablement qu'au pied des talus; il serait donc bon d'obtenir une plus grande uniformité, et de choisir à cet effet des matériaux plus lourds pour les talus.

Lorsqu'il fallut construire une digue dans les marais de Laibach, on commença par établir des banquettes de pierre des deux côtés de la digue; on les fit descendre jusqu'au fond, puis, seulement, on procéda au remblayement de la digue.

En ce qui concerne la tourbe employée comme remblais de digues, Henz cite des exemples dans lesquels de pareilles digues construites sur des prairies de tourbes fermes et sèches supportèrent parfaitement le poids des locomotives; il fallut toutefois recouvrir le terrain, ainsi préparé, d'une couche épaisse de 30 à 60 centimètres, de sable ou d'argile, pour empêcher la tourbe de prendre feu.

Si toutefois on rencontre les couches alternatives, mentionnées au commencement de ce chapitre, de masses solides ou faibles, perméables ou imperméables, non-seulement il est difficile de constater la nature de chacune d'elles, mais encore le remède est plus difficile à appliquer qu'on ne pense.

Montrons ci-après par deux exemples comment se produisirent, sur un sol inconsistant, des défigurations de remblais qu'il était malaisé de prévoir.

La *fig.* 154 donne, en longueur, le profil d'une portion de la ligne de Transylvanie, sur laquelle, à l'hectomètre 1678, se produisit non-seulement une déformation considérable du corps de la digue, mais encore la destruction réitérée de la transmission des rails, toutes deux causées par le peu de solidité de la base.

Les sondages auxquels on avait procédé dans l'axe de la voie, là où l'on devait creuser des tranchées jusqu'à 1 mètre au-dessous de la base des tranchées, et aux endroits où l'on se proposait de construire des digues jusqu'à 2 mètres au-dessous du sol naturel, annonçaient que, depuis l'hectomètre 1660 jusqu'à l'hectomètre 1770, on rencontrait les mêmes matériaux, savoir une argile compacte; pareillement, les bords escarpés de la Marasch (rivière) indiquaient presque partout les mêmes matériaux jusqu'au niveau de l'eau; quant au fond du lit de la rivière, c'était un mélange accentué de sable et de gravier.

On pourrait donc présumer que l'on avait affaire à une puissante couche d'argile. Tous les terrains étudiés par les sondages, tous les

transforés étaient secs ; nulle part on n'avait rencontré de sources ; il
était permis d'en conclure que, sous cette puissante masse, se trouverait
une couche bien perméable à l'eau qui, à en juger par le fond du lit de
la rivière, devait consister en un mélange de sable et de gravier. Il n'y
avait donc pas de raisons pour user de précautions extraordinaires à
propos des fondements.

Fig. 154.

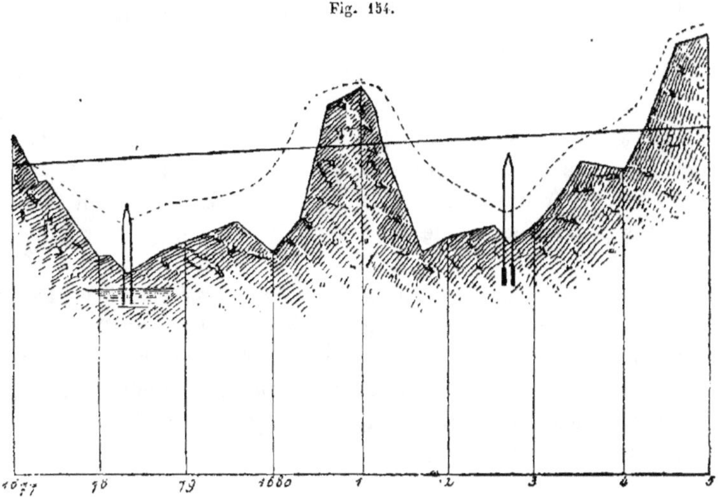

En conséquence, de l'hectomètre 1677 à l'hectomètre 1681, on procéda
aux travaux sans autres précautions que celles de creuser des fossés
pour drainer les eaux, et de tailler des gradins là où la digue serrait de
près l'appui escarpé, et comme l'espace en question offrait peu de prise
à l'eau de pluie, on maçonna en pierres sèches un petit canal pour faire
écouler l'eau qui tomberait du ciel.

Cependant, avant que la digue fût terminée, il se manifesta une assez
forte dépression, et l'on trouva que le canal d'écoulement, au centre
de la digue, était rompu et détraqué. On chercha la cause du premier inconvénient dans le mode suivi pour les remblais de tête, et celle
du second dans une construction défectueuse du canal d'écoulement
faite par l'entrepreneur, et l'on se croyait d'autant plus autorisé à présumer de la sorte que l'on ne remarquait aucun dérangement sur le
terrain des parois latérales. Comme le trachyte trouvé dans cette contrée-
là n'offrait pas de pierre de construction suffisamment solide, on résolut
de remplacer le canal en pierres sèches par un véritable ouvrage en
maçonnerie à ciment et à mortier, et de donner à ce canal des dimen-

sions telles qu'il fût toujours facile de l'inspecter dans toute sa longueur, et de le curer dans le cas où il s'engorgerait par l'introduction de terrains d'alluvion.

Après avoir fendu la digue à cet effet et jeté les fondements de cet ouvrage en maçonnerie complète, on rencontra aussi des dérangements naturels dans le terrain naturel penché en aval. Il s'y manifesta d'abord de légères fissures, et les observations faites à l'aide d'une série de chevilles nivelées, enfoncées dans le sol et se reliant à un point fixe et solide, révélèrent le fait d'un soulèvement de terrain lent, mais constant et progressif, qui avait lieu sur les côtés, soulèvement qui finit par être visible à l'œil nu.

Cet incident fit que l'on usa de grandes précautions ; on procéda à de nouveaux sondages, et il en résulta qu'à environ 2 mètres au-dessous du sol naturel se trouvait une puissante couche de sable mouvant, dont des portions pénétrèrent par les trous forés jusque dans le fossé que l'on creusait.

En pratiquant, dans le même temps, des fissures dans le contre-fort, on ne put rencontrer de couche renfermant un filet d'eau. Un nivellement fait jusqu'à la Marasch, distante de 6 à 700 mètres environ, démontre que la couche de sable mouvant se retrouvait dans le lit de la rivière ; on ne pouvait donc espérer épuiser les eaux sur ce point.

Le fossé fut donc creusé jusqu'au niveau de la couche de sable mou-

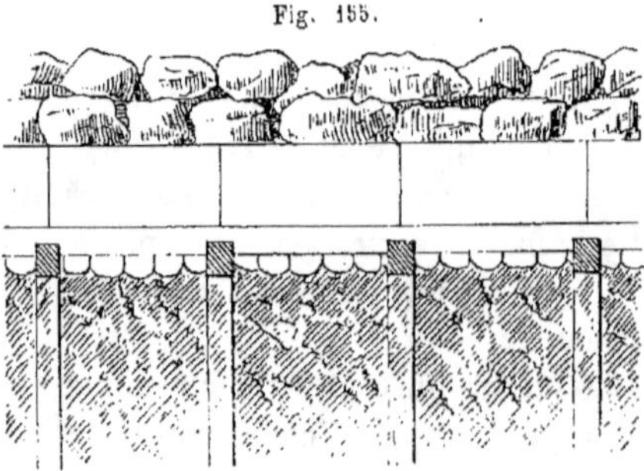

Fig. 155.

vant, et l'on commença à enfoncer les pilotis que la circonstance exigeait. A une profondeur d'environ 3 mètres, les pilotis rencontrèrent un terrain solide ; on leur superposa donc un schwellrost et l'on construisit la maçonnerie du fond avec de puissantes pierres de taille, de telle sorte que chaque pierre de taille reposait sur deux rostschwellen (*fig.* 155). Sur des fondements ainsi disposés, on construisit, avec toute la solidité possible, une voûte d'écoulement, puis on procéda au rétablissement de la digue.

Cependant, bientôt après ces nouveaux travaux de remblai se manifestèrent, même au nouvel ouvrage si solidement fondé, des fissures qui s'élargirent rapidement, de sorte que, en peu de temps, toute l'œuvre, mesurée à l'entrée de la voûte, parut de 30 centimètres plus longue qu'au moment de son achèvement ; les remblais se précipitèrent dans le

centre du terrain en passant par les fissures ; des briques se détachèrent
de la voûte, et, malgré les étais, que l'on s'empressa d'opposer, on redouta
un instant la chute de l'ensemble des constructions ; pour l'empêcher,
on combla de pierres sèches tout le terrain que les fissures avaient mis
à nu ; on y pratiqua des ouvertures pour l'écoulement des eaux, et l'on
termina en maçonnerie solide tous les travaux que la circonstance
réclamait.

Il est résulté d'une inspection consciencieuse que le prolongement de
l'œuvre ne s'est effectué qu'en aval, tandis que le mur frontal, tourné vers
le contre-fort, a conservé exactement sa position primitive.

On a ensuite trouvé que la cause de tout ce mouvement était comme
suit :

La couche d'argile, épaisse d'environ 2 mètres, qui recouvrait au fond
de la vallée le sable mouvant, fut d'abord courbée par le poids de la
digue, ce qui amena la chute d'une partie de la croûte ; puis, tandis que
l'on creusait les fondements et qu'on l'affaiblissait encore davantage en
la perçant, elle se rompit, et le sable mouvant placé dessous fut rejeté
d'un côté, et comme il ne pouvait sortir par le flanc de la montagne, il
rompit à son tour le terrain en aval et le souleva. Lorsque, après avoir
fixé les pilotis, on acheva les remblais et que l'on ajouta ainsi un poids
nouveau à l'ancien, la pression des matériaux qui s'affaissaient devint de
plus en plus forte ; non-seulement ils descendirent perpendiculairement,
mais encore ils refoulèrent le sable mouvant au milieu des pilotis et
exercèrent de la sorte une pression oblique. Peut-être que les pilotis
s'étaient fixés sur la couche de marne, telle qu'on la rencontre en aval
dans la même montagne, sans y pénétrer assez avant ; ils suivirent donc,
en pivotant autour de leur pointe, la direction du sable mouvant, et,
cédant à la pression des matériaux accumulés, ils perdirent leur position
verticale (*fig.* 156), ce qui donna naissance au prolongement de l'ensemble de cette construction.

Il est facile de dire après coup : Si en sondant vous aviez poussé un
demi-mètre de plus en profondeur, vous auriez rencontré le sable mouvant et vous auriez, de prime abord, compris le danger ; alors il aurait
fallu procéder immédiatement au nivellement de la Marasch, pour savoir
s'il y aurait moyen de faire écouler l'eau ; voyant la chose impossible,
vous auriez dû, avant tout, couper la couche d'argile au pied de la digue,
donner, par de lourds remblais de pierres qui seraient descendus jusqu'à
la base solide, un point d'appui fixe aux remblais de la digue qu'il fallait
construire ; de la sorte, vous n'auriez pas eu à surmonter toutes les difficultés qui survinrent, ni à exécuter ces doubles rectifications si dispendieuses ; vous auriez peut-être aussi évité ces dépenses en transférant le

tracé hors de ce terrain dangereux et en le reportant sur le contre-fort
solide dans le voisinage, etc., etc. Mais où s'arrêteraient toutes ces
remontrances faites après coup? On peut les appliquer à tous les cas
imprévus, et toujours on s'en prendrait à l'auteur des plans; nous ne
prétendons point cependant qu'il faille faire des plans et des constructions à l'aventure; nous voulons au contraire prouver par l'exemple

Fig. 156.

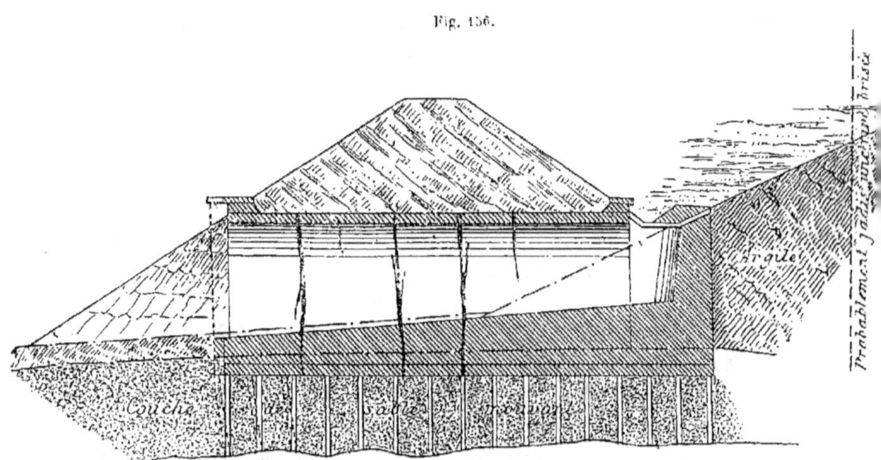

ci-dessus que l'on ne peut jamais être trop prévoyant dans ses conjec-
tures. En effet, bien qu'une semblable couche de sable marneux ne se
soit retrouvée à aucun autre endroit du terrain déterminé ci-dessus, on
aurait effectué des sondages encore plus minutieux si, dès le principe,
on avait su ce que l'on apprit plus tard, que l'on se trouvait en présence
du vieux lit de la Marasch, tout rempli de terres d'alluvion. Un deuxième
exemple d'affaissement de digue par l'effet d'une base peu solide est le
déplacement bien plus grand qui eut lieu à l'hectomètre 169-170 de la
ligne de Linz à Budweis.

Disons d'abord que les plans en vertu desquels les travaux furent con-
fiés à la Société générale des entrepreneurs avaient été faits par le directeur en chef d'une ancienne compagnie de chemin de fer, savoir de la
ligne de l'Impératrice Élisabeth, qui disposait d'un personnel nombreux
et expérimenté, lequel avait exposé ces plans pendant des années; ces
plans ne contenaient aucune indication sur les endroits où il faudrait
redoubler d'attention, ni même sur l'existence de pareils endroits; de
plus, la Société des entrepreneurs, bien qu'on l'autorisât à de légères
modifications, était tellement restreinte à certains points fixes qu'il fallait
ne toucher à la configuration du terrain qu'après avoir atteint les points

fixes précités ; elle ne pouvait plus guère changer le projet primitif ; par conséquent, la nature du sol devait être la même dans les deux projets.

La Société générale des entrepreneurs fut donc amenée par ce projet à se croire en pleine sécurité ; elle était, d'ailleurs, d'autant moins disposée à faire, dans ce sens, de longues études, que son temps était fixé et que des amendes sévères la menaçaient pour le cas où elle n'aurait pas achevé ses travaux aux termes marqués à l'avance.

Sans doute on fit pour toutes les tranchées des sondages et des forages préalables allant jusqu'au-dessous de la nivelette, et cela sur plusieurs points ; on étudia de même, jusqu'à une certaine profondeur, le terrain sur lequel on devait construire les digues ; mais ces études ne pouvaient que se borner à l'état momentané, et non s'étendre aux cours d'eau, aux couches perméables ou imperméables, etc., ce qui aurait exigé de plus longues observations et même des recherches sur un terrain souvent fort éloigné du tracé.

On procéda donc à la construction de la digue en question, et l'on enleva, hors de la tranchée de l'hectomètre 166/8, les matériaux à l'aide de tombereaux traînés par des chevaux ; on ne prit pas de précautions particulières pour la construction de cette digue, le directeur de la ligne s'étant formellement réservé, dans le traité, la faculté de prescrire lui-même les travaux que pourraient nécessiter des mouvements éventuels de terrain ; or, aucun ordre n'avait été émis à ce propos, aucune appréhension n'avait été exprimée.

L'année d'auparavant, le temps avait été d'une sécheresse remarquable : l'année des travaux fut au contraire fort pluvieuse durant la deuxième moitié de l'hiver, au commencement du printemps et pendant l'été ; les pluies furent longues et entremêlées de violentes averses, de sorte que la masse entière des terrains recélait une quantité d'eau considérable, et lorsque, en construisant la digue, on fut arrivé à l'hectomètre 168, il se produisit, pendant la nuit, une rupture de digues qui donna à peu près aux profils la forme indiquée par la *fig.* 157.

En étudiant les terrains avec plus d'attention, on trouva que le fond, sur lequel on avait jeté les remblais, se composait d'une puissante masse de granit détérioré qui, par l'effet des grains anguleux de quarz, avait été pris, à l'état de siccité, pour une couche de sable à grains moyens, et déclaré terrain assez solide lors des premiers sondages ; mais à ce terrain était mêlé un feldspath tellement décomposé que, lors de l'arrivée des eaux, il ressemblait à un tegel bleu à l'état de dissolution, et chaque grain de quarz était ainsi enveloppé d'une substance glissante.

L'affluence des eaux fit disparaître de plus en plus le frottement des diverses parties de ce terrain, qui finit par former une masse flottante.

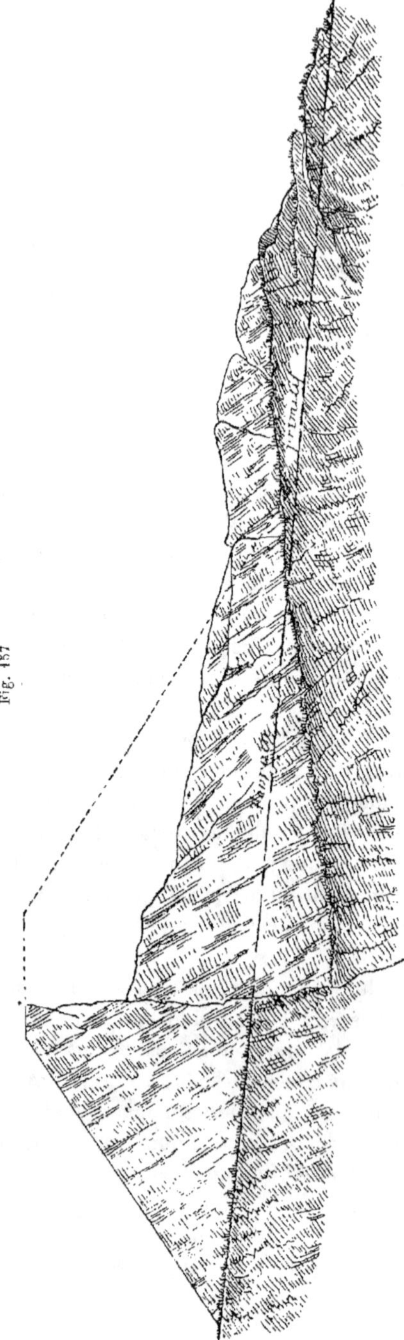

La densité de cette couche ne pouvait être appréciée à la base de la cavité, mais équivalait à zéro du côté des deux contre-forts.

Le poids de la digue, ne pouvant plus être supporté par ce terrain flottant, si détrempé par la continuité des pluies, avait brisé la faible croûte, l'avait traversée subitement en la refoulant à droite et à gauche; mais le terrain naturel s'étant soulevé en amont forma un contre-poids, et le déplacement eut lieu en aval seulement; mais, dans cette direction, la croûte fut de nouveau rompue par la masse déplacée, et il en résulta un pêle-mêle partiel. Cela explique pourquoi la digue en amont resta debout, tandis que la digue en aval s'affaissa de plus de 3 mètres, comme l'indique la *fig.* 157.

Comme le fait comprendre la *fig.* 158, les matériaux se mouvant en aval avaient dépassé le point le plus bas de la cavité, tandis que ce point était à peine atteint en amont: le passage déjà établi qui devait en même temps faciliter l'écoulement des eaux de pluie, était achevé sur un fond de béton d'un mètre d'épaisseur, et cela sur le terrain plus solide du deuxième contre-fort.

Après que cette couche de

sable granitique qui, à l'état de dessiccation, acquiert même une solidité remarquable, eut perdu sa cohésion par l'affluence des eaux, l'idée la plus naturelle fut de lui rendre cette solidité en faisant écouler les eaux, et suivant les apparences, le moyen le plus simple eût été de creuser une rigole d'écoulement dans l'espace compris entre la base et les remblais; mais plusieurs objections furent faites contre le recours à cet expédient.

Fig. 158.

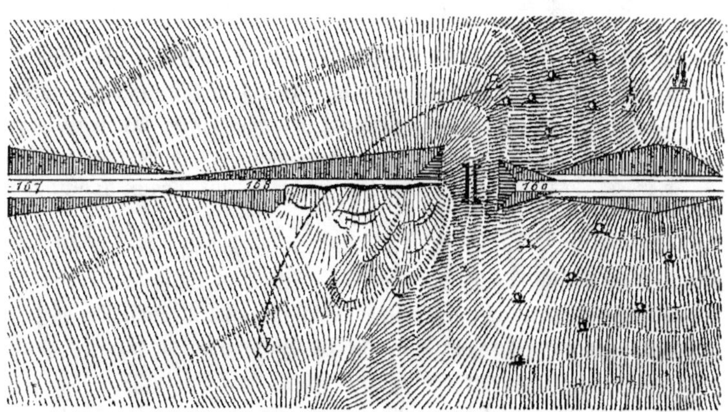

D'abord, comme l'indique la *fig.* 158, il aurait fallu creuser cette rigole de bas en haut, et ce bas se serait trouvé à une profondeur incommensurable; ensuite, il ne semblait pas prudent de creuser une rigole si profonde dans le voisinage immédiat du passage.

On préféra donc opérer l'écoulement des eaux par la fissure *ab*, indiquée par une ligne courbe et entrecoupée (*fig.* 158).

Cette fissure, dont la base se trouvait toujours sur le terrain solide, prenait au point *a*, à environ 5 mètres en contre-bas du terrain naturel, toutes les eaux versées par le contre-fort sur la couche superposée au point *a*, et au moyen des tuyaux de drainage que l'on avait introduits, les eaux étaient conduites jusqu'au point *b*, où on les faisait sortir de terre.

On voit (*fig.* 159) la coupe transversale de la rigole; à ce propos, on doit faire remarquer que, pour empêcher les pierres d'endommager les tuyaux de drainage, on les recouvrit d'abord de branchages, puis d'une couche d'argile grossière jusqu'à une hauteur d'environ 30 centimètres. L'empierrement reçut une hauteur d'un mètre, là où la fissure se trouvait entièrement sur une base solide, et là où la fissure traversait un terrain perméable, l'empierrement reçut une hauteur égale à celle de la fissure.

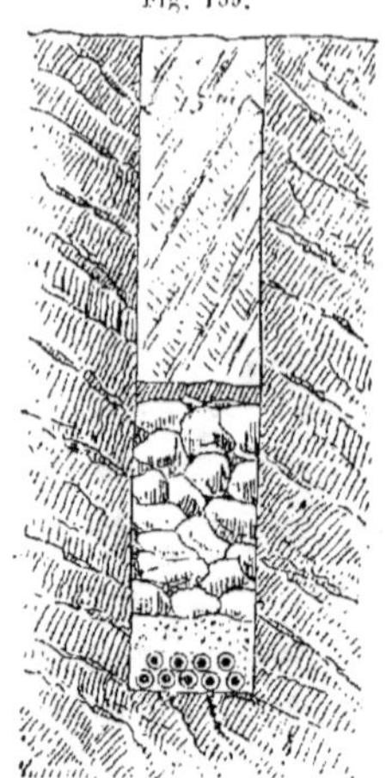
Fig. 159.

La ligue détruite fut reconstruite jusqu'au fond où s'était déposé le couronnement de la masse affaissée ; on aplanit les matériaux qui avaient glissé en les remplaçant par d'autres, sans modifier la position que les précédents avaient prise, et l'on fit de ceux-ci le contrepoids des remblais destinés à reconstituer la digue.

Enfin la masse, partiellement amollie par son mélange avec le sol flottant, fut percée de plusieurs saignées verticales dirigées vers l'axe de la voie pour activer la dessiccation.

Les incidents, pareils à ceux que nous venons de décrire, sont désignés souvent sous le nom de *glissements*, quoiqu'ils ne soient que l'effet de l'inconsistance d'un terrain ; il ne saurait donc être ici question de la recherche des surfaces de glissement, etc. ; il s'agit uniquement de donner au terrain la solidité dont il a besoin pour supporter, sans fléchir, la charge qu'on lui a imposée.

C'est de même que, à strictement parler, on ne peut appeler *glissement* le mouvement de terrain représenté par les *fig*. 140 et 141, ce mouvement ayant été produit par l'inconsistance du sol de la base ; seulement, il ne s'agit pas ici de supporter le terrassement, mais la masse de terrain naturel dont la contexture a été dérangée par le poids de ce terrassement.

Traitons la question plus en détail dans l'exemple suivant, et élucidons la différence qui, selon nous, existe dans certains cas entre les glissements proprement dits et les déplacements susdits, en ce qui concerne les moyens d'y porter remède.

La *fig*. 160 nous montre en longueur les profils de la tranchée de l'hectomètre 109/10. Une ligne vigoureusement tracée indique la couche perméable et cunéiforme, telle qu'elle a été perforée horizontalement en partant du flanc de la montagne.

À l'époque des premiers sondages, ainsi que le montre la *fig*. 140, on ne trouva, jusqu'à un mètre au-dessous du fond de la tranchée, que des matériaux ayant l'humidité ordinaire ; cependant, soit que l'eau eût été refoulée dans les couches supérieures, lors du creusement de la tranchée et par l'effet de la diminution de la charge à supporter, soit que par l'effet des pluies incessantes, le terrain fût saturé d'eau lorsqu'on poussa la tranchée en avant, alors qu'on ne se trouvait plus qu'à un mètre de la nivellette, se révéla déjà le terrain saturé d'eau, tel que nous l'avons décrit plus haut; on fit donc avec soin des forages, et l'on trouva, épaisse de quelques millièmes, la couche imprégnée d'eau. Quant aux forages pratiqués de bas en haut. ils ne firent découvrir aucune couche aqueuse; ce qui permit de conclure que la couche aquifère avait été forée dans sa pointe cunéiforme.

Comme la masse inconsistante s'étendait à plus de 4 mètres au-dessous de la nivellette, on ne pouvait prévenir un déplacement de terrain qu'en soutirant, par tous les moyens possibles, avant de commencer la tranchée, l'eau contenue dans la couche aquifère, et en provoquant ainsi la dessiccation de tout le terrain saturé d'eau. La manière la plus sûre de soutirer l'eau était de creuser une rigole ou galerie d'écoulement parallèle à la couche cunéiforme ; mais cette rigole ou galerie ne pouvait se maintenir qu'autant qu'elle n'aurait pas traversé une surface de glissement; car, dans ce dernier cas, il était à craindre qu'en ouvrant la tranchée et en détruisant ainsi artificiellement la tension naturelle de la masse solide, la masse supérieure ne se mît en mouvement par-dessus la surface de glissement existant encore toujours au-dessus de la galerie d'écoulement creusée dans la montagne, n'écrasât la galerie, ne l'encombrât et ne la rendît par conséquent inutile ; mais, comme il était permis de le présumer d'après nos forages, ce danger n'était pas à craindre.

La galerie (*fig.* 160) parallèle à l'axe de la voie fut donc poussée de telle sorte que, dans la tranchée, elle s'étendit verticalement sous la rigole du flanc de la montagne, et qu'elle coupa la couche aquifère de manière qu'elle ne se trouva nulle part au-dessous de la base ni à une hauteur considérable au-dessus de la cape. Pour terminer plus promptement cette galerie, on enleva encore une couche de la tranchée commencée, mais discontinuée jusqu'à l'achèvement de la galerie, et l'on créa ainsi un deuxième point d'attaque pour faciliter cette opération de drainage.

La galerie fut maçonnée avec art et l'on introduisit les poteaux, éloignés les uns des autres de 1 mètre dans la première partie de l'ouvrage jusque dans la partie intérieure, exposée à une plus forte pression; là ils n'étaient plus éloignés que de 80 centimètres les uns des autres. Quand le travail des mineurs fut terminé, elle fut creusée d'une manière complétement elliptique, afin de maintenir intacte la voie d'écoulement des eaux et de pouvoir faire aisément les réparations que des circonstances éventuelles pourraient exiger ; on laissa à cette galerie son caractère définitif et toute sa charpente ; la partie inférieure fut maçonnée avec du

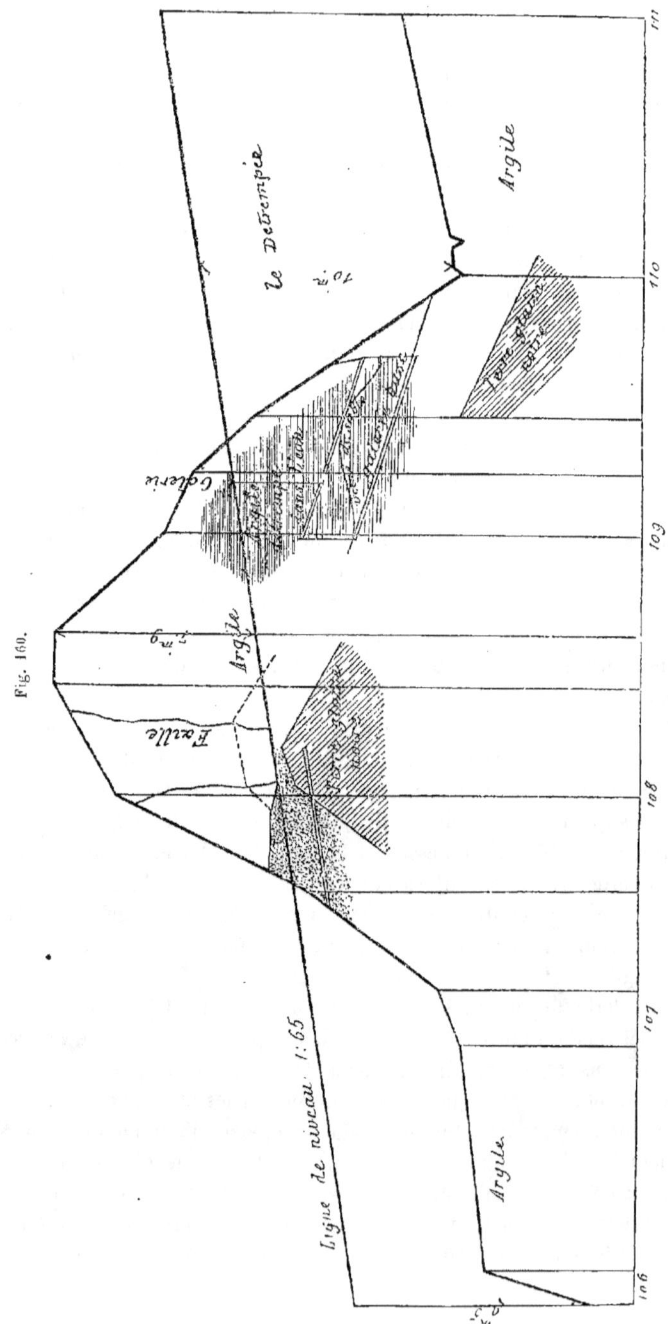

Fig. 160.
le Détrempe
Argile
10 m.
Galerie
Terre glaise
Argile
9 m.
Faille
Ligne de niveau 1:65
Argile

ciment et munie, à des distances chacune de 1 mètre, de fissures destinées à laisser suinter l'eau (*fig.* 161 et 162).

Fig. 161.

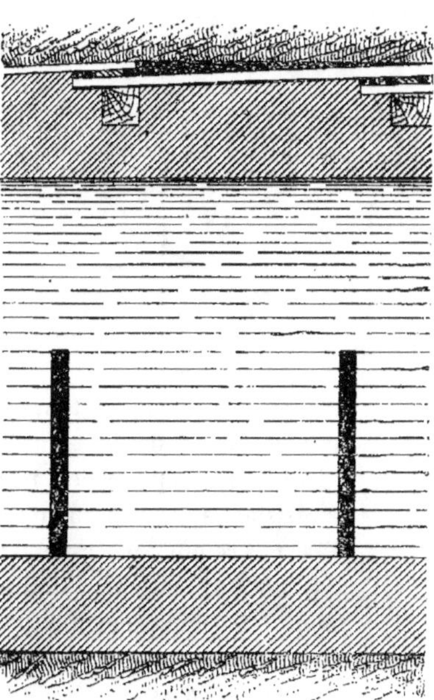

Fig. 162.

L'effet de cette galerie fut complet; dès lors on put, sans aucun inconvénient, continuer et achever la tranchée, et nul déplacement de
terrain ne se manifesta plus dans cet endroit.

La partie de la tranchée où (*fig.* 60) nous avons mis le mot *glissement* a éprouvé un mouvement de glissade qui n'a aucun rapport de
connexion avec le ramollissement dont nous avons parlé, comme le
prouve la configuration des terrains; d'ailleurs, les causes en sont tout
autres; elles furent décisives pour le commencement du mouvement
qui se dessinait près de l'hectomètre 109. (Ce mouvement fut, au reste,
arrêté à temps par l'interruption opportune des travaux de la tranchée.)

On avait, en effet, à redouter un véritable glissement de la couche de
terre glaise sur l'argile noire ; nous reparlerons donc de ce glissement,
quoique insignifiant ou à peu près, dans le chapitre suivant, spécialement consacré aux glissements.

CHAPITRE XVII.

GLISSEMENTS.

Voici comment ont toujours lieu les glissements : de deux couches horizontales, l'une, quelquefois toutes les deux, adhèrent si faiblement à l'autre que celle de dessus, emportée par sa pesanteur, plus forte que la résistance du frottement, se déplace en aval et s'avance tant qu'elle n'est pas retenue par un puissant obstacle.

Quand les matériaux sont parfaitement secs, la résistance au frottement est ordinairement telle qu'elle absorbe la force motrice même d'une couche supérieure fortement inclinée ; mais si l'une des couches, soit celle de dessus, soit celle de dessous, soit une mince couche intermédiaire, se compose d'éléments qui peuvent se délayer, comme l'argile, la terre glaise, etc., et que l'affluence de l'eau dissolve l'une de ces couches, la gravitation entraîne la couche de dessus, avec ou sans l'intermédiaire, dans le sens d'une chute plus ou moins inclinée, plus ou moins continue.

On appelle *surfaces de glissement* celles qui se détachent ainsi pour suivre l'impulsion de la pesanteur.

Beaucoup de terrains ont, dès l'origine, leur face de glissement et n'adhèrent que parce que rien ne vient rompre l'équilibre ; mais, pour peu que cet équilibre soit dérangé, le glissement s'effectue, comme nous l'avons indiqué au chapitre XIV, *fig.* 142 et 143.

Dans d'autres cas, les surfaces de glissement ne se forment que par l'effet des travaux de terrassement ; cela doit arriver notamment là où l'on rencontre plusieurs surfaces de glissement superposées les unes sur les autres, et où la configuration de la surface supérieure du terrain ne permet pas de deviner que des glissements ont eu lieu dans des temps antérieurs.

Il faut donc regarder l'eau comme la cause principale des glissements de terrain ; aussi tous les hommes compétents sont-ils d'accord sur ce point : c'est qu'il faut faire écouler les eaux pour prévenir des accidents de ce genre. Il est vrai que parfois des glissements ont lieu dans des terrains rocheux où les parois sont presque verticales, et cela sans l'intervention funeste de l'eau.

Nous avons dit, dans le chapitre précédent, que lorsque des couches entières sont imprégnées d'eau, elles deviennent flottantes et se déplacent, sans qu'on puisse donner à ces mouvements le nom de *glissements*, bien que le résultat soit à peu près le même et qu'ici aussi l'écoulement des eaux soit une mesure urgente, pour ne pas dire absolument indispensable.

Il faut donc, dans les deux cas, provoquer aussi promptement et aussi largement que possible la disparition des eaux ; il y a cependant une distinction à établir, c'est que, pour les glissements proprement dits, il faut toujours faire écouler l'eau dans le sens du mouvement, c'est-à-dire perpendiculairement au frottement de deux couches parallèles, tandis que dans l'autre cas, il n'est pas absolument nécessaire de suivre cette direction ; on peut au contraire en suivre une tout opposée, comme nous l'avons vu dans l'exemple du chapitre précédent.

Les canaux d'écoulement doivent être creusés à une assez grande profondeur pour que leur base entre suffisamment dans la couche imperméable, de telle sorte que l'eau s'écoule par-dessous la surface de glissement.

Aussi le premier devoir d'un ingénieur est-il, dès qu'il s'aperçoit d'un déplacement ou que la configuration du terrain lui en fait pressentir un, de rechercher la couche de terre solide et imperméable.

Mais cette tâche n'est pas très-facile, et souvent même les recherches les plus rationnelles et les plus consciencieuses sur ce point ne donnent pas les résultats désirables.

C'est surtout quand le terrain a déjà subi un déplacement que l'on rencontre, à l'aide de sondages, des surfaces de glissement accentuées, polies comme un miroir, pour les perdre bientôt de vue et en trouver d'autres, en apparence ou en réalité, dont le frottement et la chute prennent une tout autre direction. C'est ordinairement la couche horizontale que l'on trouve ainsi troublée, quelquefois aussi la couche verticale, si, par exemple, il s'est formé plus tard une couche de glissement placée plus bas, et sur laquelle a glissé la portion de terrain qui d'abord était restée immuable.

Il pourrait naître de nouvelles surfaces de glissement si les matériaux des couches inférieures n'étaient pas complétement imperméables, et si

les cavités produites par les bouleversements de terrain laissaient passer
une plus grande quantité d'eau des couches supérieures aux couches
inférieures ; cette eau, dans ce cas, reste longtemps stagnante et forme
de véritables marais ; peu à peu, elle s'infiltre dans le terrain qu'elle
recouvre et elle y produit les déplacements et glissements dont a pâti la
couche supérieure du terrain.

Lors donc qu'on trouve une surface de glissement, on n'est pas encore
en droit de se féliciter ; on ne doit pas non plus, après les données fournies par les sondages, se borner à inscrire cette surface de glissement
dans les profils (*fig.* 163) ; il faut au contraire procéder aux forages avec

Fig. 163.

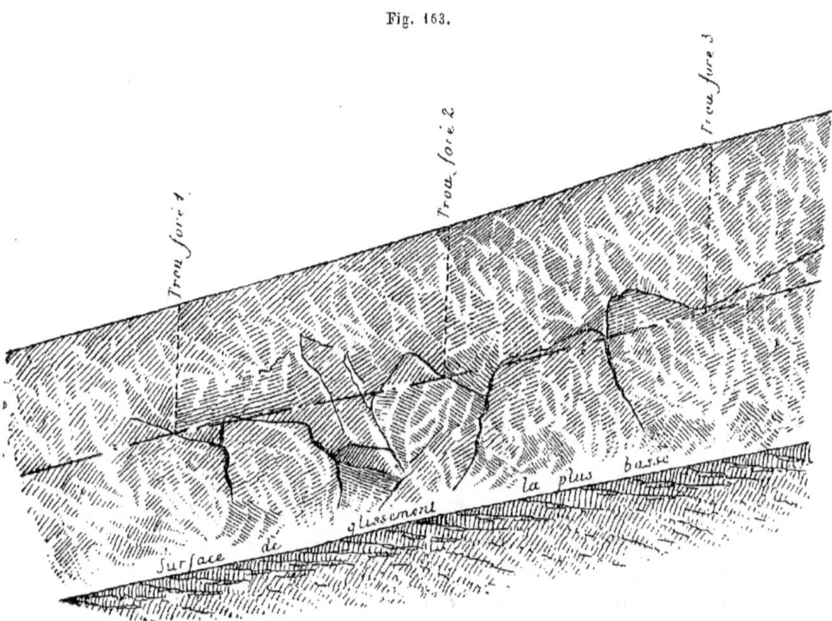

beaucoup de circonspection et examiner avec le plus grand soin si, au-
dessous de la surface de glissement que les forages ont dénoncée, il ne
s'en trouverait pas d'autres, et si la première est bien complétement
sans connexion avec d'autres.

Même si l'on avait perforé un terrain sec et imperméable en apparence, résultat d'ailleurs obtenu très-rarement, parce que l'eau contenue
dans le trou foré pénètre artificiellement avec le foret dans la couche
immédiatement inférieure, on n'est jamais certain qu'il ne se présentera
pas plus bas une nouvelle surface de glissement.

L'ingénieur peut donc, comme nous l'avons déjà fait remarquer, être, malgré les recherches les plus scrupuleuses, surpris par des accidents complétement imprévus.

Les canaux d'écoulement que, suivant toute les règles de l'art, il aura creusés jusqu'à la couche réputée solide et imperméable, pourront, un beau jour, faire invasion avec cette couche dans la tranchée qu'il aura cru mettre à l'abri de tout accident; ainsi se trouveront détruits tous les travaux de défense construits avec tant de perte de temps, de soins et d'argent. Voilà l'ingénieur, placé en face de ses plans, comme le médecin auprès du lit d'une personne dangereusement malade; tous deux ont à combattre des forces de la nature dont ils ne peuvent prévoir l'action ni les effets, et contre lesquelles toutes les consultations, toutes les pompeuses tirades d'experts comme de non-experts, ne sont que de vains mots, des exposés de principes, mais pas des remèdes prompts et efficaces.

Nous pensons donc que jusqu'à ce jour personne n'a encore été à même de prescrire des mesures d'une efficacité assurée contre ces éventualités, et que la seule voie rationnelle à suivre par l'ingénieur, dans ce cas, est de se procurer l'idée la plus nette de l'état du terrain devant lequel il se trouve, en le comparant à d'autres terrains similaires et en multipliant les sondages, forages, etc. Cela fait, il procédera d'après les règles très-simples que nous avons exposées.

Henz, Becker, etc., indiquent, comme mesure déjà souvent employée avec succès, l'allégement de la surface de glissement par la construction de talus plus doux ou de gradins (*fig.* 164); moi aussi j'ai, dans une circonstance, considérablement diminué par ce moyen le glissement d'un terrain.

Malgré cela, je suis convaincu qu'un glissement dans toute la valeur

Fig. 20.

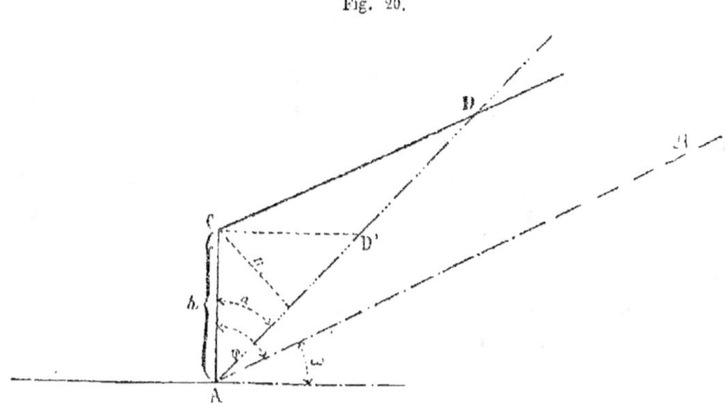

du mot, c'est-à-dire quand il a pour cause le trop peu d'adhérence entre deux surfaces de terrain, ne peut pas être prévenu par un simple allégement; car si la force qui pousse au glissement (*fig.* 81) est $AD \frac{n}{2} g \cos \alpha$,

et si la résistance au frottement est $AD \frac{n}{2} g \sin \alpha f$, AD étant la sécante de la surface de glissement, g le poids de l'unité de la masse glissante, et f le coefficient du frottement, l'équilibre est dérangé dès que $AD \frac{n}{2} g \cos \alpha$ devient $> AD \frac{n}{2} gf \sin \alpha$, et cette inégalité, quand on désigne $AD \frac{n}{2} g$ par G, devient $G \cos \alpha > Gf \sin \alpha$; dès lors, il est clair que le rapport n'est pas changé par un changement de G, et par conséquent l'équilibre est rompu, à quelque degré qu'on abaisse G; si d'autres influences ne deviennent pas décisives, le glissement s'effectuera toujours nécessairement dès que f sera $< \cot g \alpha$.

Pour s'en assurer, il suffit de regarder la *fig.* 164, car quel argument solide pourrait-on faire valoir pour que la masse x glissât si elle tendait

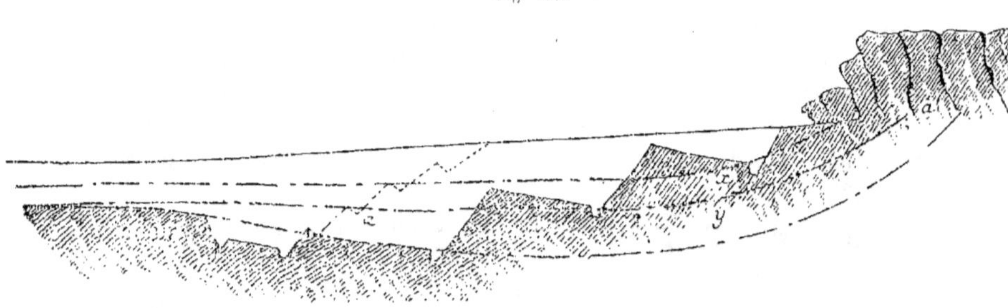

Fig. 164.

à glisser sur la surface aa', si l'on se contentait d'extraire au point a' le profil normal de la tranchée, et restât au contraire immobile, si l'on étendait l'extraction jusqu'à a? On peut en dire autant de la masse y.

Par contre, il est vrai que la force avec laquelle la masse glissante pèse sur n'importe quelle résistance qui lui est imposée, croît ou diminue avec G, parce que cette force est $K = G (\cos \alpha - f \sin \alpha)$, et par conséquent diminue avec G.

Si donc une autre résistance a lieu ; si, par exemple, la surface de glissement se trouve sous la base de la tranchée, et que la masse située au-dessus de cette surface de glissement soit broyée et soulevée par l'effet d'un mouvement, K peut être diminué par un allégement au point que la masse en question possède une solidité assez réactive pour retenir l'impulsion, comme cela est arrivé dans le cas que j'ai cité.

Mais quand les surfaces de glissement sont disposées comme dans la *fig.* 164, et que l'on n'entreprend pas de construction agissant en sens contraire, l'allégement n'est pas la cause de l'arrêt du mouvement: il faut que celui-ci ait une autre cause que je cherche dans une dessiccation totale ou partielle de la surface de glissement causée par n'importe quelles autres circonstances.

Il arrive souvent aussi que l'eau des averses, forcée de se frayer péniblement un passage entre la couche imperméable et la couche superposée, ne trouve qu'un faible écoulement et rende la première couche glissante. Alors, dès qu'on ouvre la tranchée; il se produit un affaissement; en même temps, l'eau accumulée trouve un passage et s'écoule rapidement; ainsi, la surface de glissement se sèche, et tout mouvement ultérieur s'arrête de lui-même. Après s'être bien des fois borné à l'élimination de la masse qui a glissé, et que l'on a attribué le rétablissement de l'état de repos à l'allégement entrepris, on est complétement rassuré; on rétablit convenablement les revêtements, soit par l'ensemencement, soit par le gazonnement; on effectue ainsi une cicatrice herbeuse (Grasnarbe), et l'on se figure que tout va bien; mais soudain après des pluies abondantes et continues, se manifeste un nouveau mouvement bien plus considérable que le premier, au grand étonnement de tous, alors que la cause n'est pas difficile à deviner. Rien n'empêcha l'eau d'affluer vers l'ancienne surface de glissement; mais elle ne put s'écouler à cause du gazonnement dont on l'avait entourée; les mêmes causes qu'auparavant annoncèrent une accumulation d'eau, dissolution de la partie supérieure de la couche d'argile, l'humidite de la couche entière, et enfin le glissement. Le printemps de 1876 a fourni d'assez nombreux exemples de tranchées restées en repos pendant de longues années, et subissant tout à coup des mouvements considérables.

Soit donc qu'il y ait repos ou non, il faudrait, dans de pareils endroits, ne jamais négliger d'introduire des rigoles d'écoulement ou des fissures de pierre, à certaine distance les unes des autres, dans la direction du mouvement antérieur, jusqu'à la masse arrêtée momentanément, afin de conserver, à l'état de siccité, l'ancienne surface de glissement, et d'empêcher, autant que possible, par un prompt écoulement des eaux, les parties éloignées de se détremper.

Comme tous les travaux de nature à prévenir un glissement, à l'exception des règles fondamentales que nous venons d'exposer, sont purement pratiques, et que la pratique n'est qu'un recueil d'exemples dont on a été témoin, augmentons, autant que possible, le recueil en citant des exemples que notre expérience nous a fait connaître, et renvoyons en outre à la 3ᵉ édition des *Terrassements* de Henz, à la dissertation qui vient de paraître sous le titre de : *Travaux de dessiccation et de terrassement sur des lignes de chemins de fer, dans des terrains portés à glisser*, par A. Lorenz, Zurich, Orell, Füssli et Cᵉ; aux articles de Gerstle dans la *Gazette universelle des constructions*, Vienne, 1875, etc.

A la tranchée des hectomètres 106-110 (*fig.* 160), on rencontra une couche d'argile noire, et avant que les terrassiers l'eussent entamée en creusant, un glissement se manifesta au talus gauche de la tranchée. On cessa aussitôt de travailler à la tranchée, et, tout près du commencement de ce glissement, on pratiqua, perpendiculairement sur l'axe de la tranchée, une fissure de 16 décimètres de largeur, et on la consolida autant que possible; au-dessus du fossé latéral de la tranchée, à peu près à la hauteur de la nivelette, on rencontra l'argile noire qui, s'élevant doucement vers le contre-fort, servait de base à l'épaisse couche de terre glaise; mais en cet endroit fut trouvée une couche de gravier d'environ 30 centimètres d'épaisseur comme couche intermédiaire; mais cette couche prit en amont un aspect cunéiforme, de sorte qu'à environ 10 mètres de l'axe de la ligne, la terre glaise reposait immédiatement sur l'argile.

Il semble donc que le gravier trouvé à l'entrée de la tranchée, et qui, à l'hectomètre 107, à gauche de la voie, se voyait à fleur de terre près du contre-fort, était d'une densité telle que nous ouvrîmes en cet endroit même une exploitation de sable et de gravier; il semble, dis-je, que ce gravier était un de ces dépôts lenticulaires pareils à ceux que l'on rencontre fréquemment dans cette contrée.

A environ 10 mètres, mesurés dans le sens de l'axe de la ligne de la première fissure, on pratiqua une deuxième fissure perpendiculairement à l'axe de la ligne; là on retrouva l'argile noire, à un mètre au-dessus de la nivelette, mais à peu près avec le même angle d'incidence qu'auparavant.

Les deux fissures, en commençant par le fossé de gauche de la tranchée, furent pratiquées jusqu'à 30 centimètres au-dessous de la base du fossé; puis montant un peu plus fort que la couche d'argile elle-même jusqu'à la partie du contre-fort restée debout, ces fissures furent reliées entre elles et avec le point zéro de la tranchée dans la direction du fossé de tranchée. A leur base, on posa un faisceau de 5 tuyaux de drainage; on les recouvrit de branchage et de gravier; puis on combla avec des fragments de pierre les fossés jusqu'à la hauteur de la terre glaise.

En faisant ainsi écouler l'eau, on sécha aussi bien la masse qui avait

glissé que la couche pendante d'argile, et l'on put procéder à l'enlèvement des matériaux qui encombraient la tranchée entre les deux fissures.

Les matériaux qui avaient glissé, mais qui se trouvaient en dehors du
profil normal de la tranchée, ne furent enlevés en partie que parce qu'ils
étaient trop humides pour la construction d'un nouveau talus; le reste
fut maintenu à sa place pour former un contre-poids; mais on l'aplanit
avec un talus convenable; en même temps, on remania l'ouvrage entier
de manière à juxtaposer les terres par couches, et l'on fit disparaître
toutes les fissures par lesquelles les eaux de pluie auraient pu pénétrer.
(Voir la *fig.* 165.) Quant à la paroi qui séparait la partie restée debout,
on lui donna un escarpement d'un pied.

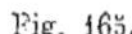

Fig. 165.

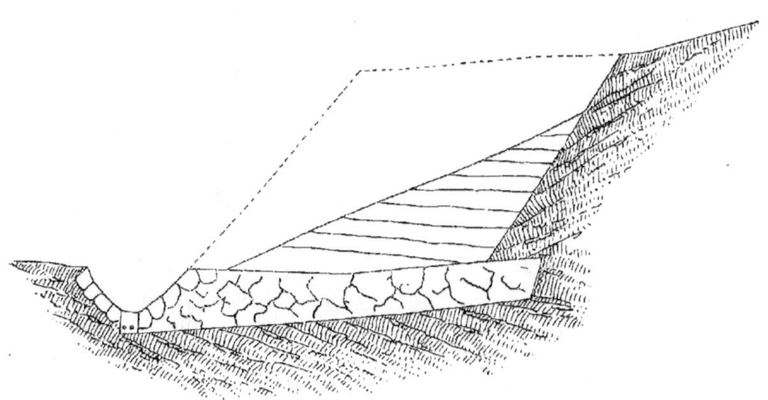

La deuxième fissure eut pour résultat de produire un desséchement,
à une assez grande distance dans l'intérieur de la tranchée, aussi bien la
surface de glissement que les matériaux qui avaient glissé; car elle
pompa une grande partie de l'humidité de toute la masse, et l'on put
ainsi, sans rencontrer de difficultés particulières, pratiquer une troisième fissure qui fut traitée comme les deux autres, et mise en communication avec elles.

On aplanit de même les matériaux qui avaient glissé entre la deuxième
et la troisième fissure; cela fait, rien n'empêcha plus de terminer la
tranchée. Au printemps suivant, on revêtit les talus de claies; dès lors,
il ne se produisit plus aucun mouvement notable dans cette tranchée.

Un deuxième exemple nous est fourni par la tranchée du profil de
stationnement n°° 177-180, dont la *fig.* 166 représente le profil de longueur.
Lors des sondages et forages, on rencontra des pierres à plusieurs re-

prises : comme on rencontra des pierres à peu près à la même profon-

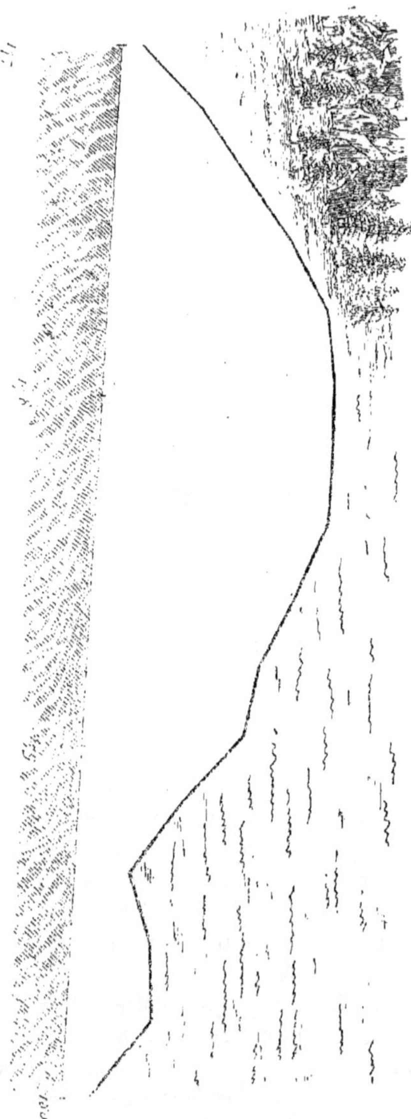

Fig. 166.

deur, en forant par prudence pour contrôler les forages antérieurs ; comme de plus, ainsi que le montre la *fig.* 166, à 100 mètres tout au plus de distance du tracé, on vit apparaître les parois nues de granit, parois que nous exploitâmes en guise de carrières, on crut avoir affaire à une tranchée, dont la moitié au moins se composait de roc solide, et à laquelle était superposée une couche relativement faible d'argile sablonneuse : on se persuada donc qu'il n'y avait lieu à aucune appréhension.

Mais, lorsqu'on eut commencé la tranchée, et qu'on en eut emporté, des deux côtés, les matériaux avec des tombereaux traînés par des chevaux, on trouva qu'il n'y avait pas de couche continue de pierres, mais seulement des blocs isolés, erratiques, formant des groupes assez serrés, et d'un volume de 20 à 30 centimètres cubes. La plus grande partie de la tranchée était creusée, lorsque tout à coup le contre-fort de gauche se mit en mouvement, et il se produisit un affaissement dans la forme dont la *fig.* 167 donnera une idée. Aussitôt on commença à creuser une fissure au point A, dans la direction indiquée par la *fig.* 167 : cette fissure aurait dû descendre jusqu'à la couche imperméable, et être

poussée transversalement à la voie jusqu'à son orifice naturel au contre-
fort de droite.

A l'aide de cette fissure, il aurait fallu, avant tout, faire écouler une
partie de l'eau souterraine et étudier la véritable surface de glissement
pour calculer et produire ensuite les écoulements.

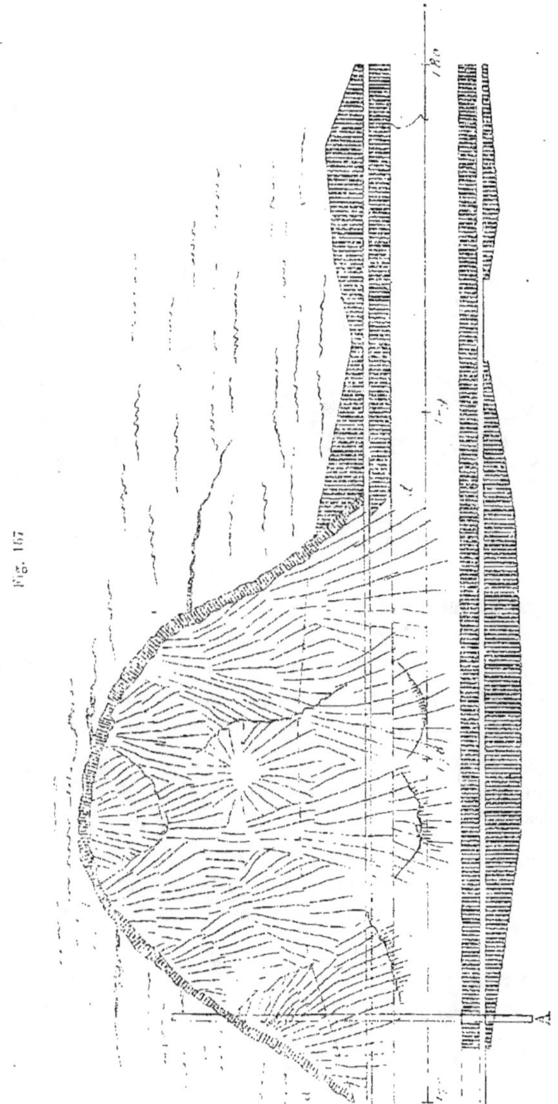

Mais le travail marcha lentement à cause des nombreux blocs erratiques que l'on rencontra, et dans l'intervalle on construisit, par ordre, un mur en pierres sèches suivant la fissure d'affaissement *abcd*, et affectant la forme d'un fer à cheval; de plus, pour établir un contre-poids, on confectionna un puissant mur en pierres sèches, parallèle à la voie, dans la forme indiquée.

Fig. 168.

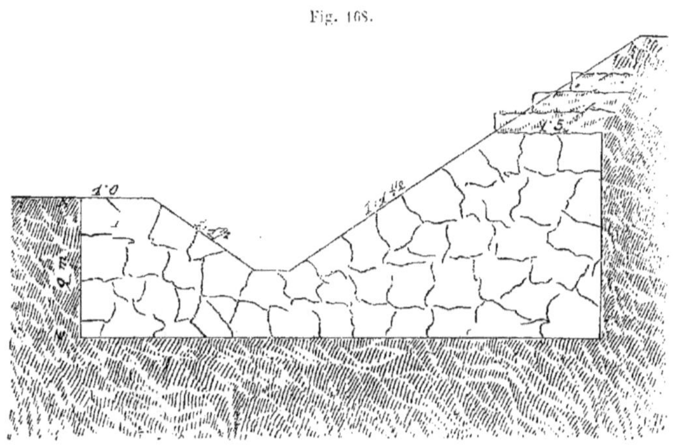

Le déblai pour le premier de ces murs en pierres sèches fut retiré d'une excavation faite à plus de 4 mètres de profondeur et exigea des travaux gigantesques pour établir les talus; enfin, vers le mois de novembre, on eut terminé cette œuvre et l'on commença à déblayer les matériaux qui avaient fait irruption dans la tranchée; mais bientôt survinrent des froids tellement intenses que tout travail d'hiver devint impossible et qu'il fallut surseoir à toute opération jusqu'au mois de mars de l'année suivante.

Quand on reprit les travaux à l'époque du dégel, il s'était opéré un tel mouvement que la tranchée était déformée en grande partie et que l'on eut beaucoup à faire pour enlever les pierres des murs, qui avaient roulé dans l'axe de la ligne, et la couche d'argile détrempée par l'eau. Et cependant les masses glissaient de plus en plus et la base de la tranchée était soulevée. Bref, en usant de toutes les forces auxquelles on put recourir, on réussit enfin à faire passer par là une voie avec des rails définitifs et une largeur normale; mais les glissements persistèrent avec leurs conséquences.

De la sorte, les talus devinrent de moins en moins escarpés; mais les glissements des rails et leurs soulèvements continuaient, et il fallut ouvrir de véritables carrières pour faire disparaître les pierres des murs qui avaient fait irruption.

Enfin, on put y organiser un train de locomotives et enlever, à l'aide de forces énergiques, les matériaux mobiles et encombrants. On déblaya ainsi plusieurs milliers de mètres cubes, enlevés à la couche d'argile et jetés dans les wagons de déblayement ; enfin, les talus devinrent très-doux et les déplacements de terrain presque insensibles.

Bien qu'on fût arrivé à 3 mètres au-dessous de la nivelette, on n'avait pas encore atteint la véritable surface de glissement ; mais grâce à l'allégement, la force, qui poussait en aval la masse mobile était devenue si faible que la base inférieure lui opposait une résistance suffisante.

Nous n'affirmerons pas que tout ce travail aurait pu s'effectuer d'une manière moins dispendieuse et avec une plus forte garantie de solidité, si l'on avait fait pénétrer plus avant, même avec tout l'art des mineurs, les fissures verticales, les devis n'ayant pas prévu cette nécessité et les résultats des travaux ayant pour but d'obvier aux glissements ne pouvant se préciser à l'avance ; mais ce qui est certain, c'est qu'à la tranchée des profils 93-98, où se produisit un glissement semblable et très-important, des fissures verticales furent parfaitement efficaces.

Tandis que dans la vallée même du Danube, tant près de Monthausen qu'en remontant jusqu'à Steyeregg, on rencontre une marne calcaire solide sous une puissante couche de gravier, et que la montagne de granit formant la rive gauche offre des couches épaisses de terrain calcaire ; plus on s'éloigne de la vallée du Danube, plus on trouve de fortes couches d'argile superposées au gravier, puis, directement, à la marne calcaire, qui finit par se convertir partiellement en argile pure ; enfin, l'argile disparaît aussi, et la terre glaise, entièrement dépourvue de chaux à sa surface, s'étend de plus en profondeur, mais prend des éléments calcaires et se rencontre, à une faible profondeur, immédiatement au-dessous de la croûte d'humus.

Dans certains endroits, la terre glaise recouvre directement le granit ; sur d'autres points, elle cache une forte couche de sable marin, qui se convertit parfois en grès.

A la station de Gaisbach, cette couche de terre glaise a une puissance de 35 à 40 mètres et recouvre le sable. Comme on trouve dans la vallée, près de Gaisbach, des carrières de granit sur le même contre-fort de montagne, il se pourrait bien que ce sable fût directement posé sur le granit.

La terre glaise est, jusqu'à une profondeur variable, traversée par des filets d'eau, et par conséquent dangereuse pour tout travail de terrassement à effectuer sur ce terrain ; à une plus grande profondeur, elle ne présente qu'une humidité ordinaire et elle est très-compacte. A cette profondeur aussi, tous les hommes compétents employés en cet endroit à la construction du chemin de fer, la déclarèrent suffisamment ferme : aussi étendit-on, jusqu'à elle exclusivement, les sondages, forages et écoulements d'eau facilités à dessein.

Mais on comprit bientôt l'insuffisance de cette précaution; car, à mesure que les travaux avançaient, les eaux s'infiltraient de plus en plus dans l'intérieur du terrain, et bientôt on s'aperçut que, dans les endroits ordinairement secs, des dépôts d'eau assez considérables s'étaient formés ainsi que des surfaces de glissement, au-dessous des rigoles creusées pour l'écoulement des eaux.

De la sorte, à mesure qu'on avait remédié à un glissement, il s'en effectuait un autre à 1 ou 2 mètres de profondeur au-dessous, et le déplacement de terrain recommençait. Il y eut même un endroit où la masse d'argile glissa par-dessus le sable : cela arriva au profil 198-199, de la ligne de Linz à Gaisbach.

Après avoir remarqué que certains travaux de consolidation tenaient bon, quoiqu'ils fussent effectués sur une argile dont l'apparence extérieure n'indiquait aucune différence, tandis que d'autres travaux analogues ne tenaient pas bon, que, dans les premiers, les eaux ne s'infiltraient pas plus profondément dans le terrain, tandis qu'il en était autrement dans les seconds ; après avoir remarqué enfin que les paysans de la contrée utilisaient l'argile, appelée par eux Schlier, et prise à un certain endroit, pour améliorer leurs terres, tandis qu'ils dédaignaient, pour le même usage, une argile toute semblable en apparence, on fut amené à étudier les différentes sortes d'argile sous le point de vue de leurs éléments calcaires, et l'on trouva que l'argile qui présentait le plus de solidité renfermait une grande quantité d'acide carbonique, tandis que celle qui n'en contenait pas, traitée par l'acide sulfurique, ne manifestait aucune effervescence.

Il y avait à construire deux viaducs sur la tranchée des profils 193-199 de la section Valentin-Gaisbach, tranchée qu'il fallait creuser entièrement dans de l'argile noire; l'un de ces viaducs devait servir à un chemin vicinal, au profil 196-197, l'autre à la grande route, au profil 198, tous deux devant passer sur des tranchées d'environ 53 décimètres de profondeur. Pour ces deux viaducs, on pratiqua des fissures-rigoles remplies de fragments de pierres, aux deux côtés des couches parallèles : ces fissures passaient au-dessous de la base des fondements, de sorte que toutes les eaux s'infiltraient jusque-là et y prenaient leur écoulement. Le viaduc de la grand'route resta solide et ne montra pas la moindre fissure, tandis que le viaduc du chemin vicinal s'affaissa, dut être démoli et fut reconstruit sur nouveaux frais. Non-seulement le viaduc fut détruit, mais encore il se produisit un glissement considérable, et la tranchée, creusée en cet endroit avec des constructions de dessus définitives, fut considérablement déplacée.

Remarquons encore que, entre les deux viaducs, passe la ligne qui sépare les eaux du val dit Gusnthal d'avec celles du val dit Aistthal, et l'eau s'écoule plus abondamment dans le dernier, vers lequel s'effectuèrent les glissements, que dans le premier. Toutefois, la tranchée avait des pentes dans les deux directions.

Ainsi, les matériaux paraissant identiques, également accessibles aux infiltrations d'eau, et le processus étant le même de part et d'autre, il y eut d'un côté un glissement considérable, et de l'autre tout resta ferme et solide. La tranchée en question, longue d'environ 430 mètres, profonde en moyenne de 5 mètres, n'offrait pas comme telle les caractères qui auraient dû faire adopter de prime abord la méthode anglaise : mais si l'on tient compte des suites, on est forcé de croire que, dans cette occasion, la méthode anglaise aurait été fructueusement employée. De novembre à avril, on aurait pu creuser des galeries de part et d'autre, obtenu ainsi un écoulement d'eau considérable, et continué les travaux sur un terrain mieux desséché ; mais le point le plus important, c'est qu'on aurait appris à connaître les cours d'eau, on aurait percé le terrain latéralement à des distances convenables ; en avançant dans les travaux de la tranchée, on aurait transformé ces forages en rigoles d'écoulement, et de la sorte on aurait peut-être prévenu tout mouvement de terrain. Sans doute, on ne pourrait affirmer catégoriquement que ces dispositions auraient eu un plein succès ; mais les probabilités étaient très-grandes ; les frais auraient été vraisemblablement moindres que ceux de l'autre méthode, et l'on aurait certainement économisé beaucoup de temps.

Citons maintenant quelques exemples de glissement de digues survenus pareillement sur la ligne de Linz à Budweis, qui devait fournir un si fort contingent d'accidents similaires.

Au profil n° 136-138 de la section Valentin-Gaisbach, où la digue a une hauteur de 6 à 8 mètres, on trouve immédiatement sous la couche de gazon la fatale argile noire, sillonnée de nombreux filets d'eau.

Avant donc de construire la digue, on creusa des rigoles d'écoulement qui atteignirent la couche regardée comme imperméable ; on posa dans ces rigoles de 3 à 5 rangées de tuyaux de drainage, que l'on recouvrit de broussailles, puis on combla les rigoles jusqu'au terrain actuel avec du gravier.

Au point le plus profond du terrain, on pratiqua un passage de 1 mètre de diamètre, puis on commença à élever la digue. On n'en avait pas encore fini avec les remblais, quand se manifesta un mouvement très-grave, et des fissures se produisirent aux parois du passage ; quelques semaines plus tard, la digue était devenue un monceau de décombres et le profil transversal y avait à peu près la configuration indiquée par la

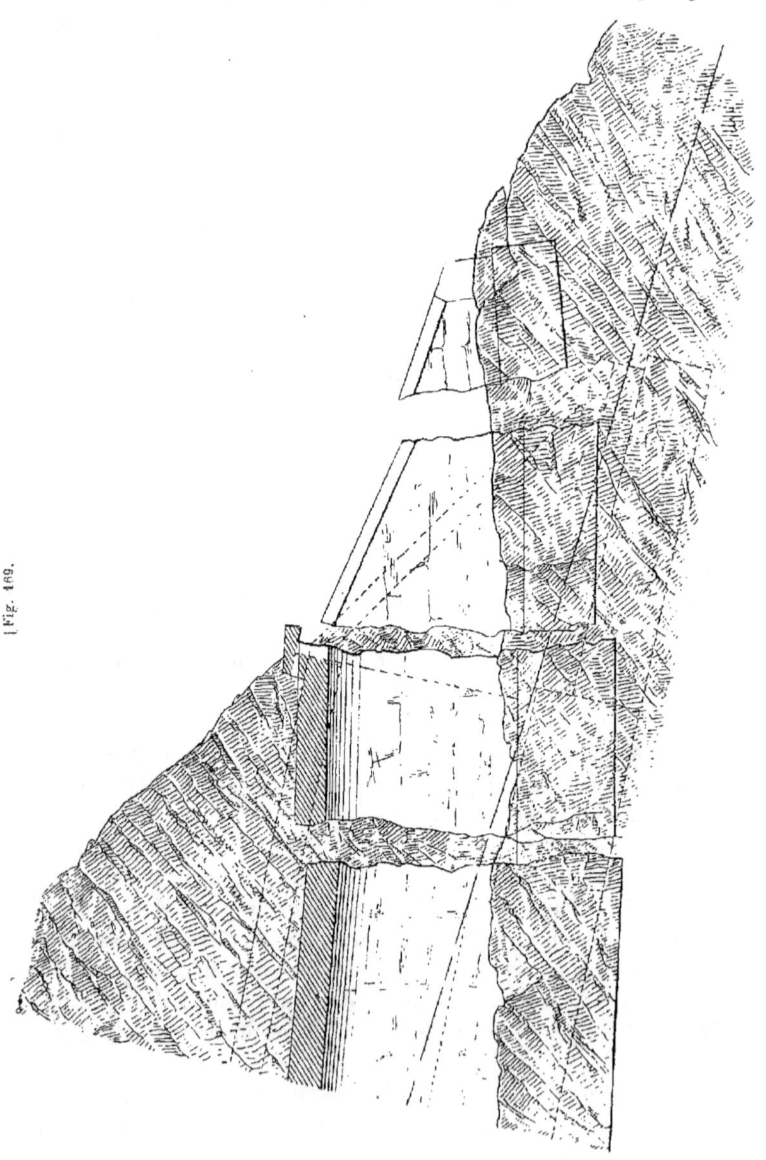

fig. 169 ; le contre-fort d'amont offrait de nombreuses fissures et quantité d'affaissements; celui d'aval, pareillement, des fissures et des couches de terrain grimpant les unes sur les autres.

Alors on perça la digue à un endroit éloigné du passage, l'espace d'une dizaine de mètres, pour faciliter l'écoulement des eaux de pluie, et, comme on avait organisé un service de locomotives pour la pose du gravier, on jeta provisoirement un pont en bois. On voulait, sous ce pont, procéder aux fondations du nouvel ouvrage, en les établissant à une profondeur convenable, tout en veillant à l'écoulement des eaux par le moyen des fissures creusées dans le terrain.

Au bout de quelques semaines, les pilotis profondément enfoncés de l'ouvrage provisoire avaient été tellement jetés sur les côtés et la construction entière tellement déplacée, que l'on dut interdire, jusqu'à nouvel ordre, la circulation sur l'ensemble de ces terrains. On parvint finalement à atteindre une base solide à la profondeur d'environ 7 mètres ; là, sur une couche de béton, on fit écouler, par des tuyaux en fer, les eaux intérieures provenant du contre-fort de gauche. Par-dessus cette couche de béton, on construisit, le tout en maçonnerie, les ouvrages destinés à faire écouler les eaux de pluie, et on les éleva jusqu'au niveau du terrain naturel.

On ne donna pas d'ailes à la construction, mais on la termina, dans tout son profil et sur toute la longueur de la base d'un talus à celle d'un autre, de telle sorte que sa voûte bien cimentée surplombe de beaucoup le talus de la digue ; le tout assuma la forme d'un prisme à cinq faces percé de trous.

La rigole d'écoulement, munie de tuyaux et traversant l'ouvrage, fut, comme celle du profil 169, continuée jusqu'à l'orifice d'écoulement ; là, on lui donna une bifurcation, au moyen de laquelle on empêcha, autant que possible, l'eau des dépôts internes d'arriver jusqu'à la digue ; par contre, on fraya l'accès du tuyau traversant toute la construction.

En outre, un exemple très-intéressant est fourni par la digue du profil 222/4 de la section de Linz à Gaisbach ; là, le tracé passe par une haute forêt de sapins s'élevant presque verticalement, et à environ 200 mètres au-dessous du tracé se trouvait, au même contre-fort, une marne calcaire solide, qui constitua une excellente chaux hydraulique et ne put être extraite qu'à l'aide de maillets de fer ; on la trouva disposée visiblement à l'extérieur. Les matériaux dont on avait besoin pour la construction de la digue devaient être pris dans des fosses à creuser en amont, de sorte que le profil transversal aurait pris à peu près la forme de la *fig.* 170. En jetant les fondements de l'ouvrage, profil 224, on trouva une argile très-solide et presque pas d'eaux internes ; les fosses creusées se trouvèrent pareillement sèches jusqu'à une certaine profondeur.

Quand la digue eut atteint la hauteur d'environ 4 mètres, dans sa partie centrale, on ne put plus guère l'élever davantage, bien que la surface de profil à remblayer devînt de plus en plus petite, et que plus de cent ouvriers fussent employés aux travaux ; cependant on ne remarquait de phénomènes inquiétants ni à la digue ni sur le terrain naturel du contre-fort. ni en amont, ni en aval. Seulement, les déblais devenaient de moins en moins considérables, de telle sorte que le sous-entrepreneur ne retrouvait plus la proportion normale entre la quantité de matériaux et les sommes payées aux ouvriers.

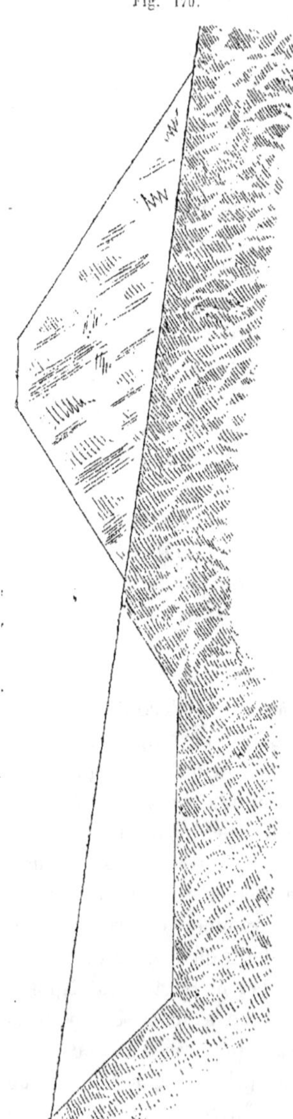

Fig. 170.

Enfin, au pied d'aval de la digue se manifesta un soulèvement du terrain naturel, tandis qu'en amont on ne distinguait aucune fissure, bien que la fosse d'où l'on extrayait les matériaux commençât à avoir de 4 à 5 mètres de profondeur.

Comme ces faits nouveaux permettaient de supposer que l'on avait rencontré un terrain offrant peu de solidité, on creusa, dans la fosse, un couloir pour sonder ce terrain. Mais on ne rencontra ni déplacement notable ni affluence d'eau plus considérable que celle que l'on avait déjà constatée dans la fosse elle-même, affluence presque insignifiante. Le terrain avait d'ailleurs conservé son homogénéité ; c'était toujours la même argile noire que l'on rencontre dans cette contrée à 1 mille (de 7 à 8 kilomètres) de distance.

Toutefois, malgré la rigole de dérivation, le mouvement s'accentua de plus en plus au pied d'aval de la digue; et enfin il arriva à un tel degré d'intensité que les plus grands arbres furent renversés, enterrant leur cime dans le terrain, et tournant leurs racines vers le ciel. Cependant le passage 224 resta intact, et ce fut seulement quand la descente du terrain eut acquis un degré de gravité indescriptible que des fissures et des crevasses se manifestèrent dans le terrain d'amont; le mouvement y prit ainsi de fortes proportions; enfin, le passage fut plus ou moins obstrué.

On fut alors dans le doute : se trouvait-on en face d'un véritable glissement de terrain ou simplement d'une base peu solide? Cette dernière conjecture n'était guère probable, car à 1 mètre carré de base correspondaient environ 11 tonneaux, et à 1 mètre carré de digue, à l'endroit le plus élevé, environ 12 tonneaux à supporter; or, le mouvement de la digue s'était manifesté, alors que, pour parfaire sa hauteur, il restait encore 2 ou 3 mètres à construire; le poids à supporter n'était donc guère que de 8 à 9 tonneaux; d'ailleurs la base, du moins en apparence et conformément au mode de travail, était parfaitement plane sur un point comme sur l'autre. On dut en conséquence se persuader que le mouvement avait été provoqué par un changement d'équilibre, ainsi que par la cessation de la cohésion d'une partie de la masse de terrain, cessation provenant du creusement de la fosse, et cette conjecture était d'autant plus vraisemblable que, à une certaine hauteur des remblais, régnait un calme plus ou moins grand, tandis que le mouvement se manifesta dès que cette hauteur fut augmentée et s'accrut avec elle. Enfin, les mêmes incidents étant survenus ailleurs, après avoir fait en pure perte les travaux les plus considérables pour effectuer le drainage des terrains, on fut forcé d'abaisser la voie de 2 ou 3 mètres, et de diminuer proportionnellement les pertes en restreignant la hauteur de toutes les digues sur la ligne de Lumgitz-Gaisbach, profil 170-250, où des mouvements de terrain analogues se produisaient.

On serait de nouveau tenté d'attribuer tous ces inconvénients au manque de solidité de la base s'il n'y avait pas de motifs plus nombreux de croire à des glissements de terrain. D'après tout ce que nous venons d'énumérer, on comprendra combien il est difficile d'aviser, avec succès, à ces mouvements et glissements de terrain. Où est la véritable surface de glissement? jusqu'à quelle profondeur faut-il creuser pour faire complètement écouler les eaux? quelle sera l'efficacité de ces précautions? comment obvier aux fâcheuses conséquences que peut entraîner le dérangement de l'équilibre? Ce sont là autant de problèmes que l'état actuel de la science ne permet pas encore de résoudre d'une manière satisfaisante.

Nous sommes donc d'avis que, dans la plupart des cas, on doit en temps opportun procéder à de vastes opérations de drainage, soit au moyen de galeries, soit en creusant des rigoles, suivant que la configuration interne et externe des terrains exigera des galeries ou des rigoles, et de la sorte on pourra empêcher des mouvements de terrain; mais il peut se présenter des cas où même ces travaux hydrauliques si considérables ne suffiront pas. Sans doute, des études consciencieuses, faites par un habile géologue, pourront bien souvent aider à faire éviter l'entreprise d'un chemin de fer à construire sur un terrain aussi dangereux; malgré le concours des géologues, on peut néanmoins être surpris par des accidents du genre que nous avons expliqué; car, en définitive, les montagnes sont loin d'être transparentes.

FIN.

TABLE DES MATIÈRES

TROISIÈME SECTION.

CE QU'IL FAUT FAIRE POUR CREUSER DES TRANCHÉES ET ÉLEVER DES CHAUSSÉES.

QUATRIÈME SECTION.

TRAVAUX POUR LA CONSOLIDATION DES TERRASSEMENTS ET POUR LES PRÉSERVER
DE TOUTE DÉTÉRIORATION CAUSÉE PAR L'INFLUENCE DES ÉLÉMENTS.

PARIS. — IMPRIMERIE ARNOUS DE RIVIÈRE, RUE RACINE, 26.